REFERENCES TO
ENGLISH SURNAMES
IN 1601 AND 1602

WITH

AN APPENDIX

INDEXING THE SURNAMES CONTAINED IN
186 PRINTED REGISTERS DURING
1601

BY

F. K. & S. HITCHING.

Two Volumes In One

CLEARFIELD

Originally published
Walton-on-Thames, 1910
London, 1911

Reprinted for
Genealogical Publishing Co., Inc.
Baltimore, Maryland
1968

Reprinted for
Clearfield Company, Inc. by
Genealogical Publishing Co., Inc.
Baltimore, Maryland
1998, 1999, 2000, 2005

Library of Congress Catalogue Card Number 68-54870
International Standard Book Number: 0-8063-0181-3

Made in the United States of America

REFERENCES TO
ENGLISH SURNAMES
IN 1601

AN INDEX GIVING ABOUT 19,650 REFERENCES TO SURNAMES
CONTAINED IN THE PRINTED REGISTERS OF 778
ENGLISH PARISHES DURING THE FIRST
YEAR OF THE XVII. CENTURY.

BY

F.K. & S. HITCHING.

PREFACE

After even fifty years' original research among our old records, a genealogist, interested in the history of all the branches of one English family, would know that many branches remained to be traced. Much of his time would have been wasted in searching "likely" registers, which, on examination, prove to contain no data for him. Experience teaches every earnest student of family history that what he needs, is not more records, but more clues as to the contents of the available records. " Indexes and more Indexes " is his cry, and the publisher who issues a genealogical work without an index merits (and often receives) his imprecations.

No records require an Index so urgently as the Parish Registers, which record the baptisms, marriages and burials of our ancestors. These are spread over all the country, and, not only is there no general index to their contents, but there is not even an Index in each Parish to its own Registers. As a result there has been but little hope until now :—

(1). For the genealogist who has traced back a pedigree several generations and then loses all trace of the family.

(2). For the "thorough" genealogist, who wishes to know what other branches of his family existed besides those which he has traced.

(3). For the American who can trace back to the first of his surname in America, but does not know from which parish in England his ancestor migrated.

It is for these that the present work has been compiled. The genealogist who is anxious to find clues to the whereabouts in England of *living* persons bearing his surname has a comparatively easy task. A glance through the current Directory of each English County will give him many names and addresses (if the surname is not very uncommon), whilst, if he wishes to be thorough, and not to miss those bearers of his name who have not been considered of sufficient importance to be included in the County Directories, he can search the birth, marriage and death Calendars at Somerset House, London, for all entries since 1837.

Unfortunately, before the year 1837, County Directories were practically non-existent, and there was no central place of registration for vital statistics.

As indicated above, what is needed therefore is " A Complete Index to the Surnames in all the Registers of English Parishes " —but such a work is an utter impossibility. If the British Government undertook the publication of an index of the surnames recorded in all the parish registers during any fixed period of say only *thirty* years, we should have an invaluable work of reference, which would locate practically every branch of each family existing in England during that period. It would fill many huge volumes, and might be prepared in time to benefit our grandchildren, if all the available expert searchers were engaged to assist in its production.

However, what is practically impossible as a whole is sometimes possible in part. The present volume is not an index to the entries made during *thirty* years in *all* the parish registers of England, but to those entries made during *one* year in practically all the registers which have been printed, and are therefore readily available to those who find clues in the references given here.

Few genealogical searchers would have the energy to consult all the volumes, one year of which is indexed here, in the hope of locating the various branches of their families spread over the country in the early part of the XVII. Century. Those who have that energy should still prefer to find the work done for them already, so that they may devote the time thus saved to following up the clues which this volume will suggest.

If this work meets with a reception at all proportionate to the labour and expense it has entailed, it will be followed by similar volumes indexing 1602, 1603, and so on, until at least thirty years (one generation) has been indexed.

The year 1601 was chosen as a starting-point after much careful consideration. An earlier date would have excluded those parishes, the registers of which start after 1600, also, too many of the surnames in the early registers would have been difficult to recognise owing to the erratic spelling of the period. On the other hand, a later date would not have benefited to the same extent the many Americans whose ancestors left this country (from unknown parishes) in or about 1620.

A reference having been made above to erratic spellings, it may be mentioned here that in the present work each varied spelling of a surname is treated as a distinct name; this being the only method which ensures the inclusion in their right places of those surnames which appear to be corruptions, but which, however, still exist as separate surnames in their apparently corrupted form.

REFERENCES TO ENGLISH SURNAMES, 1601

The plan of the book will be found to be quite simple. To each County a reference *letter* has been allotted (e.g. "S." stands for Shropshire, "N." for Norfolk, and each parish has its reference *number* (e.g. " S. 23. " stands for the Registers of Hanwood, Shropshire, this being the 23rd Shropshire parish indexed in this work), whilst, in cases where several counties have the same initial letter, a slight variation has been made to indicate each, (e.g. "S" = Shropshire, "SF" = Suffolk; "So." = Somerset; "Ss." = Sussex; "Su." = Surrey, etc). All these abbreviations are clearly set out in the "List of Parishes Indexed," following this Preface. It will be noticed that this list gives the names of the Publishers, Editors or Societies issuing the various registers, so that the volumes can be easily traced in the British Museum or other Libraries.

An advantage of this system is that a glance at the references following a common surname, such as BROWN, will show at once the Registers in which search should be made for the BROWNS of any particular County.

The Compilers of this book are anxious to make it of the greatest possible assistance to all, including especially those who may experience some difficulty in consulting the printed volumes which are here indicated. With this object in view, they hold themselves at the disposal of any subscribers to this book who wish extracts made from the printed registers, about any given surname. In order, however, to prevent any but serious inquirers from availing themselves of this offer, they have decided to stipulate for a minimum prepaid fee of 4/- (One dollar) with each inquiry. They will charge 2/- (Fifty cents) per hour for the actual time occupied in going to the British Museum Library, and making the search, and will return any balance there may be with the result of the investigation. For those living in or near London who wish to make their own researches, it may be mentioned that nearly every volume here indexed is to be found at the British Museum or Guildhall Libraries.

It being inevitable that, in a work of this description, errors must occur, the Compilers will be glad to be told of any that may be discovered, in order that they may be corrected in future issues.

It only remains to add, that the Compilers are under considerable obligations to those who have generously assisted them in their work by the loan of printed registers, especially the Rev. W. H. Shawcross, F. R. Hist. S.; the Rev. J. L. E. Hooppell ; the Rev. W. G. D. Fletcher, M. A., F. S. A.; and Messrs. W. Bradbrook, M. R. C. S., F. Arthur Wadsworth and W. H. Maxwell.

F. K. HITCHING.
S. HITCHING.

65, Warwick Road,
Earl's Court,
LONDON, S. W.

KEY TO COUNTIES

B. = Buckinghamshire.
BD. = Bedfordshire.
BE. = Berkshire.
C. = Cornwall.
CA. = Cambridgeshire.
CH. = Cheshire.
CU. = Cumberland.
D. = Derbyshire.
DE. = Devon.
DO. = Dorset.
DU. = Durham.
E. = Essex.
G. = Gloucestershire.
H. = Herefordshire.
HA. = Hampshire.
HE. = Hertfordshire.
K. = Kent.
L. = London.
LA. = Lancashire.
LE. = Leicestershire.

LI. = Lincolnshire.
M. = Middlesex.
N. = Norfolk.
NH. = Northamptonshire.
No. = Nottinghamshire.
NU. = Northumberland.
O. = Oxfordshire.
R. = Rutlandshire.
S. = Shropshire.
SF. = Suffolk.
So. = Somerset.
Ss. = Sussex.
ST. = Staffordshire.
SU. = Surrey.
W. = Warwickshire.
WE. = Westmorland.
WI. = Wiltshire.
Wo. = Worcestershire.
Y. = Yorkshire.

LIST OF PARISHES INDEXED

BEDFORDSHIRE

Bd. 1. —	Haynes (Hawnes)	Published by Walker & Laycock, Leeds.	

BERKSHIRE

Be. 1. —	Upton	Published by The Parish Register Society.	
Be. 2. —	Bisham	,, ,, ,, ,, ,,	
Be. 3. —	Reading, St Mary	,, ,, Bradley, Reading.	
Be. 4. —	Didcot	Edited by G.F.T. Sherwood, in "Berks. Notes & Queries", July 1890-April 1891.	
Be. 5. —	Welford	Published by Ratcliffe, Olney, Bucks.	

BUCKINGHAMSHIRE

B. 1. —	Chesham	Published by Elliot Stock, London.	
B. 2. —	Walton	,, ,, The Bucks. Par. Reg. Soc.	
B. 3. —	Thornton	,, ,, ,, ,, ,,	
B. 4. —	Great Marlow	,, ,, ,, ,, ,, ,, ,,	
B. 5. —	Stoke Poges	,, ,, ,, ,, ,, ,, ,,	
B. 6. —	Woughton-on-the-Green	,, ,, ,, ,, ,, ,, ,,	
B. 7. —	Westbury	,, ,, ,, ,, ,, ,, ,,	
B. 8. —	Stewkley	Edited by The Rev. R.B. Dickson.	
B. 9. —	Cholesbury	Published by Phillimore, London.	
B. 10. —	Edlesbury	,, ,, ,, ,,	
B. 11. —	Mentmore	,, ,, ,, ,,	
B. 12. —	Pitstone	,, ,, ,, ,,	
B. 13. —	Ivinghoe	,, ,, ,, ,,	
B. 14. —	Aston Clinton	,, ,, ,, ,,	
B. 15. —	Wing	,, ,, ,, ,,	
B. 16. —	Stone	,, ,, ,, ,,	
B. 17. —	Hartwell	,, ,, ,, ,,	
B. 18. —	Amersham	,, ,, ,, ,,	
B. 19. —	Chenies	,, ,, ,, ,,	
B. 20. —	Chalfont St. Peter	,, ,, ,, ,,	
B. 22. —	Great Hampden	,, ,, ,, ,,	

CAMBRIDGESHIRE

Ca. 1. —	Cambridge, St. Michael	Published by The Antiquary Society.	
Ca. 2. —	Boxworth	,, ,, Phillimore, London.	
Ca. 3. —	St. Sepulchre's	,, ,, ,, ,,	
Ca. 4. —	St. Michael, Long Stanton	,, ,, ,, ,,	
Ca. 5. —	Oakingham	,, ,, ,, ,,	
Ca. 6. —	Over	,, ,, ,, ,,	
Ca. 7. —	Dry Drayton	,, ,, ,, ,,	
Ca. 8. —	St. Botolph's	,, ,, ,, ,,	
Ca. 9. —	Lolworth	,, ,, ,, ,,	
Ca. 10. —	Toft	,, ,, ,, ,,	
Ca. 11. —	Cambridge, St Edwards	,, ,, ,, ,,	

CHESTER

Ch. 1. —	Frodsham	Published by The Courant Press, Chester.	
Ch. 2. —	Prestbury	,, ,, The Lancashire & Cheshire Record Soc.	
Ch. 3. —	Stockport	,, ,, Swain, Stockport.	
Ch. 4. —	Heswall	,, ,, Billing, Guildford.	
Ch. 5. —	Eastham	,, ,, Mitchell & Hughes, London.	
Ch. 6. —	Bebington	,, ,, Young, Liverpool.	

CORNWALL

C. 1. —	Redruth.	Published by Hoblyn & Taylor, Redruth.	
C. 2. —	St. Columb Major	,, ,, Hamilton Adams, London.	

REFERENCES TO ENGLISH SURNAMES, 1601

C.	3. —	Gulval	Published by Beare & Son, Penzance.			
C.	4. —	Madron	,,	,,	,,	,,
C.	5. —	St. Breward	,,	,,	Phillimore, London.	
C.	6. —	Lanteglos by Camelford	,,	,,	,,	,,
C.	7. —	Lesnewth	,,	,,	,,	,,
C.	8. —	Michaelstow	,,	,,	,,	,,
C.	9. —	St. Teath	,,	,,	,,	,,
C.	10. —	Tintagel	,,	,,	,,	,,
C.	11. —	St. Tudy	,,	,,	,,	,,
C.	12. —	St. Mabyn	,,	,,	,,	,,
C.	13. —	Egloskerry	,,	,,	,,	,,
C.	14. —	Phillack	,,	,,	,,	,,
C.	15. —	St. Just in Penwith	,,	,,	,,	,,
C.	16. —	Gwithian	,,	,,	,,	,,
C.	17. —	Sheviocke	,,	,,	,,	,,
C.	18. —	Blisland	,,	,,	,,	,,
C.	19. —	St. Minter	,,	,,	,,	,,
C.	20. —	St. Breage	,,	,,	,,	,,
C.	21. —	Ludgvan	,,	,,	,,	,,
C.	22. —	Sancreed	,,	,,	,,	,,
C.	23. —	Egloshayle	,,	,,	,,	,,
C.	24. —	St. Kew	,,	,,	,,	,,
C.	25. —	Padstow	,,	,,	,,	,,
C.	26. —	Warleggan	,,	,,	,,	,,
C.	27. —	Withiel	,,	,,	,,	,,
C.	28. —	St. Sampson (Golant)	,,	,,	,,	,,
C.	29. —	Mawnan	,,	,,	,,	,,
C.	30. —	Fowey	,,	,,	,,	,,
C.	31. —	Luxulyan	,,	,,	,,	,,
C.	32. —	Paul	,,	,,	,,	,,
C.	33. —	St. Ewe	,,	,,	,,	,,
C.	34. —	Menheniot	,,	,,	,,	,,
C.	35. —	Gwinear	,,	,,	,,	,,
C.	36. —	St. Glavias	,,	,,	,,	,,
C.	37. —	Bodmin	,,	,,	,,	,,
C.	38. —	Lezant	,,	,,	,,	,,
C.	39. —	St. Columb Minor	,,	,,	,,	,,
C.	40. —	Issey	,,	,,	,,	,,
C.	41. —	St. Mawgan in Meneage	,,	,,	,,	,,
C.	42. —	Wendron	,,	,,	,,	,,
C.	43. —	Constantine	,,	,,	,,	,,
C.	44. —	Perranuthnoe	,,	,,	,,	,,
C.	45. —	St. Crantock	,,	,,	,,	,,
C.	46. —	Newlyn in Pydar	,,	,,	,,	,,

CUMBERLAND

Cu.	1. —	Penrith	Published by Atkinson, Sweeten & Co., Penrith.			
Cu.	2. —	Dalston	,,	,,	Back, Dalston.	
Cu.	3. —	Kirkoswald	,,	,,	Smith, Workington.	

DERBY

D.	1. —	Norton	Published by Harpur & Sons, Derby.			
D.	2. —	Sandiacre	,,	,,	Phillimore, London.	
D.	3. —	Church Broughton	,,	,,	,,	,,
D.	4. —	Allestree	,,	,,	,,	,,
D.	5. —	Derby, St. Peters	,,	,,	,,	,,
D.	6. —	Chellaston	,,	,,	,,	,,

DEVON

De.	1. —	Clyst St. George	Published by The Parish Register Society.	

LIST OF PARISHES INDEXED

De. 2. —	Parkham	Published by The Devon & Cornwall Par. Reg. Soc.
De. 3. —	Exeter Cathedral	,, ,, ,, ,, ,, ,,
De. 4. —	Barnstaple	,, ,, Commin, Exeter.

DORSET

Do. 1. —	Beer Hacket	Published by The Parish Register Society.
Do. 2. —	Almer	,, ,, ,, ,, ,,
Do. 3. —	Tarrant Hinton	,, ,, ,, ,, ,, ,,
Do. 4. —	Lydlinch	,, ,, ,, ,, ,,
Do. 5. —	Powerstock and West Milton	,, ,, Phillimore, London.
Do. 6. —	Symondsbury	,, ,, ,, ,,
Do. 7. —	Allington	,, ,, ,, ,,
Do. 8. —	Thorncombe	,, ,, ,, ,,
Do. 9. —	Broadwinser	,, ,, ,, ,,
Do. 10. —	Maiden Newton	,, ,, ,, ,,
Do. 11. —	South Perrot, & Mosterton	,, ,, ,, ,,
Do. 12. —	North Mosterton	,, ,, ,, ,,
Do. 13. —	Sturminster Marshall	,, ,, Fry, in " Dorset Records ".
Do. 14. —	Long Burton	,, ,, ,, ,, ,,
Do. 15. —	Holnest	,, ,, ,, ,, ,,

DURHAM

Du. 1. —	Whitburn	Published by The Durham & Northumberland Par. Reg. Soc.
Du. 2. —	Bishop Middleham	,, ,, ,, ,, ,, ,,
Du. 3. —	Ryton	,, ,, ,, ,, ,, ,,
Du. 4. —	Durham, St. Margaret's	,, ,, ,, ,, ,, ,,
Du. 5. —	Whickham (Marriages) (Births)	,, in the Whickham Par. Mag. 1900-6.
Du. 6. —	Gainford (incl. Denton)	,, by Elliot Stock, London.
Du. 7. —	Durham, St. Oswald	,, ,, T. Caldcleugh, Durham.
Du. 8. —	Esh	,, ,, Nicholson, South Shields.

ESSEX

E. 1. —	Beaumont	Edited by F.A. Crisp. Privately printed.
E. 2. —	Moze	,, ,, ,, ,, ,,
E. 3. —	Stifford	,, ,, ,, ,, ,,
E. 4. —	South Weald, St. Peter	,, ,, ,, ,, ,,
E. 5. —	Stock Harvard	Published by Mitchell & Hughes, London.
E. 6. —	Ongar	Edited by F.A. Crisp. Privately printed.
E. 7. —	Fyfield	,, ,, ,, ,, ,,
E. 8. —	Greensted	,, ,, ,, ,, ,,
E. 9. —	Lambourne	,, ,, ,, ,, ,,
E. 10. —	Stapleford Fawney	,, ,, ,, ,, ,,
E. 11. —	Moreton	,, ,, ,, ,, ,,
E. 12. —	Bocking	,, ,, J.J. Goodwin. ,, ,,
E. 13. —	Bobbingworth	,, ,, F.A. Crisp. ,, ,,
E. 14. —	Toppesfield	Published by Merrill Press, Topsfield, Mass. U.S.A.
E. 15. —	Theydon Mount	Edited by J.J. Howard & H.F. Burke. Priv. printed.
E. 16. —	Little Wigborough	Published by Cross & Jackman, Canterbury.
E. 17. —	Great Wigborough	,, ,, ,, ,, ,,

GLOUCESTERSHIRE

G. 1. —	King's Stanley	Published by Phillimore, London.
G. 2. —	Quedgeley	,, ,, ,, ,,
G. 3. —	Rendcombe	,, ,, ,, ,,
G. 4. —	Leonard Stanley	,, ,, ,, ,,
G. 5. —	Stonehouse	,, ,, ,, ,,
G. 6. —	Stinchcombe	,, ,, ,, ,,
G. 7. —	Stone	,, ,, ,, ,,
G. 8. —	Mickleton	,, ,, ,, ,,

REFERENCES TO ENGLISH SURNAMES, 1601

G. 9. —	Aston Subedge	Published by Phillimore, London.	
G. 10. —	Matson	,, ,, ,, ,,	
G. 11. —	Bishops Cleeve	,, ,, ,, ,,	
G. 12. —	Charlton Kings	,, ,, ,, ,,	
G. 13. —	Dorsington	,, ,, ,, ,,	
G. 14. —	Kemerton	,, ,, ,, ,,	
G. 15. —	Buckland	,, ,, ,, ,,	
G. 16. —	Preston-upon-Stour	,, ,, ,, ,,	
G. 17. —	Stanton	,, ,, ,, ,,	
G. 18. —	Snowshill	,, ,, ,, ,,	
G. 19. —	Guiting Power	,, ,, ,, ,,	
G. 20. —	Clifford Chambers	,, ,, ,, ,,	
G. 21. —	Batsford	,, ,, ,, ,,	
G. 22. —	Beverston	,, ,, ,, ,,	
G. 23. —	Standish	,, ,, ,, ,,	
G. 24. —	Quinton	,, ,, ,, ,,	
G. 25. —	Elkstone	,, ,, ,, ,,	
G. 26. —	Cheltenham	,, ,, ,, ,,	
G. 27. —	Painswick	,, ,, ,, ,,	
G. 28. —	Cam	,, ,, ,, ,,	
G. 29. —	Winchcombe	,, ,, ,, ,,	
G. 30. —	Shipton Moyne	,, ,, ,, ,,	
G. 31. —	Kingswood	,, ,, ,, ,,	
G. 32. —	Avening	,, ,, ,, ,,	
G. 33. —	Alderley	,, ,, ,, ,,	
G. 34. —	Minchinhampton	,, ,, ,, ,,	
G. 35. —	Oldbury-on-the-Hill	,, ,, ,, ,,	
G. 36. —	Horsley	,, ,, ,, ,,	
G. 37. —	Cherington	,, ,, ,, ,,	
G. 38. —	Newington Bagpath	,, ,, ,, ,,	
G. 39. —	Edgworth	,, ,, ,, ,,	
G. 40. —	Horton	,, ,, ,, ,,	
G. 41. —	Boxwell & Leighterton	,, ,, ,, ,,	
G. 42. —	Great Badminster	,, ,, ,, ,,	
G. 43. —	Eastington	,, ,, ,, ,,	
G. 44. —	Icombe	,, ,, ,, ,,	
G. 45. —	Frocester	,, ,, ,, ,,	
G. 46. —	Olveston	,, ,, ,, ,,	
G. 47. —	Ashchurch	,, ,, ,, ,,	
G. 48. —	Turkdean	,, ,, ,, ,,	
G. 49. —	Bitton	,, ,, The Parish Register Society.	
G. 50. —	Hanham & Oldland	,, ,, ,, ,,	
G. 51. —	Pebworth	,, in "Glo'ster Notes & Queries".	
G. 52. —	Thornbury	,, by Phillimore, London.	
G. 53. —	Oldbury-on-Severn	,, ,, ,, ,,	
G. 54. —	Ampney Crucis	,, ,, ,, ,,	
G. 55. —	Marshfield	Edited by F.A. Crisp. Privately printed.	
G. 56. —	Syston	,, ,, H.B.Mc.Call. ,, ,,	

HAMPSHIRE

Ha. 1. —	Hurstbourne Tarrant	Published by Phillimore, London.
Ha. 2. —	Bramley	,, ,, ,, ,,
Ha. 3. —	Dummer	,, ,, ,, ,,
Ha. 4. —	Wooton, St. Lawrence	,, ,, ,, ,,
Ha. 5. —	Eling	,, ,, ,, ,,
Ha. 6. —	Coombe	,, ,, ,, ,,
Ha. 7. —	West Meon	,, ,, ,, ,,
Ha. 8. —	Eversley	,, ,, ,, ,,
Ha. 9. —	Church Oakley	,, ,, ,, ,,
Ha. 10. —	Burghclere	,, ,, ,, ,,

LIST OF PARISHES INDEXED

Ha. 11. —	Winchester Cathedral	Published by Phillimore, London.
Ha. 12. —	,, , St. Swithins	,, ,, ,, ,,
Ha. 13. —	Crondall	,, ,, ,, ,,
Ha. 14. —	Stoke Charity	,, ,, ,, ,,
Ha. 15. —	Stratfieldsaye	,, ,, ,, ,,
Ha. 16. —	Odiham	,, ,, ,, ,,
Ha. 17. —	South Wanborough	,, ,, ,, ,,
Ha. 18. —	Hunton	,, ,, ,, ,,
Ha. 19. —	Hartley Westall	,, ,, ,, ,,
Ha. 20. —	Wonston	,, ,, ,, ,,
Ha. 21. —	Bentley	,, ,, ,, ,,
Ha. 22. —	Preston Condover	,, ,, ,, ,,
Ha. 23. —	Weyhill	,, ,, ,, ,,
Ha. 24. —	Kingsworthy	,, ,, ,, ,,
Ha. 25. —	Rotherwick	,, ,, ,, ,,
Ha. 26. —	Boldre	,, ,, ,, ,,
Ha. 27. —	Wellow	,, ,, Eyre & Spottiswoode, London.

HEREFORDSHIRE

H. 1. —	Fownhope	Edited by F.A. Crisp. Privately printed.
H. 2. —	Llandinabo	Printed by "Gazette" Printing Works, Devizes.
H. 3. —	Pencoed	,, ,, ,, ,, ,, ,,

HERTFORDSHIRE

He. 1. —	Berkhampstead	Published by Phillimore, London.
He. 2. —	Barley	,, ,, ,, ,,
He. 3. —	Ardeley (formerly Yardley)	,, ,, ,, ,,
He. 4. —	Binnington	,, ,, ,, ,,
He. 5. —	Watton	,, ,, ,, ,,
He. 6. —	Graveley cum Chisfield	,, ,, ,, ,,
He. 7. —	Datchworth	,, ,, ,, ,,
He. 8. —	Shephall	,, ,, ,, ,,
He. 9. —	St. Albans Abbey	,, ,, Brigg, Harpenden.
He. 10. —	Aldenham	,, ,, Gibbs & Bamforth, St. Albans.

KENT

K. 1. —	Newenden	Published by The Parish Register Society.
K. 2. —	Boughton-under Blean	,, ,, ,, ,,
K. 3. —	Canterbury Cathedral	,, ,, Mitchell & Hughes, London.
K. 4. —	,, , Walloon Church	,, ,, ,, ,,
K. 5. —	Maidstone	,, ,, ,, ,,
K. 6. —	Canterbury, St. Peters	,, ,, Cross & Jackman, Canterbury.
K. 7. —	Harbaldowne	,, ,, ,, ,,
K. 8. —	Orpington	,, ,, Chas. North, Blackheath.
K. 9. —	Lee	,, ,, ,, ,,
K. 10. —	Birchington	Edited by F.A. Crisp. Privately printed.
K. 11. —	Elmstone	Published by Cross & Jackman, Canterbury.
K. 12. —	St. Lawrence in Thanet	,, ,, ,, ,,
K. 13. —	Chislet	,, ,, Mitchell & Hughes, London.
K. 14. —	Kingston, St. Giles	,, ,, J.G. Bishop. "Herald" Office.
K. 15. —	Canterbury, St. George's	,, ,, Cross & Jackman, Canterbury.
K. 16. —	,, St. Mary Magdalen	,, ,, ,, ,,
K. 18. —	,, St. Pauls	,, ,, ,, ,,
K. 19. —	,, St. Dunstan's	,, ,, ,, ,,
K. 21. —	Wymyngeweld	,, ,, ,, ,,
K. 22. —	Beakesbourne	,, ,, ,, ,,
K. 23. —	Canterbury, St. Alphege	,, ,, ,, ,,

LANCASHIRE

La. 1. —	Bury	Published by James Clegg, Rochdale.

REFERENCES TO ENGLISH SURNAMES, 1601

LA. 2. —	Whittingdon	Published by	Aldine Press,
LA. 3. —	Wigan	,, ,,	Clarence Press, Wigan.
LA. 4. —	Walton-on-the-Hill	,, ,,	,, ,, ,,
LA. 5. —	Croston	,, ,,	,, ,, ,,
LA. 6. —	Whalley	,, ,,	James Clegg, Rochdale.
LA. 7. —	Didsbury, St. James	,, ,,	Clarence Press, Wigan.
LA. 8. —	Brindle	,, ,,	James Clegg, Rochdale.
LA. 9. —	Middleton	,, ,,	,, ,, ,,
LA. 10. —	Ormskirk	,, ,,	,, ,, ,,
LA. 11. —	Poulton-le-Fylde	,, ,,	Clarence Press, Wigan.
LA. 12. —	Chipping	,, ,,	,, ,, ,,
LA. 13. —	Padiham	,, ,,	,, ,, ,,
LA. 14. —	Colne	,, ,,	,, ,, ,,
LA. 15. —	Cockerham	,, ,,	Clay, Cambridge.
LA. 16. —	Upholland	,, ,,	James Clegg, Rochdale.
LA. 17. —	Eccles	,, ,,	,, ,, ,,
LA. 18. —	Ribchester	,, ,,	Clarence Press, Wigan.
LA. 19. —	Cartmel	,, ,,	James Clegg, Rochdale.
LA. 20. —	Aldingham	,, ,,	Clarence Press, Wigan.
LA. 21. —	Coniston	,, ,,	,, ,, ,,
LA. 22. —	Bispham	,, ,,	,, ,, ,,
LA. 23. —	Lancaster	,, ,,	Clay, Cambridge.
LA. 24. —	Manchester Cathedral	,, ,,	,, ,,
LA. 25. —	Rochdale	,, ,,	James Clegg, Rochdale.
LA. 26. —	Hawkshead	,, ,,	Bemrose, Old Bailey, London.
LA. 27. —	Ulverston	,, ,,	Atkinson, Ulverston.
LA. 28. —	Leigh	,, ,,	D. & J. Forbes, Leigh.
LA. 29. —	Burnley	,, ,,	James Clegg, Rochdale.

LEICESTERSHIRE

LE. 1. —	Leicester, St. Mary	Published by	The Parish Register Society.
LE. 2. —	Bottesford	,, ,,	Phillimore, London.
LE. 3. —	Muston	,, ,,	,, ,,
LE. 4. —	Twyford cum Thorpe Satchville	,, ,,	,, ,,
LE. 5. —	Coston	,, ,,	,, ,,
LE. 6. —	Scraptoft	,, ,,	,, ,,
LE. 7. —	Gaddesby	,, ,,	,, ,,
LE. 8. —	Leicester, St. Nicholas	,, ,,	,, ,,

LINCOLNSHIRE

LI. 1. —	Haydor	Published by	The Parish Register Society.
LI. 2. —	Coleby	,, ,,	,, ,,
LI. 3. —	Doddington-Pigot	,, ,,	,, ,,
LI. 4. —	Horncastle	,, ,,	W.K. Morton, Horncastle.
LI. 5. —	Spalding	,, ,,	Phillimore, London.
LI. 6. —	Irby upon Humber	,, ,,	,, ,,
LI. 7. —	Allington, West	,, ,,	,, ,,
LI. 8. —	,, East	,, ,,	,, ,,
LI. 9. —	Sedgebrook	,, ,,	,, ,,
LI. 10. —	Surfleet	,, ,,	,, ,,
LI. 12. —	Swinderby	,, ,,	,, ,,
LI. 13. —	Norton Disney	,, ,,	,, ,,
LI. 14. —	North Scarle	,, ,,	,, ,,
LI. 15. —	South Kelsey	,, ,,	,, ,,
LI. 16. —	Aubourn	,, ,,	,, ,,
LI. 17. —	South Hykeham	,, ,,	,, ,,
LI. 18. —	Great Grimsby	,, ,,	Stephenson, Great Grimsby.
LI. 19. —	Somerby	Privately printed for Leicester Arch. Soc. (vol. 5.)	

LIST OF PARISHES INDEXED

LONDON

L.	1. —	St. Mary, Woolnoth	Published by Bowles & Sons, London.
L.	2. —	St. Mary, Woolchurch Haw	,, ,, ,, ,, ,,
L.	3. —	St. Peter's, Cornhill	,, ,, The Harleian Society.
L.	4. —	St. Dionis, Backchurch	,, ,, ,, ,, ,,
L.	5. —	St. Antholin, Budge Row	,, ,, ,, ,, ,,
L.	7. —	St. Botolph, Bishopsgate	,, in Hallen's London City Church Register.
L.	8. —	All Hallows, London Wall	,, by Chiswick Press.
L.	10. —	St. Mary, Aldermary	,, ,, The Harleian Society.
L.	11. —	St. Helen's, Bishopsgate	,, ,, ,, ,, ,,
L.	12. —	French Church, Threadneedle St.	,, ,, The Huguenot Society.
L.	13. —	St. Vedast, Foster Lane	,, ,, The Harleian Society.
L.	14. —	St. Thomas the Apostle	,, ,, ,, ,, ,,
L.	16. —	St. Michael's, Cornhill	,, ,, ,, ,, ,,
L.	17. —	St. Nicholas Acons	,, ,, Walker & Laycock, Leeds.
L.	18. —	Dutch Church, Austin Friars	,, ,, King & Son, Lymington.
L.	19. —	St. Martin's in the Fields	,, ,, The Harleian Society.

MIDDLESEX

M.	1. —	St. James' Clerkenwell	Published by The Harleian Society.
M.	2. —	St. Dunstan's, Stepney	,, ,, Cross & Jackman, Canterbury.
M.	3. —	Kensington	,, ,, The Harleian Society.
M.	4. —	St John, Hackney	,, ,, Billing, Guildford.
M.	5. —	St. Mary's, Harrow	,, ,, John Wright & Co., Beverley.

NORFOLK

N.	1. —	Hemblington	Published by Phillimore, London.
N.	2. —	Brundall	,, ,, ,, ,,
N.	3. —	Burlingham, St. Peter	,, ,, ,, ,,
N.	4. —	Burlingham, St. Andrew	,, ,, ,, ,,
N.	5. —	Upton	,, ,, ,, ,,
N.	6. —	Witton by Blofield	,, ,, ,, ,,
N.	7. —	Strumpshaw	,, ,, ,, ,,
N.	8. —	Calthorpe	,, ,, ,, ,,
N.	9. —	Ingworth	,, ,, ,, ,,
N.	10. —	Southacre	,, ,, ,, ,,
N.	11. —	Narborough	,, ,, ,, ,,
N.	12. —	Narford	,, ,, ,, ,,
N.	13. —	Dunham Magna	,, ,, ,, ,,
N.	14. —	Litcham	,, ,, ,, ,,
N.	15. —	Holkham	,, ,, ,, ,,
N.	16. —	Heacham	,, ,, ,, ,,
N.	17. —	Chedgrave	,, ,, ,, ,,
N.	18. —	Norwich, St. Mary Coslany	,, ,, ,, ,,
N.	19. —	Horstead	,, ,, ,, ,,
N.	20. —	Ranworth	,, ,, ,, ,,
N.	21. —	Woodbastwick with Panxworth	,, ,, ,, ,,
N.	22. —	Great Cressingham	,, ,, ,, ,,
N.	23. —	Barton Turf	,, ,, ,, ,,
N.	24. —	Hedenham	,, ,, ,, ,,
N.	25. —	Weeting, St. Mary's	,, ,, ,, ,,
N.	26. —	,, All Saints	,, ,, ,, ,,
N.	27. —	Carleton Roade	,, ,, ,, ,,
N.	28. —	Bedingham	,, ,, ,, ,,
N.	29. —	North Elmham	Edited by The Rev. A.G. Legge.
N.	30. —	Brampton	,, ,, ,, A.J. Mitchell.
N.	31. —	Bircham Newton	Published by A.H. Crose, Norwich.
N.	32. —	Old Buckenham	,, ,, ,, ,, ,,

xi

REFERENCES TO ENGLISH SURNAMES, 1601

NORTHAMPTONSHIRE

NH. 1. —	Clay Coton	Published in " The Northern Genealogist ".	
NH. 2. —	Moulton	,, by The Parish Register Society.	
NH. 3. —	Maxey	,, ,, Mitchell & Hughes, London.	

NORTHUMBERLAND

Nu. 1. — Berwick-upon-Tweed   Published by The Durham & Northumberland Par. Reg.Soc.

NOTTINGHAMSHIRE

No. 1. —	Headon	Published by The Parish Register Society.
No. 2. —	Walesby	,, ,, ,, ,,
No. 3. —	Car-Colston	,, ,, Phillimore, London.
No. 4. —	Elton-on-the-Hill	,, ,, ,, ,,
No. 5. —	Hawksworth	,, ,, ,, ,,
No. 6. —	Kneeton	,, ,, ,, ,,
No. 7. —	Orston	,, ,, ,, ,,
No. 8. —	Scarrington	,, ,, ,, ,,
No. 9. —	Thoroton	,, ,, ,, ,,
No. 10. —	Broughton-Sulney	,, ,, ,, ,,
No. 11. —	Colston-Bassett	,, ,, ,, ,,
No. 12. —	Cotgrave	,, ,, ,, ,,
No. 13. —	Cropwell Bishop	,, ,, ,, ,,
No. 14. —	Holme-Pierrepont	,, ,, ,, ,,
No. 15. —	Skelford	,, ,, ,, ,,
No. 16. —	Tithby	,, ,, ,, ,,
No. 17. —	Tollerton	,, ,, ,, ,,
No. 18. —	Balderton	,, ,, ,, ,,
No. 19. —	Barnby-in-the-Willows	,, ,, ,, ,,
No. 20. —	Cotham	,, ,, ,, ,,
No. 21. —	East Stoke	,, ,, ,, ,,
No. 22. —	Elston Chapel	,, ,, ,, ,,
No. 23. —	Elston	,, ,, ,, ,,
No. 24. —	Farndon	,, ,, ,, ,,
No. 25. —	Kilvington	,, ,, ,, ,,
No. 26. —	Newark-upon-Trent	,, ,, ,, ,,
No. 27. —	Costock	,, ,, ,, ,,
No. 28. —	Gotham	,, ,, ,, ,,
No. 29. —	Normanton-le-Soar	,, ,, ,, ,,
No. 30. —	Rempston	,, ,, ,, ,,
No. 31. —	East Leake	,, ,, ,, ,,
No. 32. —	Sutton Bonnington, St. Anne	,, ,, ,, ,,
No. 33. —	Widmerpool	,, ,, ,, ,,
No. 34. —	Attenborough	,, ,, ,, ,,
No. 35. —	Basford	,, ,, ,, ,,
No. 36. —	Beeston	,, ,, ,, ,,
No. 37. —	Bilborough	,, ,, ,, ,,
No. 38. —	Bramcote	,, ,, ,, ,,
No. 39. —	Barton-in-Fabis	,, ,, ,, ,,
No. 40. —	Bridgford, West	,, ,, ,, ,,
No. 41. —	Clifton	,, ,, ,, ,,
No. 42. —	Edwalton	,, ,, ,, ,,
No. 43. —	Trowell	,, ,, ,, ,,
No. 44. —	Wollaton	,, ,, ,, ,,
No. 45. —	Greasley	,, ,, ,, ,,
No. 46. —	Bingham	,, ,, ,, ,,
No. 47. —	Ollerton	,, ,, Pollard & Co., Exeter.
No. 48. —	Worksop	,, ,, Billing & Sons, Guildford.
No. 49. —	Shelton	,, ,, Robt. White, Worksop.
No. 50. —	Perlethorpe	,, ,, ,, ,,

LIST OF PARISHES INDEXED

No. 51. —	Carburton	Published by Robt. White, Worksop.	
No. 52. —	Sutton, St. Anne	,, ,, Phillimore, London.	
No. 53. —	,, St. Michael	,, ,, ,, ,,	
No. 54. —	Radford	,, ,, ,, ,,	
No. 55. —	Bunney	,, ,, ,, ,,	
No. 56. —	Langar	,, ,, ,, ,,	
No. 57. —	Selston	,, ,, ,, ,,	
No. 58. —	Sutton-in-Ashfield	,, ,, ,, ,,	
No. 59. —	Skegby	,, ,, ,, ,,	
No. 60. —	Teverstall	,, ,, ,, ,,	
No. 61. —	Gedling	,, ,, ,, ,,	
No. 62. —	Burton Joyce	,, ,, ,, ,,	
No. 63. —	Lowdham	,, ,, ,, ,,	

OXFORD

O. 1. —	Chipping Norton	Published by Phillimore, London.	
O. 2. —	Wooton	,, ,, ,, ,,	
O. 3. —	Pyrton	,, ,, ,, ,,	
O. 4. —	Kidlington	,, ,, Oxford Historian Society.	

RUTLANDSHIRE

R. 1. —	North Luffenham	Published by The Parish Register Society.

SHROPSHIRE

S. 1. —	Pitchford	Published by The Parish Register Society.	
S. 2. —	Ford	,, ,, ,, ,, ,,	
S. 3. —	Shipton	,, ,, ,, ,, ,,	
S. 4. —	Hopton Castle	,, ,, ,, ,, ,,	
S. 5. —	Moreton Corbet	,, ,, ,, ,, ,,	
S. 6. —	Clunbury	,, ,, ,, ,, ,,	
S. 7. —	Sibdon Carwood	,, ,, ,, ,, ,,	
S. 8. —	More	,, ,, ,, ,, ,,	
S. 9. —	Stapleton	,, ,, ,, ,, ,,	
S. 10. —	Selattyn	,, ,, ,, ,, ,,	
S. 11. —	Hughley	,, ,, ,, ,, ,,	
S. 12. —	Albrighton	,, ,, The Shropshire Parish Register Society.	
S. 13. —	Donington	,, ,, ,, ,, ,, ,,	
S. 14. —	Frodesley	,, ,, ,, ,, ,, ,,	
S. 15. —	Fitz	,, ,, ,, ,, ,, ,,	
S. 16. —	Uffington	,, ,, ,, ,, ,, ,,	
S. 17. —	Withington	,, ,, ,, ,, ,, ,,	
S. 18. —	Longnor	,, ,, ,, ,, ,, ,,	
S. 19. —	Leebotwood	,, ,, ,, ,, ,, ,,	
S. 20. —	Grinshill	,, ,, ,, ,, ,, ,,	
S. 21. —	Condover	,, ,, ,, ,, ,, ,,	
S. 22. —	Broseley	,, ,, Mitchell & Hughes, London.	
S. 23. —	Hanwood	,, ,, The Shropshire Parish Register Society.	
S. 24. —	Stanton Lacy	,, ,, ,, ,, ,, ,,	
S. 25. —	Wolstaston	,, ,, ,, ,, ,, ,,	
S. 26. —	Sidbury	,, ,, ,, ,, ,, ,,	
S. 27. —	Sheriffhales	,, ,, ,, ,, ,, ,,	
S. 28. —	Lydham	,, ,, ,, ,, ,, ,,	
S. 29. —	Claverley	,, ,, ,, ,, ,, ,,	
S. 30. —	Chelmarsh	,, ,, ,, ,, ,, ,,	
S. 31. —	Neenton	,, ,, ,, ,, ,, ,,	
S. 32. —	Wrockwardine	,, ,, ,, ,, ,, ,,	
S. 33. —	Wem	,, ,, ,, ,, ,, ,,	
S. 34. —	Bromefield	,, ,, ,, ,, ,, ,,	
S. 35. —	Tasley	,, ,, ,, ,, ,, ,,	

REFERENCES TO ENGLISH SURNAMES, 1601

SOMERSET

So. 1. —	Bruton	Published by The Parish Register Society.
So. 2. —	High Ham	"	" Phillimore, London.
So. 3. —	Long Sutton	"	"	"	"
So. 4. —	Northover	"	"	"	"
So. 5. —	North Curry	"	"	"	"
So. 6. —	Martock	"	"	"	"
So. 7. —	Drayton	"	"	"	"
So. 8. —	Ashill	"	"	"	"
So. 9. —	Beer Crocombe	"	"	"	"
So. 10. —	Stocklinch	"	"	"	"
So. 11. —	Shepton Beauchamp	"	"	"	"
So. 12. —	Wraxall	"	"	"	"
So. 13. —	Crewkerne	"	"	"	"
So. 14. —	Kingsbury Episcopi	"	"	"	"
So. 15. —	Overstowey	"	"	"	"
So. 16. —	Cannington	"	"	"	"
So. 17. —	Spaxton	"	"	"	"
So. 18. —	Pitminster	"	"	"	"
So. 19. —	Bradford	"	"	"	"
So. 20. —	West Buckland	"	"	"	"
So. 21. —	Norton Fitzwarren	"	"	"	"
So. 22. —	Taunton, St. Mary Magdalen	"	"	"	"
So. 23. —	Bishops Hill	"	"	"	"
So. 24. —	Ashbrittle	"	"	"	"
So. 25. —	Runnington	"	"	"	"
So. 26. —	Charlton Mackrell	"	"	"	"
So. 27. —	Street	"	" Pollard, Exeter.
So. 28. —	Wedmore	"	" Pople, Wedmore.
So. 29. —	Wilton	"	" Barnicott, Taunton.

STAFFORDSHIRE

St. 1. —	Walsall, St. Matthew	Published by Robinson, Walsall.
St. 2. —	Barton under Needwood	" " The Stafford Parish Register Society.
St. 3. —	Standon	" " " " " " "
St. 4. —	Milwich	" " " " " " "
St. 5. —	Castlechurch	" " " " " " "
St. 6. —	Haughton	" " " " " " "
St. 7. —	Ellastone	" " " " " " "
St. 8. —	Rocester	" " " " " " "
St. 10. —	Hamstall	" " " " " " "
St. 11. —	Alstonfield	" " " " " " "
St. 12. —	Berkswich	" " " " " " "
St. 13. —	Tatenhill	" " " " " " "
St. 14. —	Barlaston	" " " " " " "
St. 15. —	Trentham	" " " " " " "
St. 16. —	Brewood	" " " " " " "

SUFFOLK

Sf. 1. —	Knodishall	Published by Bemrose & Sons, London.
Sf. 2. —	Ipswich, St. Nicholas	" " The Parish Register Society.
Sf. 3. —	Brundish	Edited by F.A. Crisp. Privately printed.
Sf. 4. —	Frostenden	" " " " "
Sf. 5. —	Ellough	" " " " "
Sf. 6. —	Carlton	" " " " "
Sf. 7. —	Pakenham	" " " " "
Sf. 8. —	Tannington	" " " " "
Sf. 9. —	Letheringham	" " P.C. Rushen. Priv. pr. by F.A. Crisp.
Sf. 10. —	Buxhall	Published by Sotheran & Co., London.

LIST OF PARISHES INDEXED

SF. 11. —	Bardwell	Published by Mitchell & Hughes, London.
SF. 12. —	Horringer	„ „ „ „ „
SF. 13. —	Rattledon	„ „ Geo. Caster, Peterborough.
SF. 14. —	Little Gaxham	„ „ Geo. Booth, Woodbridge.
SF. 15. —	Thorington	„ „ Mitchell & Hughes, London.
SF. 16. —	Rushbrook	„ „ Geo. Booth, Woodbridge.
SF. 17. —	Ickworth	„ „ E. Jackson, Wells.
SF. 18. —	West Stow	„ „ Geo. Booth, Woodbridge.
SF. 19. —	Wordwell	„ „ „ „
SF. 21. —	Freston	Edited by the Rev. C.R. Durrant in Par. Mag.

SURREY

SU. 1. —	Banstead	Published by The Parish Register Society.
SU. 2. —	Haslemere	„ „ „ „ „ „
SU. 3. —	Merstham	„ „ „ „ „ „
SU. 4. —	Godalming	„ „ The Clarendon Press.
SU. 5. —	Addington	„ „ Mitchell & Hughes, London.
SU. 6. —	Wanborough	„ „ „ „ „
SU. 7. —	Richmond	„ „ „ „ „
SU. 8. —	Gatton	„ „ Mitchell, Hughes & Clarke, London.

SUSSEX

SS. 1. —	Edburton	Published by J.G. Bishop, "Herald Office", Brighton.

WARWICKSHIRE

W. 1. —	Bourton-on-Dunsmore	Published by Phillimore, London.
W. 2. —	Whitchurch	„ „ „ „
W. 3. —	Idlicote	„ „ „ „
W. 4. —	Butler's Marston	„ „ „ „
W. 5. —	Bishop's Tachbrook	„ „ „ „
W. 6. —	Charlecote	„ „ „ „
W. 7. —	Halford	„ „ „ „
W. 8. —	Snitterfield	„ „ „ „
W. 9. —	Hatton	„ „ „ „
W. 10. —	Aston-juxta-Birmingham	„ „ Cooper & Co., Birmingham.
W. 11. —	Stratford-on-Avon (Births)	„ „ The Parish Register Society.
W. 12. —	„ (Burials)	„ „ „ „ „
W. 13. —	„ (Marriages)	„ „ „ „ „
W. 14. —	Solihull	„ „ „ „ „
W. 16. —	Fillongley	„ „ Henry Robinson, Walsall.
W. 17. —	Southam	„ „ Elliott & Stock, London.
W. 18. —	Wroxall	„ „ Spottiswoode & Co., London.

WESTMORLAND

WE. 1. —	Askham	Published by Bemrose, Derby.
WE. 2. —	Ravenstone	„ „ Wilson, Kendal.

WILTSHIRE

WI. 1. —	Mere	Published by Phillimore, London.
WI. 2. —	Grittleton	„ „ „ „
WI. 3. —	Marlborough, St. Mary	„ „ „ „
WI. 4. —	Durrington	„ „ „ „
WI. 5. —	East Knoyle	„ „ „ „
WI. 6. —	Britford	„ „ „ „
WI. 7. —	Stockton	„ „ „ „
WI. 8. —	Milston	„ „ „ „
WI. 9. —	Newton Tony	„ „ „ „
WI. 10. —	Urchfont	„ „ „ „

REFERENCES TO ENGLISH SURNAMES, 1601

Wi. 11. —	Stert	Published by Phillimore, London.
Wi. 12. —	Salisbury, St. Thomas	,, ,, ,, ,,
Wi. 13. —	Baverstock	,, ,, ,, ,,
Wi. 14. —	Castle Eaton	,, ,, ,, ,,
Wi. 15. —	Southbroom	,, ,, ,, ,,
Wi. 16. —	Patney	,, ,, ,, ,,
Wi. 17. —	Cherington, alias Chirton	,, ,, ,, ,,
Wi. 18. —	Winterslow	,, ,, ,, ,,
Wi. 19. —	Salisbury Cathedral	,, ,, ,, ,,
Wi. 20. —	Purton	,, ,, ,, ,,
Wi. 21. —	Broad Chalke	,, ,, Mitchell & Hughes, London.
Wi. 22. —	Stourton	,, ,, The Harleian Society.
Wi. 23. —	Lyddiard Millicent	,, ,, Phillimore, London.
Wi. 24. —	Idminster	,, ,, ,, ,,
Wi. 25. —	Durneford	Edited by Sir Thomas Phillipps.

WORCESTERSHIRE

Wo. 1. —	Shipton-on-Stour	Published by Phillimore, London.
Wo. 2. —	Offenham	,, ,, ,, ,,
Wo. 3. —	Kington	,, ,, ,, ,,
Wo. 4. —	Rous Lench	,, ,, ,, ,,
Wo. 5. —	Cropthorne	Edited by F.A. Crisp. Privately printed.
Wo. 6. —	Bretforton	Published by H.W. Mayer, Evesham.
Wo. 7. —	Worcester, St. Helen's	,, ,, The Chiswick Press, London.
Wo. 8. —	Doddenham	,, ,, ,, ,, ,,

YORKSHIRE

Y. 1. —	Kirkburton	Published by Pollard & Co., Exeter.
Y. 2. —	Monk Fryston	,, ,, The Parish Register Society.
Y. 3. —	Kirk Ella	,, ,, ,, ,, ,,
Y. 4. —	Farnham	,, ,, ,, ,, ,,
Y. 5. —	Huggate	,, ,, ,, ,, ,,
Y. 6. —	Ingleby Greenhow	,, ,, Cross & Jackman, Canterbury.
Y. 7. —	Cherry Burton	,, ,, The Yorkshire Parish Register Society.
Y. 8. —	Burton Fleming	,, ,, ,, ,, ,, ,,
Y. 9. —	Allerton	,, ,, ,, ,, ,, ,,
Y. 10. —	Arncliffe	,, ,, ,, ,, ,, ,,
Y. 11. —	St. Michael le Belfry	,, ,, ,, ,, ,, ,,
Y. 12. —	Bongley	,, ,, ,, ,, ,, ,,
Y. 13. —	Dewsbury	,, ,, The Yorkshire Arch. Society.
Y. 14. —	Elland	,, ,, Whitehead, Leeds.
Y. 15. —	Calverley	,, ,, G.F. Sewell, Bradford.
Y. 16. —	Cundall	,, ,, T. Brakell, Liverpool.
Y. 17. —	Burnsall in Crewen	,, ,, The "Craven Herald", Skipton.
Y. 18. —	Leeds	,, ,, Whitehead, Leeds.
Y. 19. —	Roos, All Saints	,, ,, Brown, Hull.
Y. 20. —	Rylstone, St. Peters	,, ,, Petty, Leeds.
Y. 21. —	Horbury	,, ,, The Yorkshire Parish Register Society.
Y. 22. —	Winestead	,, ,, ,, ,, ,, ,,
Y. 23. —	Patrington	,, ,, ,, ,, ,, ,,
Y. 24. —	Linton in Craven	,, ,, ,, ,, ,, ,,
Y. 25. —	Kippax	,, ,, ,, ,, ,, ,,
Y. 26. —	Wath upon Dearne	,, ,, ,, ,, ,, ,,
Y. 27. —	Stokesley	,, ,, ,, ,, ,, ,,
Y. 28. —	Skipton in Craven	,, ,, "Craven Herald" Skipton.
Y. 29. —	Hackness	,, ,, The Yorkshire Parish Register Society.
Y. 30. —	Marske in Cleveland	,, ,, ,, ,, ,, ,,
Y. 31. —	Howden	,, ,, ,, ,, ,, ,,
Y. 32. —	Pickhill-cum-Roxby	,, ,, ,, ,, ,, ,,

LIST OF PARISHES INDEXED

Y. 33. —	Sandal Magna	,,	,,	" The Northern Genealogist "
Y. 34. —	Bolton by Bolland	,,	,, ,, ,, ,,	
Y. 35. —	York Minster, All Saints	,, ,, ,, ,, ,,		
Y. 36. —	Gargreave	Published by The Yorkshire Parish Register Society.		
Y. 37. —	Otley	,, ,, ,, ,, ,, ,, ,,		
Y. 38. —	Kirklington	,, ,, ,, ,, ,, ,, ,,		
Y. 39. —	Terrington	,, ,, ,, ,, ,, ,, ,,		
Y. 40. —	Thornhill	,, ,, ,, ,, ,, ,, ,,		
Y. 41. —	Rothwell	,, ,, ,, ,, ,, ,, ,,		
Y. 42. —	Ecclesfield	,, ,, ,, ,, ,, ,, ,,		
Y. 43. —	Methley	,, ,, Knight & Forster, Leeds.		
Y. 44. —	Bradford	,, ,, MacDougall, Sheffield.		
Y. 45. —	Barwicke-in-Elmet	,, ,, Knight & Forster, Leeds.		
Y. 46. —	Manfield	,, ,, The Bradford Hist. & Ant. Soc.		

INDEX OF SURNAMES

Abbot, Y. 17, 18.
Abbott, Do. 13; La. 8, 15; Y. 31.
Abbye, L. 7.
Abeel, L. 18.
Abeele, L. 18.
Abeels, L. 18.
Abell, W. 12, 13.
Abery, So. 22.
Aberley, L. 19.
Ablet, Ca. 4.
Abote, La. 18.
Abrae, La. 9.
Abraham, C. 2; E. 12; L. 7.
Abray, Nu. 1.
Abrie, So. 22.
Accart, K. 4.
Accristie, La. 10.
Acfin, L. 12.
Acie, Y. 3.
Ackland, L. 7, 8.
Acres, La. 29.
Acringley, La. 14.
Acrod, Y. 13.
Acton, L. 1.
Adam, De. 2.
Adames, He. 10; L. 7; So. 28; Y. 18.
Adamies, E. 17.
Adams, B. 15; C. 14; Ha. 22; L. 16, 18; M. 2; N. 29; S. 27, 33; So. 26; Wi. 25.
Adamson, La. 10; Y. 44.
Adamthwat, We. 2.
Adcock, Y. 18.
Adcocke, Y. 13.
Addams, L. 19; N. 4; S. 22.
Addamthwaite, We. 2.
Adderlie, St. 12.
Addes, So. 28.
Addeson, Nh. 3.
Addison, Du. 6; La. 27.
Addoms, S. 20.
Addrian, Y. 18.
Adie, K. 2.
Adihorne, C. 30.
Adkin, Sf. 7.
Adkinson, La. 24; No. 48.
Adley, G. 28.
Adlington, La. 24.
Adman, K. 18.
Admanes, K. 18.
Adomson, St. 1.
Adrian, C. 29.
Adrington, B. 4.
Adshed, Ch. 2, 3.

Adshedde, Ch. 2.
Aecaster, Y. 36.
Agbarow, Wo. 7.
Aggs, N. 11.
Aglett, E. 15.
Agoodes, La. 12.
Ainscow, La. 3.
Aire, Y. 27.
Aires, So. 22.
Airton, Y. 20.
Aiscroft, La. 10.
Akars, Y. 9.
Akers, N. 29.
Alanson, Li. 6.
Albrooke, Su. 3.
Alcocks, L. 19.
Alcoke, K. 23.
Aldcroft, Ch. 3.
Alden, B. 15; M. 1.
Alder, Be. 3.
Alderley, L. 7.
Aldermary, L. 10.
Alderton, M. 2.
Aldin, M. 2.
Aldred, Ha. 26.
Aldredg, Y. 18.
Aldridge, Ha. 27.
Alen, G. 2.
Aleward, Su. 2.
Alewijns, L. 18.
Alewyn, K. 8.
Alexander, C. 3; Ha. 8.
Alison, He. 10.
Alisonne, Li. 14.
Alker, La. 10.
Allais, K. 4.
Alla[m], Sf. 11.
Allambridge, Y. 15.
Allandson, Y. 16.
Allard, He. 7.
Allarde, St. 16.
Allchorne, K. 10.
Allcocke, No. 34.
Alleigne, L. 7.
Allen, Be. 3; C. 2; Ca. 8; D. 1; Ha. 18; L. 8, 13, 19; La. 3; M. 2; So. 9, 28; Su. 2; W. 11, 12, 18; Y. 40.
Allens, La. 1.
Allenson, S. 33.
Aller, So. 13.
Allerton, La. 10.
Allin, K. 18; L. 12; St. 4.
Allinson, La. 18.
Allon, La. 23.

Allonson, La. 20.
Allott, Y. 13.
Allred, La. 17.
Allstone, L. 7.
Allyn, Y. 11.
Almonburiae, Y. 14.
Almonde, Li. 1.
Aloe, L. 12.
Alredd, La. 24, 28.
Alsop, St. 10.
Alsoppe, St. 7.
Althrap, L. 8.
Althrop, L. 8.
Alty, M. 1.
Alworth, E. 12.
Aly, G. 28.
Alyard, N. 29.
Amble, Y. 18.
Ambler, Y. 18.
Ambrose, La. 10.
Amery, Ch. 1.
Ameryne, He. 10.
Ames, Ha. 27; So. 1; Wi. 19.
Amey, Su. 6.
Amon, M. 2.
Amotte, La. 4.
Amsheade, La. 15.
Amys, E. 12; K. 6, 16.
Amyson, St. 3.
Amysse, C. 36.
Ancot, St. 2.
Anderso, Y. 30.
Anderson, Du. 3, 4; Nu. 1.
Andersonn, We. 2; Y. 11.
Andersonne, No. 26.
Anderton, La. 1, 3, 8; W. 14
Andras, G. 50.
Andrew, Le. 1.
Andrewe, C. 3; De. 4; La. 24; Li. 10.
Andrews, Ch. 3.
Androse, S. 29.
Androw, K. 19.
Androwes, Do. 7; L. 2; M. 2.
Angearge, C. 3.
Anglezer, Ch. 5.
Angod, Wi. 21.
Angoffe, C. 20.
Angrome, Y. 37.
Anhay, C. 3.
Annes, C. 32.
Annott, K. 15.
Ansell, E. 12; L. 7.
Ansley, M. 2.
Anstowe, L. 8.

xix

INDEX OF SURNAMES

Anterbas, Ch. 1.
Antheunis, L. 18.
Anthony, He. 1.
Anthonye, C. 4.
Antipas, Wi. 12.
Antrobus, W. 5.
Anwoode, No. 26.
Anyon, La. 22.
Anzer, E. 6.
Ap Hugh, S. 23.
Ap John, S. 33.
Ap Mathew, S. 32.
Ap Richard, He. 9 ; S. 15.
Ap Ryse, St. 12.
Ap Thomas, S. 33.
Apley, La. 23.
Aplowe, La. 15.
Aplye, De. 4.
Appeslin, Wi. 25.
Appleton, K. 10.
Appleyard, Y. 3.
Appleyeard, Y. 18.
Apthrop, Y. 31.
Archbauld, Nu. 1.
Archer, Du. 7 ; K. 10, 19 ; L. 7 ; La. 19.
Arderne, Ch. 3 ; No. 51.
Arding, Bd. 1.
Ardron, Ch. 2.
Arie, Ha. 10.
Arkell, Du. 1.
Arlush, Y. 31.
Armestrong, Du. 5.
Armidell, L. 11.
Armig, Bd. 1.
Armiger, W. 11.
Armitage, Y. 18, 26, 41.
Armorer, Nu. 1.
Armstronge, M. 2.
Armytage, La. 24 ; Y. 1.
Arnalde, Wi. 15.
Arnall, Li. 2.
Arnde, L. 19.
Arnold, L. 16 ; M. 2 ; No. 24 ; Y. 33.
Arnolde, He. 9 ; L. 19 ; Li. 1 ; No. 26 ; W. 14.
Arris, K. 19.
Arrowsmith, K. 18.
Arrowsmyth, La. 28.
Arter, C. 40.
Arthur, G. 27, 52 ; K. 10.
Arton, Y. 18.
Arudal, Sf. 7.
Arundell, C. 2 ; G. 5 ; Ha. 10 ; Y. 33.
Asbye, La. 24.
Aseye, Sf. 4.
Ashborne, Ch. 2.
Ashburner, La. 23, 26, 27.

Ashburnham, M. 1.
Ashburnr, La. 20.
Ashby, B. 1.
Ashcrofte, Ch. 2 ; La. 3.
Ashe, Do. 13 ; Nu. 1.
Ashebourne, L. 7.
Asheburie, S. 22.
Asheley, L. 16.
Ashelon, L. 7.
Ashenhurst, Le. 1.
Asheton, La. 9.
Ashover, No. 41.
Ashton, Ch. 3 ; La. 9, 10, 24 ; M. 2 ; So. 22 ; Y. 13, 47.
Ashtonns, La. 9.
Ashurst, La. 28.
Ashurste, W. 14.
Ashwell, E. 7.
Ashworthe, La. 1.
Askewe, L. 17, 27.
Askwith, Y. 45.
Asmall, La. 24.
Asmoe, La. 18.
Aspden, La. 29.
Aspedeyne, La. 8.
Aspinall, La. 29.
Asplen, O. 1.
Aspull, La. 3.
Asser, M. 1.
Assheton, La. 25.
Assheworthe, La. 25.
Asson, M. 1. ; St. 1 ; W. 12.
Asston, W. 11.
Asteleye, S. 9.
Asterley, S. 23.
Astill, Le. 1.
Astle, Ch. 2.
Astleie, La. 8 ; W. 14.
Astley, La. 8, 24, 28; St. 1 ; Y. 20.
Astly, Wo. 7.
Aston, W. 11.
Atfield, Ha. 4.
Atherton, La. 10.
Atkenson, La. 23.
Atkingson, Y. 31.
Atkins, He. 9 ; Wo. 7.
Atkinson, Cu. 1 ; He. 9 ; K. 18 ; L. 7 ; La. 15,19,25,26 ; M. 1, 2 ; N. 29 ; Nu. 1 ; Y. 15,18,23, 28, 34, 41.
Atkinsonn, Y. 34.
Atkis, S. 30.
Atkyn, D. 1.
Atkynns, B. 4.
Atree, L. 7.
Atries, Nu. 1.
Attinalle, Li. 4.
Atton, Le. 1.
Attwod, W. 12.
Atwater, Su. 2.

Atwell, So. 22.
Atwod, W. 11, 12.
Atwood, G. 55.
Atwoode, W. 12.
Auderson, Y. 27.
Auger, L. 12.
Aughton, La. 4.
Aulcocke, S. 30.
Ault, Wi. 21.
Aunger, C. 38.
Aunsell, O. 1.
Austen, M. 2 ; Wo. 6.
Austendike, Li. 5.
Austin, B. 1.
Austyne, Be. 3.
Auther, G. 23.
Averall, Ha. 19.
Averell, W. 14.
Averie, Be. 3.
Avery, So. 18.
Avis, Su. 4.
Avison, L. 3.
Avory, N. 19.
Awckland, Y. 31.
Awdcroft, La. 24.
Awderson, Y. 27.
Awdrson, We. 2.
Awdsley, Y. 13.
Awdus, Y. 31.
Awen, La. 17.
Awme, Y. 31.
Awmond, Y. 11.
Awood, G. 1.
Awson, N. 29.
Awsten, K. 22 ; L. 19.
Awtie, La. 12.
Axstell, B. 1.
Ayelord, Ha. 16.
Ayer, He. 9.
Ayers, G. 21.
Ayler, Ca. 10.
Ayleward, Ha. 8.
Aylewarde, M. 5.
Ayllemire, Y. 18.
Aylward, Be. 3 ; L. 7.
Aynesworthe, La. 1 ; St. 7.
Aynge, W. 11, 12.
Aynscombe, Su. 3.
Ayre, Du. 7.
Ayres, K. 10.

Baalle, Le. 7.
Babb, B. 1 ; So. 18.
Babbe, He. 9.
Baber, L. 16.
Babington, L. 5, 17.
Baby, So. 18.
Babye, L. 7.
Bache, W. 14.

INDEX OF SURNAMES

Bachellor, HA. 1.
Backer, L. 18.
Backhouse, L. 1 ; LA. 2 ; ST. 5.
Backhowse, Y. 28.
Backster, CH. 3.
Bacon, E. 12 ; ST. 8 ; Y. 42, 44.
Bacone, No. 58.
Badcocke, DE. 4.
Badden, ST. 1.
Baddington, M. 1.
Badgger, LI. 16.
Badkyn, K. 2.
Badwyn, LA. 15.
Baffe, HA. 27.
Bagfoote, Y. 18.
Bagg, M. 3.
Bagley, O. 1.
Bagly, B. 8.
Bagnald, ST. 15.
Bagnes, L. 7.
Bagueleye, LA. 17.
Baguley, CH. 3 ; LA. 7.
Baguleye, CH. 2.
Bagwell, Do. 9.
Bailes, W. 12.
Bailye, Do. 13 ; HE. 9.
Bainbridge, Cu. 1.
Baine, Y. 24.
Baitman, LA. 23.
Baits, Y. 15.
Baitson, LA. 23 ; Y. 15, 36.
Bake, LA. 3.
Baker, BE. 3; CA. 3; DE. 4; G. 1, 23; HA. 9; L. 2, 11, 19; LI. 5; N. 16; No. 58; SF. 13; So. 14, 22 ; ST. 1, 2, 10 ; Su. 4.
Bakers, Do. 2.
Balam, SF. 7.
Balch, Do. 12.
Balchild, HA. 4.
Balden, LA. 3.
Baldeston, LA. 23.
Baldocke, K. 14.
Baldwin, SF. 12.
Baldwyn, B. 10.
Baldwyne, L. 7 ; LA. 14.
Bale, C. 30 ; DE. 4 ; LE. 1.
Baledon, Y. 20.
Bales, N. 30.
Balgay, L. 14.
Balie, Y. 18.
Baliffe, WE. 2.
Ball, K. 2 ; SF. 2 ; ST. 1 ; Y. 33.
Ballamy, W. 11.
Ballard, CA. 8 ; G. 51 ; HE. 6.
Balle, Do. 13 ; LE. 5 ; ST. 11.
Ballenghien, L. 12.
Baller, DE. 4.
Ballert, LA. 10.
Ballett, So. 28.
Ballinger, G. 26.
Ballord, L. 5.
Bally, Do. 13.
Ballyme, DE. 4.
Balme, Y. 18.
Balshawe, LA. 15.
Baltrop, CA. 5.
Bamber, LA. 11, 22.
Bambridge, Du. 1.
Bambrig, Du. 5.
Bambrough, Y. 44.
Bambroughe, Y. 39.
Bamford, LA. 24 ; ST. 2.
Bamforde, Y. 44.
Bamforte, LA. 1.
Bamforthe, LA. 25.
Bampton, B. 13.
Bamstede, E. 12.
Bancke, LA. 19.
Banckes, LA. 1 ; Y. 22.
Bancks, L. 13.
Bancroft, LA. 14.
Bancrofte, LA. 29.
Band, So. 29.
Bande, C. 43 ; DE. 4.
Banes, K. 10.
Banester, LA. 5, 8, 10, 15.
Banestr, LA. 5.
Banggor, Y. 11.
Banister, LA. 5, 14, 23 ; M. 2 ; Y. 2, 18, 36.
Banke, Y. 18, 34.
Bankes, LA. 3 ; ST. 10.
Banks, Y. 31.
Banstone, WI. 7.
Bante, C. 3.
Banton, LA. 23.
Baraclowse, Y. 14.
Baraclughe, Y. 12.
Barbar, LA. 19; W. 11; Y. 13,44.
Barber, DE. 3 ; LA. 24 ; N. 15, 29 ; ST. 13 ; W. 13.
Barbett, K. 13.
Barbor, CH. 2.
Barcrofte, LA. 29.
Barden, Y. 4.
Barghe, Y. 13.
Barham, K. 23.
Barkeley, So. 1.
Barker, B. 19 ; Cu. 2 ; D. 1, 2 ; E. 2 ; LA. 10, 13, 15, 29; LE. 4; R. 1; SF. 7; ST. 16 ; WI. 12 ; Y. 1, 30.
Barklyn, Wo. 1.
Barlet, Y. 37.
Barley, Nu. 1 ; Y. 18.
Barllowe, L. 1.
Barloe, La. 17 ; S. 33.
Barlowe, CH. 2 ; LA. 1, 7, 9, 24, 25, 28.
Barloww, LA. 17.
Barly, CA. 8.
Barnard, B. 4, 9 ; C. 37 ; E. 12 ; K. 19.
Barnbie, Y. 18.
Barne, LA. 24 ; ST. 2.
Barnes, K. 13 ; LA. 17, 29 ; M. 1 ; SF. 13, 15 ; Su. 7 ; WI. 10, 12.
Barnet, CA. 11.
Barnett, M. 2 ; W. 14.
Barney, S. 12.
Barnie, O. 3.
Barnsleye, Y. 42.
Barnycote, C. 4.
Barom, Y. 13.
Baron, CA. 10 ; E. 1 ; LA. 1, 3, 29.
Barond, Y. 37.
Barons, DE. 4.
Barowe, LA. 19 ; Y. 26.
Barraclough, Y. 18.
Barraclowe, Y. 14.
Barrat, Nu. 1.
Barratt, CH. 3.
Barre, K. 19.
Barrell, SF. 2.
Barret, L. 1 ; M. 5 ; NH. 2 ; SF. 11; Y. 28.
Barrett, DE. 4.
Barrette, CH. 2.
Barronde, LI. 10.
Barrones, LE. 7.
Barrow, LA. 10, 19 ; Y. 34.
Barrowe, Du. 7 ; G. 53 ; LA. 23 ; Y. 28.
Barsbee, LE. 4.
Barsbye, LE. 1.
Barsha, N. 29.
Bartelet, SF. 15.
Bartholemewe, DE. 4.
Bartholomewe, CH. 3.
Bartindale, Y. 5.
Bartle, C. 42.
Bartlet, L. 14 ; WI. 11.
Bartlett, DE. 4 ; K. 6 ; MI. 2.
Bartlitt, M. 1.
Bartlot, Y. 12.
Bartmew, HA. 19.
Barton, E. 1 ; G. 52 ; L. 19 ; LA. 4, 10 ; LI. 15 ; Su. 4, 7.
Bartram, Cu. 1 ; ST. 14 ; Y. 27.
Barttersby, LA. 24.
Barwicke, LA. 17, 19.
Baseley, HE. 10.
Basely, C. 2.
Baskerville, L. 5.
Basket, So. 2.
Basset, ST. 12.
Bassett, L. 19.
Bastard, LA. 3.
Basteur, K. 4.

xxi

INDEX OF SURNAMES

Bastian, C. 44.
Bastwicke, E. 7.
Batche, G. 20.
Bate, B. 14 ; C. 2 ; D. 1 ; R. 1 ;
　S. 33 ; Wo. 5.
Batema, E. 6.
Bateman, B. 5 ; La. 19 ; M. 1.
Bates, B. 24 ; L. 4, 7 ; Y. 14, 18.
Bath, C. 20 ; So, 28.
Bathe, C. 43 ; La. 9.
Batherst, L. 11.
Batho, L. 10.
Bathoe, Wo. 7.
Batiswell, C. 37.
Batman, G. 49.
Batson, La. 24 ; M. 1.
Batt, B. 5.
Batte, L. 7.
Batten, C. 36 ; Wi. 18.
Battersbie, La. 1, 24, 28.
Battie, L. 7 ; La. 14.
Batty, Y. 1, 29.
Battye, B. 4.
Bauden, C. 15.
Bauldwin, Wo. 1.
Baule, He. 9.
Bauler, Do. 1.
Baumford, S. 24.
Bawden, K. 6 ; Y. 36.
Bawdeweyne, La. 13.
Bawmeford, Y. 47.
Baxam, Do. 13.
Baxenden, Y. 14.
Baxter, He. 9 ; L. 13 ; La. 24 ;
　Sf. 20 ; St. 1, 2 ; Y. 34.
Bayeden, G. 36.
Bayes, He. 9.
Bayley, La, 6, 7, 12 ; St. 1, 2 ;
　Su. 4 ; Y. 31.
Baylie, G. 29 ; K. 12 ; L. 19 ;
　So. 6, 21 ; St. 7. 10 ; Y. 47.
Baylies, Wo. 7.
Baylife, Y. 15.
Baylighe, De. 4.
Bayly, Su. 7.
Baylye, L. 7 ; Y. 42.
Baynard, M. 1.
Baynes, L. 7 ; Y. 45.
Baytes, Y. 47.
Bayts, Y. 30.
Beacom, La. 24.
Beake, K. 22.
Beale, C. 30 ; K. 22 ; L. 8.
Beall, Y. 31, 43.
Beames, Du. 1.
Beamire, Sf. 10.
Beamond, La, 24 ; M. 2 ; Y. 1,
　18, 44.
Beane, Cu. 1 ; L. 7 ; Y. 11, 12.
Beaple, De, 4.

Beard, N. 19 ; Y. 26.
Bearde, Wo. 5 ; Y. 42.
Beardsell, Y. 1.
Beare, De. 4 ; K. 15 ; La. 19 ; M. 1.
Beast, Su. 7.
Beatch, Li. 10.
Beaumonde, Su. 5.
Beaumont, B. 1.
Beaver, Y. 1.
Beawsye, Do. 15.
Bebe, Ha. 16.
Beck, Cu. 2 ; La. 24, 27 ; Li. 1 ;
　Wo. 7.
Becke, L. 7 ; Li. 9 ; S. 34.
Becket, Y. 18, 41.
Beckett, Y. 26.
Beckfoord, B. 4.
Beckham, Nu. 1.
Becroft, Li. 18.
Becrofte, Y. 17, 18.
Bedam, Y. 11.
Beddowe, L. 7 ; S. 24, 34.
Bedford, G. 19 ; K. 12 ; Y. 45.
Bedfoord, K. 12.
Bedforth, Y. 18, 40.
Bedforthe, Y. 40.
Bednell, Nu. 1.
Bedow, S. 10.
Bee, La. 12 ; W. 13.
Beech, He. 9.
Beeche, Li. 5.
Beedan, Y. 18.
Beeke, K. 19.
Beelbie, Y. 31.
Beere, So, 22.
Beerman, L. 4.
Begley, No. 61.
Beighton, Y. 44.
Beiston, Y. 12.
Bekerdick, Y. 4.
Beldon, Y. 1.
Bele, M. 2.
Belenger, K. 4.
Beley, La. 13.
Belffelde, La. 25.
Belfield, D. 1.
Belie, La. 11.
Belingham, B. 1.
Bell, Du. 2, 6, 7 ; E. 13 ; La. 15,
　17, 19 ; M. 2 ; Nu. 1 ; Su. 2 ;
　We. 1 ; Wi. 21 ; Wo. 7 ; Y. 6,
　11, 18, 30, 41.
Bellamy, No. 26.
Bellamye, L. 19.
Bellfeld, L. 5.
Bellin, Ch. 6.
Bellingam, L. 8.
Bellmye, L. 7.
Belsone, N. 16.
Belsson, B. 4.

Belton, Y. 2.
Belvet, K. 4.
Beman, So, 28.
Bemon, La. 1.
Benbow, Y. 2, 25.
Benbowe, M. 2 ; S. 22.
Bend, Nh. 1.
Bendall, G. 28.
Bende, Nh. 1.
Benet, G. 1, 5 ; He. 9.
Benete, La. 18.
Benett, St. 1.
Benge, L. 19.
Benion, S. 33.
Benison, La. 23 ; Y. 30.
Benitt, Ch. 4.
Benne, Cu. 1.
Bennet, C. 19 ; G. 45 ; Ha. 26, 27 ;
　He. 10 ; K. 5 ; La. 3 ; M. 2 ;
　St. 12 ; Su. 2.
Bennetson, Ch. 3.
Bennett, B. 20 ; C. 2, 4 ; Ch. 6 ;
　K. 2 ; L. 5, 19 ; Li. 5 ;
　So. 22.
Bennynge, B. 1.
Bennyson, Li. 1.
Benson, La. 11, 26, 27 ; Y. 25.
Bentley, Wi, 7 ; Y. 14, 18.
Bentom, La. 24.
Benton, Li. 4.
Beomont, Y. 41.
Beomount, Y. 41.
Beoser, G. 40.
Berbor, La. 17.
Berde, So. 13.
Berdyn, E. 5.
Beresforde, St. 11.
Bergieker, G. 12.
Berie, G. 53.
Berington, S. 23.
Berloe, La. 17.
Berman, L. 4.
Berriat, G. 55.
Berrie, K. 15 ; Le. 4 ; M. 1.
Berry, B. 13 ; C. 34.
Berrye, He. 9 ; La. 4.
Bert, Sf. 10.
Bertran, L. 12.
Besant, K. 2.
Beser, So. 28.
Beskregin, C. 15.
Beslye, No. 1.
Best, K. 2 ; L. 8 ; Wi. 18 ; Y. 32.
Beswaye, C. 25.
Beswick, L. 4.
Beswicke, La. 24.
Betson, Y. 11.
Bett, E. 9 ; No. 48.
Betterice, M. 1.
Bettes, M. 2.

INDEX OF SURNAMES

Bettye, C. 40.
Bevans, L. 19.
Beverley, M. 2 ; S. 12 ; Y. 41.
Bewe, Y. 23.
Bewly, Cu. 2 ; S. 33.
Bexwick, La. 24.
Bexwicke, La. 24.
Bexwike, La. 1.
Bhingham, No. 60.
Bibbe, Ch. 6.
Bibby, La. 22.
Bichenoll, B. 2.
Bickerdicke, R. 1.
Bickerstafe, L. 19.
Bickerstaffe, No. 11.
Bickerstead, Li. 10.
Bicknold, Su. 4.
Biddle, W. 17.
Bie, L. 18.
Bifield, W. 11.
Big, Bd. 1.
Bigbye, Li. 11.
Bigg, G. 49.
Biggen, D. 1.
Bigges, G. 55 ; Sf. 2.
Bigglyne, G. 47.
Bigland, La. 19.
Bignell, K. 12.
Bikarstaffe, La. 11.
Bilcliffe, Y. 1.
Bilclyffe, Y. 40.
Billinge, No. 26.
Billinghurst, Su. 4.
Billingslie, L. 3.
Billingshly, L. 3, 5.
Billington, Y. 34.
Bilt, E. 6.
Bilton, Y. 8, 23.
Bincks, L. 19.
Binding, L. 19.
Binds, Y. 31, 34.
Binge, K. 10, 12, 23.
Bingley, Y. 1, 47.
Binks, Y. 31.
Binnes, Y. 14.
Binniamin, L. 10.
Bins, Y. 14.
Binsley, Y. 38.
Binyon, Du. 6.
Biram, Ch. 6.
Birch, La. 17, 24 ; St. 1.
Birchall, La. 3.
Birche, La. 1, 24.
Birchmore, He. 10.
Birckes, St. 14.
Bird, G. 52 ; No. 48 ; St. 13.
Birde, G. 50 ; K. 3 ; L. 7 ; N. 30.
Birey, La. 19.
Birkdale, Y. 38.
Birke, Y. 41.

Birkenhead, Ch. 1.
Birkett, La. 19.
Birkheade, Y. 47.
Birkill, Y. 13, 29.
Birtche, La. 7.
Birte, Wo. 5.
Birtenshawe, La. 24.
Birtwisle, La. 29.
Bisband, L. 2.
Biscop, K. 4 ; L. 12.
Bishoppe, Ch. 3.
Bishoprick, Y. 32.
Bispan, La. 23.
Bissell, Li. 5.
Bisseter, L. 7.
Bithom, La. 23.
Bixteth, Ch. 6.
Blabye, Nh. 3.
Blacburne, Y. 41.
Black, Y. 11.
Blackamoore, Nu. 1.
Blackbornes, K. 15.
Blackburn, La. 12.
Blackburne, La. 8 ; Y. 6, 18, 37.
Blackdone, Nu. 1.
Blackebrookes, Y. 47.
Blacker, Y. 33.
Blackey, Y. 1.
Blackfoorde, De. 4.
Blackford, G. 46.
Blackledge, La. 8.
Blackman, C. 30 ; He. 1.
Blackmore, De. 4 ; La. 4.
Blacknoll, Be. 3.
Blackshew, Le. 1.
Blackwell, B. 8 ; M. 1.
Blackwood, St. 1.
Blagbournes, Y. 17.
Blaggrove, Be. 3.
Blagrave, L. 19.
Blake, C. 19; De. 2; Ha. 1, 27;
  Le. 1 ; So. 28 ; Su. 1 ; Y. 11.
Blakeley, Y. 40.
Blakeway, S. 1.
Blakewaye, S. 32.
Blakey, La. 14 ; Y. 1.
Blakley, La. 24.
Blakye, Y. 12.
Blamyre, Cu. 2.
Blanch, G. 5.
Blancherd, Li. 18.
Blanckleye, No. 56.
Bland, Ha. 5 ; La. 2, 23 ; Y. 18.
Blande, Li. 14 ; Y. 18.
Blange, Be. 5.
Blansheard, Y. 31.
Blaunche, C. 4.
Blaymires, Y. 47.
Blayne, Cu. 2.
Bleare, L. 19.

Bleasdell, La. 12.
Bledden, M. 3.
Bledlow, B. 16.
Bleeke, Wi. 5.
Blest, K. 22.
Blewinson, M. 1.
Blewyn, B. 4.
Blicke, W. 14.
Blickerd, So. 14.
Bligh, C. 1, 38.
Blighe, La. 26.
Blinston, La. 24.
Blisse, M. 1, 5.
Bliszard, Wo. 5.
Blith, Y. 23.
Bloer, Li. 15.
Bloiart, L. 12.
Blome, Sf. 11 ; Y. 26.
Blomeley, La. 9, 24.
Blomfild, N. 29.
Blonde, K. 4.
Bloumer, La. 3.
Blounte, De. 4.
Blower, Sf. 1.
Blowey, L. 7.
Blowmer, La. 19.
Bluet, C. 5.
Blumer, B. 8.
Blumfild, Sf. 7.
Blundall, St. 3.
Blundell, La. 4, 10.
Blunden, Su. 4.
Blunt, La. 4 ; St. 1 ; Y. 19.
Blunte, De. 4.
Blute, Y. 30.
Blyss, Cu. 1.
Blyth, W. 10.
Blythe, D. 1.
Boardman, La. 7.
Boare, La. 24.
Bobye, C. 20.
Bocher, C. 16.
Bochu, L. 12.
Bockin, K. 12.
Boddy, Su. 7.
Bodener, C. 32.
Boderlogon, C. 42.
Bodger, Su. 4.
Body, C. 2.
Bodye, L. 19.
Bodyn, R. 1.
Boes, C. 4.
Boeve, Le. 18.
Bogey, Li. 10.
Boijsse, L. 18.
Boland, Ch. 3.
Bolde, Ha. 26.
Bollde, L. 7.
Bolles, M. 1 ; No. 48.
Bollin, Ch. 6.

xxiii

INDEX OF SURNAMES

Bollynge, Y. 47.
Bolter, BE. 5.
Bolton, LA. 1, 3; Y. 2, 18.
Boman, DE. 4.
Bon, K. 4.
Bonck, LA. 12.
Bond, SF. 10; So. 18; Y. 2.
Bonde, BE. 5; LA. 15; No. 55; So. 2, 24.
Bone, CU. 2; N. 29.
Bonette, L. 18.
Bonfat, C. 1.
Bonham, B. 7.
Bonis, L. 7.
Bonney, No. 48.
Bonnye, M. 1.
Bonython, C. 2.
Bookman, Y. 14.
Boole, SF. 13.
Boomer, No. 48; ST. 16.
Boonson, LA. 26.
Boora, E. 13.
Boote, No. 36, 37; W. 13.
Booth, L. 13; M. 2; Y. 18, 26, 41, 47.
Boothe, CH. 3; DU. 3; G. 17; L. 19; LA. 1; M. 1; ST. 11. SU. 4; Y. 13, 18.
Boothes, CH. 3.
Boothman, LA. 14, 29.
Borat, C. 20.
Borcke, LA. 19.
Bordeman, CH. 3.
Bordman, LA. 8, 17, 24; No. 43.
Bore, S. 4.
Borlace, C. 46.
Borne, L. 16; ST. 1.
Borowe, CA. 5.
Borrett, SF. 3, 8.
Borrowdalle, LI. 3.
Borrowe, C. 23; WI. 22.
Borrowes, L. 5; ST. 1.
Borwicke, LA. 17.
Bosaver, C. 3.
Bose, SF. 7.
Bosfrancan, C. 20.
Bosse, SF. 7.
Bossyns, C. 22.
Bostock, L. 4.
Bostocke, S. 33.
Boston, DE. 3.
Boswell, L. 19; LI. 13.
Bote, B. 5.
Botfielde, S. 14.
Botham, ST. 8.
Bothby, L. 5.
Bothomley, Y. 14.
Bothroide, Y. 14.
Bott, ST. 7, 8.
Botte, ST. 7.

Botterill, Y. 7.
Botters, C. 34.
Bottrell, C. 15.
Boucocke, LA. 14.
Boudler, S. 25.
Bouggie, B. 18.
Boughton, LI. 10.
Bould, Y. 18.
Boulden, G. 12.
Boule, SF. 2.
Boulenger, K. 4.
Boulton, LA. 4, 8, 18, 19, 24, 28.
Bounde, C. 24.
Boune, CU. 2.
Bounus, Y. 11.
Bourn, L. 3.
Bourne, L. 7; Y. 38.
Bourseret, L. 12.
Bouth, LA. 13, 24.
Bouthe, CH. 2.
Bowcocke, Y. 14, 28.
Bowden, C. 4; DE. 4; WI. 12.
Boweman, Y. 42.
Bowen, L. 3.
Bower, So. 28; Y. 42, 44, 47.
Bowerdell, LA. 2.
Bowerhouse, CH. 3.
Bowes, L. 8; Y. 18, 31.
Bowker, CH. 3; LA. 10, 24; W. 12; WO. 1.
Bowland, L. 7.
Bowle, So. 28.
Bowler, ST. 11; SU. 4.
Bowling, Y. 18.
Bowlinge, L. 7; LA. 5.
Bowltinge, So. 28.
Bowlton, L. 7.
Bowman, CU. 1; L. 19; SU. 3.
Bownd, ST. 3.
Bowner, Y. 18.
Bownshall, C. 2.
Bowringe, C. 30; So. 1.
Bowthman, LA. 23.
Bowyer, L. 7.
Box, G. 28.
Boxe, SF. 7.
Boxwell, WI. 15.
Boydell, LA. 28.
Boyden, CA. 10; N. 12.
Boyer, L. 7.
Boyes, W. 12; Y. 18.
Boyle, L. 11; LA. 17; M. 1.
Brabin, LA. 2.
Brace, H. 3.
Bracey, G. 46.
Brackley, B. 1.
Bracken, L. 7; LA. 23.
Bracy, W. 8.
Bradbent, LA. 25.
Bradbente, ST. 2.

Bradbery, L. 19 : Y. 45.
Bradborne, M. 1.
Bradburie, ST. 11.
Braddock, S. 15; ST. 8.
Braddocke, W. 14.
Brade, LA. 15.
Bradeley, LA. 18; LI. 18; WO. 4.
Bradfold, SU. 2, 4.
Bradford, DE. 1; So. 17.
Bradforde, So. 6.
Bradforthe, Y. 13.
Bradggeshawe, LA. 17.
Bradlaw, LA. 3.
Bradlee, Y. 39.
Bradley, CH. 3; L. 19; M. 2; No. 26; WO. 1; Y. 18, 31, 37.
Bradleye, LA. 18.
Bradlone, Ch. 2.
Bradlye, CH. 2.
Bradocke, LA. 25.
Bradshall, LA. 17.
Bradshaw, LA, 3, 11; SU. 7.
Bradshawe, LA. 1, 17, 24, 28; No. 27; S. 22; W. 11.
Bradshay, LA. 5.
Bradsheave, E. 12.
Bradshew, BE. 3.
Bradstret, SF. 10.
Bragg, E. 14.
Bragge, DO. 8.
Braichell, LA. 11.
Braidgatt, LA. 23.
Braie, LA. 11.
Brainsbie, LI. 5.
Braithwait, LA. 26.
Braithwhett, LA. 19.
Braithwt, LA. 26.
Brales, L. 7.
Bramley, L. 1.
Brand, No. 48.
Brande, L. 7.
Brandreth, D. 6.
Branton, Y. 31.
Branxton, NU. 1.
Braserton, Y. 5.
Brash, W. 1.
Brashay, Y. 41.
Brasley, L. 19.
Brasse, DU. 6; Y. 6, 30.
Brasyor, CH. 2.
Brathwhett, LA. 23.
Brattes, L. 7.
Brawmall, Y. 44.
Brawne, DE. 4.
Bray, C. 2, 30; W. 11; Y. 1, 44.
Braye, G. 39; LA. 14.
Brayles, WO. 1.
Brayme, Y. 18, 45.
Brayne, S. 15.
Brayshaw, Y. 18.

INDEX OF SURNAMES

Brayshawe, Y. 20.
Breadley, K. 12.
Breaner, Y. 28, 36.
Brearey, Y. 37.
Breat, De. 4.
Breatt, K. 13.
Breckhell, La, 22.
Brecknock, S. 24.
Bredin, No. 53.
Breeden, B. 1.
Breell, L. 5.
Breereleye, Y. 42.
Breese, L. 16.
Brekill, La. 11.
Brenthweight, L. 7.
Brereley, La. 25.
Bret, Sf. 7.
Brethell, Ch. 4.
Bretherick, Y. 18.
Brett, K. 7 ; Sf. 13.
Bretten, Le. 4.
Breviter, Wo. 7.
Brewe, C. 42 ; Ch. 6.
Brewer, B. 12 ; L. 7 ; La. 8.
Breykall, La. 10.
Briant, L. 19 ; Sf. 17 ; Wi. 25.
Brich, La. 17.
Briddock, La. 24.
Briddocke, La. 24.
Briddog, Y. 44.
Bridg, E. 10.
Bridge, K. 6 ; La. 1, 4 ; St. 16.
Bridgeman, E. 16 ; St. 10.
Bridger, Ha. 27 ; Su, 2, 4.
Bridges, K. 7 ; W. 11, 12.
Bridgman, C. 31 ; Wo. 5.
Brigehowse, La. 10.
Briges, La. 19.
Brigg, Y, 18, 36, 41.
Briggat, Y. 18.
Brigge, Y. 43, 44.
Briggen, Nh. 3.
Brigges, L. 7.
Brigghouse, La. 3.
Brigginshaw, B. 14.
Briggs, Ch. 23, 24, 25 ; N. 27 ; Y. 35.
Bright, D. 1; G. 49; S. 8, 25, 28; Su. 4 ; Y. 44.
Brightin, N. 27.
Brigs, La. 23.
Brigstocke, Le. 4.
Brindle, La. 13.
Brine, So. 22.
Brinsmeade, So. 23.
Brisbie, Cu. 1.
Briscoe, S. 26.
Briscow, La. 10.
Briscowe, Su. 4.
Britch, La. 28.

Brite, L. 19.
Brittane, La. 19.
Brittayne, S. 16.
Broadheade, Du. 3.
Broadley, Y. 45.
Brocart, K. 4.
Broccden, La. 12.
Brockbanke, La. 19.
Brockherst, W. 10.
Brockhouse, La. 2.
Brocklebanke, No. 26.
Brockwell, K. 2.
Brode, L. 12.
Brodbent, Y. 44.
Brodehurst, Ch. 2.
Brodhed, Y. 44.
Brodley, Y. 18.
Brodrip, So. 27.
Brodstreet, K. 2.
Broke, Li. 4 ; Sf. 7.
Broker, Ha. 8.
Brokk, G. 50.
Broksbanke, La. 29.
Bromall, S. 33.
Brombill, Ch. 3.
Brome, W. 13.
Bromefeld, E. 9.
Bromehall, L. 7.
Bromeley, La. 7.
Bromeloe, S. 23.
Bromelowe, La. 28.
Bromhead, S. 14.
Bromhed, Y. 44.
Bromley, L. 7 ; La. 10.
Bromman, K. 6.
Brompton, S. 24, 34.
Bronkard, L. 1.
Bronley, K. 13.
Bronly, No. 1.
Bronnly, No. 1.
Broock, La. 24.
Brook, B. 13 ; Ca. 8.
Brooke, Ch. 3 ; G. 52 ; K. 12, 15 ; L. 1, 2, 7, 16 ; La. 29 ; No. 59 ; Y. 1, 14, 18, 35, 41.
Brookes, Ch. 5 ; L. 7 ; M. 1 ; St. 1 ; W. 10, 12, 13.
Brookesbank, Y. 47.
Brookeshawe, Ch. 3.
Brooksbanke, La. 29.
Brooksbie, No. 10.
Brookshaw, Ch. 3.
Broome, K. 15 ; Sf. 15.
Broomehead, Y. 18.
Brothers, Wi. 15.
Broucke, C. 13.
Broudeu, L. 12.
Broughall, S. 33.
Broughton, La. 1, 6; Li. 4; No. 5; Y. 20.

Brouke, Y. 13, 40.
Brounleye, No. 34.
Browen, Y. 27, 30.
Brown, Du. 6; Le. 5 ; Li. 4 ; Y. 11, 42.
Browne, B. 4, 16, 18 ; C. 1, 2 ; Ch. 2, 3 ; Cu. 1, 3 ; Do. 13 ; Du. 3, 5, 6, 7 ; E. 6 ; G. 5, 6, 28, 55, 56 ; H. 1 ; Ha. 17 ; He. 3, 9 ; K. 5, 13, 15, 23 ; L. 7, 8, 11, 17, 19 ; La. 1, 3, 8, 11, 14, 23, 24, 28, 29 ; Le. 1 ; Li. 4 ; M. 1 ; No. 12, 47, 59 ; Nu, 1 ; S. 1, 12, 24 ; So. 3, 28 ; St. 5, 9; Su. 7; W. 12, 18 ; Wi. 16 ; Y. 4, 7, 9, 11, 15, 18, 19, 23, 25, 27, 28, 32, 35, 38.
Brownell, Y. 42.
Brownelowe, La. 1.
Brownent, Ch. 1.
Browninge, G. 35; Ha. 24; K. 14; So. 28.
Brownleys, Cu. 2.
Brownrigge, La. 20.
Brownsword, La. 24.
Broxopp, La. 29 ; Y. 34.
Bruar, C. 3.
Brucke, La. 1.
Bruer, G. 49 ; La. 29 ; Su. 7.
Bruerclyffe, La. 1.
Bruijsel, L. 18.
Brundyman, Nu. 1.
Bruneley, St. 11.
Brunley, La. 29.
Brunte, St. 11.
Bruscowe, Ch. 6.
Brush, Ha. 22.
Bruton, E. 4.
Bruzlowe, L. 7.
Bryan, Li. 5.
Bryant, G. 50.
Bryars, La. 14.
Bryden, B. 4.
Brydgman, Ca. 3.
Brygg, Y. 44.
Brykell, La. 10.
Brynley, S. 15.
Bryren, D. 2.
Bryttan, Y. 11.
Bubwith, Y. 41.
Bubworth, Y. 25.
Buck, L. 1 ; Y. 23.
Bucke, E. 12 ; L. 7 ; La. 28, 29 ; Y. 15.
Buckeley, St. 8.
Buckell, Y. 4.
Buckenale, G. 14.
Buckenall, W. 10.
Bucket, Ca. 9.
Buckle, Be. 5 ; Y. 35.

xxv

INDEX OF SURNAMES

Buckley, La. 25.
Buckleye, La. 1.
Buckmaster, B. 15.
Buckminster, L. 1.
Buckshawe, M. 2 ; Y. 11.
Buckworth, L. 19.
Budd, De. 4.
Buddle, Nh. 3.
Budworth, M. 1.
Buerdsell, La. 24.
Buffe, L. 7.
Buffett, Wi. 13.
Buffine, So. 7.
Bugberd, M. 5.
Bugberde, M. 5.
Bugg, Sf. 10.
Bugge, Do. 13.
Buisshopp, Wo. 7.
Bul, L. 18.
Bulcke, L. 18.
Bulcocke, La. 14.
Bulford, So. 22.
Bulivant, No. 48.
Bull, B. 8 ; E. 5 ; He. 3, 10 ; Sf. 12 ; St. 7 ; Y. 13.
Bullas, M. 2.
Bullayne, L. 16.
Buller, Sf. 2 ; So. 17.
Bullin, La. 11.
Bullivaunt, No. 50.
Bullock, Ch. 3.
Bullocke, D. 1 ; St. 7 ; Wi. 2.
Bullma', L. 5 ; N. 29.
Bullus, Y. 42.
Bully, Li. 1.
Bullye, Y. 26.
Bulmer, Y. 38.
Bulye, K. 1.
Bumsted, Ca. 3 ; Sf. 13.
Bunbie, Li. 2.
Bunyard, K. 23.
Buram, La. 19.
Burbank, Cu. 1.
Burbage, W. 16.
Burbidge, K. 5 ; Le. 4.
Burch, L. 7 ; No. 6.
Burche, De. 4 ; No. 6.
Burchwood, L. 3.
Burcoates, No. 26.
Burd, No. 12.
Burde, G. 36 ; No. 13.
Burden, No. 2.
Burdet, W. 13 ; Y. 41.
Burdett, Y. 33.
Burdon, Du. 3.
Burdsall, Y. 31.
Burdsell, Ch. 3.
Burfeet, Y. 26.
Burgaine, No. 26.
Burgeman, Su. 5.

Burges, Be. 3; Ch. 2, 6; De. 4; K. 10 ; La. 4, 19, 28 ; So. 28.
Burgin, Do. 9; Y. 19.
Burgis, M. 2.
Burgoine, W. 18.
Burgon, D. 2.
Burgs, S. 18.
Burguen, S. 24.
Buric, La. 1, 8, 9.
Burke, M. 2.
Burkes, Y, 26.
Burlace, C. 2.
Burles, L. 7.
Burleton, S. 33.
Burley, N. 29.
Burlie, C. 38.
Burlingham, Sf. 11.
Burman, W. 11, 13.
Burnam, He. 10.
Burnard, C. 18, 34 ; N. 19.
Burne, La. 15, 19; M. 5; St. 16; Y. 32.
Burnedge, La. 7.
Burnel, No. 20.
Burnell, G. 49.
Burnet, Y. 18, 42.
Burnett, Y. 18.
Burnewoode, Ch. 3.
Burnit, Y. 31.
Burnyt, Y. 15.
Burough, Y. 18.
Burras, C. 42.
Burrell, Du. 6 ; So. 17.
Burroes, M. 2.
Burroughs, Ha. 11.
Burrow, Wi. 25.
Burrowe, La. 15.
Burrowes, La. 11; W. 4, 15.
Burscough, La. 5, 10.
Burscow, La. 4.
Burson, W. 13.
Bursye, So. 6.
Burt, C. 37; G. 43.
Burte, Do. 5, 13; So. 28.
Burtenshawe, Ch. 3.
Burto, Y. 39.
Burton, L. 7 ; La. 23 ; N. 29 ; No. 55 ; W. 14; Y. 20, 43.
Burtonn, Y. 15, 43.
Burtton, No. 26.
Burtwisell, Y. 18.
Burwell, Ca. 8.
Bury, La. 9.
Burye, L. 7, 10; La. 17.
Busby, L. 4.
Buseley, C. 2.
Busfeld, We. 2; Y. 11.
Bush, M. 3; No. 8; W. 9.
Bushbie, K. 23.
Bushbye, Cu. 2; Y. 27.

Bushell, Ch. 5; M. 1.
Busher, G. 49; We. 1.
Bussell, So. 28.
Bussy, M. 2.
Busvargus, C. 15.
Butcher, E. 14; L. 19 ; La. 11 ; Wi. 20 ; Wo. 1 ; Y. 42.
Butchert, La. 10.
Butlar, G. 20 ; La. 11.
Butler, Do. 2 ; H. 1 ; L. 1, 7, 19 ; La. 5 ; M. 1 ; N. 29 ; No. 17 ; Nu. 1 ; S. 21 ; St. 1 ; W. 14 ; Wi. 25.
Butterfeild, Y. 34, 41.
Butterfeld, Y. 34.
Butterfield, B. 5.
Butterwicke, Y. 27.
Butterworthe, La. 25.
Buttler, L. 3 ; S. 21 ; Y. 37.
Button, Be. 2 ; Y. 42.
Buttris, K. 10.
Bybby, La. 24.
Bybie, La. 8.
Bye, Li. 3.
Byfeilde, No. 12.
Byland, C. 17.
Bylette, Do. 4.
Byll, B. 4.
Byllyngesleye, S. 29.
Bynes, Y. 21.
Bynnes, La. 29 ; Y. 12, 13.
Byrche, B. 1 ; Ch. 3 ; La. 7 ; O. 1.
Byrchwood, L. 3 ; No. 48.
Byrd, Cu. 1 ; G. 50.
Byrde, K. 3.
Byrkes, Y. 42.
Byrley, Y. 44.
Byrom, La. 9, 28.
Byrome, La. 25.
Byrrye, Y. 42.
Byrtchall, La. 28.
Byrtche, La. 28.
Byrtels, Ch. 2.
Byshop, Do. 11.

Cable, G. 55.
Cadd, De. 4 ; K. 18.
Cade, L. 19.
Cademan, Le. 1.
Cadwalader, So. 17.
Cadwalleder, M. 2.
Cadwell, Do. 13.
Cadwicke, La. 10.
Cady, De. 2.
Cage, Sf. 7.
Cairston, Nu. 1.
Cake, So. 3.
Calbeck, Y. 18.
Calcott, S. 33.

INDEX OF SURNAMES

Caleb, M. 2.
Calf, L. 4.
Calladey, L. 7.
Callawaye, L. 19.
Calldom, K. 3.
Callerne, LA. 24.
Callway, C. 2.
Callye, C. 4.
Calow, SF. 18 ; W. 10.
Calrowe, CH. 2.
Calsh, C. 30.
Calton, L. 11.
Caluer, SF. 3.
Caluley, Y. 41.
Caluwe, L. 18.
Calverley, Y. 41.
Calvert, CU. 2.
Calverte, LA. 15.
Calway, C. 2.
Cam, ST. 1.
Cambien, L. 12.
Cambridge, M. 2.
Came, L. 7.
Cammell, Do. 10.
Campins, DE. 4.
Campion, S. 21 ; W. 17.
Completo, Y. 39.
Canburn, K. 7.
Canby, B. 7.
Cannan, E. 12.
Canning, G. 24.
Canninge, HA. 16.
Cannings, G. 46.
Cannon, L. 19 ; M. 5.
Cannye, LA. 19.
Canon, L. 12 ; WE. 1.
Canse, LA. 5.
Cant, Y. 5.
Cany, Y. 11.
Capart, K. 4.
Capcoate, L. 7.
Capcote, L. 7.
Cape, C. 30 ; M. 2.
Capon, HE. 9.
Cappe, LA. 17.
Capplenoote, No. 51.
Captenn, C. 4.
Car, L. 2 ; LI. 6 ; N. 18.
Carbins, C. 14.
Card, DU. 6.
Cardew, C. 2, 15.
Cardo, So. 6.
Careck, L. 1.
Careles, ST. 16.
Carelesse, ST. 16.
Caret, K. 4.
Carette, K. 4.
Carie, Y. 18.
Carleile, L. 7.
Carles, S. 29.

Carleton, BE. 3 ; CU. 1 ; Y. 18.
Carlile, DU. 2 ; No. 48.
Carlill, No. 48.
Carlin, Y. 31.
Carltonne, No. 63.
Carnall, WI. 12.
Carnarther, C. 41.
Carne, C. 32.
Carnelle, K. 4.
Carnesewe, C. 24.
Carpender, WI. 19.
Carpenter, C. 21 ; WI. 9 ; Wo. 5.
Carpinter, C. 1.
Carpriau, L. 12.
Carr, K. 5 ; LI. 10, 13 ; NU. 1 ; Y. 11.
Carre, K. 19; L. 7; LA. 10 ; N. 8; Y. 42.
Carrier, So. 1.
Carringeton, No. 43.
Carrinton, No. 22.
Carruddas, CU. 2.
Carrudes, CU. 1.
Carsnall, ST. 16
Cartemell, LA. 15.
Cartewrighte, S. 33.
Carter, B. 4, 7, 13 ; BE. 5 ; C. 7 ; CH. 5 ; CU. 3; D. 2; K. 2; L. 1, 7 ; LA. 2, 18, 19, 23, 24 ; M. 5 ; N. 29 ; Y. 14, 37.
Cartwrit, S. 12.
Cartwright, S. 13; ST. 12.
Cartwrighte, S. 27; ST. 16.
Carvell, NU. 1.
Carver, LA. 15, 23; M. 2; Y. 43.
Carvill, LI. 2.
Carye, HE. 10.
Casbolt, CA. 3.
Case, Do. 7, 9 ; Y. 26.
Casier, K. 4.
Casnall, ST. 16.
Casse, E. 10; Y. 6, 31.
Cassewell, L. 7.
Casson, 4, 19, 25; Y. 18.
Casteau, L. 12.
Castell, O. 2; St. 1; Y. 1.
Caster, NH. 3.
Castle, So. 1.
Castlehow, CU. 1.
Castley, Y. 18.
Castlton, NU. 1.
Castor, No. 43.
Caswill, DE. 4.
Cat'all, LA. 8.
Catberne, C. 28.
Catherall, LA. 8.
Catley, Y. 18.
Catlowe, Y. 14.
Catlyn, HE. 9; Y. 1.
Caton, LA. 15, 23.

Catterall, LA. 3.
Catterson, LI. 1.
Cattrell, CA. 6.
Cauceferre, L. 12.
Caudre, W. 11.
Caue, E. 10.
Caukeleys, CH. 3.
Cauldocke, LA. 4.
Caunt, L. 3.
Cauntes, L. 3.
Causten, K. 11.
Cautherey, Y. 18.
Cauverlay, Y. 23.
Cave, LI, 4 ; M. 1 ; No 20; Y. 37.
Caverley, L. 19.
Cavil, HE. 9.
Cavy, SU. 4.
Cawdell, LI. 14.
Cawdrey, Y. 34, 37.
Cawdrowe, LA. 28.
Cawdrye, W. 11.
Cawe, C. 2.
Cawght, L. 19.
Cawley, CH. 5.
Cawood, NU. 1.
Cawoode, LA. 12.
Cawppe, LA. 17.
Cawson, LA. 23.
Cawsye, DE. 4.
Cawwode, Y. 23.
Caylie, Y. 34.
Caynby, LI. 4.
Cayton, LA. 19.
Ceelye, L. 19.
Cehapmay, LI. 11.
Ceuillerie, K. 4.
Cewrden, LA. 23.
Chaase, B. 1.
Chadburne, G. 29.
Chadd, B. 6.
Chaddocke, S. 33.
Chadocke, LA. 17.
Chadweek, No. 12.
Chadweeke, Y. 14.
Chadwick, No, 48.
Chadwicke, LA. 1, 25 ; ST. 11 ; Y. 45.
Chadwycke, LA. 24.
Chafer, L. 17.
Chaighton, Y. 18.
Chalcroft, So. 28.
Challacombe, DE. 4.
Challes, So. 22.
Chalner, LA. 4.
Chambarlaine, WE. 2.
Chambau, L. 12.
Chamber, DU. 1 ; Y. 25.
Chamberlayne, K. 18.
Chamberlene, ST. 5.
Chamberleyne, C. 4.

INDEX OF SURNAMES

Chamberlin, St. 1.
Chambers, Ha. 2; K. 15, 18;
  L. 3, 7; Li. 3; No. 47.
Chambrs, La. 20.
Chamerlan, L. 12.
Chamley, La. 15.
Chamney, La. 26.
Chamon, C. 34.
Champeny, So. 2l
Champins, De. 4.
Champnis, E. 7.
Chandler, B. 8.
Channtler, Ch. 2.
Chanonhowse, La. 27.
Chant, Do. 14.
Chantrie, St. 12.
Chaple, De. 4.
Chapma, La. 23; Y. 30.
Chapman, K. 18; L. 7, 19; Li. 4;
  M. 1, 2; No. 26; S. 13; St. 1;
  Y. 18, 42.
Chapmane, G. 12.
Chappell, K. 2; Li. 18; Y. 1.
Charde, Be. 3; Ha. 22; So. 6.
Charells, De. 4.
Charles, La. 4.
Charlesworthe, Y. 1.
Charleton, Y. 11.
Charlewood, Su. 1.
Charman, Su. 4.
Charnocke, La. 3, 15.
Charter, Y. 4.
Chatboune, La. 13.
Chatherton, Ch. 3.
Chattertton, St. 1.
Chattertone, Ch. 2.
Chaundeler, M. 1.
Chaunder, B. 8.
Chaundler, B. 8; Su. 4.
Chaundlers, M. 5.
Chauntler, Wo. 6.
Cheatome, La. 25.
Cheade, So. 22.
Cheenye, Su. 4.
Cheesman, Ha. 16.
Cheetame, La. 24.
Cheetham, Ch. 3; La. 9.
Cheetome, La. 25.
Cheitame, La. 17.
Chekley, L. 11.
Chester, Y. 35.
Chesterman, Wi. 14.
Cheston, L. 7.
Cheswike, Y. 11.
Chetam, Ch. 2; D. 5.
Chevell, C. 25.
Chew, La. 6; No. 56.
Chick, Do. 9.
Chicke, Do. 7; Wi. 22.
Childe, L. 11; O. 1.

Childers, La. 13.
Childrons, Sf. 4.
Chilton, B. 3; K. 18.
Chippe, S. 34.
Chipperfeilde, Ca. 9.
Chippingdale, Y. 28.
Chippindall, La. 23.
Chiquet, L. 12.
Chittenden, K. 18.
Chitty, Su. 4.
Chittye, Su. 4.
Choket, N. 31.
Chombart, K. 4.
Chorlton, La. 24.
Chorltonne, La. 24.
Chorltons, Ch. 3.
Chorton, La. 7.
Chowe, La. 28.
Chowrton, La. 7.
Chrichlowe, La. 8.
Christie, Y. 23.
Christofer, M. 2.
Christopher, B. 19; C. 43.
Christorferson, La. 27.
Chrofts, St. 1.
Chrosfeild, La. 19.
Chubb, Do. 13.
Church, K. 19; L. 7.
Churche, Sf. 19.
Churchehouse, So. 28.
Churchell, Do. 7.
Churchman, Sf. 6.
Churchouse, Do. 1.
Chyld, G. 47.
Chylders, Y. 11.
Cirke, E. 14.
Ciston, No. 26.
Claire, L. 13.
Claiton, La. 13; Y. 34.
Clapham, He. 9; Y. 17, 36.
Claphams, Y. 17.
Clappam, B. 4; L. 4.
Clarck, L. 11.
Clarcke, De. 4; Li. 18; W. 14;
  Y. 42.
Claringboll, K. 10.
Clark, Ch. 3; E. 2; Le. 2; O. 3;
  So. 2; We. 1; Y. 19.
Clarke, De. 4; Do. 14; Du. 5;
  E. 7, 12; G. 18, 29; He. 9;
  K. 23; L. 7, 19; La. 10, 11, 15;
  Le. 2, 7; Li. 4; N. 9, 29; No. 31,
  48; S. 14; Sf. 7, 20; So. 3, 7;
  St. 10; Su. 2; W. 17; Y. 4, 18,
  20, 22, 23, 25, 31, 33, 47.
Clarkeson, La. 15.
Clarkson, He. 10; M. 2; Y. 47.
Claton, La. 8.
Clatworthy, So. 29.
Clavell, Do. 6.

Clay, Y. 14.
Claye, K. 16; Y. 14.
Claypome, Y. 12.
Clayto, La. 13.
Clayton, La. 8, 9, 29; No. 48;
  Y. 1, 31, 40.
Claytone, Ch. 2.
Clea, S. 34.
Cleark, G. 5.
Clearke, La. 18; Wi. 24.
Cleaton, Ch. 3.
Cleaveley, G. 29.
Cleere, C. 18.
Clegg, La. 25.
Clegge, La, 9, 25.
Cleigge, Y. 40.
Cleiton, La. 16.
Clemence, La. 3.
Clemens, C. 30.
Clement, G. 55; I. 17; M. 1.
Clementson, No. 26.
Clemson, St. 1.
Clerck, Do. 13; L. 18.
Clercke, Ch. 2.
Clerk, E. 14; S. 15; Su. 4.
Clerke, B. 18; E. 14; G. 1, 47;
  He. 4; K. 16; La. 23; N. 26;
  No. 56; W. 3.
Clerkson, Ch. 2.
Cleverdon, De. 2.
Clevley, G. 12.
Cleybrooke, K. 12.
Cleyton, La. 24.
Cleytonn, La. 24.
Cliburn, Cu. 1.
Cliff, La. 8.
Cliffe, S. 33; Y. 39, 41.
Clifford, L. 3.
Cliften, M. 3.
Clifton, De. 4; No. 34; Y. 4, 18.
Clinckart, L. 18.
Clinquante, L. 7.
Clippindale, Y. 19.
Clives, So. 1.
Clocklough, St. 3.
Closse, L. 7.
Cloudesley, Y. 18.
Cloudsley, Le. 8.
Clough, L. 17; Y. 34, 37.
Cloughe, La. 1, 23, 24.
Clouse, St. 13.
Cloweson, Du. 6.
Clubbe, La. 28.
Clubley, Y. 8.
Cludd, S. 32.
Clugeon, L. 12.
Clutterbucke, G. 43.
Clyes, C. 4.
Clyff, Y. 18.
Clyffe, Y. 41.

xxviii

INDEX OF SURNAMES

Clyflie, St. 12.
Clyfton, Su. 4; Y. 40.
Clymow, C. 45.
Coarke, Y. 28.
Coate, So. 7.
Coates, S. 24.
Coats, Le. 1.
Cob, L. 18.
Cobb, C. 30; Ca. 1; L. 19; M. 1.
Cobbam, L. 4; Wo. 7.
Cobham, Wo. 7.
Cock, C. 1; W. 11.
Cocke, B. 1; C. 2, 36, 42; Ch. 3; He. 9; K. 2; So. 28; Y. 23.
Cockell, Y. 41.
Cocken, C. 2.
Cockenscale, L. 7.
Cocker, La. 8.
Cockerell, Wi. 7; Y. 27.
Cockes, L. 7; St. 5; Su. 7; W. 11.
Cocket, La. 10.
Cockett, St. 1.
Cockhill, Y. 12.
Cocklye, Wi. 18.
Cockrill, Y. 29.
Cockshoott, La. 13.
Cockson, Y. 20; Y. 45.
Coddington, Li. 2.
Code, So. 1.
Coe, E. 12.
Coffe, So. 6.
Coffyn, Wo. 7.
Cofin, Ha. 16.
Coke, C. 16; Wi. 1.
Cokely, L. 14.
Coknes, K. 1.
Colborne, St. 1.
Colbourne, O. 1; So. 1.
Colbrande, K. 23.
Colcough, St. 14.
Coldam, M. 1.
Coldune, Sf. 2.
Cole, De. 4; E. 1.
Colee, K. 4.
Coles, B. 8; L. 7; Nh. 2; So. 1; Wi. 25; Y. 27.
Colfe, K. 3.
Colford, L. 7.
Colier, Cu. 2.
Collante, Do. 6.
Collarde, K. 18.
Collchester, Wo. 5.
Colledge, Nu. 1; R. 1.
Collen, Su. 4.
Collens, K. 2; So. 22; W. 11, 12.
Coller, K. 18.
Colles, So. 18.
Collet, G. 44; L. 7.
Collett, G. 47.
Colliar, La. 7, 28.

Collie, St. 16.
Collier, Ch. 3; Ha. 22; La. 28; No. 48; St. 1.
Collin, De. 4; Y. 31.
Collines, Be. 3.
Colling, Li. 4; Y. 31.
Collinge, La. 9.
Collings, C. 1; La. 25; S. 8.
Collington, No. 27.
Collins, C. 3, 36, 45; He. 9; L. 19; M. 1; S. 8; St. 16; Su. 5.
Collinson, We. 1.
Collwood, L. 7.
Collyar, M. 1.
Collye, Y. 42.
Collyer, De. 4; St. 7.
Collymore, G. 55.
Collyn, Ch. 2.
Collyns, B. 4; L. 11.
Collyor, Ch. 2.
Collys, C. 2.
Colman, C. 7; Li. 4.
Colshill, B. 13.
Colthurste, La. 29.
Colton, La. 27; Y. 18.
Columbe, C. 30.
Colye, Li. 11.
Combe, Do. 12; Ha. 5; Y. 42.
Comberlage, St. 1.
Comelage, St. 1.
Commannder, W. 5.
Comport, He. 9; Su. 5.
Compton, G. 24, 32; Wi. 1.
Comstie, La. 11.
Comyn, Du. 8.
Congdon, C. 38.
Congrey, L. 3.
Consent, K. 12.
Constable, W. 12; Y. 11.
Constenten, C. 43.
Conwaye, St. 10.
Cony, L. 17.
Conyers, Y. 30.
Conyngworth, Y. 31.
Conyworth, L. 7.
Coock, C. 37.
Coockson, La. 3, 10.
Coode, De. 1.
Coodes, L. 7.
Cook, L. 13; S. 30; Wi. 21.
Cooke, B. 13; C. 1, 32, 39; D. 1; Du. 2; Ha. 18, 22; K. 7, 23; L. 3, 7, 19; La. 8, 15, 17, 23; Li. 2, 4; M. 1, 2; S. 13; Sf. 9; So. 7, 28; St. 1, 5, 11, 12; W. 6, 14; Y. 18, 24, 32, 38, 47.
Cookeney, Do. 7.
Cookes, W. 5.
Cookson, Y. 18.
Coolen, C. 32.

Cools, B. 8.
Coolles, So. 18.
Coome, So. 28.
Coomes, M. 2.
Coop, No. 62; Y. 18.
Coope, La. 23.
Cooper, B. 8; Ca. 5; De. 4; He. 9; L. 8; La. 9; N. 32; No. 62; So. 10; St. 2; W. 17; Wi. 4; Y. 18, 42.
Coore, Y. 34.
Coosenn, Y. 15.
Coosing, We. 1.
Cootes, W. 12.
Coourtney, So. 29.
Coowls, O. 1.
Cop, So. 3.
Cope, L. 16; M. 1.
Copeland, No. 48.
Coper, He. 2; La. 27.
Copestake, St. 7.
Copis, Ha. 21.
Copithorne, C. 2.
Copley, Sf. 7.
Coppe, Ch. 4.
Coppin, K. 12; L. 19.
Coppithorne, C. 2.
Coppock, Ch. 3.
Corbett, L. 19.
Corbitt, Y. 34.
Corden, L. 14.
Cordingley, Y. 47.
Core, D. 1.
Corker, K. 10; La. 27.
Corles, La. 23.
Corlus, La. 15.
Corñ, Du. 2.
Cornard, K. 4.
Corne, Do. 13.
Cornell, L. 19.
Corner, Du. 2; Le. 4.
Cornes, Ch. 3.
Cornew, L. 19.
Cornforde, K. 7.
Cornish, C. 2; De. 4; K. 2.
Cornishe, C. 2; He. 10; So. 1.
Corran, La. 3.
Corsar, S. 24.
Corwell, La. 23.
Cosens, So. 2.
Cosin, Y. 14.
Cosing, We. 1.
Cositr, So. 26.
Cossentyne, Y. 24.
Costen, Su. 4.
Costerdyne, La. 24.
Cotes, Du. 7; Li. 18; No. 47 Nu. 1; S. 34.
Cotham, La. 18.
Coton, Le. 1.

xxix

INDEX OF SURNAMES

Cotron, L. 18.
Cottam, La. 18; Y. 27.
Cotten, De. 4.
Cotterall, Y. 18.
Cottes, Y. 4.
Cottin, C. 32.
Cottom, La. 12; Y. 26.
Cotton, G. 29; M. 2; Y. 26.
Cottrell, Ch. 3, 6; Y. 44.
Cottrill, W. 18.
Couche, C. 37.
Coude, C. 28.
Coudwell, G. 1.
Couell, M. 2.
Coulbrand, Y. 26.
Coule, Wi. 12.
Coullinge, C. 22.
Coulson, K. 15; Li. 5.
Coultman, L. 8.
Coulthirst, Y. 36.
Coulthurst, La. 12.
Counsell, So. 28.
Counstable, B. 5.
Coup, Y. 14.
Couper, L. 17; La. 9; Y. 33, 45.
Court, Su. 2; W. 11, 12.
Courtice, De. 4.
Courtney, So. 18.
Courtvpp, E. 1.
Courtyce, De. 4.
Cousijn, L. 18.
Cousin, L. 12.
Coussen, B. 4.
Cousture, K. 4.
Covell, La. 23; Sf. 1.
Coverdail, Y. 30.
Coverdaill, Y. 30.
Coward, So. 27.
Cowarde, Y. 14.
Cowbronde, La. 8.
Cowch, E. 12.
Cowchman, K. 5.
Cowdall, La. 28.
Cowell, K. 16; L. 7; La. 18.
Cowghen, Ch. 2.
Cowharde, La. 19.
Cowherd, La. 23.
Cowhird, La. 27.
Cowldwell, Y. 1.
Cowles, Ch. 6.
Cowley, D. 4; La. 3.
Cowlinge, Y. 37.
Cowlley, Le. 2.
Cowlman, O. 1.
Cowlson, Y. 11, 37.
Cownden, Ha. 26.
Cowoppe, La. 17; St. 7.
Cowp, La. 3, 20, 24, 25; No. 57; St. 1; Y. 26, 31.
Cowpe, La. 1, 8.

Cowpeland, Y. 9.
Cowper, Ch. 2; K. 6: L. 7; La. 3, 8; No. 37; S. 23, 33; Y. 18.
Cowpers, La. 10.
Cowpland, Y. 19.
Cowrnowe, C. 41.
Cowse, De. 3.
Cowtas, Y. 6.
Cowthorne, La. 15.
Cowton, Y. 8.
Cox, C. 4; Le. 1; Wo. 7.
Coxe, Do. 13; He. 5; So. 6; W. 13; Wi. 6.
Coxhead, Be. 1.
Crab, E. 6.
Crabtree, La. 24, 29; Y. 14, 43.
Cracklowe, B. 4.
Cradocke, G. 54.
Crages, Du. 7.
Cragge, La. 23; Y. 41.
Craine, Li. 18.
Crakam, Wo. 7.
Crane, L. 19; La. 11; N. 32.
Cranefeilde, M. 1.
Cranffeild, He. 5.
Crappe, Ha. 14.
Crapper, L. 19.
Crauen, Y. 18.
Craven, L. 7; Y. 18, 31, 40, 47.
Crawdere, La. 18.
Crawfoorth, Y. 38.
Crawforth, Nu. 1.
Crawforthe, Nu. 1.
Crawne, La. 11.
Crawshey, Y. 43.
Creake, Cu. 3; L. 19.
Credence, M. 1.
Creech, So. 26.
Creede, De. 4; So. 1.
Creenfild, Ha. 27.
Creist, So. 28.
Cresser, W. 12.
Creswell, D. 3.
Creswick, Y. 11.
Creswicke, Y. 44.
Creswycke, Y. 42.
Crewe, S. 27.
Crewrey, Li. 4.
Crichelowe, St. 11.
Cricke, Sf. 10.
Crignon, K. 4.
Crime, Sf. 7.
Cripell, La. 18.
Cripps, C. 30.
Crisbe, M. 2.
Crise, M. 2.
Crisp, G. 55.
Crispe, N. 29; Sf. 15.
Crobey, C. 36.

Crocker, So. 29.
Crockett, B. 7; De. 4.
Croft, Y. 9, 18, 41.
Crofte, Du. 1; La. 28; M. 1; Y. 18.
Croftes, M. 5; No. 48; Sf. 14; Y. 42.
Crofts, Sf. 18; Wo. 10.
Croissil, L. 12.
Croix, L. 7.
Crombrock, La. 6.
Crombrugge, L. 18.
Cromp, St. 1.
Crompton, La. 1, 25, 28; S. 9, 21.
Cronckshey, L. 13.
Cronker, L. 11.
Cronshawe, La. 1.
Croocall, La. 22.
Crooke, La. 5; Y. 18, 28.
Croome, He. 9.
Crop, S. 30.
Cropp, La. 10, 15.
Crosbie, Cu. 1; He. 9; Y. 9.
Crosby, Li. 1.
Crosdaill, La. 8.
Crose, O. 1.
Crosfeild, Y. 43.
Crosfeld, La. 23; Y. 43.
Croshawe, Y. 42.
Croskell, La. 15.
Croskill, N. 30.
Crosland, Y. 1, 2, 14.
Crosley, L. 2; La. 14, 25, 29; Li. 13; Y. 40.
Crosleye, Y. 42.
Cross, So. 17.
Crosse, De. 4; La. 10; No. 56; Wi. 7; Y. 5, 42, 45.
Crossley, Y. 37.
Crouch, Ca. 8; M. 2.
Crouche, Bd. 1; K. 18.
Crowcher, Do. 13; Su. 4.
Crowder, Y. 14.
Crowdson, La. 20.
Crowe, E. 12; L. 4.
Crowge, C. 20.
Crowgy, C. 43.
Crowshawe, Y. 44.
Crowthe, L. 19.
Crowther, Ch. 2; G. 55.
Croxton, E. 4.
Croyden, S. 22.
Cruby, He. 6.
Crudg, C. 4.
Crudge, C. 3.
Crudgington, Wo. 7.
Cruise, K. 13.
Crumpe, K. 10; N. 16; S. 22; Wo. 6.
Crvrchill, Do. 15.
Crybe, So. 6.

xxx

INDEX OF SURNAMES

Cryer, Y. 18, 37.
Cubley, Y. 8.
Cuckney, Su. 7.
Cud, G. 39.
Cudden, Sf. 15.
Cueninck, L. 18.
Cullambell, M. 4.
Cullen, S. 22.
Cullicke, S. 29.
Cullinge, K. 22.
Culver, M. 1.
Cundliffe, La. 18.
Cundy, D. 4.
Cuningham, Y. 2.
Cunliffe, La. 29.
Curcye, C. 37.
Curdew, C. 2.
Curling, K. 12.
Curlinge, K. 12.
Currett, La. 22.
Currey, Ch. 6 ; Nu. 1.
Currie, Li. 4.
Curry, E. 12.
Curteise, L. 7.
Curteyse, Ha. 15.
Curtice, Y. 37.
Curtis, N. 18, 29.
Curtisse, He. 10; Li. 10.
Curtnall, La. 24.
Curtoyse, Be. 3.
Curwen, Ch. 3.
Cusock, L. 7.
Cusocke, L. 7.
Cussin, Y. 18.
Cutbord, Sf. 21.
Cutborne, K. 22.
Cutbourne, K. 22.
Cuthbert, Y. 27.
Cuthbertson, Cu. 2.
Cutler, Ch. 2; L. 16, 19.
Cutt, L. 5; Y. 31.
Cutte, Y. 42.
Cuttinge, C. 7.
Cuttye, C. 36.
Cvnny, M. 2.
Cyre, K. 4.
Cys, K. 4.

Dabbs, K. 15.
Dabenie, St. 11.
Dacham, Do. 12.
Dacken, L. 7.
Dacons, La. 24.
Dade, L. 5.
Dafte, R. 1.
Dagge, C. 24.
Daggett, Y. 32.
Daglis, Du. 5.
Daid, Y. 37.

Daie, So, 28; W. 10.
Daine, Y. 23.
Daken, St. 10.
Dakestrox, La. 27.
Dalavell, Nu. 1.
Dalbie, Y. 31.
Dale, Ch. 2; K. 18; Y. 32, 41.
Dalle, K. 18; La. 10.
Dallicot, K. 18.
Dallin, So. 1.
Dally, Do. 8.
Dalton, Du. 6 ; No. 48.
Damart, L. 18.
Dambre, O. 1.
Dancke, L. 7.
Dancks, No. 26.
Dandie, La. 5.
Dandye, Wo. 5.
Dane, K. 22.
Dangerfield, G. 34.
Dangert, M. 2.
Dangis, L. 12.
Daniel, L. 12.
Daniell, C. 30, 46 ; Ch. 3 ; L. 3, 19 ; M. 4; W. 14; Y. 45.
Daniels, L. 18.
Danna, La. 24.
Danniell, L. 3.
Dannon, C. 5.
Danson, La. 27.
Danton, K. 16.
Danyell, Ch. 2.
Danyelle, Ch. 2.
Darbishere, No. 6.
Darby, So. 1.
Darbye, No. 5.
Darke, Wo. 7.
Darker, Wo. 7.
Darley, B. 9.
Darneton, Du. 2.
Darrall, La. 28.
Dartnell, M. 4.
Darwen, La. 6; Y. 20, 28.
Darwine, La. 8.
Dasow, C. 2.
Dassett, B. 5.
Dauenet, Su. 5.
Daulton, L. 7.
Daunffer, M. 2.
Dauson, Y. 41.
Dauyes, K. 6.
Davempord, La. 7.
Davemporte, Ch. 2.
Davenpor, W. 10.
Davenport, Ch. 3.
Daves, So. 28.
Davice, M. 1.
David, S. 10.
Davidge, So. 22.

Davie, C. 21, 28 ; K. 12 ; La. 7, 10, 11, 22 ; N. 29; So. 22 ; Wi. 21 ; Y. 31.
Davies, L. 7 ; S. 8, 21, 22.
Davis, G. 11, 33 ; Ha. 27 ; M. 2 ; So. 1 ; St. 1 ; Wi. 22.
Davison, Y. 33.
Davy, C. 4 ; La. 24 ; M. 5 ; N. 30 ; Y. 11.
Davye, C. 2, 5 ; Ch. 2 ; De. 4 ; Do. 13 ; Le. 1 ; N. 30 ; Y. 11.
Davyes, L. 7 ; S. 33.
Dawbye, No. 56.
Dawe, C. 40 ; Do. 5 ; So. 7.
Dawes, W. 17.
Dawkins, So. 22.
Dawnye, La. 2.
Dawson, Cu. 1 ; E. 16 ; K. 12 ; La. 19 ; Li. 18 ; M. 2 ; No. 47 ; S. 23 ; Sf. 7 ; Y. 45, 47.
Dawsonn, Y. 13.
Dawsonne, K. 12 ; La. 24 ; N. 18.
Day, Li. 4 ; Sf. 11 ; So. 28 ; St. 1 ; Wo. 4 ; Y. 18.
Daye. E. 4 ; G. 38 ; L. 7 ; So. 28 ; W. 10.
Dayer, Su. 6.
De, K. 18.
De Beauleau, L. 11.
De Best, L. 17.
De Bla, L. 18.
De Bordes, L. 12.
De Brangi, L. 12.
De But, L. 12.
De Caste, L. 12.
De Flaine, L. 12.
De Franqueville, L. 12.
De Grave, L. 18.
De Haye, L. 7.
De Keder, L. 4.
De Langle, L. 12.
De Laune, L. 12.
De Leaue, L. 12.
De Leave, L. 2.
De Lespau, K. 4.
De Lespines, K. 4.
De Limal, L. 12.
De Lobeau, K. 4.
De Malyne, L. 11.
De Man, L. 18.
De Meijer, L. 18.
De Meijr, L. 18.
De Meteren, L. 18.
De Mont, K. 4.
De Neukele, L. 18.
De Pau, L. 18.
De Post, L. 18.
De Pottere, L. 18.
De Raet, L. 18.
De Riuiere, K. 4.

INDEX OF SURNAMES

De Sain, L. 12.
De Smit, L. 18.
De Viller, K. 4.
De Waters, L. 2.
De Wee, K. 4.
De Zwarte, K. 4.
De l'Espau, K. 4.
De la Barre, L. 12.
De la Bye, K. 4.
De la Croix, L. 12.
De la Fontaine, L. 12.
De la Forterie, L. 12.
De la Mer, K. 4.
De la Moie, L. 12.
De la Noy, K. 4.
De la Ville, L. 12.
Del Cambre, L. 12.
Del Malaize, L. 12.
Del Marliere, K. 4.
Del Tour, L. 12.
De le Malleize, L. 12.
Des Quien, L. 12.
Deacyn, La. 24.
Deaine, Y. 23.
Dean, No. 8 ; Wi. 10 ; Y. 11.
Deane, B. 12 ; La. 15 ; Li. 6 ; M. 1 ; Wo. 6 ; Y. 14, 18, 24.
Deards, B. 10.
Deare, He. 10.
Dearelove, Y. 4.
Dearlove, Y. 4.
Dearne, St. 16.
Decayne, L. 8.
Decreete, M. 5.
Deepe, So. 28.
Deekes, E. 12.
Deine, La. 3.
Delabare, L. 4.
Delaware, La. 1.
Delbridge, De. 4.
Delfe, N. 26.
Dell, B. 18.
Delle, He. 1.
Deloie, L. 2.
Denberye, L. 7.
Denbigh, L. 7.
Denby, La. 29.
Deniar, Su. 4.
Deninge, So. 22.
Denison, M. 1.
Denne, K. 23.
Dennwood, K. 22.
Dennye, Cu. 1.
Dennys, No. 45.
Dent, No. 46 ; We. 2 ; Y. 11, 18.
Dentith, Ch. 1.
Denton, Cu. 2 ; Y. 1, 14, 47.
Dentone, Ch. 2.
Dentt, We. 2.
Denyare, Su. 4.

Denyer, Su. 6,
Denyson, We. 2.
Deper, Du. 5.
Derham, So. 23.
Derickson, L. 7.
Dermount, L. 19.
Desbuquois, K. 4.
Desgardin, L. 12.
Desmarets, K. 4.
Despercin, K. 4.
Desplanquet, L. 12.
Dessoumain, K. 4.
Destieu, L. 12.
Deuoureux, H. 1.
Deurden, La. 1, 25.
Devayne, C. 33.
Devet, St. 1.
Devis, La, 15.
Dew, Wo. 7.
Dewaters, L. 2.
Dewberie, He. 9.
Dewcet, St. 1.
Dewell, Be. 3.
Dewes, Ca. 5.
Dewhurst, La. 8.
Dewhurste, Ch. 2.
Dewpell, S. 3.
Dewsbury, C. 30.
Deye, La. 4 ; So. 22.
Deyks, L. 19.
Deyne, La. 3 ; Y. 18, 47.
Dicconson, La. 2.
Diche, Y. 40.
Dichford, W. 10.
Dick, Sf. 13.
Dickell, La. 17.
Dickens, L. 7.
Dickenso, Y. 28.
Dickenson, Ch. 3 ; L. 3 ; Le. 1 ; Y. 11, 18.
Dickins, L. 19; No. 3.
Dickinson, He. 5 ; L. 5 ; La. 3 ; No. 18 ; Nu. 1.
Dickonson, Y. 11.
Dickson, B. 7 ; Ch. 3 ; L. 7, 16 ; La. 14 ; Nu. 1 ; Y. 27, 37.
Diconson, La. 14 ; Y. 2.
Didsburye, Ch. 3.
Die, St. 1.
Dier, C. 39 ; He. 5 ; M. 2.
Difford, So. 27.
Diggle, Sf. 17, 22.
Diggosen, G. 12.
Digle, La. 25.
Dike, S. 24.
Dikson, Du. 7.
Dilworthe, La. 15.
Dio, B. 22.
Dishfforth, Y. 15.
Dishforthe, Y. 13.

Dison, Wi. 25 ; Y. 14.
Disoun, Wi. 25.
Distance, Y. 23.
Ditten, E. 13.
Dixon, Du. 3 ; L. 11 ; M. 1 ; We. 1 ; Y. 18.
Dixson, Cu. 1 ; S. 19 ; Y. 4, 18.
Dobb, No. 26.
Dobbins, Ha. 26.
Dobermont, K. 4.
Dobson, Cu. 1 ; La. 5, 11, 20, 24, 27 ; Y. 2, 12, 22, 39, 41.
Doby, L. 12.
Dockerey, Nu. 1.
Dod, K. 12 ; S. 1, 16.
Dodd, K. 12.
Dodde, K. 13.
Doddridge, De. 4.
Dodershe, K. 18.
Dodes, Nu. 1.
Dodeson, La. 17.
Dodesworth, Nu. 1.
Dodge, La. 24.
Dodgesonn, Y. 34.
Dodgshon, La. 25, 27.
Dodgson, La. 26.
Dodgsonn, La. 13.
Dodowe, C. 20.
Dodridge, K. 18.
Dodson, N. 29 ; No. 34.
Dodsworth, Y. 18.
Dodworthe, Y. 42.
Doldor, L. 18.
Dollin, K. 4.
Domebelowe, Li. 5.
Donason, Du. 1.
Donche, So. 13.
Donckel, L. 18.
Done, L. 7 ; St. 1.
Donithorne, C. 3.
Donye, C. 37.
Donne, Du. 7 ; S. 33.
Doodson, La. 24.
Doogood, K. 12 ; M. 1.
Doouse, De. 4.
Dor, L. 12.
Dorcet, B. 18.
Dorington, L. 3.
Dorram, Su. 7.
Dorrell, K. 5.
Dorrett, L. 11.
Dorrington, L. 5.
Dory, Su. 4.
Dorye, Su. 4.
Doson, La. 28.
Dossatt, B. 13.
Dosset, L. 7.
Dotton, St. 1.
Douche, So. 13.
Doughtye, St. 11.

xxxii

INDEX OF SURNAMES

Douglas, Y. 45.
Dounton, Do. 13 ; So. 22.
Dove, No. 19.
Dover, B. 14, 15.
Dowch, Do. 5.
Dowdeswell, G. 29.
Dowding, H. 1.
Dowdinge, G. 29.
Dowe, E. 12.
Dowghtye, No. 21.
Dowle, Wi. 6.
Dowley, Ha. 7.
Dowling, Ha. 1.
Downe, De. 4 ; So. 20, 28.
Downes, Ch. 2, 3 ; E. 9 ; He. 3; L. 7 ; La. 3 ; No. 2 ; St. 5, 6 ; Y. 15, 27.
Downton, S. 21.
Dowran, C. 15.
Dowsett, E. 6.
Dowson, La. 8, 24, 25 ; Y. 31.
Dowsone, Ch. 2.
Dowssinge, No. 26.
Dowt, C. 13.
Dowzey, So. 3.
Drabell, Y. 44.
Drake, Ch. 2 ; L. 13 ; N. 29 ; Y. 12.
Drakeforde, S. 5.
Drakforde, S. 5.
Drakloe, Sf. 12.
Drane, Sf. 8.
Drap, Y. 18.
Draper, C. 4 ; N. 16 ; S. 33.
Draunsfeilde, Y. 14.
Draye, K. 12.
Drew, L. 7.
Drewe, M. 2.
Drewry, L. 4.
Dries, L. 18.
Drinckewater, L. 19.
Drinkell, La. 23 ; Y. 35.
Drinkwater, La. 17.
Driver, L. 19.
Dromell, Y. 31.
Dronnynge, La. 5.
Dronwell, L. 7.
Droussaert, L. 18.
Droyght, E. 13.
Drue, De. 4.
Drury, L. 4, 19.
Drurie, W. 11.
Drynckwater, La. 24.
Dryver, La. 14 ; Nu. 1.
Du Bois, K. 4.
Du Bourg, L. 12.
Du Boys, K. 4, 12.
Du Bucoy, L. 12.
Du Buquois, K. 4.
Du Chatyau, L. 12.

Du Monceau, K. 4.
Du Moulin, K. 4.
Du Pont, K. 4.
Du Pre, L. 12.
Du Quesne, L. 12.
Du Rieu, K. 4.
Du Toure, L. 12.
Duchman, Y. 29.
Duck, Su. 7.
Ducke, L. 7.
Duckenfielde, Ch. 3.
Ducket, Le. 4.
Duckeworth, No. 26.
Duckson, La. 8.
Duckworth, La. 6.
Duckworthe, La. 1, 29.
Ducy, L. 12.
Dudbrith, G. 7.
Duddesburie, B. 1.
Duddlestone, Wo. 7.
Dudell, La. 18.
Dudin, Wi. 2.
Dudley, L. 19.
Dudlowe, La. 24.
Dufton, Y. 18.
Dugdaill, La. 8.
Dugdale, M. 1.
Duggoe, C. 2.
Dughtyman, Y. 42.
Duglas. Be. 2.
Duke, C. 4 ; Ch. 6 ; E. 7 ; K. 10; No. 26.
Dule, L. 12.
Dun, S. 25, 31, 35.
Duncalf, La. 24.
Duncalfe, Ch. 2 ; St. 16.
Duncalph, St. 16.
Dungon, M. 1.
Dungworth, Y. 44.
Dungworthe, Y. 42.
Dunha, N. 29.
Duninge, Y. 11.
Dunkynne, C. 4.
Dunne, C. 30 ; Ch. 6 ; De. 2 ; S. 27 ; Y. 18, 23.
Dunstane, L. 7.
Dunsteare, La. 9.
Dunston, No. 2.
Durber, So. 28.
Durdant, M. 1.
Durden, L. 19.
Dure, K. 4.
Durlan, L. 12.
Durram, La. 11.
Durrham, La. 28 ; Wo. 7.
Durston, So. 18.
Dusar, K. 4.
Dutton, G. 47 ; La. 10.
Dvkenfeld, La. 17.
Dwelly, Do. 5.

Dyaper, L. 7.
Dychar, S. 17.
Dycher, S. 27.
Dyckenson, L. 3.
Dyke, S. 21.
Dymes, Su. 4.
Dymon, De. 4.
Dynes, Be. 3 ; Su. 4.
Dyrant, B. 7.
Dyre, C. 39.
Dyrricke, De. 4.
Dyrriot, G. 28.
Dyson, Cu. 1 ; Y. 1, 14, 42.
Dysonne, Y. 14.

Eade, Sf. 6.
Eakeroide, Y. 14.
Eamonson, Y. 18.
Eare, No. 26 ; Y. 44.
Earle, La. 19 ; Wi. 12 ; Y. 18.
Earles, Y. 11.
Earlie, Ha. 17.
Earneshawe, La. 25.
Earnshawe, La. 25.
Earnshaye, La. 14.
Earrat, Y. 37.
Easbie, Y. 27.
Eason, K. 12.
East, B. 1 ; Li. 6.
Eastam, La. 8.
Eastburne, Y. 28.
Easterby, Y. 8.
Eastie, Sf. 21.
Eastmonde, De. 4.
Eastwod, Y. 1.
Eastwood, M. 2.
Eaten, W. 10.
Eaton, De. 4 ; L. 19 ; Nu. 1 ; S. 24 ; So. 22.
Eatwall, Wi. 15.
Eawoode, La. 29.
Eblewhite, Li. 17.
Eccles, La. 18 ; St. 16.
Ecclesall, St. 1, 16.
Eccleston, La. 11.
Eckerslay, La. 17.
Eckersley, La. 17.
Eden, Du. 6.
Edge, La. 1.
Edglye, Sf. 11.
Edgoose, Li. 10.
Ediall, No. 26.
Edkines, W. 12.
Edlen, B. 8.
Edmonds, G. 46 ; L. 4, 7 ; W. 17.
Edmonson, Cu. 1.
Edmunde, G. 56.
Edmundes, L. 4.
Edmundson, N. 29.

xxxiii

INDEX OF SURNAMES

Ednell, Cu. 2.
Edoes, Sf. 13.
Edrip, Bd. 1.
Edsawe, Su. 4.
Eduwaerts, L. 18.
Edward, S. 10.
Edwarde, C. 4, 12.
Edwardes, Be. 3 ; G. 29 ; L. 16 ; S. 21.
Edwards, B. 6 ; C. 24 ; De. 1 ; G. 24 ; He. 10 ; K. 2 ; S. 4, 33 ; Su. 4 ; Wi. 1 ; Y. 31.
Edy, C. 2.
Edye, C. 39.
Edyson, Y. 6, 11.
Eeclesole, M. 1.
Eeden, M. 1.
Eedes, M. 1.
Egerton, L. 4.
Eggerdon, Do. 7.
Egleman, K. 22.
Egles, G. 45.
Egleston, L. 19.
Eides, Ha. 12.
Elborne, B. 4.
Elborrowe, L. 19.
Elbrowe, Wi. 20.
Elcocke, Ha. 24 ; S. 29.
Eld, D. 3.
Elde, L. 14.
Elder, L. 19.
Eliemosina, W. 12.
Elingthrop, La. 14.
Eliot, E. 8 ; Su. 4.
Eliots, Su. 4.
Elismought, Y. 45.
Elistons, Y. 14.
Elitthorpe, Li. 11.
Elkes, S. 4.
Elkin, L. 7.
Elkine, L. 7.
Elkyn, M. 5.
Elland, G. 23.
Ellard, Li. 18.
Ellell, La. 15.
Ellerbie, Y. 23.
Ellerby, Li. 4.
Ellerton, Y. 31.
Ellery, Ha. 24.
Ellet, De. 1.
Elletche, St. 16.
Ellice, Y. 15.
Ellill, Y. 34.
Elliott, Ch. 3 ; Ha. 26 ; No. 48 ; So. 1 ; St. 9.
Elliots, S. 29.
Ellis, B. 5 ; K. 19 ; L. 16 ; N. 8 ; No. 58 ; St. 1 ; Y. 1, 12, 18, 45.
Ellison, No. 48 ; Y. 12.
Ellmes, Do. 13.

Ellor, Ch. 3 ; La. 24.
Ellott, La. 14.
Ellsey, Li. 10.
Ellwine, Du. 6.
Ellwood, Cu. 3.
Ellys, Y. 47.
Ellysse, Y. 2.
Elme, Y. 2.
Elmer, Bd. 1.
Elmes, L. 19.
Elmesall, Y. 40.
Elmsall, Y. 40.
Elmurst, L. 4.
Elseworth, L. 16.
Elsoe, Y. 17.
Elsted, K. 7.
Elston, L. 5.
Elswoode, Do. 9.
Elsworth, Y. 20.
Elton, B. 2 ; St. 1, 2 ; Wo. 5.
Elwin, Du. 6.
Elwood, Y. 9.
Elye, He. 10.
Elyffe, Ha. 20.
Ematt, C. 39.
Embry, G. 25.
Em'erso', L. 19.
Emersonne, No. 26.
Emerton, B. 14.
Emetes, W. 11.
Eminne, Sf. 14.
Emmarton, B. 13.
Emmes, Wo. 6.
Emmyns, Sf. 12.
Emote, C. 35.
Emott, La. 14.
Emre, Ha. 20.
End, G. 39.
Enfield, K. 2.
England, G. 55 ; N. 23 ; So. 7.
Englishe, S. 24.
Engrosse, C. 2.
Engrouse, C. 2.
En Terrasse, K. 4.
Entnep, Su. 4.
Entwisle, La. 24.
Entwissle, La. 25.
Eoull, E. 14.
Erebye, L. 16.
Erington, Wi. 25.
Erle, Wi. 19.
Esake, Du. 7.
Esay, Ha. 16.
Escoe, La. 15.
Esh, Y. 41.
Eskame, La. 15.
Esson, Nh. 2.
Estick, E. 6.
Estlake, C. 37.
Estridge, L. 7.

Estwodd, Y. 14.
Ethrington, L. 8.
Etkies, Wo. 7.
Etkins, So. 1.
Eton, E. 12.
Etten, No. 54.
Ettis, Du. 2.
Ettisse, Du. 2.
Eure, Y. 6, 21.
Evan, C. 2.
Evans, B. 1 ; De. 4 ; E. 2, 9 ; K. 6 ; L. 7 ; M. 2 ; No. 54 ; S. 33, 34 ; St. 1 ; W. 13, 14.
Evansdought', La. 4.
Evens, C. 36.
Everat, Bd. 1.
Evered, E. 12.
Everes, No. 20.
Everid, K. 23.
Everinge, K. 4.
Everingham, M. 1.
Eves, S. 29.
Evette, Wo. 5.
Evligh, De. 4.
Evnes, Nu. 1
Evrnde', K. 23.
Ewan, La. 2.
Ewens, Wo. 6.
Ewer, B. 1.
Ewre, L. 8.
Exley, Y. 47.
Exold, Ha. 13.
Exoll, Ha. 16.
Exton, La. 8.
Eyam, G. 34.
Eyde, Ha. 21.
Eyers, G. 36.
Eyre, No. 48 ; Y. 42.
Eyres, Do. 4 ; Wi. 4, 12.
Eyves, W. 3.

Fabri, L. 18.
Fabyn, C. 17.
Fagg, So. 1.
Fagge, K. 15.
Faictd'herbe, K. 4.
Fairfax, M. 2.
Fairley, Nu. 1.
Faldo, L. 2.
Fanne, L. 7.
Farar, La. 17.
Fardinando, C. 37.
Farebarne, Y. 37.
Farebrother, La. 3.
Farehurst, La. 3.
Fareman, K. 12.
Farington, S. 15.
Farley, Wo. 6.
Farmer, De. 4 ; So. 22.

INDEX OF SURNAMES

Farneworth, La. 3.
Farnvm, K. 18.
Farnwoorthe, No. 57.
Farr, So. 23.
Farrand, Y. 12.
Farrar, La. 17.
Farre, L. 19; So. 3; W. 14; Wi. 2.
Farrington, M. 1.
Farrinton, M. 4.
Farro, La. 5.
Faucet, La. 14; Y. 11.
Fauchen, Su. 2.
Fauconier, L. 12.
Faukner, Ha. 2; La. 17.
Fauknr, La. 17.
Faulder, Nu. 1.
Faull, Y. 11.
Fautrart, L. 12.
Fauxe, No. 10.
Favell, L. 7.
Fawcet, Li. 4.
Fawcett, L. 11.
Fawkener, Ch. 2.
Fawmer, C. 37.
Faye, L. 7.
Fayrebarne, Y. 40.
Fayreclough, La. 3.
Fayrepeynte, St. 7.
Fazakerley, La. 4.
Feake, L. 1.
Fearer, La. 23.
Fearis, Le. 2.
Fearne, D. 3.
Fearnlay, Y. 11.
Fearnley, Y. 13.
Fearnleye, Y. 42.
Fearns, Y. 11.
Feazon, Li. 5.
Feazor, Y. 34.
Feddon, Cu. 2.
Feelde, W. 10.
Feelden, La. 14.
Feilden, La. 28.
Feilder, Ha. 16.
Felden, La. 8.
Feldhouse, No. 26.
Felken, St. 14.
Fell, La. 19, 23; Wo. 5.
Fellow, Be. 2.
Fellowe, B. 1.
Felpes, E. 6.
Feltes, L. 7.
Felthouse, St. 8.
Feltwell, Su. 7.
Fenbie, Y. 19.
Fenn, B. 8.
Fenne, B. 8.
Fennick, Y. 31.
Fenteman, Y. 43.
Fentiman, No. 48.

Fenton, Cu. 1; St. 14; Y. 44.
Fenwick, Nu. 1.
Fenwicke, Nu. 1.
Ferer, La. 23.
Feret, K. 4.
Ferimonds, La. 3.
Fermyne, E. 12.
Ferneley, No. 57.
Ferriman, No. 5.
Ferris, La. 10.
Fetherson, St. 1.
Fetherstone, M. 2.
Fettiplace, M. 2.
Ffairfax, Y. 18.
Ffainton, We. 2.
Ffalknor, Y. 18.
Ffall, Y. 32.
Ffallowes, Ch. 3.
Ffarebanck, Y. 5.
Ffarecloughe, La. 18.
Ffarmelow, De. 3.
Ffarnaby, Y. 24.
Ffarrey, Y. 18.
Ffarrour, Y. 14.
Ffarrowe, Y. 15.
Ffascikeley, W. 11.
Ffaukner, Wi. 21.
Ffawcet, Y. 18.
Ffawcitt, We. 2.
Ffearne, Y. 18.
Ffearnley, Y. 18.
Ffeilden, Y. 14.
Ffelgate, E. 1.
Ffell, K. 5; La. 27; Wo. 5.
Ffen, Sf. 13.
Ffenton, L. 3; La. 25; Y. 18.
Fferrar, Sf. 13.
Fferrour, Y. 14.
Fferye, B. 4.
Ffether, Y. 18.
Ffeveryer, Sf. 6.
Ffewell, Y. 5.
Ffido, G. 50.
Ffielden, La. 25.
Ffirbanke, Y. 38.
Ffirth, Y. 14.
Ffirthe, Y. 1.
Ffishe, Nh. 3; W. 12.
Ffisher, La. 11, 27; So. 28.
Ffitters, W. 12.
Fflammacke, C. 2.
Fflecher, Wi. 21.
Ffleett, Wo. 7.
Ffleete, Wo. 7.
Ffleminge, La. 27.
Ffletcher, La. 7, 10, 25; Le. 8; So. 28; Y. 2, 14, 18.
Ffletwood, La. 11.
Fflower, G. 56.
Ffludd, Su. 4.

Fflunders, Y. 6.
Ffogge, Ch. 3.
Ffoldes, La. 14, 29.
Fformbey, La. 10.
Fforshaw, La. 10.
Fforster, S. 16.
Fforte, Y. 14.
Fforward, Do. 4.
Ffoster, Du. 8; Y. 18.
Ffote, K. 13.
Ffothergill, We. 2.
Ffouldes, La. 29.
Ffouler, B. 6.
Ffoulston, Y. 26.
Ffountaines, Y. 24.
Ffournasse, Y. 17.
Ffournes, Y. 15.
Ffournesse, Y. 14.
Ffowler, L. 8.
Ffowther, Y. 18.
Ffox, G. 50; La. 27; Y. 1.
Ffoxcroft, Y. 18.
Ffoxe, He. 10.
Ffoyster, Y. 2.
Ffrances, Wi. 21.
Ffranck, E. 9.
Ffraunces, So. 28.
Ffream, Li. 6.
Ffreeman, Wo. 7; Y. 18.
Ffreman, B. 4.
Ffrench, B. 5.
Ffrenche, B. 4, 5; C. 2.
Ffrickley, Y. 26.
Ffrie, So. 28.
Ffriend, Y. 1.
Ffrode, C. 2.
Ffulkham, K. 2.
Ffuller, He. 10; M. 1.
Ffurth, Y. 18.
Ffyll, Do. 4.
Ffyne, C. 2.
Ffyrthe, Y. 42.
Ffytton, La. 25.
Fido, So. 2.
Fielde, L. 7.
Fielden, La. 25.
Fieldes, La. 1.
Fiene, L. 12.
Fifeild, G. 48.
Filde, E. 12.
Fildhouse, La. 24.
Fill, G. 8.
Fillmer, K. 16.
Fillmoore, De. 4.
Fillpot, K. 15.
Fin, L. 2.
Finch, K. 15.
Finche, La. 5.
Finches, K. 15.
Findelowe, Ch. 2.

INDEX OF SURNAMES

Fingley, Y. 31.
Finney, K. 19.
Finsh, La. 3.
Finstwhaite, La. 19.
Fipps, Ca. 6.
Firbanke, Y. 38.
Firmin, Sf. 7.
Firth, Y. 12.
Firthe, Y. 12.
Fish, La. 13; Y. 18.
Fishe, L. 7; La. 1.
Fisher, Du. 7; E. 14; L. 16, 19; La. 15, 20, 23; Li. 4; No. 26; So. 17; St. 2; Wi. 10.
Fishwicke, Li. 18.
Fissher, La. 5; W. 11.
Fissmore, So. 7.
Fitter, St. 1; W. 10.
Fittlinge, N. 29.
Fittock, C. 1.
Fitton, La. 9.
Fitze, L. 19.
Flacket, St. 11.
Flameson, L. 7.
Flancell, Y. 41.
Flannock, L. 4.
Flather, Y. 40.
Flaye, De. 4.
Fleatcher, G. 16; O. 1.
Flechare, La. 17.
Flecher, La. 17.
Flecke, Y. 30.
Fleckten, K. 19.
Flecton, K. 6.
Fleetcrofte, La. 24.
Fleetwood, La. 11.
Fleming, C. 4.
Flemings, N. 15.
Flent, Y. 4.
Flesher, Y. 37.
Fletcher, C. 39; Ch. 6; D. 4; K. 8; L. 1, 10, 16; La. 1, 7, 24, 29; M. 1, 2; N. 32; No. 26; So. 22; St. 16; Y. 20.
Flete, Sf. 7.
Flier, No. 26.
Flint, B. 12; St. 15.
Flinte, No. 39.
Flite, Sf. 7.
Floide, S. 30.
Florey, Ha. 16.
Flowed, O. 1.
Floyd, N. 29.
Floyde, M. 2.
Flud, C. 20.
Fludd, Su. 4.
Flyer, L. 7.
Flyght, N. 9.
Flynthurst, D. 3.
Foard, M. 2.

Foarde, L. 7.
Fogge, La. 1.
Foile, S. 26.
Foke, Wi. 13.
Follet, K. 4.
Fone, St. 8.
Foole, La. 8; St. 11.
Foorde, K. 23; S. 32; Y. 11.
Foorth, Wi. 25.
Fooster, No. 26.
Foote, C. 34, 38; E. 8.
Foott, Be. 3.
Footte, C. 46.
Forcet, He. 9.
Ford, Ca. 3; L. 14; M. 2; So. 13; Su. 4.
Fordd, So. 21.
Forde, L. 2; La. 3; M. 1; Y. 14.
Forder, Ha. 27.
Fords, G. 28.
Foreman, He. 9.
Forrest, K. 16.
Forringdon, L. 3.
Forshay, La. 5.
Forster, La. 6; St. 7.
Fort, Wo. 5; Y. 34.
Forte, C. 38; So. 4.
Forth, La. 3.
Fortye, O. 4.
Forward, Wi. 1.
Foscrofte, La. 23.
Fosse, L. 18.
Fostall, K. 19.
Foster, B. 11; Du. 2; Ha. 7; L. 19; La. 3, 13; M. 2; No. 2, 14; Y. 10, 18, 34.
Fotherbye, K. 3.
Fouache, L. 12.
Fouldes, La. 29.
Fouler, K. 16.
Foulk, S. 10.
Fountaine, B. 15.
Fouraker, So. 19.
Fourd, K. 10.
Fourde, St. 7.
Fournes, Y. 47.
Fovell, L. 19.
Fowatayne, B. 10.
Fowke, St. 1.
Fowkes, Li. 5.
Fowlar, G. 29.
Fowler, B. 6; Be. 3; Li. 4, 5; S. 17; St. 12.
Fowiler, C. 37; G. 28. M. 2.
Fowrd, K. 10.
Fowthergill, Y. 28.
Fox, Ha. 27; K. 16; La. 15, 23; Li. 5; No. 34; So. 1; St. 15; Y. 13, 31.
Foxcall, L. 5.

Foxe, K. 10; La. 24; M. 1; S. 21; St. 7.
Foxgill, Y. 11.
Foxley, Ch. 6.
Foxwell, So. 22.
Fraine, De. 4.
France, La. 3, 11; S. 33.
Francke, K. 10.
Francklin, B. 1.
Francs, St. 1.
Frank, No. 10.
Frankland, Y. 20.
Franklinge, No, 18.
Franklyn, L. 1.
Frape, G. 28.
Fraunce, La. 28.
Fraunces, C. 44; Ha. 17; K. 12.
Frebodie, L. 5.
Freckingham, Le. 2.
Freeijferie, He, 5.
Freema, K. 10.
Freeman, L. 16; S. 18.
Freleu, K. 4.
Frekelton, Y. 36.
Freman, E. 7; He. 4; Y, 31, 43.
Fremaulx, K. 4.
Fremay, Do. 3.
French, Do. 2; Su. 4.
Frenche, C. 24; Ch. 2; De. 4; Do. 2.
Frend, S. 12.
Fresare, L. 18.
Freth, E. 12.
Frie, So. 6, 27.
Frier, L. 7.
Frigge, G. 40.
Fright, K. 18.
Frissell, Y. 30.
Frithe, K. 18; La. 24.
Frodsham, Ch. 3.
Frogge, Ch. 2.
Frost, C. 38; L. 19.
Froste, Sf. 12.
Fry, No. 1.
Fryar, L. 3.
Frye, G. 36; M. 4; So. 3.
Fryer, L. 7; S. 32.
Fryth, La. 25.
Fulbrok, Do. 13.
Fuller, B. 8; C. 36; He. 9; Li. 5.
Fulston, So. 27.
Fulwood, M. 1.
Funge, He. 9.
Funtance, Li. 1.
Furmage, Do. 2.
Furnis, Y. 37.
Fursey, Su. 4.
Fusedale, St. 2.
Fussell, So. 22.
Fussye, Y. 23.

xxxvi

INDEX OF SURNAMES

Futhergill, Y. 18.
Fvlford, W. 13.
Fyeson, L. 7.
Fylcote, K. 2.
Fynch, B. 13.
Fyner, He. 9.
Fynnes, No. 11.
Fynnye, Ch. 2.
Fynsham, Ch. 2.
Fyshe, La. 25.
Fysher, B. 1; Du. 4; He. 9; M. 5.
Fytton, La. 9, 24.

Gaate, B. 1.
Gabates, Li. 14.
Gabbett, S. 21.
Gaddesbye, No. 29.
Gaillard, L. 12.
Gale, So. 23.
Gall, So. 29.
Gallant, Sf. 12.
Galle, So. 29.
Galler, So. 6.
Galloway, L. 1; Y. 3.
Galsworthie, De. 4.
Game, C. 4.
Gamin, K. 4.
Gamlin, Cu. 2.
Gansbie, Li. 5.
Ganys, So. 17.
Gaole, L. 19.
Garbett, S. 22.
Gardener, C. 2; Su. 4.
Gardine, L. 7.
Gardiner, He. 8; La. 3, 4; Li. 18; So. 3.
Gardner, L. 7; La. 15, 23.
Gardside, La. 9.
Gardyner, No. 29.
Gare, Du. 8.
Garford, M. 1.
Garfurth, Y. 17.
Garland, C. 17; M. 3.
Garlicke, La. 24.
Garlike, La. 11.
Garmson, S. 5.
Garnar, G. 34.
Garne, G. 11.
Garner, La. 23; Li. 10; Wo. 1.
Garnet, La. 27, 29.
Garnett, Cu. 1; Y. 14, 31.
Garnoot, L. 18.
Garret, G. 28; La. 24; Wo. 1.
Garrett, De. 4; K. 12; L. 19; M. 1.
Garrudd, N. 18.
Garside, La. 24; Y. 14.
Garstange, La. 8.

Garsyde, La. 25.
Garter, L. 16.
Garton, Y. 31.
Garwaye, De. 4.
Garwood, E. 12.
Gascart, L. 12.
Gascon, Y. 11.
Gase, Su. 2.
Gaske, Li. 6.
Gaskin, Le. 1.
Gaskyne, Du. 7.
Gasner, Su. 7.
Gasquine, No. 26.
Gaster, L. 7.
Gatcleife, La 28.
Gate, La. 19.
Gatforde, M. 1.
Gathorne, Y. 31.
Gatley, Be. 3.
Gatleyes, Ch. 3.
Gatlye, Ch. 2.
Gaukroger, Y. 14.
Gaulter, La. 11.
Gaunt, Y. 15.
Gauntlett, Ha. 27.
Gaurton, Le. 1.
Gauwen, La. 28.
Gavey, L. 7.
Gawde, C. 23.
Gawle, Du. 7.
Gayford, Sf. 18.
Gayle, Nh. 3.
Gaylinge, M. 1.
Gayte, La. 19.
Geadon, W. 17.
Geale, Do. 5.
Geare, Y. 31.
Geares, S. 22.
Gedge, N. 30.
Gee, Ch. 2; La. 24; No. 61.
Geebons, So. 29.
Geeraerts, L. 18.
Geffeysonne, La. 24.
Geffrey, L. 19; S. 10.
Gelderd, Y. 34.
Geldert, La. 27; Y. 11.
Geles, C. 45.
Gell, Wo. 7.
Gelson, Li. 2.
Generall, K. 13.
Genions, S. 5.
Genkins, B. 13.
Genne, Y. 42.
Gennynge, W. 12.
Geofry, Su. 3.
Georg, C. 1.
George, C. 3; Ca. 6.
Gerard, Wo. 7.
Gerishe, Wi. 12.
German, C. 37.

Gerrad, La. 9.
Gerrard, Ch. 1; La. 3, 8.
Gerrarde, La. 8.
Gerret, Wi. 21.
Gervis, Li. 3.
Gest, La. 13, 28.
Geste, La. 28.
Gewerden, L. 7.
Geylle, E. 5.
Ghoold, Wo. 4.
Ghost, He. 9.
Gi, La. 17.
Gibbens, So. 22.
Gibbes, G. 5; M. 1; So. 3.
Gibbins, Be. 1.
Gibbon, Cu. 1.
Gibbons, S. 33.
Gibbs, Do. 1.
Gibburne, Y. 18.
Gibson, Cu. 1; La. 15, 23; Li. 4, 7; Nh. 2; Nu. 1; Wl. 22; Y. 13, 18, 25, 41.
Gie, C. 46.
Gifford, Ca. 7.
Gilbert, Li. 5; So. 1; Wl. 25.
Gilb'te, K. 6.
Gildus, Y. 23.
Giles, La. 8; N. 23; So. 38.
Gill, E. 7; La. 10; Y. 13, 14, 25.
Gilley, S. 34.
Gilliam, Y. 2.
Gillott, Y. 1.
Gillson, Y. 25.
Gilman, K. 14.
Gilmet, He. 9.
Gilmyn, Y. 11.
Gilpine, L. 7.
Gilson, E. 15; Y. 25.
Giltencrosse, Y. 23.
Gipp, E. 14.
Girdler, Y. 31.
Girlinge, Sf. 3.
Girnwod, Y. 18.
Girnwood, Y. 18.
Girwood, Y. 18.
Gisborne, L. 7.
Giste, C. 37.
Gittines, L. 7.
Gladman, B. 18.
Gladwin, No. 26.
Glanfield, M. 2.
Glascocke, E. 13; L. 7.
Glascoke, E. 13.
Glasonne, No. 26.
Glasse, L. 1.
Glasten, L. 7.
Gleadhill, Y. 47.
Gleaste, La. 10.
Gleede, Wi. 20.
Gleidhell, Y. 14.

xxxvii

INDEX OF SURNAMES

Glenister, B. 1, 12.
Glensover, Y. 41.
Glesouer, Y. 18.
Gleydell, Y. 41.
Gloaver, S. 27.
Glouer, Y. 18, 45.
Glovar, La. 28.
Glover, De. 4; L. 7, 19; La. 24; Le. 4; S. 27; St. 1, 6; W. 11; Y. 41.
Glue, He. 9.
Glynne, L. 7.
Gobbine, L. 7.
Godard, C. 37.
Godd, So. 28.
Goddard, K. 18; L. 3.
Godden, Ha. 13, 27.
Godderd, Sf. 7.
Goden, M. 1.
Godfraie, Y. 18.
Godfree, Wo. 5.
Godfrey, W. 10.
Godfrie, L. 2; So. 28.
Godin, L. 12.
Godolphin, C. 32.
Godon, L. 12.
Godmunt, La. 26.
Godsaffer, No. 6.
Godsall, So. 22.
Godsole, N. 16.
Godson, La. 11, 15.
Godtschalck, L. 18.
Godwin, St. 1.
Godwine, K. 16; St. 8.
Godwyn, So. 28.
Godwyne, So. 13, 22.
Goet, N. 5.
Goffe, L. 2; Wi. 12.
Goforth, Y. 31.
Gogny, L. 17.
Gold, Do. 13.
Golde, B. 2.
Goldesbrough, Y. 47.
Goldsbrough, Y. 31.
Goldsmith, B. 6.
Goldwell, L. 8.
Goldylocks, La. 24.
Golie, La. 17.
Gollen, St. 7.
Gollie, La. 10.
Gollidge, So. 28.
Gollinge, La. 25.
Gollipe, So. 13.
Golloppe, Do. 13.
Golsmyth, St. 1.
Golson, K. 2.
Golte, L. 1.
Gomers, So. 11.
Good, Do. 13; No. 5.
Goodale, Y. 40.

Goodall, B. 16; E. 1; L. 19; W. 17.
Goodchild, B. 1.
Gooddall, C. 30.
Goodden, So. 6.
Goodding, Sf. 21.
Goodgame, B. 4; L. 7.
Gooddinge, E. 13.
Goode, Nu. 1; W. 17.
Goodene, Sf. 2.
Gooderiche, G. 12.
Goodewyne, E. 12.
Goodgame, B. 4; L. 7.
Goodier, Y. 14.
Goodinough, Wi. 7.
Goodison, Y. 44.
Goodman, St. 1.
Goodwin, E. 11.
Goodwine, G. 47.
Goodwyn, Y. 11.
Goodyeare, L. 7; Nh. 3.
Goodyre, Y. 42.
Goold, N. 29; St. 1.
Goose, Sf. 12.
Goostee, No. 48.
Gooteriz, L. 7.
Gorbott, Y. 22.
Gorelde, La. 25.
Gorell, La. 9.
Gorly, K. 3.
Gorton, La. 8.
Gorwill, De. 4.
Gosham, B. 1.
Goslinge, Ha. 1; N. 24.
Gosse, De. 4.
Gossewell, L. 7.
Gossnell, S. 21.
Gosson, L. 13.
Goteley, L. 11.
Gotheridg, He. 9.
Gothrop, Y. 31.
Gott, Y. 43.
Gottran, L. 12.
Gouden, La. 28.
Gough, M. 3.
Goughe, S. 22.
Goughton, Ca. 8.
Gouland, Du. 3.
Gould, B. 20; N. 29.
Gouldinge, M. 2.
Gouldsmith, Sf. 3.
Goule, De. 4.
Gounden, L. 7.
Govett, Ch. 6.
Gower, K. 15; Y. 39.
Gowland, Y. 27, 38.
Gowldthorpe, Y. 1.
Gowldthorpp, Y. 1.
Gowldthorppe, Y. 1.
Gowlet, M. 5.

Gowrnye, B. 16.
Gowth, La. 27.
Grace, B. 1; Ha. 1; S. 33.
Graddon, De. 4.
Grafles, G. 11.
Graftes, Le. 1.
Grafton, St. 8.
Graie, Be. 3; G. 15; La. 15.
Grainger, Cu. 1.
Graistocke, Y. 30.
Granger, Do. 14; S. 13, 29.
Grannames, W. 11, 12.
Grant, He. 9; Nh. 3.
Gra'nt, Nh. 3.
Granthame, La. 24.
Grastocke, La. 8.
Gratwich, St. 12.
Graue, Y. 34.
Graunt, K. 12.
Grave, So. 17; Y. 18, 34.
Graveley, He. 6.
Gravenor, S. 29, 34.
Graves, L. 10, 19; M. 1.
Gray, B. 4; Be. 5; N. 8; We. 2.
Graye, B. 4; Du. 2, 7; L. 7, 19; M. 1; Nu. 1; Y. 23, 25, 27.
Greathead, Y. 18.
Greave, Ch. 3; La. 25.
Greaves, Ch. 2; L. 19; La. 24, 27; Y. 44.
Green, L. 3.
Greene, C. 3; Ca. 8; Ch. 2, 6; L. 19; La. 3, 24, 28; Le. 8; Li. 2, 15, 19; M. 1; No. 36; Su. 7; Wi. 12, 13; Y. 14, 18, 36, 41.
Greenehalghe, La. 24.
Greenelefe, K. 15.
Greener, Su. 4.
Greenhould, La. 19.
Greeninge, St. 7.
Greenough, La. 3.
Greente, L. 2.
Greenwaye, W. 12.
Greenwood, La. 14; Y. 27.
Greenwoode, Y. 13.
Greine, S. 29.
Grege, Y. 6.
Gregg, Y. 18.
Gregor, C. 4.
Gregorie, Be. 3; La. 24, 28; M. 1; So. 1, 24.
Gregory, Be. 3; G. 47; L. 1; Nh. 2.
Gregson, La. 6, 8; Y. 20.
Greig, De. 2.
Grenald, Y. 15.
Grendall, Y. 13.
Grene, D. 1; Du. 5, 7; N. 5; St. 1; W. 16; We. 2; Y. 1, 13, 18, 36, 42, 47.

xxxviii

INDEX OF SURNAMES

Grenell, Du. 2.
Grenerod, N. 16.
Grenes, W. 10.
Grenewode, Y. 45.
Grenewood, La. 14, 29.
Grenewoode, La. 18.
Grenvile, C. 13.
Grenwood, Y. 1.
Grenwoode, Y. 12.
Greson, Y. 44.
Gretbach, St. 6.
Greves, W. 10; Y. 44.
Greville, G. 12.
Gribble, De. 4.
Grice, Su. 7.
Grieffen, So. 28.
Griffe, So. 6.
Griffen, L. 5, 7; Le. 1.
Griffin, L. 19; M. 2; So. 1.
Griffith, M. 1.
Griffyes, S. 33.
Griges, E. 7.
Grime, D. 1.
Grimsbye, Sf. 3.
Grimsdich, Ch. 1.
Grimshawe, La. 24.
Grimslade, De. 4.
Grimster, So. 27.
Grin, La. 17.
Grincking, L. 19.
Grindleye, S. 21.
Grindon, St. 11.
Grine, La. 23.
Grinebanke, La. 23.
Grinefeld, La. 23.
Grinehalghe, La. 1.
Grinehode, La. 23.
Grinley, St. 15.
Grisdell, Y. 11.
Gromas, K. 4.
Grombrydge, K. 1.
Grome, B. 5; S. 33.
Groome, B. 13.
Groser, Y. 18.
Grosier, La. 10.
Grove, Li. 7; St. 16.
Grube, No. 19.
Grundie, La. 28.
Grundye, St. 11.
Grunndie, La. 17.
Gryce, Ch. 1; S. 27.
Gryffithes, S. 22.
Gryffyn, He. 9; W. 6.
Gryfyne, G. 1.
Gryme, La. 1, 25, 29.
Grymes, M. 2.
Grymeshey, La. 13.
Grymshay, La. 29.
Gryne, La. 23.
Grynway, G. 11.

Gudlawe, La. 3.
Guell, G. 12.
Guildford, Su. 4.
Guiellmus, Y. 29.
Guillam, H. 1.
Gull, E. 7.
Gundridge, So. 27.
Gunnell, L. 10.
Gurner, Y. 18.
Gurnet, L. 8.
Gurney, M. 1.
Gurvie, Y. 31.
Guston, C. 3.
Guy, Ha. 22; No. 33.
Guye, La. 15.
Guylbert, C. 2.
Guysley, Y. 24.
Gvye, M. 1.
Gwatkin, H. 3.
Gwercie, L. 7.
Gwills, C. 46.
Gwynn, L. 19.
Gybbe, D. 1.
Gybbes, Ha. 27.
Gybbens, W. 14.
Gybbins, W. 13.
Gybbson, Ch. 5.
Gybbyns, He. 10.
Gybson, We. 1; Y. 39.
Gyett, E. 4.
Gyfford, G. 52.
Gylbart, St. 7.
Gylbert, He. 9.
Gyles, Do. 9; G. 54; La. 19;
    Y. 11, 19.
Gyll, De. 4; G. 34; Ha. 16;
    La. 14; Y. 28, 43.
Gylman, St. 11.
Gylmet, He. 9.
Gymbale, C. 4.
Gymlet, M. 2.
Gymney, No. 24.
Gynder, St. 7.
Gynes, G. 47.
Gyngell, Wi. 15.
Gynne, He. 4.
Gynnes, L. 7.
Gynsone, Ch. 4.

Habberley, S. 21.
Habbert, L. 7.
Hacker, So. 14; Wi. 25.
Hackinge, La. 18.
Hackwood, Li. 9.
Hadden, He. 1.
Haddlesey, Y. 31.
Haddock, Li. 5; W. 11.
Haddon, W. 11.
Hadfeld, Y. 1.

Hadlowe, M. 2.
Hadnham, Sf. 2.
Hadocke, La. 5, 29.
Haeghen, L. 18.
Haggas, K. 18.
Haggett, Y. 8.
Haghe, Y. 21, 44.
Haghton, La. 29.
Hahm, La. 11.
Haickx, L. 18.
Haie, La. 15.
Haigh, Y. 18.
Haighe, Y. 1, 14.
Haille, He. 5; La. 10.
Haim, L. 12.
Haine, So. 22.
Haiward, E. 7.
Hake, K. 13.
Hakings, S. 29.
Hakins, Li. 10; Su. 1.
Halbie, No. 35.
Haldisworth, Y. 47.
Haldsworthe, Y. 21.
Hale, B. 5; De. 4.
Hales, St. 4.
Haley, St. 4; Y. 47.
Halghe, La. 1.
Halk, K. 6.
Halkines, Du. 7.
Hall, B. 18; C. 15; Ch. 2, 3;
    Cu. 1; E. 12; Ha. 10; L. 19;
    La. 9, 10, 17, 24; Le. 1, 8;
    Nu. 1; S. 17; St. 10; Su. 4;
    Y. 18, 33, 37, 42, 43, 47.
Hallam, D. 1; No. 40.
Halle, Du. 7; G. 34; L. 7; La. 1,
    9, 24; No. 50; S. 32; St. 11;
    Y. 12, 46.
Halledaye, Nu. 1.
Hallet, So. 13.
Hallett, K. 12, 13.
Halley, L. 7.
Halleye, L. 7.
Halliday, Y. 5.
Hallo, L. 12.
Hallowes, La. 25.
Halls, Y. 36.
Hallstead, La. 13.
Hallyday, Li. 18; Y. 47.
Halmeshire, Y. 40.
Halsted, La. 29.
Halwyne, C. 37.
Ham, La. 1; M. 2.
Haman, K. 10.
Hambage, G. 15.
Hamblet, He. 9.
Hamblie, C. 37.
Hamer, La. 25.
Hames, G. 42.
Hamett, C. 4, 37.

xxxix

INDEX OF SURNAMES

Hamlett, M. 1.
Hamlin, So. 6.
Hamlinne, So. 2.
Hamly, C. 12.
Hamme, Wi. 10.
Hammes, L. 18.
Hammon, C. 17; K. 12, 15.
Hamnet, Ch. 6.
Hamnett, Ch. 4.
Ham'on, K. 13.
Hamon, E. 4; Su. 4.
Hamond, B. 1; Li. 13; S. 3.
Hampden, B. 22.
Hampson, La. 24.
Hampsone, Y. 46.
Hampsonne, La. 7, 24.
Hampton, Le. 1.
Hamson, Ch. 3; L. 10; La. 28.
Hancock, So. 22.
Hancocke, C. 37; La. 13; M. 2; No. 32, 52; So. 28.
Hancocks, Wo. 6.
Hancok, So. 15.
Hancox, Wo. 7.
Hande, Le. 2.
Handes, Du. 7.
Handford, L. 2.
Handforth, Ch. 3.
Handlay, Li. 2.
Handley, D. 3; We. 2.
Handleye, Y. 42.
Hanforde, Be. 2.
Hankin, He. 9; La. 10.
Hankins, L. 8.
Hankocke, La. 23.
Hankyn, E. 4.
Hankynn, He. 3.
Hanly, M. 2.
Hanmer, S. 21.
Hannes, G. 24.
Hanry, L. 12.
Hansell, Y. 6.
Hanson, E. 5; La. 14, 29; Li. 4; St. 1, 10.
Hansonne, Y. 14, 26.
Hantois, L. 18.
Harapare, De. 4.
Harbart, Su. 4.
Harbe, Le. 5.
Harber, M. 1.
Harberte, C. 4.
Harbic, Sf. 21.
Harcombe, So. 9.
Hardcastell, Y. 45.
Hardcastle, Y. 18.
Harderet, L. 12.
Hardgrave, Sf. 8.
Hardie, Y. 28.
Hardiman, M. 2.
Hardicke, S. 29.

Harding, B. 1, 18; Su. 4; W. 10.
Hardinge, B. 1; G. 49; K. 12; S. 33.
Hardington, Wi. 10.
Hardma, La. 17.
Hardman, Ch. 3; La. 1,11,24,25.
Hardmon, La. 11.
Hardthorne, La. 11.
Hardweeke, M. 1.
Hardwick, Y. 18.
Hardwicke, He. 9; La. 14; Nh. 2; So. 12; St. 16.
Hardy, La. 24; No. 7.
Hardye, Y. 15, 36, 40.
Hare, B. 4, 18; E. 3; So. 5; W. 12; Y. 9, 15, 18.
Harenden, Ss. 1.
Harford, M. 2.
Harger, La. 29; Li. 3.
Hargrave, Y. 41.
Hargraves, Y. 17, 20, 34, 47.
Hargreaues, La. 13.
Hargreaves, La. 14; Y. 14.
Hargreve, Y. 18.
Hargreves, La. 29.
Harington, B. 19.
Harison, Ha. 19; L. 1; La. 15, 19, 22; N. 29; No. 48, 61; Y. 18, 30, 41.
Harisse, Ha. 27; St. 16.
Harlewyne, Li. 10.
Harman, L. 4.
Harmer, G. 36; He. 4.
Harmwood, B. 4; Ha. 15.
Harney, Wi. 21.
Harnys, So. 6.
Harp, St. 1.
Harpar, L. 4; St. 2.
Harper, L. 2, 7; La. 19, 28; St. 1; W. 10 : Y. 3, 15.
Harpham, No. 1.
Harrabie, Y. 18.
Harreis, Ha. 27.
Harrie, C. 20; Y. 19.
Harries, H. 2; Ha. 27; S. 21.
Harringeton, S. 12.
Harrington, C. 28; M. 1.
Harris, C. 40; Ca. 1; De. 4; Do. 1; E. 4; G. 23, 29; Ha. 10, 27; He. 9, 10; K. 19; L. 3, 13; O. 1, 4; S. 24; So. 23; Wo. 7.
Harrison, Ch. 3; Du. 5; L. 2, 8, 11, 19; La. 3, 5, 11; M. 1; Nu. 1; St. 12; Y. 11, 14, 18, 31, 32.
Harrisone, La. 24.
Harrisonne, Y. 18.
Harrold, M. 1.
Harrope, Ch. 2; Y. 34.

Harropp, Y. 34.
Harroppe, La. 24.
Harrould, M. 1.
Harry, C. 3, 16, 33.
Harrys, B. 4, 6; C. 2, 24; G. 38; K. 23.
Harryson, B. 4; Cu. 2; He. 1; La. 5, 24; Li. 15.
Harrysonne, La. 24; No. 26.
Hart, La. 3; M. 1, 3; St. 1, 10; Y. 3, 45.
Harte, E. 12; L. 5; La. 28; M. 1, 2; Wi. 12.
Hartley, L. 19; La. 14, 17, 24, 25, 29; M. 1; Y. 2, 18, 42.
Haruey, L. 3.
Harvard, Wi. 15.
Harvie, C. 25; St. 9, 11.
Harvy, C. 34; E. 12; L. 4; La. 3.
Harvye, Do. 2; L. 4, 11.
Harward, M. 1.
Harwood, Ca. 5.
Harwoodd, La. 24.
Harwoode, E. 5; La. 28.
Haryson, St. 7.
Harysson, Cu. 3.
Hasewall, La. 3.
Hasell, G. 50; L. 4.
Haskew, Cu. 1.
Haskinns, K. 10.
Haslam, M. 1; No. 26.
Haslame, La. 1, 25.
Haslegroue, Su. 2.
Haslome, Y. 14.
Hassald, L. 3.
Hassall, L. 16; St. 3.
Hassell, L. 7, 19; St. 15.
Hassells, St. 15.
Hasselton, M. 1.
Hassewall, La. 8.
Hastings, N. 32.
Hastler, E. 12.
Hatchett, Ha. 27.
Hatcliffe, Li. 18.
Hateley, St. 1.
Hatfeld, Y. 42.
Hatfield, Li. 2.
Hathaway, G. 28, 40; W. 11, 12.
Hathonwhett, La. 23.
Hathorne, Be. 2.
Hathornewhate, La. 15.
Hathronwhett, La. 23.
Hatlye, Ca. 6.
Hattame, S. 29.
Hattersley, Y. 1.
Hatton, De. 4; La. 5, 28.
Haughe, Y. 42.
Haughton, L. 10; La. 24.
Hauke, K. 19; Nu. 1.
Hauken, C. 18.

xl

INDEX OF SURNAMES

Haukett, Y. 33.
Haukines, Ca. 11.
Hauking, Sf. 11.
Hauksworth, Y. 44.
Haule, Do. 14; We. 2.
Haull, E. 12.
Haune, L. 12.
Hautsonn, We. 2.
Havelocke, Y. 30.
Havghton, La. 17.
Havor, M. 1.
Havysone, La. 24.
Haward, Sf. 12; St. 1.
Hawbye, L. 7.
Hawcar, So. 15.
Hawden, Y. 47.
Hawe, C. 11; La. 20.
Haweker, La. 17.
Hawes, He. 10; L. 5, 10; N. 29; S. 29; W. 14.
Hawforde, Nh. 1.
Hawis, C. 1.
Hawke, C. 2; He. 2.
Hawkens, So. 23.
Hawkerigg, Y. 37.
Hawkes, St. 1.
Hawkhead, Y. 47.
Hawkins, G. 49; So. 9, 10.
Hawks, De. 4.
Hawksmore, No. 1.
Hawkswell, Y. 18.
Hawkye, C. 2.
Hawkyns, B. 20; K. 6.
Hawle, St. 1; We. 2.
Hawley, No. 26.
Hawmond, Y. 47.
Haword, L. 1.
Haworth, L. 19; La. 17, 25, 34.
Haworthe, La. 1, 25.
Hawse, Li. 16.
Hawsted, Su. 4.
Hawthorne, M. 1.
Haydocke, La. 8.
Hayes, Su. 7.
Hayken, Y. 17.
Hayle, B. 17; He. 10.
Hayley, Y. 12.
Haynes, G. 27, 36; Wo. 5; Y. 41.
Haynesworth, Y. 47.
Hayton, La. 19.
Hayward, B. 7; L. 19; S. 9; Y. 1.
Hayworth, La. 7.
Hayworthe, La. 29.
Hazelgreave, Ch. 3.
Hea, No. 14.
Head, Cu. 2; K. 16.
Headiley, Y. 26.
Headley, No. 7.

Headlowe, L. 7.
Heady, No. 30.
Heage, Y. 45.
Heakes, B. 22.
Healde, Ch. 3; La. 1.
Healey, La. 25.
Heape, La. 14, 29; Y. 14, 47.
Heare, C. 13, 15.
Hearinge, Y. 26.
Hearle, C. 9.
Hearne, So. 5.
Hearnes, M. 1.
Hearst, K. 11.
Heath, C. 3; L. 19; M. 1; S. 16; Ss. 1.
Heathe, Ch. 3; Ss. 1; W. 11.
Heathfelte, La. 17.
Heatley, W. 16.
Heaton, L. 2, 7; La. 2, 7; Y. 22.
Heaward, Y. 26.
Heawarde, La. 17.
Heawood, La. 9.
Hebden, Y. 9.
Heblethwayt, Y. 1.
Hebor, Y. 6.
Hebson, La. 11.
Heckett, De. 4.
Hecson, Y. 18.
Heddon, De. 4.
Heddy, B. 15.
Hedges, G. 55; L. 8; O. 2.
Hedger, Su. 2.
Hedlye, Du. 3.
Hedwards, Nu. 1.
Heede, L. 18.
Heeley, St. 15.
Heelin, L. 3.
Hehurste, La. 18.
Heicock, M. 5.
Heie, Y. 1.
Heifeld, No. 51.
Heindrix, L. 18.
Heise, Su. 6.
Heiward, Wi. 25.
Helbaut, K. 4.
Helcote, Du. 2.
Held, La. 8.
Helerye, Wi. 25.
Heleye, La. 25.
Heliar, C. 37.
Helier, Wi. 25.
Hellier, Ha. 1.
Helliwell, Y. 14, 18.
Hellywell, La. 1, 25.
Helm, La. 12.
Helme, La. 12, 15.
Helmes, L. 7; La. 18.
Helow, No. 48.
Helsby, Ch. 1.
Helves, Y. 13.

Helvishe, Y. 21.
Hemes, S. 11.
Heminges, W. 12.
Hemming, Wo. 4.
Hemminge, W. 11.
Hemmingway, Y. 2.
Hemsworth, Y. 25, 45.
Hen, St. 1.
Henborow, So. 5, 20.
Hendie, Do. 3; Ha, 1.
Hendou, L. 12.
Hendricx, L. 18.
Heneage, S. 14.
Henfraye, No. 10.
Henin, K. 4.
Henlo, L. 12.
Henne, O. 4.
Hennes, L. 12.
Henrison, La. 10.
Henrye, C. 4.
Henshawe, Ch. 2, 3.
Henshewe, St. 8.
Hensley, No. 61.
Henson, No. 15, 61, 63.
Henthorne, Y. 37.
Henworthe, S. 21.
Heod, Wi. 19.
Hepet, K. 4.
Hepkeyns, W. 10.
Hepper, Wi. 11.
Hepworth, L. 4.
Hepworthe, Y. 1.
Heratt, No. 33.
Herbert, S. 28; Y. 11.
Herd, C. 36; Cu. 1.
Herdman, Du. 7.
Herne, L. 13.
Herod, Ch. 3.
Herran, Y. 23.
Herrewegen, L. 18.
Herrie, Y. 19.
Herrington, M. 1.
Herrison, Y. 8, 31.
Herrod, So. 28.
Herrycort, Do. 13.
Herryson, La. 18.
Herson, W. 11.
Herwoode, So. 28.
Hesketh, Ch. 6; La. 6, 10.
Heskyn, Wi. 10.
Heslebeck, Y. 11.
Heslegreave, Y. 1.
Hesmenhaughe, La. 18.
Hetherington, St. 7.
Heughs, Cu. 1.
Hever, Ss. 1.
Hevere, Ss. 1.
Heward, G. 39; L. 8; Nh. 1; Su. 2; Y. 31.
Hewarde, G. 39; La. 1.

xli

INDEX OF SURNAMES

Hewe, C. 4.
Hewes, L. 8; M. 1, 2.
Hewet, Le. 8.
Hewett, K. 13; L. 10, 11; Y. 24.
Hewit, Y. 23.
Hewitt, K. 12; S. 33.
Hewkine, M. 1.
Hewly, K. 12.
Hewson, La. 23.
Hewsonne, K. 12.
Hewton, Nu. 1.
Hey, Ch. 3, 5; D. 1; La. 4, 10, 13, 17.
Heye, No. 2; Y. 42.
Heyfeild, St. 3.
Heyley, La. 24.
Heynes, S. 24.
Heyres, K. 10.
Heyrick, Le. 1.
Heyson, Ch. 2.
Heyward, La. 25; S. 13; Wi. 20.
Heywood, La. 9.
Heyworthe, Ch. 3.
Hibberdine, L. 19.
Hibbert, Ch. 3.
Higham, Ch. 3.
Hichcock, Ha. 21.
Hichens, C. 3.
Hichine, C. 24.
Hicke, G. 55.
Hickes, C. 2, 31; G. 29; K. 22.
Hickoxe, W. 11.
Hicks, C. 19, 24.
Hickson, Li. 5.
Hidden, C. 25.
Hiemones, S. 29.
Higbett, B. 13.
Higbye, He. 10.
Higenson, La. 8.
Higeson, La. 17.
Higgen, La. 29.
Higgenbothame, Ch. 3.
Higgens, L. 19; S. 30; St. 16.
Higgenson, W. 14.
Higges, M. 2; S. 24.
Higginbothom, St. 7.
Higgine, La. 14.
Higgines, G. 1; L. 7.
Higgins, G. 29; M. 1.
Higginson, La. 8, 22; S. 33.
Higgs, St. 13.
Higham, Ch. 3.
Higheham, K. 22.
Highingbotton, La. 23.
Highsame, La. 23.
Higson, La. 28.
Higton, No. 45.
Hildreth, Du. 6.
Hilhouse, Y. 47.
Hilhowse, Y. 18.

Hill, B. 4, 18; C. 9, 29; Ch. 2; De. 4; Do. 8; E. 9; He. 10; G. 43; L. 8, 11; La. 6, 18, 24, 25; Le. 2; M. 1, 2; N. 16, 32; No, 26; Nu. 1; Sf. 2; So. 1, 18, 22; St. 3, 7; W. 18; Y. 1, 2, 3, 4, 15, 44.
Hiller, Ha. 27.
Hilles, L. 7; Y. 25.
Hillman, G. 12.
Hills, K. 19.
Hillyard, L. 7.
Hilton, La. 5, 8, 9, 12, 25.
Hinchchlife, Y. 14.
Hinchcliff, Y. 18.
Hinde, O. 1.
Hindes, No. 19.
Hindle, L. 19; Y. 18.
Hindlebroughe, Y. 13.
Hindley, La. 3.
Hindra, C. 2.
Hine, Do. 5.
Hinley, La. 28.
Hinman, R. 1.
Hinton, L. 11.
Hinwoode, Ha. 10.
Hipwell, De. 4.
Hirde, Y. 12.
Hirdson, La. 2.
Hirst, No. 2; Y. 1, 33.
Hirste, Y. 21.
Hiscokes, Ha. 27.
Hitchin, Y. 47.
Hitchings, C. 34.
Hitchins, So. 1.
Hitchon, Y. 33.
Hixt, C. 43.
Hoare, C. 34; Ha. 27.
Hobbe, B. 4.
Hobbes, M. 2; Wi. 25.
Hobbs, G. 50.
Hobbye, Wo. 4.
Hobdaie, W. 12.
Hobken, La. 23.
Hobrow, G. 42.
Hobson, Ch. 3; Du. 7; La. 21; Sf. 12; Y. 6, 11, 35, 41, 42, 44.
Hobsone, L. 7.
Hocker, K. 15.
Hocket, He. 9.
Hockley, E. 1.
Hockyn, C. 34, 39.
Hodd, St. 12.
Hodder, Do. 4.
Hodge, C. 30, 37, 43; He. 7.
Hodgehead, St. 16.
Hodgekins, L. 7.
Hodgekinson, He. 9; La. 10.
Hodges, K. 10; S. 21.
Hodgeson, La. 15; Y. 47.

Hodgettes, W. 14.
Hodgetts, W. 14.
Hodghead, La. 24.
Hodgkin, No. 47.
Hodgkins, St. 1.
Hodgkinson, La. 24; St. 1.
Hodgshon, Y. 24.
Hodgskine, No. 48.
Hodgson, Du. 7; L. 7; La. 11, 26; Y. 7, 18.
Hodgsonne, Y. 14.
Hodshon, La. 19.
Hodskinson, La. 29.
Hodson, La. 11; St. 1.
Hogdin, Y. 41.
Hogge, He. 9.
Hogskinson, No. 38.
Hoichkis, S. 11.
Hoiden, Sf. 7.
Hoiett, G. 1.
Hoile, Y. 14.
Hoilroyde, Y. 14.
Holbache, W. 14, 16.
Holcrofte, La. 3, 28.
Holdcrafte, M. 2.
Holden, Ca. 9; La. 1; Ss. 1; St. 1; Y. 4, 34.
Holdinge, G. 52.
Holdsworth, Y. 18.
Holdwine, Ha. 6.
Hole, La. 9.
Holgate, La. 14.
Holidaie, St. 11.
Holinhead, La. 3.
Holla, C. 4.
Hollan, E. 5.
Holland, Ch. 2; He. 9; K. 5, 18; L. 4, 16; La. 5, 9, 10, 17, 24, 28; Li. 17; St. 2.
Hollande, D. 1; K. 6; St. 2.
Hollane, Be. 2.
Hollas, La. 25.
Holldame, La. 17.
Hollden, L. 7.
Hollerd, So. 22.
Hollester, G. 55.
Hollingebrigg, Y. 21.
Hollinges, Y. 25.
Hollinghedge, Li. 4.
Hollings, Y. 15.
Hollingworth, Li. 4.
Hollond, La. 17.
Holloway, Ha. 21.
Hollowaye, K. 23.
Holly, B. 4.
Hollydaie, M. 1.
Hollyman, He. 1.
Hollynhead, La. 28.
Hollynshedde, Ch. 2.
Hollynworth, La. 24.

INDEX OF SURNAMES

Hollystarr, M. 1.
Holm, La. 27.
Holman, C. 17.
Holme, Ch. 3, 6 ; Cu. 1, 2 ;
 La. 15, 19, 25, 26 ; Y. 41.
Holmes, D. 1 ; Do. 13 ; E. 15 ;
 He. 9 ; La. 7 ; Y. 37.
Holsworth, M. 2.
Holt, La. 4 ; Su. 2.
Holtam, G. 8.
Holte, La. 9, 25 ; W. 10.
Holtes, La. 9.
Holton, K. 18.
Holtone, O. 1.
Holts, Ch. 3.
Holyday, Cu. 2 ; G. 7.
Holyman, W. 10.
Home, S. 8.
Homes, Do. 4 ; W. 12.
Homey, Nu. 1.
Hone, De. 4.
Honforde, Ch. 2.
Honiborne, Wo. 5.
Hoodde, St. 7.
Hook, Su. 4.
Hooker, Ha. 16 ; K. 10 ; L. 13.
Hoolme, La. 10.
Hoomes, O. 1.
Hooper, De. 4 ; La. 17 ; So. 28 ;
 Wo. 7.
Hooppe, La. 17.
Hoostoe, Le. 8.
Hooston, Le. 8.
Hooton, No. 55.
Hoowe, Ch. 4, 5.
Hope, L. 7 ; La. 17, 24, 28.
Hoper, C. 36.
Hopewoode, St. 7.
Hopkin, H. 3 ; K. 15.
Hopkines, W. 13.
Hopkins, G. 52 ; H. 2 ; L. 7 ;
 Wo. 1.
Hopkinsonne, Y. 14.
Hopkyns, W. 10, 16.
Hopper, B. 1, 7 ; Du. 7 ; L. 7 ;
 M. 5.
Hoppes, Y. 38.
Hopton, S. 24.
Hopwodd, Y. 18.
Hopwode, Y. 45.
Hopwood, La. 9, 11, 25 ; Y. 18.
Hopwoodd, La. 24.
Hopwoode, La. 29.
Hore, Ha. 27.
Hornbe, W. 11, 12.
Hornby, La. 23.
Horne, B. 13 ; Be. 3 ; De. 2 ;
 E. 5 ; Ha. 26 ; La. 18 ; M. 1 ;
 W. 14 ; Y. 1.
Hornebie, La. 28.

Horneby, Cu. 2.
Hornebye, La. 19.
Hornebuckle, No. 24.
Horner, Y. 18.
Hornes, W. 10.
Horobine, La. 8.
Horrich, La. 17.
Horridge, C. 37.
Horseley, K. 18.
Horsely, L. 17.
Horsfalle, No. 48.
Horsley, Du. 7 ; St. 4 ; Y. 45.
Horson, W. 12.
Horssell, Y. 31.
Horton, Wi. 1.
Horwell, L. 19.
Horwood, G. 28.
Horwoode, De. 4.
Hosie, G. 55.
Hoskins, So. 1.
Hoskynn, C. 4.
Hoskyns, B. 4.
Hoskys, La. 24.
Hoste, L. 18.
Hothame, St. 10.
Hothersall, La. 18.
Hoton, La. 10.
Hotson, La. 23.
Houard, K. 4.
Houche, Ch. 3.
Houenden, K. 16.
Hough, Ch. 3.
Houghe, Ch. 1 ; La. 5.
Houghton, La. 4 ; St. 2.
Houghtone, La. 18.
Houlden, La. 24, 28 ; W. 10.
Houlder, E. 1.
Houldworth, Y. 14.
Houldsworthe, Y. 14.
Houle, Y. 25.
Houlkar, La. 6.
Hoult, La. 24.
Houlte, La. 1.
Houme, Y. 18.
Houmfray, No. 14.
Hourde, St. 7.
House, So. 5.
Houset, K. 4.
How, Bd. 1 ; C. 5 ; So. 16.
Howard, He. 9 ; La. 25 ; Su. 2 ;
 Y. 7.
Howdall, Y. 31.
Howe, B. 1, 13 ; C. 38 ; Ha. 10 ;
 He. 9 ; No. 39.
Howecroofte, La. 17.
Howell. E. 5 ; S. 10 ; W. 14.
Howels, S. 25.
Howes, W. 14.
Howet, No. 17.
Howett, No. 24.

Howgill, Y. 34.
Howlcroft, La. 17.
Howle, St. 1.
Howlett, So. 28.
Howley, No. 44.
Howorth, St. 1.
Howsegoe, N. 29.
Howsleye, Y. 42.
Howsman, La. 23.
Howson, D. 2 ; No. 51.
Howys, Li. 10.
Howytt, Li. 11.
Hoye, M. 1.
Hoylande, Y. 42.
Hoyle, La. 25.
Hubard, N. 29.
Hubberd, Sf. 7.
Hubbolde, S. 29.
Hubby, M. 2.
Huberstie, La. 23.
Hucheson, Y. 30.
Huchings, De. 4.
Huchins, L. 17.
Hucker, So. 26.
Huckle, He. 5.
Huddisforde, W. 14.
Huddle, He. 10.
Huddson, L. 3.
Huddsonne, La. 7.
Hudgebaut, L. 18.
Hudlston, M. 3.
Hudson, Ch. 3 ; Cu. 1 ; L. 3, 7 ;
 La. 17 ; Li. 2 ; M. 1 ; No. 53 ;
 Sf. 7, 21 ; We. 1 ; Y. 12, 18,
 27, 30, 41, 44, 46.
Hudsone, La. 17.
Hudsonne, La. 24.
Hudswell, Y. 18.
Hues, Wo. 7.
Huetson, Y. 11.
Huett, Y. 24.
Huette, W. 14.
Huetton, Y. 11.
Hugel, Y. 30.
Huggeforde, W. 14.
Hughe, S. 10.
Hughes, Be. 3 ; C. 2 ; L. 7 ;
 S. 27, 29.
Huishe, M. 1.
Hukson, L. 19.
Huldesworth, Y. 12.
Hull, Do. 12 ; E. 12 ; He. 10 ;
 La. 11, 22.
Hullins, S. 24.
Hullynes, L. 7.
Hulme, La. 24.
Hulse, L. 7.
Hulst, L. 18.
Hulster, L. 7.
Hulton, La. 28.

xliii

INDEX OF SURNAMES

Humble, Nu. 1.
Humbletoft, Ca. 1.
Humferye, Ca. 1.
Humfray, K. 2.
Humfrey, B. 13 ; M. 2 ; Su. 5.
Humphrey, Su. 2.
Humpstone, Ch. 2.
Hungerford, Wi. 23.
Hunt, Ca. 4 ; Ch. 3 ; De. 1 ;
 L. 4 ; La. 17, 24; Le. 8; N. 31;
 No. 1, 27 ; So. 16 ; W. 10 ;
 Wi. 25 ; Y. 26.
Huntbatche, S. 27.
Hunte, C. 37 ; De. 4 ; Ha. 21 ;
 He. 5 ; L. 5 ; La. 1 ; Li. 15 ;
 M. 2 ; St. 7.
Hunter, Du. 3, 7 ; La. 10 ; Y.
 17, 18, 19.
Huntington, Ch. 6.
Huntley, Ca. 2 ; No. 48.
Huntt, K. 6.
Huntur, We. 2.
Hurley, Be. 3.
Hurst, C. 19 ; La. 28 ; No. 2.
Hurste, Du. 7 ; La. 28.
Hurston, So. 5.
Husher, N. 29.
Huskynson, No. 11.
Hussey, S. 16, 33 ; Su. 7.
Hussie, He. 9.
Hustler, La. 13 ; Y. 47.
Hut, E. 12.
Hutchens, Do. 9.
Hutcheso, Y. 30.
Hutcheson, Du. 2, 4.
Hutchins, Do. 9 ; K. 9.
Hutchinson, Du. 6 ; L. 2 ; Y. 18.
Hutchinsonn, Y. 13.
Hutchns, B. 4.
Hutchonson, Y. 1, 42.
Hutchonsone, Y. 1.
Hutonn, Y. 23.
Hutton, Ca. 1 ; Cu. 1 ; Du. 5 ;
 La. 19, 27.
Huyne, K. 4.
Hybbert, St. 11.
Hyckes, G. 48.
Hyde, Ch. 3 ; N. 27 ; Y. 42.
Hygges, L. 7.
Hygham, Ca. 2.
Hyggynbothome, Ch. 2.
Hyll, Ch. 1 ; Li. 10.
Hylles, K. 1.
Hyllge, Ch. 3.
Hylton, La. 17.
Hyltone, La. 17.
Hynchclyfe, Y. 44.
Hynchliffe, Y. 1.
Hynd, Du. 5.
Hynde, No. 38 ; S. 17.

Hyndle, La. 6.
Hyne, La. 1.
Hynman, Li. 5.
Hynton, Le. 5.
Hyrst, La. 25 ; Y. 42.
Hytchinson, St. 11.
Hyton, La. 3.
Hyway, L. 8.

Ibatson, Y. 18.
Ibbotson, Y. 17.
Ibotson, Y. 20, 24, 44.
Ibotsone, Ch. No. 48.
Ifelaers, L. 18.
Ijde, L. 18.
Iles, Y. 18. 35.
Iley, Du. 7.
Ilkeshawe, W. 14.
Ill, So. 27.
Illarie, So. 28.
Illarye, C. 3.
Illingworth, Y. 12, 47.
Illingworthe, Y. 12.
Ilselye, Ha. 25.
Ince, La. 3.
Inch, C. 24.
Inchmarsh, E. 12.
Ind, G. 39.
Ing, Le. 1.
Inge, Le. 1.
Ingester, K. 13.
Inggham, Li. 3.
Ingham, La. 6, 13, 14 ; Y. 34.
Inghame, La. 29.
Ingland, So. 11 ; Y. 18.
Ingle, Y. 18.
Ingleby, Li. 4 ; Y. 32.
Ingoll, E. 8.
Ingram, No. 38 ; Su. 7.
Ingrame, La. 15.
Inma, Y. 17.
Inmanne, Y. 14.
Inmans, Y. 17.
Innce, La. 28.
Innmanne, Y. 18.
Innocent, No. 59.
Irelame, La. 17.
Ireland, Ch. 1 ; Do. 11 ; La. 3, 9 ;
 R. 1 ; Y. 1.
Irish, Do. 5.
Irlam, La. 17.
Irlame, La. 24.
Isaac, So. 14.
Isake, Du. 7.
Isbell, K. 8.
Isble, C. 46.
Isgar, G. 56.
Isherwood, Y. 34.
Ison, Le. 1.

Isons, Y. 29.
Ithell, M. 1.
Itherych, S. 29.
Iverson, L. 19.
Ives, W. 14; Y. 21.
Ivye, C. 23.
Izard, G. 12.
Izatt, No. 9.

Jaakman, W. 11.
Jack, Cu. 1.
Jackes, La. 10.
Jackeson, Ch. 2 ; L. 5 ; La. 5, 15 ;
 St. 11 ; Y. 1.
Jackesonne, La. 24.
Jackett, Wo. 7.
Jackman, Su. 4 ; Y. 28.
Jackso, La. 18.
Jackson, B. 11 ; Ca. 1 ; Ch. 1 ;
 Cu. 2 ; He. 9 ; L. 7, 10, 14 ;
 La. 1, 5, 9, 24, 26, 29 ; Li. 2 ;
 St. 6, 11 ; W. 10 ; Y. 11, 18,
 19, 29, 31, 37, 41.
Jacksone, Y, 1.
Jacobs, L. 18.
Jacobsz, L. 18.
Jacops, L. 18.
Jacquery, L. 12.
Jacson, E. 7 ; La. 23, 27.
Jacsone, La. 18.
Jagger, Y. 1.
Jakeman, B. 7.
Jakson, L. 2.
James, B. 4; C. 15, 16, 32; Cu. 1;
 E. 5; G. 18; L. 7; M. 1; No. 12;
 S. 8; So. 14; St. 1; Wo. 7.
Jameson, Ch. 1 ; La. 28 ; We. 1.
Jamessone, La. 17.
Jana, L. 19; S. 23.
Jane, B. 12; C. 2, 34; De. 4.
Janever, L. 19.
Janeway, L. 8.
Janian, La. 1.
Janney, La. 24.
Janninges, Sf. 7.
Janny, Ch. 3.
Jannye, Ch. 2.
Janson, Y. 46.
Janssen, L. 18.
Jansz, L. 18.
Jaret, E. 12.
Jarmin, R. 1.
Jarningham, M. 1.
Jars, Y. 40.
Jarvis, L. 2, 5; Li. 1.
Jasper, K. 13.
Jaxson, Y. 25.
Jay, L. 5.
Jaye, Do. 13; L. 5; Wi. 21.

INDEX OF SURNAMES

Jaylor, HA. 27.
Jeames, DO. 9.
Jeanes, SO. 6.
Jefferaie, Y. 18.
Jefferay, Y. 18.
Jefferd, L. 19.
Jefferes, WI. 24.
Jefferi, C. 45.
Jefferson, Y. 18.
Jeffery, LE. 1 ; WI. 20.
Jefford, M. 1.
Jeffrayson, Y. 45.
Jeffrey, C. 2; DO. 11; E. 5; LE. 1.
Jeffreys, L. 19.
Jeffrie, L. 11.
Jeffrye, C. 4.
Jefson, S. 15.
Jegges, M. 1.
Jehencau, L. 12.
Jeininge, DE. 4.
Jelbart, C. 10.
Jelbarte, C. 3.
Jelicors, S. 12.
Jelles, C. 37.
Jellie, LA. 15.
Jellis, SF. 5.
Jelliseye, L. 7.
Jellye, B. 5:
Jemney, NO. 21.
Jems, L. 18.
Jenckin, K. 12.
Jenckinson, M. 2.
Jencks, S. 21.
Jenerson, N. 12.
Jenings, L. 19.
Jenken, C. 2.
Jenkenson, LA. 18 ; ST. 8.
Jenkinge, C. 3.
Jenkins, Y. 26.
Jenkinson, L. 7; LA. 15, 19; LI. 1;
 Y. 6, 18, 26.
Jenkinsone, L. 7, 16; LA. 24.
Jenkyn, C. 14, 36, 43 ; K. 22.
Jenkynne, C. 4.
Jenne, L. 10.
Jennens, B. 16.
Jennings, S. 34.
Jennins, S. 33.
Jenynge, K. 6.
Jepson, LA. 23, 24.
Jerman, DE. 4
Jermyn, SF. 16.
Jeruis, L. 16.
Jerveis, SF. 11.
Jervis, BD. 1.
Jervise, LE. 1.
Jesoppe, Y. 1.
Jeuan, S. 10.
Jeven, ST. 1.
Jewell, HA. 27.

Jewett, SF. 10.
Jhonson, K. 15 ; NO. 30.
Jipson, M. 2.
Joade, K. 10.
Joanes, B. 1 ; DE. 4 ; G. 50 ;
 K. 16 ; L. 19; SO. 13; W. 12.
Jobson, CA. 6.
Jobsone, L. 7.
Jobsonn, Y, 43.
Joce, C. 5.
Jode, L. 18.
Johanes, DE. 4.
Johens, SF. 4.
John, C. 4, 15, 20, 36 ; LA. 4 ;
 S. 10 ; SO. 24.
Johnes, LA. 9. 15.
Johnnsone, CH. 4.
Johns, DE. 4 ; S. 10.
Johnson, B. 13: CA. 5; CH. 1, 2,
 3; CU. 1; DU. 5, 7; K. 12, 15,
 19; L. 7, 8, 19; LA. 2, 3, 8, 16,
 19, 23, 28; LE. 1, 8; LI. 4,18;
 M. 2; N. 29; NO. 2, 15; NU. 1;
 S. 12, 33; ST. 11; SU. 8; Y. 4,
 7, 10, 18, 31, 33, 41, 47.
Johnsone, L. 7 ; LA. 23.
Johnsons, W. 12.
Johnsson, B. 4.
Joice, DO, 5, 14.
Jolison, NU. 1.
Jollie, L, 3, 28.
Jollife, C. 8.
Jollye, C. 2.
Jones, BE. 5 ; C. 30 ; G. 34, 46,
 49, 50; HA. 26; L.7. 13; LA.9;
 M. 1, 2, 5; S. 13, 15, 16, 29;
 SO. 1; ST. 15 ; SU. 7 ; WI. 20 ;
 WO. 5, 7.
Jonis, C. 20.
Jonnes, LA. 9.
Jonson, E. 12; LA. 23, 24; Y.18,
 26.
Jonsson, B. 17.
Jope, DE. 4.
Jopline, DU. 3.
Joplinge, DU. 3.
Jordan, ST. 16; SU. 4.
Jorden, K. 15.
Jordin, ST. 1.
Joseph, HA. 15.
Josephe, BE. 3; C. 30.
Jowett, Y. 47.
Joy, CA. 10
Joyce, HE. 9.
Jubbe, Y. 47.
Juby, N. 27.
Juce, K. 2.
Jud, WI. 9.
Judd, WI. 9.
Judson, S. 33; Y. 18.

Juell, DE. 4.
Jules, SF. 4.
Jumper, WI. 25.
Jurden, S. 3; W. 11.
Jurdin, ST. 1.
Jurdon, S. 12.
Jurks, L. 19.
Justice, LA. 4; Y. 1.
Jvis, Y. 40.

Kade, K. 18.
Kaie, LA. 1.
Kant, LA. 29.
Karre, LA. 10.
Kasier, L. 8.
Kassell, LI. 2.
Kay, LA. 24 ; Y. 1, 14.
Kaye, LA. 9, 25.
Kayle, DE. 4.
Kaysbye, LA. 2.
Keach, SO. 5.
Keale, CH. 5.
Keane, L. 19.
Keaze, K. 12.
Kebbie, SO. 5.
Keckwhiche, C. 13.
Keene, C. 41 ; SU. 4. 5.
Keesly, HA. 22.
Keeton, NO, 48.
Keiting, L. 19.
Kell, SF. 4.
Kelley, L. 7 ; LA. 24.
Kellett, LA. 8, 19 ; LE. 1.
Kellivose, C. 3.
Kelsall, CH. 2.
Kelson, SO. 28.
Kember, M. 2.
Kemet, G. 26.
Kemmet, G. 12.
Kemp, C. 36 ; M. 2.
Kempe, CH. 3 ; HA. 26; LA. 15,
 23, 24.
Kempethorne, C. 11.
Kempsall, L. 7.
Kemsey, S. 8, 28.
Kemsie, S. 28; W. 14.
Kemston, S. 15.
Kendall, CU. 1 ; LA. 23, 27
 WE. 1 ; Y. 18.
Kendell, LA. 13.
Kendricke, L. 3.
Kenion, CA. 10.
Keniston, WI. 22.
Kennaway, M. 2.
Kenner, B. 5.
Kennet, K. 15.
Kennett, LA. 23.
Kennion, CH. 3.
Kennyon, LA. 24.

xlv

INDEX OF SURNAMES

Kenocke, DE. 4.
Kenricke, S. 21.
Kent, G. 29 ; HE. 4 ; N. 32 ; SF. 14 ; Y. 18, 47.
Kente, CA. 2 ; L. 7 ; S. 34.
Kenyon, LA. 24.
Keraw, C. 32.
Kerbie, So. 28 ; Y. 19.
Kerchevall, LE. 3.
Kerke, No. 1 ; W. 12.
Kerle, L. 8.
Kerrey, LA. 28.
Kershawe, LA. 25.
Kershere, LA. 18.
Kersheye, LA. 18.
Kersley, LA. 28.
Kersye, CH. 3.
Kerver, S. 10.
Kerwyn, L. 11.
Kesleye, Do. 4.
Kest, C. 37.
Ketch, Do. 6 ; HA. 15.
Ketton, No. 24.
Kevall, L. 16.
Kevell, K. 19.
Kewe, LA. 23.
Key, C. 1 ; LA. 9 ; M. 4 ; No. 26 ; ST. 8 ; Y. 26, 32, 38.
Keye, LA. 9.
Keylway, Do. 14.
Keynes, No. 1.
Keytinge, L. 19.
Kibble, L. 7.
Kidd, LA. 4.
Kiddall, Y. 11.
Kilborne, No. 34.
Kilburne, L. 2.
Kill, So. 25.
Killawaie, M. 1.
Killingbeck, Y. 18.
Killinghall, NU. 1.
Killingly, NH. 1.
Killshawe, LA. 10.
Kilner, LA. 19.
Kilvert, S. 20.
Kimberley, W. 10.
Kimistone, Y. 18.
Kinarson, L. 19.
Kinder, HE. 9.
King, G. 1 ; HA. 26 ; LI. 2, 4 ; SU. 7 ; WI. 21 ; Y. 18.
Kinge, B. 5, 15 ; BE. 3 ; C. 30 ; CA. 5 ; CH. 5 ; DE. 4 ; E. 11, 12 ; HA. 1 ; K. 19 ; M. 1, 2 ; No. 37 ; SF. 3 ; So. 1, 28 ; SU. 1, 5, 7 ; Y. 17.
Kingesmill, HA. 9.
Kinglysyd, DU. 7.
Kingstone, No. 26.
Kinister, M. 2.

Kip, L. 18.
Kirbie, HE. 5.
Kirbote, L. 7.
Kirby, M. 2.
Kirche, No. 28.
Kirchin, LE. 2.
Kirckbye, No. 36.
Kircke, LA. 24.
Kirell, LA. 17.
Kirgat, Y. 18.
Kirkbie, Y. 37.
Kirkby, LA. 26.
Kirke, D. 1 ; L. 11 ; No. 47 ; W. 11.
Kirkeby, Y. 5.
Kirkebye, Y. 24.
Kirkeman, LA. 1.
Kirkley, DU. 7.
Kirkshawe, LA. 1.
Kirshawe, LA. 24, 25.
Kirshey, M. 2.
Kitchen, LA. 23 ; Y. 19.
Kitchin, Y. 15, 18, 28.
Kitching, Y. 47.
Kitchynman, Y. 26.
Kite, G. 49.
Kitson, Y. 18.
Kitsone, S. 29.
Kitsonn, Y. 15.
Kitts, K. 5.
Knatchbull, K. 16.
Kneebe, W. 11.
Knevitt, M. 1.
Knight, B. 7, 8 ; C. 24 ; G. 51 ; HA. 26 ; L. 14 ; LA. 17 ; SU. 3 ; W. 11, 12.
Knighte, ST. 7 ; WO. 6.
Knightley, M. 1.
Knights, N. 32.
Knoweles, G. 27.
Knowler, K. 13.
Knowles, M. 1.
Knowlesley, K. 19.
Knox, Y. 23.
Knuijt, L. 18.
Knyght, DE. 4.
Knyghte, CH. 2.
Knype, LA. 26.
Knypp, LA. 27.
Kocket, LA. 10.
Kocpara ? C. 16.
Krispe, NU. 1.
Kybble, HA. 26.
Kyd, Y. 17.
Kydd, Y. 17.
Kydle, ST. 11.
Kydley, H. 1.
Kyghley, Y. 12.
Kylbie, E. 9.
Kyll, So. 28.

Kylleck, L. 4.
Kyllicke, SU. 1.
Kyllow, C. 9.
Kympe, C. 20.
Kynge, B. 5 ; G. 27 ; HA. 16.
Kynnaston, L. 3.
Kyrke, No. 1.
Kyrkley, DU. 7.
Kyrley, S. 17.
Kyrrell, SU. 1.
Kyrshaw, No. 48.
Kyrshawe, LA. 25.
Kyrspe, SF. 6.
Kytchin, Y. 20, 28.

L'Anthoine, K. 4.
La Mote, L. 18.
La Motte, L. 12.
Labberinck, L. 18.
Labron, Y. 43.
Lacham, So. 27, 28.
Lacy, Y. 47.
Ladbrooke, O. 2.
Ladd, NH. 2.
Ladman, Y. 18.
Ladymam, CU. 2.
Lagdon, E. 12.
Laharn, C. 14.
Laiborne, DU. 2.
Laidman, Y. 18.
Lake, E. 5 ; WI. 18.
Lakeing, Y. 11.
Laken, S. 10.
Lakins, Y. 11.
Lamball, So. 22.
Lambard, No. 48 ; W. 10.
Lambart, L. 4 ; SU. 1.
Lambe, K. 12 ; LA. 15 ; Y. 37, 40.
Lambert, HA. 11 ; K. 4 ; LA. 2 ; So. 28 ; WE. 1 ; Y. 18.
Lamberts, L. 18.
Lambertsz, L. 18.
Lambte, Y. 17, 24.
Lamley, CU. 2.
Lampen, C. 30.
Lamprey, So. 9.
Lan, HA. 16.
Lance, SF. 18.
Lancton, LA. 3.
Lande, DE. 4 ; E. 14.
Lander, C. 12 ; SU. 4.
Lane, E. 2 ; LA. 24 ; S. 22 ; So. 1 ; WI. 6.
Laneman, DE. 4.
Langden, S. 30.
Langdon, C. 26 ; Y. 29.
Lange, C. 39 ; DE. 4.
Langesdale, WI. 9.
Langfeld, Y. 25.

INDEX OF SURNAMES

Langford, S. 23 ; Su. 2.
Langforde, O. 2 ; St. 7.
Langgetrie, La. 18.
Langhorn, So. 1.
Langhorne, We. 1.
Langhwyll, So. 15.
Langley, Ha. 24 ; La. 15, 24 ;
  Li. 6 ; S. 22 ; Wo. 7.
Langshawe, La. 3.
Langston, St. 10.
Langton, Y. 25.
Langtree, M. 2.
Langroue, K. 13.
Langworth, La. 6.
Lanman, De. 4 ; L. 2.
Lansdall, La. 2.
Lansdowne, So. 28.
Lansker, Y. 18.
Lantrow, So. 17.
Lantry, Wi. 21.
Lapfinche, La. 5.
Lard, C. 25.
Laret, L. 7.
Large, N. 14.
Larimeare, St. 8.
Larkin, L. 19.
Larn', Y. 12.
Laryme, De. 4.
Lascells, Y. 38.
Lasey, M. 1.
Laslee, K. 7.
Lasley, G. 49.
Latcforth, La. 3.
Latchforth, La. 3.
Lateward, S. 21.
Latewarde, Be. 2.
Latham, L. 10.
Lathbury, G. 50.
Lathom, La. 3, 10.
Lathome, Ch. 2.
Lathwaite, La. 3.
Lathwhat, La. 10.
Lattacott, C. 2.
Laughton, L. 7.
Launder, C. 30.
Laureau, L. 12.
Laurence, Su. 7.
Laurenson, La, 24.
Lautun, L. 12.
Laveddon, C. 30.
Laver, So. 3.
Law, We. 1.
Lawe, Ca. 6 ; D. 1 ; La. 6 ;
  Y. 45.
Lawes, N. 16 ; Sf. 7 ; Wi. 21.
Lawranson, La. 10.
Lawrenc, C. 4.
Lawrence, C. 2, 27 ; De. 3 ;
  G. 22 ; He. 9 ; K. 5 ; L. 10, 19 ;
  La. 15 ; M. 2 ; N. 8 ; Y. 27.

Lawry, C. 15.
Lawrye, C. 2.
Lawson, Du. 6 ; Y. 30.
Lawsonne, Y. 9.
Lawsse, M. 2.
Lawtie, Y. 31.
Layche, La. 1.
Laydmam, Y. 18.
Layster, M. 2.
Le Blan, K. 4.
Le Blanc, K. 4.
Le Cheualier, K. 4.
Le Clerc, K. 4.
Le Conte, K. 4.
Le Febure, K. 4.
Le Fin, L. 12.
Le Keux, K. 4.
Le Moor, K. 4.
Le Per, K. 4.
Le Poing, L. 12.
Le Poutre, L. 12.
Le Roux, K. 4.
Le Roy, K. 4 ; L. 12.
Le Sage, L. 12.
Le Sour, L. 12.
Le Tal, K. 4.
Le Tau, L. 12.
Le Vefue, K. 4.
Lea, Ch. 1, 6 ; La. 3, 4, 15 ;
  W. 14.
Leaceter, Y. 45.
Leach, La. 17.
Leache, De. 4 ; La. 1, 9, 24,
  25 ; Y. 12.
Leachman, Li. 4.
Leadbeater, Ch. 3 ; Ss. 1 ; Y. 13,
  37.
Leadbeter, No. 58.
Leadbetr, No. 13.
Leadebeter, Ch. 6.
Leae, La. 10.
Lealand, La. 17.
Leama, N. 29.
Leaper, Y. 31.
Leathome, Y. 2.
Leaven, Y. 31.
Leaver, L. 7 ; La. 25.
Leay, W. 10.
Lece, Sf. 4.
Lech, La. 17.
Lechmore, H. 1.
Lecroft, L. 3.
Ledger, L. 7.
Ledler, M. 1.
Lee, Be. 2, 3 ; C. 30, 39 ; Ch. 3 ;
  K. 18, 23 ; L. 17 ; La. 3, 14,
  25, 29 ; Le. 1 ; M. 1, 2 ; N. 32 ;
  No. 33 ; S. 17, 29 ; St. 13 ;
  Y. 13, 18, 21, 40, 44, 47.
Leech, M. 1, 2.

Leeche, La. 28.
Leeder, M. 1.
Leedes, K. 15.
Leeming, No. 15.
Lees, Ch. 3 ; St. 2.
Leeson, No. 43.
Leez, La. 24.
Leeze, La. 25.
Legate, E. 13.
Legerton, N. 29.
Legg, G. 52.
Leicye, Le. 6.
Leigh, C. 2 ; Cu. 2 ; L. 19 ; La. 3, 7 ;
  Y. 18.
Leighe, Ch. 2, 3 ; La. 5, 9, 15,
  25, 28.
Leighes, La. 9.
Lendall, L. 10.
Leonard, L. 4 ; Y. 32.
Lepler, L. 7.
Lepton, Y. 18.
Lescaillet, L. 12.
Lestwiche, La. 27.
Lete, So. 12.
Lethwey, G. 11.
Letherbarow, La. 3.
Leuit, K. 6.
Levald, Sf. 11.
Lever, Du. 7.
Leveritt, M. 1.
Leveson, St. 16.
Levisons, Y. 27.
Lewen, Le. 8.
Lewer, C. 4.
Lewes, C. 31 ; G. 11, 55 ; K. 18,
  19 ; L. 19 ; Le. 1 ; M. 2 ; Nu. 1.
Lewger, Sf. 2.
Lewis, S. 10 ; Y. 21.
Lewkenor, Sf. 20.
Lewknor, L. 19.
Lews, G. 52.
Lewyn, B. 1.
Lewys, He. 9 ; S. 11.
Ley, He. 10 ; St. 1.
Leyson, Ha. 12.
Libb. L. 19.
Libby, C. 31.
Liberton, K. 19.
Liccoris, E. 13.
Lide, L. 19 ; So. 6.
Lighe, La. 9.
Light, De. 4.
Lightebovne, La. 17.
Lightowles, La. 25.
Lilie, O. 4.
Lillie, L. 16 ; Sf. 12.
Lilly, L. 19.
Linch, K. 10.
Linchcombe, B. 18.
Lincolne, M. 3.

xlvii

INDEX OF SURNAMES

Lindoe, La. 27.
Lines, W. 14, 17.
Linford, Bd. 1 ; M. 2.
Lingard, Ch. 3.
Lingarde, Ch. 2.
Linge, Sf. 17.
Lingerd, K. 16.
Lingert, La. 18.
Linges, L. 4, 15.
Lingham, W. 18.
Lingwood, M. 2.
Linley, Y. 18.
Linnie, La. 25.
Lins, St. 13.
Linton, De. 4; St. 16.
Linwood, No. 7.
Lishenden, K. 10.
Lister, Y. 15, 18, 21, 37.
Litherland, L. 11; La. 4.
Lithom, La. 22.
Litle, Cu. 2; Do. 2.
Litster, Y. 11.
Littham, La. 23.
Livessie, La. 19.
Llewellyn, S. 21.
Lloid, S. 34.
Lloyd, S. 1.
Loademan, Du. 6.
Loadman, Du. 6.
Lobbe, C. 26; Wi. 12.
Loblay, Du. 5.
Lobley, Y. 15, 37.
Loccar, La. 10.
Lock, Do. 13.
Locke, Do. 10, 15; M. 2; W. 2; Wi. 12.
Lockett, Le. 2.
Lockewodde, Y. 42.
Lockey, He. 9; L. 7.
Lockru, C. 30.
Locksmith, Y. 3.
Locksmyth, Y. 26.
Lockwod, Y. 1.
Lockwood, Y. 13.
Loddon, Wi. 22.
Loderne, K. 4.
Lodewijck, L. 18.
Lodge, Y. 18.
Loe, Le. 1.
Lofthouse, Y. 37.
Loggin, G. 29.
Loijr, L. 18.
Lolli, Y. 4.
Lomar, Wi. 1.
Lomas, La. 24 ; St. 11 ; Su. 5.
Lomax, La. 1, 9, 17.
Lommas, La. 17.
Lond, La. 23.
Londone, Be. 3.
Londsdall, La. 29.

Lone, Sf. 5.
Long, N. 32 ; Y. 7.
Longbothome, Y. 47.
Longe, B. 1 ; De. 4; G. 50; K. 12.
Longeworth, L. 1.
Longford, St. 8.
Longley, La. 10 ; No. 27 ; Y. 33.
Longmor, S. 1.
Longstret, N. 16.
Longworth, K. 3.
Longworthe, La. 1.
Lonndon, De. 4.
Loo, L. 18.
Loose, L. 18.
Loppier, C. 36.
Lord, E. 10 ; La. 25 ; Sf. 7.
Lorde, La. 13, 29 ; Sf. 11.
Lordinge, M, 1.
Lorte, La. 9.
Loryman, Li. 4.
Loson, La. 11.
Lotkins, So. 27.
Loton, St. 2.
Loue, K. 2.
Loueles, M. 2.
Louthe, L. 11.
Love, B. 10 ; Ca. 6 ; M. 5.
Lovejoy, L. 1.
Lovejoye, Be. 3.
Lovelace, L. 7.
Loveledge, L. 19.
Lovell, K. 16 ; Su. 7.
Lovelock, Wi. 20.
Lovet, B. 1.
Lovys, C. 2.
Low, St. 12.
Lowde, M. 2.
Lowder, La. 19.
Lowdinge, Cu. 3.
Lowe, Ch. 2 ; La. 3, 11 ; M. 2.
Lowes, Y. 4.
Lowfield, M. 2.
Lowin, He. 7.
Lowis, Cu. 1.
Lowly, E. 5.
Lownd, La. 24.
Lownde, No. 63.
Lowrance, Cu. 3.
Lowson, Y. 20.
Lowth, Y. 30.
Lowthe, Y. 30.
Lowther, Cu. 2 ; Y. 19.
Lowthion, Cu. 3.
Lowton, La. 25.
Loxley, W. 13 ; Wo. 5.
Loyd, S. 4.
Lubberinck, L. 18.
Lucas, K. 5 ; La. 8 ; Li. 13 ; Nu. 1 ; St. 9.
Luckett, K. 13.

Lucus, Y. 11.
Ludden, So. 6.
Luddra, C. 20.
Ludlow, Ha. 5.
Ludson, La. 25.
Luffe, R. 1 ; Sf. 6 ; So. 8.
Lugar, C. 33.
Lugg, De. 4.
Luggar, C. 38.
Lugge, Ha. 15.
Lukas, C. 29 ; St. 1.
Luke, C. 4; Ha. 26 ; He. 10.
Lukes, C. 30.
Lukins, So. 28.
Lukye, C. 2, 40.
Luls, L. 18.
Lumby, Y. 2.
Lumley, Y. 32.
Lumman, Do. 13.
Lummas, La. 24.
Lumme, Y. 14.
Lumney, L. 4.
Lumsden, Du. 5.
Lun, Su. 2.
Lund, La. 23.
Lundie, Y. 8.
Lundye, Y. 7.
Lung, Y. 14.
Lunne, L. 3; S. 32.
Lunte, Ch. 6 ; La. 10.
Lupton, No 26 ; Y. 12, 18, 24
Luscu, C. 34.
Luscumbe, So. 19.
Lusher, Li. 5.
Luten, K. 4.
Lutere, S. 9.
Luther, L. 11.
Luton, L. 12.
Lydden, So. 19.
Lydle, Du. 7.
Lye, Wi. 12.
Lyere, St. 6.
Lyfsaye, La. 1, 25.
Lyghtehowlers, La. 18.
Lyley, Y. 44.
Lylforthe, Du. 7.
Lylly, R. 1.
Lyllynge, La. 28.
Lymbry, Do. 11.
Lympany, C. 4.
Lyncey, L. 8.
Lyndley, Y. 1.
Lynley, Y. 41, 43.
Lynnacombe, De. 4.
Lynnage, Y. 18.
Lynney, La. 7.
Lynnye, Ch. 2.
Lynsey, E. 5.
Lynsford, K. 10.
Lyntow, Wo. 7.

INDEX OF SURNAMES

Lynuage, Y. 18.
Lyon, Ha. 26; La. 16, 24; St. 12.
Lyone, Du. 3.
Lyons, La. 10.
Lyptrott, La. 28.
Lyred, B. 18.
Lyster, Y, 12.
Lytillwod, Y. 44.
Lythalle, S. 29.
Lythgoe, La. 28.
Lythom, La. 11.
Lytlewodde, Y. 42.
Lyttelpaage, B. 1.
Lyttillstone, De. 4.
Lyttleboye, B. 4.
Lyveseie, La. 8.

Macant, La. 28.
Macante, La. 28.
Macereth, La. 26.
Machon, La. 5.
Machonit, L. 19.
Machyn, No. 45.
Mackbray, Cu. 2.
Mackerell, La. 19.
Macome, Ch. 2.
Maçon, L. 12.
Maconde, La. 1.
Macrowe, Sf. 7.
Macy, Wi. 7.
Madden, So. 6.
Madderne, C. 3.
Maddes, W. 11.
Maddine, Y. 40.
Maddison, Li. 1.
Maddockes, S. 27.
Maddox, S. 20.
Maderne, C. 4.
Maderson, Y. 27.
Madison, Du. 3, 5.
Madley, St. 1.
Madocke, La. 4.
Madox, M. 8.
Madoxe, S. 21.
Maes, K. 4; L. 18.
Magden, C. 30.
Magson, Y. 41.
Mainard, M. 2.
Maine, B. 15.
Mainsworth, E. 7.
Maior, L. 7; Y. 19.
Maison, Y. 23.
Makant, La. 28.
Makinson, La. 8.
Maletratt, L. 19.
Malibourne, Du. 5.
Mallet, G. 28; Ha. 26.
Mallinson, Y. 26.
Mallinsonne, Y. 14.

Malim, K. 5.
Malin, M. 3.
Man, La. 3; M. 2; Sf. 4, 21;
  Wi. 21; Y. 11, 18, 20, 27, 42.
Manby, N. 32.
Manchester, No. 14.
Manck, K. 4.
Mancknolls, La. 14.
Manclens, Y. 18.
Mancou, L. 12.
Mandaill, Li. 4.
Manfield, C. 24.
Mangall, Y. 26.
Mangham, Y. 24.
Maniet, L. 18.
Maninge, E. 12.
Maninges, Le. 1.
Manistree, Sf. 7.
Manke, K. 4.
Manner, Li. 5.
Manning, Sf. 7.
Manninges, Le. 1.
Manteau, K. 4.
Mantle, So. 13.
Manuole, C. 2.
Manwaringe, S. 32, 33.
Manyng, G. 36; Sf. 21.
Mapeltaft, No. 19.
Maple, E. 9.
Maples, No. 26.
Marables, K. 23.
Marcer, La. 10.
Marchant, L. 12; Ss. 1.
Marchaunt, Be. 3.
Marche, Sf. 19; St. 16; Y. 11.
Marciall, Le. 2.
Marcroft, La. 9.
Marcrofte, La. 25.
Marcum, L. 16.
Mare, Ha. 17.
Marells, De. 4.
Margerison, La. 23.
Margeritt, C. 21.
Margeryson, La. 6.
Marham, Nh. 3.
Mariat L. 8.
Marinege, N. 16.
Mariott, No. 6.
Markam, L. 19.
Marke, M. 2.
Markebe, Le. 8.
Markes, C. 38.
Markham, L. 16; No. 20.
Markiall, Y. 26.
Markland, La. 3.
Marklande, La. 3.
Marks, So. 27.
Marlen, Su. 4.
Marler, La. 24.
Marlin, Su. 4.
Marneham, M. 5.

Marobust, M. 5.
Marquinus, L. 18.
Marrett, Nh. 3.
Marriotte, No. 43.
Marrit, Li, 7.
Marrow, L. 3.
Marsden, La. 12, 14; Y. 34, 44
Marsh, L. 16; La. 3; M. 2; S. 29.
Marshall, C. 12; Ch. 2, 3; K. 5;
  L. 16, 19; La. 20, 23, 24, 28;
  Le. 8; Li. 4; No. 41, 48;
  Sf. 7; Wo. 7; Y. 11, 12, 18,
  37, 43, 44.
Marshe, De. 4; So. 28; St. 7, 11;
  Wo. 6; Y. 40.
Marsher, La. 10.
Marshes, La. 3.
Marsland, Ch. 3.
Marson, K. 3.
Marten, C. 3, 20, 34, 46; Ch. 5;
  La. 4; So. 28.
Marther, W. 13.
Martiall, No. 39.
Martick, Y. 11.
Martin, B. 1, 5; C. 12; De. 4;
  K. 4, 12; L. 8, 16; M. 1, 2;
  No. 27, 50; Sf. 10; Y. 18.
Martine, C. 44.
Marton, Y. 18.
Martyn, B. 4, 10; C. 2; Cu. 1;
  Du. 7; No. 42.
Martyne, Li. 10.
Marwood, Y. 27.
Maryott, Y. 44.
Mascall, M. 5; Wi. 7.
Mase, W. 12.
Mashiter, La. 23.
Masine, E. 15.
Maskall, L. 19; Y. 31.
Mason, B. 22; Ca. 9; G. 26;
  L. 8; La. 3, 10, 15, 17; Le. 6;
  N. 16; Nu. 1; St. 1; Y. 19,
  35, 39, 42.
Masonn, L. 13.
Mass, K. 4.
Massee, Y. 37.
Massey, W. 10.
Massie, St. 10.
Massy, La. 24.
Massye, La 24.
Masters, Do. 1.
Maston, Y. 18.
Matchin, No. 26.
Matheman, Y, 44.
Mather, La. 1, 3, 4, 28.
Mathewe, B. 4; La. 24; W. 14;
  S. 21.
Mathewman, Y. 1.
Mathews, K. 19.

xlix

INDEX OF SURNAMES

Mathie, No. 48.
Mathiman, Y. 42.
Matley, Ch. 3.
Matlock, No. 48.
Matphen, Du. 5.
Matthew, E. 9 ; K. 5 ; St. 1 ;
 Y. 12, 18, 37.
Mattison, N. 29.
Maudan, So. 6.
Maude, Y. 15.
Maulden, Ca. 10.
Maulter, E. 10.
Maunsell, S. 21.
Maunsfield, No. 41.
Mauntin, G. 24.
Maurice, S. 10.
Mauroys, K. 4.
Mawde, Y. 13, 14, 31, 37.
Mawdsley, La. 10.
Mawlby, L. 19.
Max, So. 2, 3.
Maxfield, St. 1.
Maxsted, K. 2.
Mayborne, L. 7.
Maydes, G. 24.
Maye, C. 24 ; De. 4 ; Ha. 6, 8 ;
 K. 12 ; L. 7 ; La. 24 ; N. 14 ;
 So. 28 ; Wi. 12.
Mayer, Du. 8.
Mayhow, C. 2.
Maynarde, Be. 3 ; He. 6.
Mayne, C. 40 ; Ha. 16.
Maynie, K. 18.
Mayo, M. 3 ; W. 13.
Mayson, Cu. 2 ; Y. 18.
Maysons, Y. 27.
Maysters, W. 5.
Meade, B. 6, 13 ; Ca. 8.
Meakin, L. 16.
Meakyn, Ch. 2.
Meale, Wo. 4.
Meall, La. 25.
Meanlley, La. 17.
Meare, S. 32.
Meares, Li. 1.
Measand, Cu. 1.
Mease, Y. 18.
Meat, La. 8.
Meave, So. 3.
Mecham, Ha. 27.
Meche, Do. 2.
Medcalfe, L. 7.
Medcraft, B. 7.
Medleton, Y. 4.
Medley, No. 48.
Medlicott, S. 23.
Medlie, Y. 19.
Medowcrofte, La. 1.
Meeden, S. 33.
Meedes, Li. 4.

Meggetson, Y. 6.
Megson, Y. 18.
Meires, Y. 31.
Meiton, Ca. 8.
Melbanke, Li. 13.
Melborne, L. 7.
Mellers, No. 51.
Mellersh, Su. 4.
Mellinge, La. 8.
Mellor, La, 24 ; St. 11 ; Y. 1.
Melon, L. 7.
Melton, M. 1 ; Y. 5.
Mencher, L. 12.
Menedewe, C. 43.
Menlove, S. 33.
Meo, La. 24.
Mercer, Ha. 23 ; La. 25 ; Nu. 1 ;
 W. 17.
Mercilljon, L. 12.
Merdall, M. 2.
Mereden, B. 1.
Meredith, G. 55.
Meredydd, S. 10.
Mereley, La. 8.
Merick, Wi. 2.
Merifield, C. 2.
Meris, L. 18.
Merley, Y. 45.
Mernier, L. 18.
Merryt, M. 2.
Merston, W. 14.
Merydale, L. 7.
Meryvale, L. 7.
Meryvall, L. 7.
Mesman, K. 4.
Metcalfe, Y. 25.
Metcalffe, Y. 32.
Meteren, L, 18.
Metheringham, No. 26
Metyre, La. 28.
Meurillon, K. 4.
Mewkwell, L. 11.
Meyerick, S. 28.
Meyrick, S. 34.
Michael, L. 16.
Michaell, Y. 18.
Michell, C. 3, 4, 28 ; La. 14, 15 ;
 No. 51.
Michenall, Ha. 21.
Middlebrooke, La. 14.
Middleton, Du. 6 ; L. 16, 19 ;
 La. 4.
Middlewood, Y. 2.
Middlewoode, Y. 31.
Midforthe, Du. 3.
Midgley, Y. 47.
Midlebroke, La. 14.
Midleton, La. 23.
Midopp, La. 14, 29.
Midwinter, G. 48.

Mihell, N. 7.
Mijsers, L. 18.
Milan, L. 12.
Milborne, Y. 27.
Miler, La. 23.
Miles, Sf. 2 ; Su. 7.
Mill, Nu. 1.
Millard, M. 2 ; So. 28.
Millatt, Ha. 22.
Miller, Ca. 1; De. 4; L. 7; Nu. 1 ;
 Sf. 11.
Milles, He. 10; So. 24; W. 11, 12.
Millet, Ha. 8.
Millett, E. 5.
Millingate, Ha. 3.
Millington, Ch. 6.
Millner, Ch. 4 ; Li. 12 ; Y. 18.
Mills, L. 19.
Milner, Ch. 1 ; La. 19 ; No. 32,
 52 ; Y. 14, 15, 24, 36, 41, 47.
Milnes, La. 25 ; Y. 13.
Milvoye, K. 4.
Milward, W. 10, 11.
Milwarde, L. 19.
Minde, M. 2.
Mingey, N. 4.
Minshull, S. 25, 35.
Misson, L. 16.
Missonton, L. 19.
Mitchell, M. 1 ; Nh. 3 ; L. 2 ;
 La. 29 ; W. 14 ; Y. 1, 14, 45.
Mitten, E. 7.
Mitton, La. 6 ; Y. 18, 34, 45.
Mittonn, Y. 34.
Modye, L. 5.
Mogg, So. 1.
Mc gridge, So. 22.
Moillin, L. 2.
Mokesone, Y. 1.
Mokesonn, D. 1.
Mold, Le. 8.
Mole, Le. 1.
Molineux, La. 4.
Molinex, La. 10.
Mollinex, Li, 13.
Moll, N. 30.
Momford, B. 18.
Momforde, E. 5.
Monck, Wi. 1.
Monckford, Ss. 1.
Moncton, Y. 18.
Monday, M. 2.
Monkas, Y. 6.
Monke, G. 50.
Monn, La. 28.
Monne, La. 28.
Monox, Nu. 1.
Monsfeild, Y. 21.
Monton, L. 12.
Moody, L. 19.

1

INDEX OF SURNAMES

Moodye, Ca. 1 ; Wi. 18, 25.
Moor, L. 18.
Moore, Be. 3 ; De. 3, 4 ; Du. 4 ;
  K. 7 ; L. 4, 8, 19 ; La. 11 ;
  M. 1 ; Nu. 1 ; S. 8, 11 ; Sf. 12 ;
  Wo. 5 ; Y. 12, 17, 39, 41.
Moorecok, Do. 13.
Moores, B. 13.
Moorhouse, Y. 20.
Moorie, C. 37.
Moorton, L. 19.
Morcombe, C. 2.
Morcrofte, La. 10.
More, B. 4, 5 ; C. 1, 25 ; He. 6 ;
  La. 13, 23 ; M. 2 ; No. 48 ;
  St. 16 ; Y. 18, 41, 43.
Morecocke, M. 2.
Morecroft, La. 19.
Morecrofte, La. 10.
Morehouse, La. 18 ; Y. 15.
Morehowse, Y. 1.
Morel, K. 4.
Moreland, Su. 4.
Moreley, No. 61.
Mores, La. 10.
Moreton, St. 16.
Morgan, Du. 6 ; G. 49 ; He. 9 ;
  L. 7, 19 ; S. 22 ; Wi. 12.
Morhowse, La. 27.
Morice, M. 1.
Moris, M. 3.
Morisbey, Nu. 1.
Morish, C. 25.
Morishe, So. 13.
Morland, Cu. 1.
Morley, K. 16; M. 3.
Morleye, Y. 27.
Morly, So. 15.
Morman, Sf. 3.
Morpeth, Du. 3.
Morreis, La. 24.
Morren, Wi. 1.
Morres, Ca. 3; St. 1.
Morrice, L. 7; La. 28; So. 1.
Morris, Do. 15; G. 44; La. 24,
  28; Le. 1 ; No. 26, 43, 48;
  S. 33; Wo. 7; Y. 31, 41.
Morrish, C. 19.
Morriss, St. 1, 11.
Morrisse, Wi. 14.
Morrute, O. 4.
Mors, G. 5.
Morse, G. 46; So. 11, 22.
Morte, La. 17, 28.
Mortimer, Ch. 1; Wi. 12.
Mortimure, O. 4.
Morton, Do. 13; Du. 6 ; L. 8 ;
  La. 17 ; Nu. 1 ; Y. 1, 42, 44.
Mortymer, M. 1.
Morvell, Y. 12.

Morys, S. 22.
Moser, La. 26.
Moses, Sf. 7.
Mosley, Nu. 1; Y. 1.
Moss, St. 3.
Mosse, Ch. 3; L. 7; La. 3, 4, 11,
  24; M. 2.
Mossyde, La. 24.
Mott, E. 5, 9, 15, 17.
Mottershedde, Ch. 2.
Mottquin, L. 12.
Mottram, No. 58.
Mough, Y. 18.
Moulde, Y. 11.
Mouleson, Y. 40.
Moulson, Y. 14.
Moulton, Ha. 2.
Moultone, L. 7.
Mounce, C. 30.
Mounsie, Cu. 1.
Mountague, Be. 3.
Mountaine, M. 2.
Mountaynaker, M. 1.
Mounte, La. 23.
Mountforde, No. 34.
Mowbray, Y. 23.
Mowde, Y. 25.
Mowdisley, La. 10.
Mowmforde, La. 24.
Mowttram, M. 2.
Moyell, C. 2.
Moyle, C. 2; S. 32.
Moys, Su. 1.
Moyses, C. 2; Sf. 18.
Mrcer, La. 4.
Mrler, La. 24.
Mrsden, La. 12.
Muckelt, La. 19.
Mudd, L. 13.
Mue, No. 1.
Muijte, L. 18.
Mulenesse, W. 12.
Mulfra, C. 4.
Mullenax, He. 10.
Mullenes, W. 11.
Mullenese, W. 11.
Muller, Nu. 1.
Mulliner, W. 12.
Mullines, Do. 6.
Mullinesse, W. 11.
Mullinex, W. 11.
Munchin, O. 1.
Munck, B. 4.
Muncton, Y. 18.
Mundaie, No. 61.
Munday, Su. 7.
Munde, B. 1.
Mundey, C. 39 ; Ha. 1.
Mundin, Ca. 9.
Munne, He. 1.

Munseloe, G. 29.
Munslow, Wo. 6.
Munson, Sf. 13.
Murcatroyde, La. 25.
Murfin, Li. 18.
Murley, Li. 5.
Murrell, N. 21.
Murton, K. 16 ; Wo. 1 ; Y. 18.
Muschampe, Su. 4.
Musgraue, Y. 18.
Musgrave, Cu. 1 ; Y. 15, 18.
Musgreue, Y. 18.
Musker, La. 4.
Musret, Bd. 1.
Muson, Li. 4.
Mussett, Wi. 16.
Mutter, So. 5.
Mutton, La. 18.
Mycheall, La. 18.
Mychell, B. 5 ; C. 20.
Mychel, Y. 30.
Mycklem, Be. 2.
Mycock, No. 48.
Myd, La. 1.
Mydgeley, Ch. 2 ; Y. 12.
Mydlame, C. 4.
Mydleton, Y. 25.
Myers, La. 20.
Myghell, N. 21.
Myles, La. 24 ; M. 5 ; Su. 4.
Myll, C. 2.
Mylles, Do. 4 ; Ha. 16.
Myllington, S. 27.
Myllnes, La. 14.
Myllnor, W. 3.
Myllott, No. 57.
Mylne, La. 25.
Mylner, La. 24.
Mylnes, La. 24.
Mylwarde, S. 15 ; St. 11 ;
Myn, L. 3.
Myners, St. 12.
Mynes, G. 50.
Mynsterley, S. 21.
Mynting, Li. 4.
Myres, La. 2.
Mytchell, No. 61 ; Y. 12, 15.
Mytton, La. 6.
Nabbe, La. 1.
Nacallen, C. 2.
Naden, St. 11.
Naile, So. 22.
Nailer, Y. 14.
Naires, Wo. 7.
Nalio, La. 3.
Narman, So. 24.
Narmon, Le. 1.
Nasarke, L. 19.
Nash, B. 12 ; Ca. 6 ; Wo. 7.
Nashe, B. 18 ; So. 7.

li

INDEX OF SURNAMES

Nason, W. 11 ; Wo. 1.
Nation, La. 3.
Nawell, La. 17.
Nayler, Y. 13, 14, 31, 47.
Naylore, Y. 21.
Neale, M. 1; St. 10; Su. 7; Wi. 12.
Nealer, La. 28.
Nealson, La. 2.
Necholls, S. 19.
Needam, Ch. 2.
Neene, Li. 5.
Neepe, No. 18.
Neild, La. 24.
Neilde, La. 24.
Neilson, La. 24.
Neitherwodd, Y. 18.
Nele, Sf. 7.
Nelmes, G. 34.
Nelson, Cu. 1 ; L. 19 ; La. 11 ; Y. 2, 15, 18, 31, 33.
Nenys, C. 4.
Netherclife, Be. 3.
Nethersoll, K. 21.
Netherwod, Y. 18.
Nettleton, Y. 1, 2, 13, 18, 40, 47.
Nevall, St. 7.
Nevell, So. 22.
Never, La. 3.
Nevison, Y. 18.
Newale, So. 14.
Newall, La. 25.
Newaye, W. 14.
Newbe, W. 10.
Newberry, M. 2.
Newbery, B. 4.
Newberye, B. 4.
Newbie, Y. 31.
Newbye, La. 19 ; Y. 18.
Newdegate, Bd. 1.
Newe, Do. 13.
Newegate, Sf. 12.
Newell, Ha. 13 ; Li. 6 ; Y. 18.
Neweman, G. 34 ; Wi. 21.
Newey, W. 10.
Newhall, L. 7.
Newham, Y. 30.
Newland, L. 7.
Newlove, L. 8.
Newman, B. 5 ; Ca. 6 ; Do. 1 ; G. 18 ; K. 5 ; L. 7, 16 ; M. 1, 2 ; So. 28 ; Wi. 1.
Newnes, S. 20.
Newnham, He. 2.
Newport, S. 7.
Newsam, Su. 4.
Newsom, La. 18.
Newsome, Y. 11.
Newstreet, K. 18.
Newton, Ch. 3 ; Cu. 1 ; La. 19, 23, 24 ; Le. 8 ; S. 9, 33 ; Y. 44.

Neylor, La. 24.
Nicasius, L. 18.
Niccoles, S. 29.
Niccolls, L. 13.
Nicholas, C. 15, 36, 43.
Nicholes, L. 16.
Nicholl, C. 14 : L. 7.
Nicholles, W. 16.
Nicholls, C. 2, 3 ; He. 10 ; K. 13 ; L. 2, 7 ; M. 2.
Nichols, B. 12 ; Li. 18.
Nicholson, Ch. 3 ; Cu. 2 ; M. 2 ; Y. 18, 31, 41.
Nickeson, La. 15.
Nickoll, Y. 31.
Nickson, La. 11 ; Y. 42.
Niclaessen, L. 18.
Nicoll, De. 4.
Nicolls, N. 26.
Nicols, S. 30 ; W. 11.
Nicolson, Ca. 1 ; Cu. 1 ; La. 18, 23, 26, 35 ; We. 1.
Nightingale, Be. 3.
Nightingall, Do. 2.
Nixon, Cu. 2 ; Du. 3 ; No. 43 ; W. 11, 12.
Noble, Be. 3; Cu. 1; L. 7; La. 27; M. 1 ; No. 30 ; Y. 31.
Nocke, S. 1.
Nodall, He. 9.
Nodden, L. 16.
Nodder, Y. 36.
Noden, D. 2.
Noell, Y. 6.
Nole, C. 4.
Norcliff, K. 7.
Norcliffe, Y. 14.
Norcote, K. 2.
Norham, La. 6.
Norington, So. 29.
Norman, L. 10 ; N. 27 ; No. 45 ; Sf. 7 ; So. 19, 25 ; Y. 2.
Normande, L. 7.
Normansell, Ch. 2.
Normon, Sf. 7.
Norrice, La. 28.
Norrisse, La. 7.
Norrys, N. 11.
Nortcliffe, Y. 1.
North, G. 50 ; Le. 2 ; No. 29 ; Y. 18.
Northe, D. 1.
Northerne, La. 4.
Northren, Nh. 3.
Norto', L. 19.
Norton, C. 45 ; De. 4 ; L. 19 ; Nh. 3 ; Nu. 1 ; So. 6 ; Y. 33.
Nortonn, Y. 13.
Norway, M. 5.
Norwood, K. 5.

Noster, L. 7.
Notman, Du. 1.
Nott, G. 33.
Notte, L. 7.
Nottingham, Y. 14.
Novell, Su. 4.
Noye, C. 4, 43.
Nucombe, No. 18.
Nuham, C. 15.
Nulsten, L. 18.
Nune, E. 1 ; Sf. 7.
Nunn, E. 2.
Nuns, Y. 43.
Nurse, St. 16.
Nutbrowne, Y. 31.
Nutkin, M. 2.
Nutt, Le. 1.
Nuttall, Ch. 3 ; La. 1, 25, 28 ; Y. 41.
Nutter, La. 12.
Nuttinge, C. 34.
Nuttle, C. 2.
Nvttowe, Wo. 5.
Nycholas, Nh. 3.
Nychole, De. 4.
Nycholson, Cu. 3 ; No. 1.
Nycoles, Wo. 7.
Nyghtingale, D. 1.
Nys, L. 12.
Nytingall, L. 8.
Oakes, Y. 1.
Oates, L. 7 ; No. 26.
Oatly, Wi. 20.
Obaldeston, La. 6.
Oborne, Wi. 5.
Ockes, St. 7.
Ockley, M. 2 ; W. 12.
Oddey, Y. 18.
Odye, L. 8.
Oetes, Y. 13.
Offeld, Ca. 11.
Ogden, La. 9, 24, 25 ; Y. 47.
Oggram, Y. 23.
Ogier, K. 4.
Oglesthorpe, Y. 41.
Oidman, N. 16.
Okelande, No. 26.
Okes, L. 16 ; Y. 1.
Olda, La. 17.
Oldam, R. 1.
Olde, No. 37.
Oldefeilde, Ch. 2.
Oldeham, L. 7.
Oldfeild, Y. 15, 31.
Oldfeilde, B. 1.
Oldfeld, Y. 12.
Oldham, Ch. 3 ; Y. 42.
Oldmayde, K. 18.
Oler, L. 18.
Olevrson, Ch. 3.

INDEX OF SURNAMES

Olive, C. 32.
Oliver, HA. 27 ; L. 8 ; S. 34 ; WO. 7.
Oliverson, LA. 10.
Ollywison, CH. 3.
Olmsteede, E. 12.
Olney, W. 5.
Olver, C. 8.
Olyvare, NO. 12.
Olyver, C. 44 ; CA. 3 ; DE. 4 ; ST. 11.
Olyvere, G. 50.
Ombridge, ST. 10.
Ond, G. 39.
Onge, SF. 11.
Onions, ST. 16.
Onnsworth, LA. 28.
Onslowe, S. 23.
Onugle, E. 17.
Openshawe, LA. 1.
Orchard, G. 53; LA. 24; ST. 4.
Orcharde, DE. 4.
Ordimer, L. 10.
Ored, LA. 24.
Orgar, L. 7.
Orindge, M. 2.
Ormaroide, LA. 13.
Orme, CH. 2.
Ormeroid, LA. 29.
Ormston, Y. 11.
Ormundie, LA. 27.
Orphewe, LA. 17.
Orrell, LA. 3.
Orton, LA, 11, 12, 15 ; W. 16.
Orum, Y. 4.
Orvis, SF. 13.
Osbaldeston, LA. 6, 8, 15, 18.
Osboldeston, LA. 8, 18.
Osborne, DO. 9 ; E. 12 ; M. 1 ; SF. 10, 16 ; SO. 22 ; ST. 7.
Osburne, DE. 1 ; S. 29.
Osland, WI. 12.
Osmond, B. 8.
Osmonde, M. 5.
Osmotherlaw, CU. 2.
Osnet, DU. 6.
Ospringe, K. 7.
Otby, Y. 39.
Otefeild, LE. 1.
Otes, D. 1 ; Y. 18.
Otie, LA. 5.
Ottley, Y. 35.
Ottywell, CH. 3.
Oudart, K. 4.
Ouerton, S. 31.
Ouldfeild, Y. 18.
Ouldham, R. 1.
Ouldhame, LA. 24.
Ouldroid, Y. 13.
Outerbridge, K. 18.

Outlawe, M. 2.
Outram, Y. 26.
Ovenden, L. 3.
Over, HA. 8; M. 1.
Overall, E. 12; NO. 48.
Overbury, G. 52.
Overstreete, B. 1.
Overton, L. 3.
Overtone, S. 29.
Owane, NO. 1.
Ower, HA. 21.
Owers, E. 12.
Owinge, DE. 4.
Owldfield, Y. 28.
Owoode, NO. 51.
Owsebye, LI. 18.
Owtelaw, SF. 5.
Owtrem, D. 1.
Owyn, L. 19.
Owyne, LA. 24.
Oxebie, LI. 2.
Oxnard, LA. 14.
Oxspringe, Y. 42.
Paage, B. 1.
Packar, G. 52.
Packer, K. 6, 23 ; WO. 7.
Packman, WO. 7.
Packwood, HE. 10.
Paddrye, C. 43.
Paddy, L. 16.
Paese, HE. 10.
Page, HE. 10 ; L. 7 ; LA. 24 ; LE. 1 ; SU. 4 ; Y. 42.
Pages, SF. 7.
Paget, LI. 1.
Pain, L. 3.
Paine, HA. 22 ; SF. 12.
Pake, HE. 7.
Pakema, E. 2.
Pakes, K. 12.
Palgrave, S. 10.
Palie, W. 14.
Pallmer, DE. 4 ; L. 7.
Palmar, E. 2.
Palmer, DE. 2, 4; DO. 13; G. 55; L. 13, 19 ; LE. 1 ; LI. 4, 5 ; N. 21 ; NO. 50, 51 ; S. 19, 30 ; ST. 5 ; SU. 4, 7 ; W. 14.
Pamar, L. 8.
Pamer, HE. 10.
Pamphlyne, E. 12.
Pancks, L. 7.
Pannell, K. 10 ; Y. 31.
Pannett, Y. 11.
Pappworthe, CA. 2.
Par, S. 1 ; Y. 41.
Paramoure, NO. 47.
Parcyvall, LA. 24.
Paren, K. 4 ; L. 18.
Parent, L. 12.

Parfray, NU. 1.
Parke, D. 1 ; LA. 5, 21, 27 ; NU. 1 ; SU. 4.
Parken, SO. 22.
Parker, C. 41 ; CU. 1 ; D. 1 ; G. 5, 19; HA. 16, 27; HE. 2; K. 16 ; L. 3, 7, 8, 10, 14 ; LA. 12, 14, 29; M. 2; N. 30, 32; S. 27; SF. 17; SO. 1; ST. 1, 11;
WO. 1, 4 ; Y. 18, 23.
Parkes, L. 4 ; S. 14 ; ST. 1.
Parkin, NO. 26 ; Y. 42.
Parkines, DO. 13.
Parking, DE. 4.
Parkins, NO. 26 ; NU. 1 ; SU. 7.
Parkinson, L. 5 ; LA. 12, 14, 15 ; Y. 34.
Parkston, B. 7.
Parkyn, C. 2, Y. 42.
Parkynson, Y. 36.
Parler, DU. 6.
Parman, SF. 20.
Parmeby, CA. 3.
Parmeter, E. 6.
Parnacott, DE. 4.
Parr, L. 10 ; W. 16.
Parratt, BE. 3.
Parre, LA. 4, 10, 28.
Parret, L. 7.
Parrie, L. 2 ; M. 1 ; SO. 22.
Parrye, G. 26.
Parslowe, G. 36.
Parson, C. 24 ; M. 2, 5.
Parsons, B. 18 ; DE. 4 ; G. 21 ; HA. 17 ; NO. 15. 63 ; SO. 28.
Parten, L. 3.
Partington, CH. 3 ; LA. 17, 28.
Partrick, Y. 18.
Partridg, SO. 22.
Partridge, SO. 13 ; ST. 10.
Pascawe, C. 20.
Pascow, C. 31, 36.
Pashley, K. 19.
Pasmonte, LA. 9.
Pasmoore, DE. 4.
Passand, ST. 2.
Passet, K. 4.
Passion, WI. 12.
Patch, CA. 8.
Patchett, LA. 23.
Pate, LA. 14.
Patie, HA. 2.
Patison, Y. 20.
Patricke, LA. 3, 4.
Patson, L. 5.
Patston, W. 18.
Patteson, Y. 6.
Pattison, Y. 7.
Paul, DO. 9 ; E. 12.
Paule, C. 14, 15.

liii

INDEX OF SURNAMES

Paumer, Nu. 1.
Pauston, Nu. 1.
Pavey, L. 8.
Pawlyns, So. 3.
Pawson, Y. 18, 37, 42.
Paxeford, L. 19.
Payce, Ha. 15.
Paycoke, We. 2.
Paykes, Ha. 16.
Payne, De. 4.
Paynter, Nh. 2 ; Y. 46.
Payten, Sf. 17.
Pcyvall, La. 24.
Pdhurst, Su. 4.
Peace, L. 7.
Peach, St. 7.
Peache, St. 7.
Peacock, L. 7, 16.
Peak, La. 24.
Peake, Le. 4.
Peale, Cu. 2.
Pearce, Ha. 27 ; Y. 13.
Pearde, De. 4.
Peares, S. 17.
Pearethe, Y. 46.
Pearetree, Sf. 3.
Pearne, C. 33.
Pears, C. 36.
Pearscifall, St. 13.
Pearse, B. 1 ; K. 23 ; Wi. 15.
Pearson, Du. 6 ; L. 7 ; La. 11 ; Li. 5; M. 1 ; Y. 5, 18, 31, 37, 47.
Pearsone, L. 7 ; La. 29.
Peart, Y. 17, 32.
Pearte, Y. 24.
Pease, Y. 25.
Peat, Cu. 2.
Peate, Cu. 2 ; W. 10.
Pebdall, La. 3.
Pebrton, La. 4.
Peck, Su. 4.
Pecke, Ca. 10 ; Ch. 3 ; M. 5 ; No. 6, 63 ; Wi. 18.
Peckett, Y. 11.
Peddr, La. 15.
Pedley, St. 11.
Pedlie, L. 2.
Pedly, M. 5.
Peel, No. 26.
Peele, La. 17 ; Y. 26.
Peelye, L. 19.
Peercye, Y. 38.
Peere, W. 11.
Peerson, L. 2.
Peersse, K. 10.
Peeter, C. 25 ; L. 3.
Pegler, G. 1.
Pegon, So. 6.
Pegsworth, B. 1.

Peirse, De. 4.
Peitoo, Su. 4.
Pell, Li. 4 ; W. 16 ; Y. 43.
Pellam, K. 18.
Pelyne, C. 23.
Pemberton, Ch, 6 ; La. 3.
Pemble, K. 2.
Pembton, La. 3.
Pemerton, W. 10.
Pemmerton, M. 2 ; St. 16.
Pen, La. 17.
Penburie, M. 1.
Pendleburie, La. 1, 28.
Pendleton, Ch. 1 ; La. 4, 24.
Pendrid, L. 19.
Peneston, No. 57.
Penetier, L. 18.
Penhale, C. 20.
Penifather, St. 2.
Penington, La. 3, 26.
Penkitt, S. 21.
Penle, B. 1.
Penlesburie, Ch. 6.
Penmeneth, C. 3.
Penn, M. 1.
Pennell, Wo. 7.
Penney, Ch. 6.
Penny, La. 27 ; So. 1 ; Wi. 21.
Pennye, K. 10.
Penrose, C. 4.
Penson, St. 1.
Penton, St. 16.
Pepper, La. 19.
Pepprell, So. 25.
Perce, De. 1.
Percivell, Cu. 1.
Perckinson, No. 36.
Perd, C. 36.
Pere, W. 12.
Peregrinus, E. 12.
Pereson, La. 8 ; Y. 2.
Perham, So. 22.
Periar, Su. 4.
Perier, Ha. 27.
Perkin, Y. 18, 27.
Perkins, B. 7 ; No. 55 ; Li. 4.
Perkinson, Y. 23.
Perlin, K. 4.
Perman, K. 18.
Permot, Li. 4.
Peronne, K. 4.
Perpoint, La. 3.
Perren, La. 17.
Perricote, Do. 14.
Perriman, He. 10.
Perrin, Wi. 18.
Perrye, De. 4.
Perse, S. 13.
Persons, Do. 4.
Pertt, L. 19.

Peryn, L. 11.
Pescod, Ha. 27.
Petch, Y. 31.
Peter, C. 4, 44.
Peters, M. 1.
Peterson, He. 9 ; Sf. 2.
Petford, Wi. 25.
Petheram, So. 28.
Petit, K. 4.
Pett, L. 19 ; M. 2.
Pettie, La. 20, 27 ; Y. 18.
Pettit, Sf. 7.
Pettitt, E. 14.
Petwartine, Y. 31.
Pewtinger, L. 11.
Phaire, Y. 27.
Pharao, M. 2.
Phenix, M. 2.
Philipps, Wi. 20.
Philips, St. 4.
Phillator, Do. 13.
Phillip, C. 36; Cu. 2.
Phillipes, C. 2.
Phillipp, K. 10.
Phillippes, M. 2.
Phillipps, G. 49 ; L. 19 ; M. 1 ; S. 21 ; Y. 47.
Phillips, B. 19 ; G. 29; Ha. 11 ; L. 1, 7; S. 23; Wo. 5.
Philpe, C. 11.
Philpot, K. 15.
Philpott, K. 12.
Philpotts, H. 1.
Phipp, Wi. 25.
Phippen, So. 3.
Phippes, M. 1.
Phipps, B. 12.
Phyllyppes, Wi. 17.
Phyllyps, D. 3.
P'iar, Su. 4.
Pibus, Li. 4.
Pichley, K. 23.
Pickard, Y. 4, 37.
Picke, M. 1.
Pickeford, Ch. 2.
Pickerin, Y. 18.
Pickering, Y. 7, 18, 31.
Pickeringe, Du. 3; La. 19; Y. 38.
Pickerringe, Y. 11.
Pickersgill, Y. 18.
Pickeryn, Ch. 1.
Pickhaver, Y. 34.
Pickles, Y. 15.
Pickren, Ch. 1.
Pickrin, Y. 29.
Pickwell, Li. 18.
Piddock, L. 17.
Piecroft, La. 24.
Pierrepont, No. 14.
Pige, Du. 7.

INDEX OF SURNAMES

Pigg, Nu. 1.
Pigget, W. 12.
Pighells, La. 14; Y. 13.
Pigit, Y. 25.
P'igrin's, Wo. 7.
Pike, La. 20; S. 29; So. 22.
Pilgrome, E. 12.
Pilkington, Y. 21.
Pilkinton, La. 3, 8.
Pilkynton, K. 6.
Pinckcombe, De. 4.
Pinckk, No. 50.
Pindar, L. 7.
Pinder, We. 2; Y. 11.
Pinfold, L. 13.
Pinington, La. 3.
Pinkerde, So. 6.
Pinninge, W. 14.
Pintleton, M. 2.
Piper, La. 24; Y. 13.
Pisinge, K. 18.
Pitcher, K. 22; L. 17; So. 6.
Pitchfort, M. 1.
Pitt, So. 28.
Pitte, So. 28.
Pitterde, So. 6.
Pittman, So. 28.
Pkenson, La. 23.
P'ker, Y. 41.
Pker, Y. 37.
Pkinson, La. 4.
Place, K. 2.
Plaier, E. 7.
Plasterer, Y. 31.
Plate, La. 17.
Platt, He. 10; K. 12; La. 25; M. 1, 2.
Platte, La. 3, 9, 28; St. 11.
Plaviss, Y. 18.
Pleydell, L. 1.
Pleyer, G. 55.
Plimley, St. 15.
Plombe, La. 4.
Plomer, K. 16.
Plommer, Be. 3.
Plotte, M. 5.
Plumbe, Le. 1.
Plümer, B. 8.
Plumpton, Cu. 1.
Po, K. 4.
Poaple, So. 17.
Pogeson, Y. 1.
Pokenhorne, C. 3.
Pokinghorne, C. 3.
Polden, Do. 4.
Polglace, C. 20.
Polheston, C. 42.
Polhormall, C. 4.
Polkinghorne, C. 2.
Polkynthorne, C. 20.

Pollard, C. 9; La. 29; Y. 15, 47.
Pollarde, C. 2; La. 13, 29; Y. 23.
Poller, Y. 15.
Pollet, K. 4; La. 17.
Pollin, K. 15.
Polstage, C. 1.
Pomeroye, C. 24.
Pomfert, Y. 18.
Pomfort, La. 24.
Pomfret, Y. 18.
Pomfrett, La. 24, 28.
Ponder, Ca. 7.
Ponnder, M. 1.
Ponte, K. 23.
Pontinge, G. 55.
Poole, E. 15; G. 4, 49; He. 9; La. 4, 10, 15; S. 16; So. 21, 28; Wo. 4.
Pooler, Wo. 7.
Pooley, He. 10.
Poowell, G. 28.
Pope, Do. 4; G. 40; K. 2; La. 18; M. 2.
Popellwell, Y. 18.
Popelwel, Y. 18.
Poppleton, Y. 31.
Popplewell, Y. 43.
Porridge, L. 5.
Porte, M. 1.
Porter, B. 13; C. 20; Cu. 2; Du. 3; G. 34; He. 10; L. 3, 7, 19; M. 2; N. 12; So. 22; St. 1.
Portor, La. 11.
Poste, K. 12.
Posterne, S. 21.
Postle, So. 13.
Postlethwait, La. 20.
Postlethwaite, La. 27.
Pot, Sf. 21.
Pothan, L. 19.
Pothrop, Y. 25.
Potte, Ch. 2.
Potter, Ch. 3; E. 12; K. 2; La. 24, 25; O. 4; S. 29.
Potterton, Li. 10.
Potts, Y. 30.
Poughten, Ch. 1.
Poughton, La. 4.
Pougslye, De. 4.
Poulin, K. 4.
Poullet, L. 12.
Poullin, L. 12.
Poulson, La. 14.
Poulter, L.3; La. 15; O.1; Wi. 12.
Pouncharde, De. 4.
Pounde, Be. 3.
Pouslye, De. 4.
Povey, He. 9; S. 15.

Powell, G. 41; K. 6; L. 3, 7; La. 24; M. 1; S. 23, 24, 33; St. 1; W. 12; Y. 18, 41.
Powley, Y. 18.
Powlton, L. 8.
Pownall, Ch. 3.
Powson, We. 2.
Powton, La. 20.
Poyell, C. 25.
Poynter, Sf. 11; D. 1; No. 48.
P'pointe, No. 6.
Praser, L. 7.
Pratt, G. 34; M. 1; W. 5; Y. 38.
Predy, G. 28.
Preese, K. 15.
Preestner, Ch. 2.
Preise, K. 15.
Preiste, L. 19.
Preistley, Y. 14.
Prentis, L. 18.
Prentise, Y. 9.
Prentone, Ch. 4.
Prentys, E. 1.
Prescott, La. 5.
Preskot, La. 10.
Pressey, Ha. 26.
Pressicke, L. 7.
Presson, He. 10.
Prestely, Wi. 22.
Prestenae, Ch. 2.
Preston, B. 1; Ch. 1; Cu. 1; Do. 13; He. 9; L. 4; La. 15, 19, 23; M. 2; No. 7; Nu. 1; Y. 17, 34.
Prestone, L. 7.
Prestron, Y. 14.
Prestwich, La. 24.
Preswick, M. 4.
Pretie, K. 16; W. 11.
Prettie, K. 18.
Preuost, K. 4.
Price, G. 11; L. 2, 14; La. 3; Wo. 4, 8.
Prichardes, G. 30.
Pricher, M. 2.
Pricks, K. 12.
Pride, Do. 12.
Pridye, De. 4.
Priest, So. 6; St. 1.
Priestley, Y. 14.
Priestnall, Ch. 3.
Primer, B. 2.
Prine, La. 17.
Pringle, Du. 5.
Prior, Bd. 1; So. 22.
Prissen, C. 36.
Pristow, C. 36.
Pritchet, G. 28.
Pritchett, G. 6.
Prockter, Y. 29.

lv

INDEX OF SURNAMES

Procter, Du. 3; La. 23; No. 19;
  So. 22; Y. 18, 40.
Proctor, We. 2; Y. 20.
Proffit, O. 1.
Prophitt, C. 37.
Proude, Y. 39.
Proudfellow, Y. 31.
Proudlove, La. 24.
Prowd, K. 10, 15.
Prowde, K. 10.
Prowse, M. 2.
Prstwch, La. 24.
Pruell, L. 7.
Pryde, G. 5.
Pson, C. 9.
Pudsay, Y. 34.
Pughpker, La. 26.
Pulley, Li. 10; S. 30.
Pullie, Y. 40.
Pumbrye, C. 4.
Punderson, Y. 3.
Puplett, Su. 1.
Purbanniell, L. 19.
Purcasse, He. 1.
Purdia, Su. 5.
Purdon, Y. 5.
Purdue, N. 29.
Puresey, Le. 3.
Purse, Ha. 7.
Purser, L. 11; M. 2.
Pursley, Li. 10.
Purslowe, S. 26.
Pursse, G. 47.
Purvaniell, L. 19.
Putley, G. 34, 43.
Putna, B. 1.
Puttenham, B. 6.
Puttnam, B. 6.
Pycher, So. 6.
Pycrofte, Ca. 1.
Pye, Do. 13; Ha. 25; K. 19;
  Li. 19; M. 1.
Pyggotte, Ch. 2.
Pygott, B. 4.
Pyke, K. 6; So. 15.
Pyle, So. 16.
Pym, So. 17.
Pymlotte, Ch. 2.
Pynchar, Le. 2.
Pynchbacke, No. 26.
Pynkar, So. 12.
Pyson, St. 5.
Pyper, De. 4.
Pyther, G. 50.
Pytmans, Do. 13.
Quarles, Sf. 20.
Quarrell, Wi. 2.
Quarry, Be. 3.
Quarton, Y. 11.
Quested, K. 19.

Quennell, Su. 2.
Quicke, De. 4.
Quynell, Su. 2.
Raban, W. 13.
Rabie, Y. 35.
Rabye, L. 7.
Radclif, La. 24.
Radclife, Y. 14.
Radcliff, La. 24; Y. 33.
Radcliffe, Y. 24.
Radley, L. 8, 24; S. 32.
Radman, W. 12.
Rafey, L. 8.
Raggamy, L. 7.
Raghet, Sf. 20.
Ragwell, Y. 31.
Raikstraw, Cu. 1.
Railton, Cu. 1, 2; M. 2.
Raincock, Cu. 1.
Rainecock, L. 1.
Rainfirth, Y. 31.
Rainforth, La. 3; Y. 31.
Rainoldson, Du. 2.
Raisebeck, Y. 30.
Rakstrea, La. 27.
Ralinson, Ch. 6.
Rallinson, La. 18.
Ramell, La. 11.
Ramm, N. 29.
Ramsdale, Nh. 3.
Ramsden, No. 48; Y. 14.
Ramsey, L. 1, 7.
Ramseye, L. 7.
Ramshaw, Du. 7.
Randal, Sf. 7.
Randale, Wi. 21.
Randall, La. 3.
Randawes, L. 8.
Rande, E. 5; K. 5.
Randoll, B. 16, 20; K. 13; L. 3.
Ranewe, Ca. 3.
Rangle, E. 9.
Rannisonn, Du. 3.
Rannsom, M. 1.
Ranworthe, Y. 44.
Rap, Cu. 1.
Raper, Y. 32.
Rapheson, La. 17.
Rapsin, So. 6.
Ratchedale, L. 19.
Ratcleiffe, La. 28.
Ratclife, Le. 8.
Ratcliffe, L. 7, 18; St. 7; Y. 36.
Ratclyf, La. 13.
Ratclyfe, La. 18.
Ratenberi, C. 20.
Ratheby, L. 7.
Rathmell, Y. 24, 36.
Ratle, Su. 4.
Rauel, L. 12.

Rauen, M. 2.
Raunsley, Y. 14.
Rauthmell, Y. 17.
Ravald, La. 24.
Raven, S. 27; Y. 19.
Ravenscraft, L. 8.
Ravenscrofte, M. 1.
Raveninge, B. 4.
Raw, C. 15, 20; Y. 18.
Rawden, M. 1; Y. 18.
Rawdenn, Y. 15.
Rawe, C. 3, 11, 21; Du. 3.
Rawlens, L. 7.
Rawles, Do. 5.
Rawlin, Du. 6; L. 5.
Rawlingson, La. 19, 23.
Rawlins, L. 19.
Rawlinson, La. 26; No. 12.
Rawly, Do. 10.
Rawlyn, Du. 7.
Rawson, Li. 18; Su. 7; Y. 12, 18, 19, 23, 45.
Rawsone, Y. 35.
Raye, L. 7; Sf. 20; Wi. 12.
Raylton, Cu. 2.
Rayment, L. 19.
Raymond, L. 8.
Raymonde, So. 13.
Raynald, Wi. 2.
Raynam, Sf. 10.
Raynold, So. 3.
Raynolde, Li. 1.
Razamore, Wi. 20.
Rea, M. 2.
Read, Du. 3; G. 11, 28; Li. 2;
  W. 10; Wi. 15; Y. 33.
Reade, Do. 11; L. 13; La. 2;
  M. 1; N. 4; No. 43; So. 28;
  St. 1; Su. 7; Y. 31.
Reader, K. 5.
Readhead, La. 26.
Reading, B. 20.
Reame, Y. 18.
Reast, Li. 1.
Record, L. 3.
Reddish, La. 24.
Reddishe, La. 24.
Redditch, La. 28.
Rederidg, B. 1
Redfearne, La. 25.
Redferne, No. 7; St. 11.
Redfferne, La. 25.
Redford, Ch. 3.
Redforthe, La. 1.
Redhead, Nh. 3.
Redhill, So. 18.
Rediche, Ch. 3.
Redman, L. 3.
Reed, La. 15; Nu. 1; So. 12; Su. 4.

INDEX OF SURNAMES

Reede, Be. 2 ; De. 4 ; Do. 4 ; No. 41 ; So. 27 ; Y. 11.
Reedinge, M. 2.
Reeks, L. 11.
Reepe, De. 4.
Reeve, L. 7 ; Wo. 7.
Reeves, So. 27.
Regius, L. 18.
Regnard, K. 4.
Regnart, K. 4.
Reijnier, L. 18.
Reiner, Y. 18.
Reinfrye, C. 37.
Reinold, Du. 6 ; No. 60.
Renakers, La. 28.
Renaldi, La. 26.
Renant, Su. 4.
Renauld, W. 10.
Rendall, De. 4.
Rendleshm, Sf. 4.
Renger, Sf. 11.
Renolde, La. 4.
Renolds, K. 13.
Renshall, La. 17.
Reskigion, C. 2.
Resone, C. 3.
Restrop, L. 7.
Retsford, Le. 1.
Reue, E. 7.
Reveley, Nu. 1.
Revell, Y. 44.
Rever, M. 2.
Rewme, Y. 5.
Reyleye, La. 11.
Reyner, L. 7 ; Y. 18.
Reynoldes, S. 34.
Reynolds, L. 19 ; N. 32.
Reynshall, La. 24.
Reyson, Cu. 2.
Rhodes, Ha. 26.
Ri, Ch. 3.
Rice, L. 7 ; St. 1.
Rich, K. 7 ; La. 9.
Richard, C, 15, 16, 20, 30, 43; S. 10.
Richardes, St. 27.
Richardeson, Y. 40.
Richards, B. 18; L. 7; S. 4; W. 10.
Richardson, Ch. 3; Cu. 1; Du. 6; K. 15; L. 7, 11; Li. 3, 5; M. 1, 2; Nh. 1; S. 33; St. 16; W. 17 ; Y. 1, 2, 3, 17, 18, 19, 41.
Richarson, No. 1.
Riche, C. 24 ; K. 7 ; L. 7 ; So. 22.
Richerdson, Y. 11.
Richerson, L. 5.
Richeson, Cu. 1.
Richman, K. 8.
Richmond, La. 8, 24 ; Y. 38.
Richmonde, La. 15.
Richordson, Y. 11.

Rickall, Y. 31.
Rickerby, Cu. 2.
Rickman, M. 2.
Rickford, L. 16.
Rickward, E. 12.
Ricson, Ch. 5.
Riddel, W. 14.
Riddings, St. 4.
Riddle, W. 14.
Rider, S. 21 ; W. 14 ; Y. 23.
Ridge, No. 26.
Ridgeley, L. 3.
Ridgewaye, Ch. 3.
Ridings, La. 24.
Ridleston, De. 3.
Ridley, Ha. 11 ; Y. 22.
Ridout, Do. 12.
Ridsdall, Y. 11.
Rigbie, La. 5, 8, 25, 28.
Rigg, La. 19, 21, 26.
Rigge, La. 26.
Rigole, N. 29.
Rigway, La. 24.
Rijckaert, L. 18.
Rikewood, L. 3.
Riles, Y 22.
Rimer, La. 10.
Rimmington, Li. 2.
Ringe, G. 54.
Ringer, Sf. 11.
Ringesteed, B. 18.
Ringrose, No. 48.
Ripkin, So. 15.
Ripley, L. 8 ; Y. 20.
Rippan, Y. 18.
Rippen, L. 10.
Rippingale, L. 7.
Rippon, Du. 6.
Risarde, L. 19.
Rise, C. 2.
Rishfurth, Y. 18.
Rishton, La. 13, 14.
Rishworth, Y. 47.
Ritchmond, La. 12.
Ritshman, G. 41.
Ritson, Cu. 1.
Roach, Be. 3.
Roades, He. 10 ; La. 25.
Robartes, L. 16.
Robarts, Do. 13 ; St. 7.
Robartsone, La. 17.
Robartsonn, La. 17.
Robbe, Wi. 12.
Robbins, L. 19.
Robenso, Y. 30.
Robensone, Y. 4.
Roberd, Y. 1.
Robersha, Y. 14.
Robert, He. 9 ; La. 6, 14; S. 10; Y. 18.

Roberte, La. 29 ; Y. 43.
Robertes, Le. 1.
Roberts, G. 14 ; Ha. 27 ; L. 19; No. 44; St. 11, 16 ; Y. 26, 42.
Robeson, Du. 7.
Robie, La. 3.
Rohines, L. 7.
Robins, C. 1 : De. 2 ; G. 55.
Robinson, Ca. 5 ; Ch. 3, 6 ; Cu. 1, 2; Du. 2 ; K. 5, 14, 16; L. 7, 19 ; La. 10, 14, 19, 20, 23, 24, 29 ; Li. 4, 18 ; M. 1, 2 ; N. 4, 29 ; No. 34, 46 ; St. 4 ; We. 2 ; Wo. 7 ; Y. 13, 18, 23, 31, 38, 40, 44, 47.
Robinsone, Y. 14.
Robinsonn, La. 13 ; Y. 15.
Robinsonne, Y. 18, 45.
Robinsonson, St. 1.
Robinsown, Y. 34.
Robiquet, K. 4.
Roblin, L. 12.
Robotham, No. 57.
Rob'rt, C. 3.
Robson, Du. 3 ; L. 7 ; Li. 18 ; Nu. 1 ; Sf. 10 ; Y. 41.
Robuck, Y. 26.
Robucke, Y. 1.
Robye, La. 16.
Robyns, C. 2.
Robynson, Ch. 4; K. 6; La. 15; No. 56.
Robynsons, Ch. 3.
Roch, C. 1 ; Y. 18.
Roche, C. 9 ; So. 24.
Rochester, So. 22.
Rochforde, M. 1.
Rocke, St. 16.
Rocksborrow, Wi. 7.
Rocrofte, L. 1.
Rodborne, Do. 14.
Roddei, So. 28.
Rodes, B. 13 ; K. 18 ; La. 25 ; W. 12; Y. 26, 44.
Rodforde, So. 6.
Rodger, C. 46.
Rodley, La. 24; Y. 18.
Rodmell, Y. 3.
Rodome, Du. 7.
Roe, De. 4; L. 13; S. 34.
Roebucke, Y. 13.
Roes, La. 13; Nu. 1.
Rofe, K. 7.
Roger, C. 1; K, 13; L. 12; Nh. 3.
Rogers, C. 2 ; Ch. 3 ; Do. 13 ; G. 34, 50; Li. 4; M. 2; N. 31; No. 35; Sf. 7; So. 22; Su. 4, 7; W. 10, 12; Wi. 12; Y. 11, 42.
Rogerson, We. 2; Y. 27, 35.

INDEX OF SURNAMES

Rogersonn, WE. 2.
Rogersons, DU. 7.
Roggerson, LA. 18.
Rogiers, G. 49.
Roh, DO. 5.
Roide, Y. 14.
Roides, Y. 1, 13, 18.
Roids, Y. 43.
Role, DE. 4.
Rolfe. E. 7; HE. 9; K. 19; L. 19.
Rolle, B. 18.
Rolston, D. 2.
Romayne, DO. 4.
Rombellowe, BE. 3.
Romney, LI. 4.
Romsbothome, LA. 1.
Romsden, LA. 24, 29.
Romsdeyn, LA. 24.
Romsker, Y. 44.
Rondell, Y. 44.
Ronksleye, Y. 42.
Rontre, Y. 30.
Roo, D. 3.
Roobocke, Y. 21.
Roobothome, CH. 2.
Roode, HA. 20; SO. 27; Y. 37.
Roodes, W. 17; Y. 37.
Roods, LA. 12, 18.
Rookes, L. 7.
Roothman, LA. 19.
Rosco, LA. 1.
Roscorla, C. 2.
Rose, D. 1; K. 13; L. 19; LA. 5; W. 17; Y. 18.
Rosecowe, LA. 17.
Roskell, LA. 11.
Roskigian, C. 2.
Rosmoran, C. 3.
Roson, CH. 3; LA. 28.
Ross, DE. 4; LA. 24.
Rossall, LA. 11, 22.
Rosse, DE. 4; LA. 10.
Rosseter, M. 1.
Rosthorne, LA. 1.
Rotherham, Y. 3.
Rothwell, LA. 1, 3, 29.
Roule, NU. 1.
Rouse, C. 18; WI. 1.
Rousel, L. 12.
Roussel, K. 4; L. 12.
Rowbert, B. 1.
Rowblen, L. 7.
Rowbotham, CH. 3.
Rowbothom, CH. 3.
Rowbury, M. 3.
Rowe, C. 13, 44; M. 1, 2.
Rowet, C. 32.
Rowffe, M. 2.
Rowland, BE. 2, 5; CU. 2; E. 6.
Rowlandson, L. 19.

Rowley, L. 3; Y. 1.
Rowlinsone, LA. 24.
Rowse, C. 1, 2; K. 5; Y. 13.
Rowstorne, N. 31.
Rowtter, DU. 7.
Roy, W. 13.
Roydes, Y. 12, 47.
Roydhouse, Y. 45.
Royden, B. 4.
Royds, Y. 15, 43.
Royle, ST. 2.
Rucke, K. 2.
Rud, DU. 6.
Rudd, DU. 6; HE. 7; LA. 25.
Rudderforde, E. 12.
Rudgway, C. 30.
Rudinges, LE. 1.
Rudkyn, R. 1.
Ruffe, LI. 10.
Rufford, B. 10.
Rugley, K. 14.
Ruitinck, L. 18.
Rumbles, Y. 47.
Rumlaie, CU. 1.
Rumney, CU. 1, 2.
Rundell, C. 25.
Runtton, NO. 5.
Rushbrooke, M. 2; SF. 11.
Rushon, ST. 1.
Ruslen, O. 1.
Russ, SO. 1.
Russe, SO. 1.
Russel, C. 4.
Russell, B. 8, 14; G. 24, 45; HA. 25; K. 18; LA. 11; M. 5; N. 12, 26; SF. 9.
Russen, BE. 3.
Ruste, N. 1.
Rutgers, L. 18.
Rutter, LA. 5, 10, 28; LI. 13.
Ruxton, LI. 12.
Ryall, NO. 1.
Rychard, C. 36; SF. 7.
Rychards, DE. 4.
Rychardson, B. 1; LA. 28.
Rychebell, SU. 1.
Rycherdson, LI. 18.
Rycroft, Y. 47.
Rycrofte, LA. 28.
Rydeing, LA. 7.
Rydeinges, LA. 17.
Rydding, LA. 6.
Ryddley, LA. 29.
Ryder, CH. 4; DE. 4; LA. 9; Y. 28.
Rydgewaye, CH. 2.
Ryding, Y. 47.
Rydinge, CH. 6; LA. 1, 4; Y. 14.
Rydings, CH. 3; LA. 24.
Rydley, DU. 7.

Rye, K. 13.
Rygbie, LA. 16.
Rylands, LA. 3, 28.
Ryle, CH. 3.
Ryley, L. 5; LA. 6,13,22,29; Y.14.
Rylie, ST. 11.
Rypley, Y. 6.
Rypper, C. 20.
Ryppons, Y. 28.
Ryse, ST. 1.
Rytherch, S. 10.
Ryton, Y. 42.
Rytson, WE. 1.
Ryves, DO. 6.
Sabine, W. 13.
Sabinge, W. 12.
Sackett, K. 10.
Saddingtone, L. 7.
Sadler, L. 2; NO. 43; W. 14, 16.
Saffery, K. 11.
Sagar, LA. 25.
Sager, LA. 13, 29.
Saie, W. 14.
Sale, LA. 28.
Sales, L. 1.
Salisburie, W. 12.
Salkeld, CU. 1.
Sallet, SU. 4.
Sallisbury, DE. 4.
Sallowbank, N. 29.
Salmon, K. 5; NO. 47.
Salsburie, M. 1.
Salsbury, LA. 12.
Salt, ST. 5, 13.
Salte, ST. 7.
Salter, K. 15; S. 22; SF. 10.
Salthouse, LA. 22.
Salthowse, LA. 11.
Saltm'sh, Y. 31.
Saltus, L. 17.
Salvine, DU. 7.
Sambrook, ST. 3.
Samijn, L. 18.
Sample, BE. 3.
Sampson, C. 4; Y. 44.
Samson, C. 15.
Samuell, L. 17.
Samwell, L. 1.
Sanckewe, L 19.
Sande, LA. 19.
Sandelles, W. 14.
Sanders, DU. 3; G. 30; HE. 10; SO. 1, 29; ST. 1.
Sanderson, CU. 2, 3; LA. 11, 15, 23, 28; Y. 44.
Sandes, LA. 27.
Sandford, WE. 1.
Sandlane, S. 33.
Sandle, WI. 22.
Sandom, LA. 11.

lviii

INDEX OF SURNAMES

Sandrye, C. 21.
Sands, LA. 23, 26.
Sandyforth, LA. 24.
Sandys, No. 8.
Sanford, WI. 12.
Sangwyne, BE. 3.
Sankey, LA. 10.
Sannderson, LA. 18.
Santley, CH. 3.
Sare, No. 5 ; SF. 8.
Sargent, C. 17, 38.
Sarginson, Y. 18.
Satchfeld, L. 3.
Saton, K. 5.
Satterforth, NU. 1.
Satterthet, NU. 1.
Satterthwait, LA. 26.
Satterthwt, LA. 26.
Saughill, Y. 18.
Sauile, Y. 14.
Sauill, L. 3.
Sauley, M. 3.
Saull, LI. 4.
Saulway, DO. 9.
Saunder, K. 12 ; No. 57 ; Y. 18.
Saunderland, Y. 18.
Saunders, B. 4, 5, 15 ; C. 38 ;
 K. 15; LA. 14 ; SU. 7 ; W. 12.
Saunderson, M. 1 ; Y. 45.
Saundrie, C. 36.
Saundrye, C. 20, 44.
Sauuage, K. 4.
Savadge, L. 19.
Savage, CH. 1 ; L. 1 ; LA. 24 ;
 WI. 21.
Savaige, WI. 21.
Savige, LA. 10.
Savile, Y. 40, 43.
Savill, Y. 21.
Savin, K. 19.
Savory, CH. 2.
Sawbridge, W. 11.
Sawer, DU. 5 ; Y. 30, 45.
Sawle, LA. 23.
Sawley, LA. 14.
Sawnders, ST. 1 ; W. 18.
Sawrey, LA. 26.
Sawrsbye, Y. 42.
Sawyer, BE. 5.
Saydone, LA. 17.
Saye, G. 34 ; K. 19.
Sayer, L. 3.
Sayvell, Y. 12.
Sayvile, Y. 40.
Saywell, No. 48.
Saxon, LA. 25.
Saxton, Y. 18, 37.
Saxtonn, Y. 26.
Scaddon, So. 18.
Scale, LA. 26.

Scales, Y 25.
Scammell, WI. 21.
Scarbarow, K. 19.
Scasbrec, LA. 10.
Scasbrick, CH. 6.
Scatcherd, Y. 15.
Scawne, C. 34.
Scelton, ST. 1.
Scharpe, Y. 18.
Schijnkel, L. 18.
Schoemakers, L. 18.
Schoenmaker, L. 18.
Scholefielde, Y. 47.
Scholes, LA. 1, 9.
Scholfeeld, LA. 9.
Scholier, L. 18.
Sc'ivener, L. 19.
Scillit, SF. 11.
Sclacke, No. 43.
Sclater, LA. 2 ; ST. 7.
Sclature, W. 12.
Scoddam, DE. 4.
Scolefeilde, Y. 14.
Scoles, LA. 17 ; 24.
Scolfelde, LA. 25.
Scolffelde, Y. 13.
Scolye, CH. 2.
Scorer, Y. 26.
Scot, DE. 2 ; L. 2 ; So. 27 ; Y. 20.
Scott, CU. 1 ; K. 19 ; L. 19 ;
 LA. 3, 24 ; Y. 23, 34.
Scottan, ST. 1.
Scotte, LA. 3
Scragge, ST. 4.
Screeven, S. 14.
Scriven, S. 21 ; WO. 5.
Scriver, K. 5.
Scruton, Y. 38.
Scurcote, LA. 24.
Seabricke, G. 45.
Seagar, So. 18.
Seale, B. 10 ; K. 12.
Seamer, L. 7.
Seamor, WI. 12.
Seamore, L. 7.
Sear, B. 12.
Searle, HA. 16 ; HE. 9, 10.
Seathe, K. 23.
Seawell, N. 29.
Sebell, WE. 2.
Sebrooke, HE. 1.
Secker, Y. 11, 35.
Seckford, M. 1.
Seddon, CH. 3 ; LA. 17, 25 ;
 No. 47.
Sedgweeke, LA. 16.
Sedgewicke, E. 8.
Sedgwicke, L. 1, 6.
Sedman, Y. 29.
Sedworth, Y. 18.

See, LI. 18.
Seed, LA. 12.
Seede, Y. 18.
Seele, LA. 27.
Sefton, LA. 10.
Seibroke, B. 8.
Seijsens, L. 18.
Selbee, S. 33.
Selbeie, K. 16.
Selbey, NU. 1.
Selbye, B. 4.
Selegan, C. 1.
Selfe, N. 16.
Sellacke, C. 33.
Seller, LA. 6.
Sellers, ST. 11.
Sellwine, G. 26.
Seman, So. 20.
Semayn, L. 4.
Semell, ST. 7.
Semer, H. 1.
Semor, HE. 5.
Senecalle, L. 12.
Senelart, K. 4.
Senier, Y. 42.
Senior, Y. 44.
Sentlowe, WI. 21.
Sephton, CH. 6.
Seppens, SF. 15.
Seps, L. 18.
Sergean, L. 12 ; Y. 27.
Sergiant, W. 10.
Sermon, G. 19.
Serna, C. 32.
Seroen, L. 18.
Serten, M. 5.
Sertenfilde, DO. 13.
Serurier, L. 12.
Servis, DE. 4.
Sethe, K. 19.
Sets, K. 4.
Settle, LA. 19.
Seullein, L. 12.
Sewell, N. 29 ; SU. 4.
Sexton, C. 2.
Shackle, N. 29.
Shackleden, LA. 14.
Shacleton, W. 13.
Shacklock, LA. 24.
Shaclocke, LA. 24.
Shae, No. 44.
Shafton, Y. 9, 18.
Shaie, LA. 8.
Shaklocke, LA. 24.
Shakspeare, W. 12.
Shalcrosse, LA. 24.
Shambrocke, L. 16.
Shan, Y. 2.
Shann, Y. 43.
Shapland, DE. 4.

lix

INDEX OF SURNAMES

Shaplande, DE. 4.
Shapligh, DE. 4.
Share, CU. 3.
Shareman, G. 24.
Shares, CU. 2.
Sharewood, No. 27.
Sharland, So. 24.
Sharlie, L. 2.
Sharlock, WI. 12.
Sharp, Y. 18.
Sharpe, BE. 3 ; C. 30 ; HE. 8 ;
 K. 6, 15, 19 ; L. 7, 19 ; LA. 1,
 9 ; LI. 10 ; M. 1, 5 ; NH. 3 ;
 WI. 10 ; Y. 14, 26, 41, 43.
Sharpp, LA. 14.
Sharppe, LI. 16.
Sharpples, LA. 17.
Sharpwlls, LA. 8.
Shaw, CH. 3 ; DU. 6 ; LA. 3 ;
 No. 36, 48 ; ST. 1 ; Y. 18.
Shawcrosse, LA. 7.
Shawe, B. 20 ; BE. 3 ; CH. 2, 6;
 CU. 1; D. 1; DU. 2, 6; LA. 10,
 14, 23, 24, 25; LI. 10; No. 2;
 SF. 14 ; ST. 7, 11 ; WE. 2 ;
 Y. 1, 12, 26.
Shaye, LA. 8.
Sheaperd, LA. 14.
Sheapde, LA. 25.
Sheare, C. 34.
Sheemelde, Y. 42.
Sheepehearde, LA. 3
Sheer, SU. 4.
Sheffeild, L. 16.
Sheffeld, CA. 11; DU. 7; LA. 13.
Sheffelde, Y. 42.
Sheffild, W. 12.
Sheffill, W. 12.
Sheffille, W. 11.
Sheildes, Y. 23.
Sheilds, C. 6.
Sheile, WI. 2.
Sheircliffe, Y. 42.
Sheirman, NU. 1.
Sheirs, LA. 15.
Shelbury, L. 19.
Sheldon, ST. 11 ; WO. 7.
Shell, NU. 1.
Shelley, M. 4.
Shellforde, No. 5.
Shelly, CA. 3.
Shelmerdyne, LA. 24.
Shelton, L. 4.
Shemine, HE. 10.
Shenton, ST. 16.
Shepard, G. 49 ; L. 2.
Sheperde, Y. 23.
Shephard, B. 20.
Shepharde, Y. 18.
Shepheard, So. 5.

Shephearde, L. 7.
Shepherde, DE. 4.
Shepie, L. 3.
Shepley, CH. 3 ; Y. 40.
Sheppard, M. 1; So. 28 ; G. 49.
Shepparde, L. 19.
Shepperd, ST. 1 ; Y. 41.
Shepphard, Y. 18.
Sherborne, LA. 18.
Sheratt, St. 8.
Shereburne, LA. 12.
Sherer, L. 7.
Sherie, S. 25.
Sherifry, L. 1.
Sherlande, DE. 4.
Sherrott, LA. 24.
Shertes, M. 1.
Sherwin, No. 38 ; SF. 14.
Sherwood, L. 7; M. 1; ST. 10.
Sheryne, Do. 4.
Shetwall, CH. 2.
Sheyne, K. 10.
Shibdan, LA. 13.
Shiers, Y. 9.
Shingle, L. 7.
Shinttone, S. 29.
Shipman, No. 48.
Shippey, G. 35.
Shipton, L. 17.
Shirack, Y. 47.
Shirley, L. 16.
Shirrett, S. 33.
Shirsone, LA. 23.
Shoard, HE. 9.
Shooter, Y. 42.
Shore, LA. 25.
Shores, No. 26.
Shorly, WI. 25.
Shorre, M. 1.
Short, L. 17 ; ST. 3.
Shorte, C. 6 ; L. 8 ; M. 1.
Shortgrove, WO. 5.
Shory, SU. 3.
Shotten, LI. 4.
Shotter, SU. 2.
Showell, O. 2.
Showler, B. 7.
Shreue, E. 1.
Shriglye, CH. 2.
Shrimpton, B. 4.
Shroubsoll, K. 2.
Shrubsole, K. 18.
Shugsmyth, LA. 28.
Shulker, S. 21.
Shurmer, WI. 20.
Shurte, DE. 4.
Shusmith, WO. 7.
Shut, DE. 2 ; DU. 6 ; S. 29.
Shutlesworth, Y. 18.
Shutlewoorth, LA. 6.

Shutt, DU. 6.
Shuttersbruck, LA. 24.
Shuttleworth, CH. 3 ; L. 13 ;
 LA. 28.
Shyelock, N. 30.
Sibson, LA. 27.
Sicelye, S. 12.
Sickes, Y. 21.
Sidall, LA. 1.
Siddall, Y. 18.
Sigswicke, LA. 2.
Sikes, LA. 15 ; Y. 14.
Silcocke, LA. 11.
Sill, LA. 15.
Silles, B. 1.
Sillibourne, K. 18.
Sillvester, So. 8.
Silver, HA. 14.
Sim'es, K. 15.
Simes, WI. 21.
Simmons, HA. 11.
Simon, C. 32.
Simons, C. 2 ; L. 17 ; N. 16.
Simont, HE. 7.
Simpson, DU. 6 ; LA. 12, 19, 22,
 27 ; No. 39 ; Y. 18.
Simson, LA. 19, 20, 23 ; W. 12 ;
 Y. 4.
Simsone, No, 48.
Sinax, So. 28.
Singleton, DU. 6 ; L. 13; LA. 11,
 20, 22, 23, 27.
Sisson, DU. 6 ; Y. 3, 31.
Six, K. 4.
Skarlet, HE. 10.
Skarp, SF. 13.
Skelte, L. 7.
Skelton, M. 5 ; Y. 5, 18.
Skeper, N. 27.
Skering, ST. 1.
Skete, E. 12.
Skilbeck, CU. 1.
Skillicorne, LA. 3.
Skillycorne, LA. 28.
Skiner, No. 46.
Skinginge, L. 19.
Skinner, E. 12; G. 29; M. 1; No. 15.
Skinners, LA. 10.
Skoote, Y. 40.
Skorer, Y. 1.
Skote, K. 12.
Skott, N. 26, 29.
Skotte, N. 31 ; SF. 16.
Skottley, E. 1.
Skreene, G. 56.
Skurfeld, DU. 7.
Skynner, M. 5.
Slacke, ST. 11 ; Y. 13.
Slade, Do. 8, 14 ; LA. 17 ; M. 3 ;
 So. 27, 28.

lx

INDEX OF SURNAMES

Sladenn, Y. 13.
Slader, L. 11.
Slark, BE. 3.
Slater, LA. 24; Y. 12, 30.
Slatter, N. 29; Wo. 5; Y. 44.
Slaughter, L. 8.
Slawson, NH. 3.
Slayter, Y. 21, 41.
Sleamaker, O. 2.
Slee, Cu. 1, 2.
Sleighton, Y, 11.
Sleventon, L. 2.
Sleyden, Y. 28.
Slie, So. 2.
Sliforth, No. 2.
Sligh, ST. 1.
Slin, L. 19.
Slingsbee, Y. 18.
Slixon, SF. 13.
Slocombe, DE. 4.
Sloe, Do. 6.
Slogett, C. 37.
Sloggatt, C. 2.
Slolye, DE. 4.
Sloswick, Y. 26.
Slysser, G. 47.
Smale, CA. 1; DE. 4; Do. 13; WI. 21.
Smalebent, Y. 42.
Smalfeld, Y. 44.
Smalley, D. 3.
Smallshaw, LA. 10.
Smalpaidge, LA. 23.
Smalwoode, CH. 2.
Smarley, LA. 4.
Smart, L. 4; W. 11, 12; WI. 9.
Smeathurst, CH. 3.
Smertherste, LA. 1.
Smethurst, LA. 24.
Smite, LA. 17.
Smith, DE. 4; Du. 5, 6; G. 2, 46, 50, 52, 55; HA. 26; HE. 9; K. 2, 18; L. 4, 7, 16, 17, 19; LA. 4, 11, 17, 29; LI. 1. 4. 15; M. 5; N. 4, 29; NH. 3; No. 28, 53; NU. 1; O. 1, 4; S. 1, 24; SF. 19; So. 13, 29; ST. 8, 13, 16; W. 10, 11; WI. 20; Wo. 5, 6; Y. 8, 9, 14, 15, 19, 31.
Smithe, B. 5, 15; CH. 3; E. 17; G. 53; HA. 10; L. 7, 10, 17; LA. 9, 11, 29; LE. 8; S. 22, 33; SF. 13; ST. 16; W. 11, 12; Y. 8, 13, 14.
Smithson, Y. 13.
Smocke, So. 19.
Smyth, B. 1, 4, 7; BE. 2; CA. 5; CH. 3, 6; E. 1; HA. 2, 16; HE. 10; K. 6; L. 5; LA. 7, 10, 17, 28; LE. 2; M. 1, 2; N. 29, 31; No. 48, 57; S. 29. 30; SF. 10; ST. 11; SU. 4; WE, 1; Y, 18, 23, 41.
Smythe, B. 4; C. 34; CH. 2; LA. 1, 5, 14, 15, 23, 24, 25, 28; No. 26; SF. 4; So. 7; ST. 1, 7, 11; WI. 10; Y. 1, 33, 36, 37, 42, 44.
Smythson, Y. 36.
Smythies, Y. 47.
Snaithe, Du. 7.
Snapes, B. 5.
Snappes, B. 5.
Snawden, Y. 18.
Snawdo, Y. 30.
Snawe, Y. 28.
Snaycoll, L. 7.
Sneathe, No. 43.
Snellinge, B. 4; M. 2.
Snesmyth, M. 1.
Snijders, L. 18.
Snode, K. 18; L. 11.
Snooke, Do. 4; So. 1.
Snoth, K. 2.
Snotter, G. 53.
Snow, E. 5.
Snowe, DE. 4; So. 16.
Snype, Y. 18.
Soames, E. 5.
Sockerman, M. 1.
Sockett, S. 33.
Soden, M. 1.
Softley, Du. 7.
Soitell, Y. 14.
Som'ers, K. 13.
Somers, G. 28.
Somerscall, Y. 20.
Somerscar, Y. 41.
Somerlande, W. 10.
Sommer, No. 26.
Sommerhill, G. 55.
Sommers, So. 6.
Sommester, LA. 24.
Somor, DE. 4.
Sompner, LA. 5.
Sonday, Do. 13.
Sondyforthe, LA. 24.
Sonkie, LA. 13.
Sonnett, L. 19.
Sonyer, Y. 1.
Soper, HA. 4; So. 22.
Sorocowlde, LA. 24.
Sorrocold, LA. 24.
Sotheren, LA. 28.
Sotherne, HE. 9.
Sotheron, CH. 6.
Sotherton, M. 1.
Sothwarke, M. 1.
Sothworth, LA. 28.
Souch, G. 52.
Sound, L. 4.
Soute, NU. 1.
South, HA. 16.
Southacke, L. 19.
Southall, S. 29, 33.
Southwall, ST. 16.
Southwick, Y. 19.
Southworth, No. 1.
Southworthe, No. 1.
Sowden, Y. 12, 18.
Sowgate, SF. 10.
Sowrey, LA. 19.
Sowter, No. 44.
Sowthe, BE. 2.
Sowthwork, LA. 10.
Sowthworth, LA. 8.
Spackman, E. 9.
Spakeman, LA. 3, 28.
Sparham, SF. 3.
Sparke, N. 29.
Sparling, Y. 41.
Sparrowe, G. 34; L. 19; LI. 9.
Sparvie, N. 32.
Spaydman, LA. 23.
Speakeman, LA. 10.
Speed, No. 7.
Speight, Y. 13.
Speighte, Y. 1.
Speijts, L. 18.
Spenc, Y. 16.
Spence, Du. 2; Y. 43.
Spencer, BE. 3; CH. 6; HE. 9; K. 2; LA. 24; No. 40; NU. 1; Y. 3, 14, 34.
Spenser, HA. 5; K. 5; LA 29. LE. 8; No. 28, 46; Y. 34.
Spernan, C. 43.
Sperwigg, M. 3.
Spicer, E. 9; K. 15; W. 17; Y. 3.
Spight, NU. 1.
Spinck, Y. 2.
Spinke, SF. 12.
Spire, BR. 3.
Spiser, K. 15.
Spofford, Y. 3.
Sponer, LA. 24; WE. 2.
Sponner, ST. 6.
Spoore, NU. 1.
Spormaeker, L. 18.
Sprat, G. 30.
Spratt, N. 29.
Spredborowe, WI. 4.
Spridell, C. 20.
Sprigge, No. 17.
Springe, SF. 7.
Sprotlinge, M. 1.
Sprott, HA. 20; L. 5.
Spurier, K. 9.
Spurnell, Y. 27.

INDEX OF SURNAMES

Spurre, M. 5.
Spyser, Do. 13.
Squibbe, Do. 13; Wi. 12.
Squier, De. 4.
Squire, L. 2.
Squyer, L. 10.
Srgyer, L. 17.
Stable, Y. 26.
Stables, L. 3.
Stacie, L. 7.
Stafford, St. 5.
Stafforthe, Y. 42.
Stagge, Y. 18.
Staggel, Sf. 7.
Stainerj, L. 18.
Staines, La. 19.
Stainhouse, Y. 27.
Stakes, St. 2.
Stamford, No. 35; Sf. 9
Stamp, Y. 31.
Stanbridg, He. 9.
Stanbridge, M. 2.
Stanborowe, He. 9.
Stancklife, Y. 12.
Standeth, Li. 11.
Standeven, Y. 11.
Standfast, So. 21.
Standige, Le. 6.
Standisshe, La. 4.
Standley, La. 4.
Standon, Su. 7.
Stanedge, No. 3.
Stanenaught, La. 28.
Staneringe, La. 25.
Stanes, He. 10.
Stanfeild, Y. 41.
Stanfeilde, St. 11.
Stanfelde, La. 25.
Stanffielde, La. 25.
Stanfield, Y. 41.
Stanford, L. 16; Le. 8.
Stanforde, L. 16.
Staniforth, La. 3.
Staniland, Y. 26.
Staningford, He. 9.
Stanley, Be. 3; Ch. 3, 6; L. 7; La. 10, 24, 28; No. 48; S. 23.
Stanlye, St. 16.
Stanneringe, La. 25.
Stanniland, No. 48.
Stannton, Be. 3.
Stanope, L. 11.
Stansfeild, Y. 37.
Stansfeilde, Y. 14.
Stansoppe, St. 11.
Stanton, S. 21.
Stanworth, La. 14.
Stanyforthe, Y. 42.
Staple, Wo. 7.
Staples, L. 16.

Stapleton, Y. 31.
Stappes, He. 9.
Starbucke, No. 38.
Starkey, La. 6; R. 1.
Starkie, La. 13, 28.
Staver, Ca. 6.
Stavers, L. 8.
Staynes, La. 19.
Staynsfeild, Y. 2.
Stayntonn, Y. 15.
Stead, M. 1; Y. 18, 37, 44.
Steane, L. 7.
Stebens, B. 5.
Steel, Sf. 17, 22.
Steele, La. 9, 24; No. 36.
Steelinge, K. 5.
Steere, De. 4.
Steevens, G. 12; L. 7, 19.
Steevin, De. 4.
Steil, Cu. 1.
Steile, Nu. 1.
Steinson, Cu. 1.
Stephen, C. 34, 36, 39, 43, 45, 46.
Stephens, K. 13; M. 2.
Stephenson, Cu. 1; Du. 2; L. 16.
Stephin, C. 20.
Sterne, Sf. 16.
Sterrey, L. 8.
Sterssikere, La. 18.
Sterzeker, La. 15.
Steuens, L. 3.
Stevanus, L. 19.
Steven, C. 1; Y. 3.
Stevens, B. 13; Be. 2; C. 2; De. 2; M. 1; No. 28.
Stevenson, Cu. 1, 2; Du. 7; L. 19; La. 5; Sf. 2; Y. 3, 7, 23, 31.
Stevensonne, Y. 9.
Steward, M. 1; Y. 18.
Steyd, Y. 41.
Steynrod, L. 13.
Steyvons, L. 7.
Stiance, Y. 33.
Stibben, Y. 27.
Stibbes, So. 22.
Stiche, M. 1.
Stickland, Y. 18.
Stile, Be. 3.
Stilman, K. 12.
Still, Y. 4.
Stillinge, La. 27.
Stirzaker, La. 23.
Stoate, De. 4.
Stobert, Du. 5.
Stockall, S. 33.
Stockdaile, Y. 18.
Stockdale, L. 19; Y. 47.
Stockden, Y. 18.
Stocke, E. 10; K. 12; L. 10; La. 9, 25; So. 28; Y. 18.

Stockelie, L. 2.
Stocken, Ch. 1.
Stockes, M. 2; No. 48.
Stockings, Bd. 1.
Stockport, Ch. 3.
Stockporte, Ch. 3.
Stockwell, Be. 3.
Stocton, L. 13, 14.
Stoddard, E. 9.
Stodert, Du. 7.
Stoeton, L. 16.
Stoffs, L. 18.
Stoke, St. 1.
Stokes, So. 16; St. 1.
Stone, B. 4; Do. 13; L. 7, 19; O. 1; St. 1; Y. 1.
Stonebanke, La. 26.
Stoner, Su. 4.
Stones, La. 19.
Stonnarde, L. 7.
Stopp, La. 13.
Stor, Y. 41.
Storie, No. 6.
Storke, Do. 8.
Storme, Y. 31.
Storr, So. 28.
Storrie, Y. 31.
Story, Y. 29.
Stote, De. 4.
Stott, Du. 4; La. 25; Y. 14.
Stotte, La. 25.
Stoughton, So. 28.
Stow, Y. 31.
Stowdley, Do. 11.
Stowe, No. 47.
Stowell, C. 3.
Strange, L. 7.
Strangwesh, Y. 4.
Stransom, K. 15.
Stratberell, La. 8.
Stratche, K. 18.
Strawhen, Du. 5.
Streat, E. 10.
Street, La. 24.
Streete, He. 10; La. 24; Wi. 21.
Streetle, S. 12.
Strenghfellowe, La. 24.
Stretton, B. 6.
Strey, No. 45.
Striblin, De. 4.
Strickland, La. 19, 26; Y. 18.
Striddick, K. 15.
Strijde, L. 18.
Stringer, Ch. 5; He. 9; K. 13; L. 7; La. 24; S. 11; Y. 33, 40.
Strite, La. 23.
Strong, So. 16.
Stronge, C. 30.
Strongman, C. 2; Do. 13.
Stroud, W. 3.

INDEX OF SURNAMES

Stroute, C. 23.
Strut, SF. 13.
Strutt, No. 58.
Strynger, CH. 1.
Stuard, Y. 4.
Stub, CU. 2.
Stubbard, Y. 4.
Stubbes, C. 2; G. 29; Y. 18.
Stubbs, CH. 2; L. 14.
Stubley, No. 1.
Stucchie, So. 11.
Stuckey, So. 14.
Studley, SU. 2.
Studdert, LA. 26.
Stukley, So. 22.
Stuppill, K. 10.
Sturchley, S. 21, 23.
Sturdey, L. 7.
Sturdivant, LI. 4.
Sturges, LE. 1.
Sturgine, C. 37.
Sturmie, G. 26.
Sturt, B. 5.
Sturte, HA. 16.
Stutfeild, E. 2.
Styffe, G. 35.
Styles, BE. 5; M. 2.
Styringe, LA. 14.
Styroppe, LA, 28.
Styrrope, LA. 28.
Stythe, LA. 23.
Stythes, LA. 23.
Such, L. 10.
Suckispiche, DE. 1.
Sudell, LA. 6.
Sudyll, LA. 6.
Suett, LA. 19.
Suffyld, N. 30.
Suill, G. 48.
Suisse, L. 12.
Sumer, Y. 18.
Sum'ers, WO. 7.
Summers, K. 5.
Sumner, CH. 1; LA. 10.
Sunderland, LA. 14; Y. 14, 18, 21.
Sunyer, Y. 40.
Surfielde, DE. 4.
Surtees, DU. 3.
Sussex, L. 7.
Sutch, LA. 10.
Sutcliff, Y. 18.
Sutcliffe, LA. 25; Y. 14.
Sutclyf, LA. 13.
Sute, CH. 3.
Sutthaby, LI. 4.
Sutton, B. 4, 13; CH. 1; DU. 6; L. 19; LE. 2; LI. 18; No. 22; ST. 5, 6, 10, 13; W. 14; WI, 24; Y. 31.
Swaffell, Do. 10.

Swaffer, M. 2.
Swaine, Y. 34, 47.
Swainson, LA. 27.
Swale, No. 26.
Swallowe, LA. 25; Y. 41.
Swan, LE. 1.
Swane, M. 1.
Swanley, M. 2.
Swanne, K. 23; L. 16; R. 1.
Swans, Y. 11.
Swayne, Y. 18.
Swaynson, LA. 19; Y. 12.
Sweate, WI. 4.
Sweet, M. 2.
Sweete, DE. 4.; So. 5.
Sweetfirr, L. 19.
Sweetlove, LA. 17.
Swet, WI. 4.
Swetinge, LA. 15.
Swetman, L. 19; ST. 1.
Swetnam, WI, 13.
Swifte, L. 3; LA. 10.
Swinbanck, Y. 11.
Swindells, CH. 2.
Swinden, Y. 44.
Swinger, So. 1.
Swinglerst, LA. 12.
Swister, HE. 10.
Switsers, L. 18.
Swyft, Y. 41.
Swyffte, CH. 4.
Swynsed, L. 7.
Swyre, Y. 28.
Sybbers, E. 1.
Sybley, E. 14.
Sybsone, K. 23.
Sych, W. 11, 12.
Sycke, Y. 40.
Syddal, LA. 24; Y. 18.
Sydebotham, CH. 3.
Syence, DE. 4.
Sykes, Y. 1, 18.
Sylbie, HE. 9.
Sylles, B. 1.
Sylverside, HE. 9.
Sylvister, WI. 15.
Sym, DU. 7.
Symcocke, S. 21.
Syme, DU. 7.
Symes, B. 1; DE. 1.
Sym'es, Y. 15; M. 1.
Symme, Y. 20.
Symmes, B. 1; L. 7; M. 5.
Symmonds, WO. 4.
Symon, C. 11; LA. 24.
Symonde, LA. 1.
Symonds, SU. 4.
Symonndstone, LA. 13.
Symons, DE. 4; G. 20; M. 1, 2; NH. 2; No. 26; S. 16; So. 6.

Sympson, CU. 3; DU. 6; LI. 1; Y. 18.
Symson, CU. 1; LA. 14; Y. 19, 44.
Synderells, LA. 24.
Synes, DE. 4.
Synkoe, C. 4.
Synkox, ST. 1.
Synnocke, L. 16.
Synoke, So. 2.
Syre, B. 10.
Tabberer, W. 10.
Taborer, L. 7.
Tailer, B. 2; G. 16; L. 3; LA. 1; So. 28; W. 10; Y. 23.
Taillerson, Y. 27.
Tailor, LA. 26; LI. 4; N. 32; S. 21.
Tailors, L. 2.
Tailour, Y. 14.
Talbot, No. 14; ST. 16.
Talbote, LA. 18.
Talbott, S. 27.
Taler, LI. 18.
Talior, LA. 11.
Talle, K. 4.
Taller, Y. 25.
Tamathow, C. 36.
Tampson, C. 37.
Tanckynge, So. 6.
Tandie, W. 13.
Tandrie, W. 14.
Tannar, G. 34.
Tanner, NU. 1.
Tannett, L. 19.
Tapley, CH. 1.
Taprell, C. 2.
Tarbucke, L. 19.
Targett, So. 2.
Tarior, LA. 10.
Tarleton, LA. 4.
Tarne, CU. 1.
Tarnley, ST. 1.
Tarrington, M. 2.
Tarrye, HA. 27.
Tasker, LA. 24; Y. 15.
Tatam, M. 1.
Tate, Y. 18.
Tathewell, Y. 8.
Tattersall, LA. 13, 25, 29; Y. 12.
Taun, N. 29.
Taunton, K. 15.
Taverner, N. 29.
Taylar, L. 7.
Tayler, B. 4; CU. 1; DU. 6; G. 11, 52; HA. 27; K. 2, 5; LA. 2, 25; M. 1; NU. 1; S. 27, 33; SF. 13; ST. 1; W. 2, 12; WE. 2; Y. 18, 20, 23, 29, 31, 33, 47.

lxiii

INDEX OF SURNAMES

Taylerson, Y. 6.
Tayliar, N. 23.
Taylier, La. 24, 29.
Taylio. La. 3.
Taylior, La. 9 ; Y. 44, 45.
Taylliare, La. 17.
Taylor, B. 13 ; C. 44 ; Ch. 3 ;
 D. 5 ; Du. 6 ; E. 1 ; G. 28,
 49; L. 7, 8, 16, 19 ; La. 9, 19;
 Le. 1 ; No. 59 ; S. 29 ; St. 2,
 16 ; Wo. 6 ; Y. 18, 29, 41, 44.
Taylour, La. 8.
Tayloure, L. 7.
Taylyer, Y. 42.
Tayte, Y. 45.
Teague, C. 2.
Tealier, La. 24.
Tearer, M. 1.
Tebbe, Y. 13.
Tebbet, Nh. 2.
Ted, W. 16.
Tedcastle, M. 1.
Tedder, L. 11.
Tedstell, S. 34.
Teeke, So. 28.
Teese, S. 17.
Teft, S. 29.
Tege, C. 9.
Teilby, Li. 4.
Teke, K. 18.
Teliar, La. 9.
Tempest, Y. 11.
Temple, Nu. 1 ; St. 2.
Templer, L. 7.
Tems, Ha. 5.
Tenant, Wo. 5.
Tenante, Wo. 5.
Tengate, Cu. 2.
Tenman, No. 9.
Tennand, Y. 18, 43.
Tennant, Y. 18.
Tennante, Y. 15.
Tennie, Y. 19.
Terouanne, L. 12.
Terret, G. 25.
Terrie, Ha. 2 ; K. 18.
Terrien, L. 12.
Terrington, Y. 45.
Terry, B. 1 ; L. 19.
Tetlowe, La. 24, 25.
Tewnie, Y. 23.
Tewny, Y. 23.
Teyler, La. 23.
Teylior, La. 15.
Thakarowe, Y. 12.
Thayer, E. 12.
Thecar, No. 1.
Theeuws, L. 18.
Theloall, L. 13.
Theodorick, L. 7.

Theuelin, L. 12.
Thinge, C. 25.
Thirhill, Ha. 21.
Thode, E. 10.
Thomas, B. 8 ; C. 14, 24, 36 ;
 K. 2, 12; La. 14; O. 4 ; S. 10;
 Y. 14.
Thomasman, No. 10.
Thomason, La. 3.
Thomes, M. 1.
Thomlynson, Ch. 3.
Thompson, Du. 6 ; L. 7, 19 ;
 La. 23 ; Li. 4 ; M. 5 ; N. 29 ;
 No. 28 ; Y. 4, 11, 18, 27, 33,
 36.
Thompsone, Y. 34.
Thomso, Y. 30.
Thomson, Ch. 3 ; Cu. 1 ; L. 3 ;
 Sf. 10 ; Y. 4, 30, 40.
Thoris, L. 12.
Thorllwynde, La. 17.
Thornbarowe, La. 8.
Thorndell, G. 29.
Thorne, De. 4 ; M. 1, 2 ; So. 17 ;
 W. 14 ; Wi. 21.
Thorneburgh, La. 19.
Thornell, Wi. 19.
Thornelye, Ch. 2.
Thornes, La. 19 ; Y. 13, 21.
Thornet, L. 8.
Thorneton, La. 15, 22 ; Y. 15,
 47.
Thorniley, Ch. 3.
Thornow, La. 10.
Thornton, La. 11, 23 ; Li. 1 ;
 No. 56 ; Y. 18, 31, 33.
Thorntone, Y. 15.
Thornycrofte, Ch. 2.
Thorowgood, E. 7.
Thorpe, Ha. 26; L. 19; La. 24;
 No. 39 ; Y. 3, 4, 14, 31, 42.
Thrampton, No. 11.
Threapland, Y. 12.
Threlfoe, La. 15.
Threllfall, La. 12.
Thresher, Wi. 17.
Throppe, La. 28 ; Y. 42.
Throwley, K. 6.
Thruxton, L. 10.
Thurlstone, Y. 18.
Thurlyn, S. 15.
Thurston, G. 52.
Tichborne, M. 2.
Tideswell, Y. 37.
Tildesley, La. 28.
Tiler, Sf. 7.
Tillden, K. 3.
Tillet, Sf. 7.
Tillett, Sf. 16.
Tilliwestle, R. 1.

Tillye, Do. 13.
Tilston, S. 4.
Tilye, G. 55.
Timbrell, G. 19.
Tincke, N. 24.
Tinckler, La. 11.
Tincknell, So. 28.
Tindley, Y. 26.
Tinker, No. 1.
Tippett, C. 2.
Tipping, La. 7.
Tirrey, L. 1.
Tisdell, L. 1.
Tisinge, La. 3.
Tisser, Do. 5.
Titrell, E. 14.
Tobie, La. 10.
Toboy, Wi. 22.
Tod, Du. 6.
Todd, Du. 6 ; La. 5 ; Li. 5 ; Y. 16.
Todde, Du. 6.
Tode, We. 2.
Toebast, L. 18.
Togghill, G. 34.
Tolesonne, Y. 14.
Tolton, M. 2.
Tolvery, Ha. 14.
Tom, C, 12.
Tomalin, Wi. 20.
Tomas, C. 32.
Tomasone, S. 29.
Tombes, W. 11.
Tomes, B. 8.
Tomkines, Be. 3.
Tomkinson, Du. 1.
Tomlenson, La. 18.
Tomlin, Y. 31.
Tomlingson, W. 14.
Tomlinson, Ch. 3 ; Cu. 2 ; L. 7;
 La. 26 ; St. 1, 16 ; Y. 31.
Tomlison, Y. 19.
Tomlynes, W. 12.
Tomlyns, S. 31.
Tomlynson, La. 15.
Tomlynsone, W. 10.
Tompson, Cu. 2 ; Du. 7 ; E. 13 ;
 G. 7 ; K. 2 ; La. 15, 24, 26, 27 ;
 N. 29 ; Y. 18, 26, 45.
Tomseye, So. 6.
Tomson, Du. 6 ; E. 6 ; G. 11 ;
 Ha. 14 ; La. 10 ; M. 1, 2 ;
 N. 1 ; No. 51 ; Y. 18, 24, 31,
 37, 41, 44.
Tomsone, La. 29.
Tomsonne, St. 10.
Tomye, H. 2.
Tonge, La. 28 ; St. 11.
Tonke, S. 12.
Toode, Nu. 1.
Toogood, B. 2; Do. 14; Wi. 24.

lxiv

INDEX OF SURNAMES

Toole, No. 44.
Toone, St. 13.
Toonge, La. 9.
Topham, L. 7.
Tophan, La. 14.
Tophann, Y. 24.
Toplye, Sf. 11.
Toppam, Y. 11.
Toppe, Ch. 2.
Toppin, Li. 10; Y. 18.
Tippinge, La. 10.
Torkington, Ch. 3.
Tornar, La. 17.
Torner, L. 13.
Torr, C. 1.
Tose, K. 12.
Tottington, Y. 26.
Touler, Sf. 7.
Toutemonde, L. 12.
Tovnge, La. 17.
Tovye, B. 4.
Towe, No. 12.
Towenson, La. 15.
Towers, La. 27; No. 26; St. 7.
Towle, D. 2.
Towleson, Y. 18.
Town, La. 27.
Towne, La. 10, 29.
Townend, Y. 14.
Townley, La. 7.
Townsend, Sf. 7.
Townsende, G. 24.
Townsley, Y. 31.
Townson, Ca. 8; L. 7; La. 12, 19, 23, 27.
Townsone, No. 26.
Towsaie, Be. 3.
Toye, So. 20.
Tracie, St. 7.
Trafford, Ch. 1, 2; La. 24.
Trantor, S. 22.
Trapnell, So. 5, 17.
Traport, L. 4.
Trappaert, L. 18.
Trappe, E. 14.
Trauau, L. 12.
Trauis, La. 9.
Traunter, St. 16.
Travers, De. 4.
Travesse, K. 2.
Travis, La. 17, 24, 28.
Travisse, La. 17.
Travys, La. 24.
Trea, Y. 11.
Trebell, C. 19.
Tregere, C. 36.
Tregheare, C. 2.
Tregerthen, C. 21.
Tregoneath, C. 36.
Tregonowe, C. 20.

Tregowan, C. 1.
Trehymban, C. 2.
Trelill, C. 4.
Trelogan, C. 2.
Tremba, C. 32.
Tremenhere, C. 36.
Tremeren, C. 20.
Trenance, C. 27.
Trent, So. 6; Y. 18.
Trentham, St. 8.
Trewbody, C. 11.
Trewland, Ha. 1.
Tresard, So. 7.
Trescott, C. 2.
Treseder, C. 43.
Tresser, K. 19.
Tresvenacke, C. 3.
Trevaughen, C. 2.
Treveall, C. 37.
Treveno, C. 44.
Treviler, C. 3.
Trevisse, Li. 2.
Trevor, S. 10.
Trigg, Su. 4.
Trigge, C. 23.
Tripier, L. 12.
Triptie, Do. 7.
Trithall, C. 3.
Trix, De. 4.
Trixe, De. 4.
Troeman, L. 18.
Troemans, L. 18.
Troghton, La. 27.
Troope, Li. 17.
Trotman, G. 40.
Trott, K. 15; Y. 45.
Trotte, So. 13.
Trotter, Du. 5.
Troughton, Y. 25.
Troute, C. 34; L. 10; W. 11.
Troward, K. 12.
Trowe, L. 7.
Trowte, L. 7.
Trubba, C. 20.
Trubshawe, St. 6.
Trumble, Du. 1.
Trunckatt, B. 4.
Truren, C. 45.
Truryn, C. 39.
Truslay, Y. 23.
Trutch, So. 17.
Tryme, So. 6.
Trymnell, L. 11.
Tubb, W. 17.
Tubbe, C. 2; W. 11, 12.
Tubman, La. 26; Su. 1.
Tucker, C. 2; So. 6, 27, 28.
Tuckey, B. 5.
Tudman, St. 1.
Tuffeley, G. 26.

Tulland, Y. 28.
Tumbels, C. 9.
Tumlinson, St. 16.
Tunstall, La. 15.
Turck, L. 18.
Turhill, St. 1.
Turk, So. 18.
Turke, G. 36.
Turnehowt, L. 19.
Turnell, Nh. 3.
Turner, B. 1; Ca. 9; Ch. 2; Cu. 1; D. 1; Du. 6; K. 5; L. 3, 7; La. 3, 17, 23, 24; M. 2; N. 32; O. 1; S. 21, 27; Sf. 3; So. 28; St. 16; Su. 4; W. 17; Wi. 1; Y. 11, 12, 15, 35, 45.
Turnish, E. 12.
Turnor, Be. 3; L. 11, 19; So. 7.
Turnough, La. 25.
Turnour, Be. 3.
Turrner, W. 13.
Turson, M. 5.
Turton, La. 28.
Tutill, La. 8.
Tutine, Du. 7.
Tutt, Ha. 7.
Tutte, So. 22.
Tuttell, W. 10.
Tutton, So. 28.
Twaits, K. 19.
Twidall, Li. 4.
Twifforth, Nu. 1.
Twigge, St. 12; Y. 1, 42.
Twisse, La. 28; S. 15.
Twyman, K. 10.
Twynkyn, S. 10.
Twynning, W. 13.
Twytchell, B. 1.
Tybbs, De. 4.
Tybbutes, W. 9.
Tybbwtes, W. 9.
Tyckle, G. 27.
Tydderingeton, Ch. 2.
Tydmarche, O. 1.
Tydy, E. 6.
Tydyman, K. 6.
Tyerer, Ss. 1.
Tyery, L. 12.
Tylar, G. 34; He. 10; S. 24.
Tyldesley, La. 28.
Tyldisley, La. 1.
Tyler, Ha. 16; He. 9; L. 7; Le. 1; M. 1, 2; S. 33; Su. 3; W. 11; Wo. 8.
Tylinge, M. 2.
Tyll, E. 11.
Tylley, L. 7.
Tylleye, Do. 13.
Tylseley, La. 17.

INDEX OF SURNAMES

Tym'es, M. 1.
Tymes, M. 1.
Tymewell, DE. 4.
Tymperley, L. 7.
Tyms, L. 8.
Tyncknell, So. 28.
Tyncler, WE. 1.
Tyndall, G. 6, 28.
Tynker, Y. 1.
Tynley, L. 7.
Tynsdall, No. 48.
Tynsley, Wo. 5.
Tynson, M. 1.
Tyon, LI. 4.
Typper, ST. 7.
Typpett, C. 45.
Typpinge, LA. 18, 24.
Typtoe, HE. 9.
Tyse, L. 7 ; SU. 4.
Tyson, LA. 20.
Tyte, K. 19.
Tyrer, LA. 4.
Umfray, CA. 3.
Underhill, G. 50 ; L. 19.
Underwood, S. 24 ; W. 3.
Underwoode, Y. 31.
Unger, SF. 13.
Unwin, No. 1.
Unwine, No. 1.
Unwyn, No. 1.
Upton, No. 48.
Urmeston, CH. 6.
Urnall, So. 1.
Urben, L. 1.
Uren, C. 20.
Urham, ST. 1.
Urpin, No. 1.
Usher, Y. 19.
Usser, E. 12.
Vaghan, G. 27.
Vagi, LA. 15.
Vague, C. 31.
Vahan, K. 7.
Valentyne, LA. 17.
Valewaert, L. 18.
Valiance, D. 1.
Valle, L. 12.
Valloyes, C. 2.
Van Harinckoeck, L. 18.
Van Luchen, L. 18.
Van Sweden, L. 8.
Van Vrijlichoven, L. 18.
Van den Broecke, L. 18.
Vandenhoven, L. 7.
Vanderclay, M. 2.
Van der Fonteijne, L. 18.
Van der Grave, L. 18.
Van der Heed, L. 18.
Van der Plasse, L. 18.
Van der Riviere, L. 18.

Van der Sande, L. 18.
Van de Velde, L. 18.
Vag der Wijer, L. 18.
Vannier, K. 4.
Varnam, K. 18 ; L. 3.
Vasse, CH. 2.
Vastelan, K. 4.
Vatnum, K. 18.
Vator, DE. 4.
Vaugha, N. 29.
Vaughan, L. 7; S. 33.
Vaysye, DE. 4.
Vbancke, M. 1.
Veale, C. 10. So. 22.
Veasy, CA. 4.
Velly, C. 4.
Venanden, M. 1.
Venn, So. 28.
Venner, L. 11.
Ventress, L. 7.
Vepond, CU. 1.
Verbrugge, L. 18.
Verckmen, L. 18.
Verey, M. 1.
Vernam, K. 15.
Verneille, L. 12.
Verrie, L. 12.
Vertue, Y. 19.
Very, M. 1.
Verye, LA. 24.
Vesye, LE. 1.
Vevers, Y. 2, 18, 25.
Vicaredge, S. 12
Vicaridge, Y. 23.
Vicars, LE. 1.
Vicary, DE. 4.
Viccares, So. 1.
Vickers, S. 32.
Victor, C. 2.
Viger, So. 1.
Vigures, DE. 3.
Vincent, C. 1; L. 19
Vincke, L. 18.
Vincone, E. 12.
Vintner, W. 12.
Vippan, Y. 34.
Vise, ST. 3.
Vivian, C. 2, 45.
Vnwin, No. 1.
Vnwine, No. 1.
Vnsworthe, LA. 1, 9.
Vnwyn, No. 1.
Vnwyne, LA. 24.
Voace, LA, 3.
Voet, L. 18.
Voules, So. 28.
Vouse, Y. 11.
Vowlter, L. 17.
Vriese, L. 18.
Vrmeston, LA. 28.

Vrmoston, LA. 17.
Vrmston, LA. 17.
Vrmystone, LA. 24.
Vrpin, No. 1.
Vverend, Y. 41.
Vye, CA. 1.
Vyvyan, C. 2.
Waard, Y. 11.
Waaver, L. 7.
Wackfelde, LA. 25.
Wackingham, E. 10.
Waddesworth, Y. 12.
Waddington, Y. 12, 37.
Waddy, Y. 41.
Wade, CH. 6 ; LA. 13; LI. 4 ; So. 22 ; Y. 14, 26.
Wademont, L. 18.
Wadeson, HE. 10.
Wadsworth, Y. 18.
Waferer, K. 15.
Wagaine, LA. 4.
Wagener, L. 18.
Waggett, Y. 11.
Waide, Y. 18.
Wailet, E. 10.
Waillis, C. 13.
Wainhouse, Y. 14.
Wainwright, Y. 26.
Wainwrighte, LE. 7.
Wait, Y. 37.
Waits, CA. 10.
Wakefeild, DU. 5; LA. 3; N. 29.
Wakefelde, LA. 25.
Warefield, CH. 3 ; N. 29.
Waker, HA. 7 ; K. 18.
Walder, K. 18.
Waldervillius, WI. 6.
Waldon, DE. 4.
Wale, S. 31 ; So. 28.
Wales, DU. 7.
Waler, No. 2.
Walford, So. 29; W. 11.
Walforde, S. 9.
Walkden, LA. 15, 25, 28. .
Walke, C. 37.
Walkeden, LA. 28.
Walker, CA. 4; CU. 1; DU. 2, 7; G. 40 ; HE. 9 ; K. 16, 23 ; L. 7, 19; LA. 14, 15, 24, 25, 26, 27, 29; LI. 17; M. 2 ; N. 16; No. 24, 26, 57; O. 4 ; ST. 7; W. 12; WE. 2 ; Y. 5, 11, 12, 13, 15, 18, 31, 34, 38, 40, 41.
Walkere, LA. 18.
Walkers, CH. 3.
Walkley, G. 1, 4.
Wall, DE. 4; DU. 7; S. 30; ST. 1.
Wallandtyd, LA. 17.
Wallas, L, 13, 19.

INDEX OF SURNAMES

Wallbancke. Y. 45.
Wallden L. 7.
Walle, G. 34.
Walleis, Cu. 1.
Waller, B. 18; La. 19, 23; M. 1; Sf, 13; We. 2.
Walles, Y. 4.
Wallis, Do. 15; No. 26, 38; So. 1, 22; Wo. 7.
Walls, Y. 30.
Wallter, De. 4.
Walmisleye, La. 18.
Walmsley, L. 5.
Walmysley, La. 8.
Walrond, So. 18.
Walsgrove, Wo. 7.
Walshawe, Y. 1.
Walshe, La. 11.
Walsheman, Su. 1.
Waltch, La. 28.
Walter, So. 1; St. 1, 6; Wi. 18.
Walters, So. 1.
Walthall, L. 3.
Walthew, L. 2.
Walthewe, La. 3.
Walton, B. 19; Ch. 2; Cu. 1; L. 19; La. 5, 8, 14; No. 48; Y. 18, 40.
Walwarke, La. 17.
Walworth, La. 10.
Wamersley, Y. 14.
Wamsley, M. 2; Y. 18.
Wancourt, K. 4.
Wandsford, Y. 32.
Wanforth, Y. 39.
Wapley, Nu. 1.
Warberton, La. 1, 24, 25.
Warburton, La. 17.
Ward, B. 4. 7; C. 33; L. 1, 19; La. 8; N. 16; No. 34, 63; St. 12; Y. 2, 29, 43.
Wardall, Li. 18.
Warde, B. 4; C. 36, 37; Ch. 2; K. 9; L. 7, 10, 11, 16, 19; La. 8, 18, 19, 28; M. 1; No. 41; S. 8; Sf. 12; St. 16; W. 10; Y. 1, 18, 23, 30.
Wardle, La. 25; St. 11.
Wardleworth, La. 24.
Wardman, Y. 28.
Ware, B. 1; C. 29; Wi. 20.
Warebrecke, La. 11.
Waren, C. 15.
Waring, La. 12.
Waringe, La. 4, 10.
Warington, Wi. 12.
Warman, L. 3; So. 28.
Warmisham, La. 17.
Warn, Ha. 4.
Warne, G. 17.

Warner, G. 18; Ha. 16; He. 10; Sf. 11; St. 7; Su. 4; W. 13; Wo. 1.
Warren, Ch. 2; K. 5; So. 27.
Warriner, K. 3.
Wartare, S. 9.
Warton, Y. 8.
Warwick, L. 10.
Warwicke, La. 1, 28.
Wastell, L. 7.
Wastfild, G. 49.
Wastfilde, G. 49.
Wate, Cu. 1.
Watech, La. 6.
Water, C. 36.
Waterall, Y. 42.
Waterhouse, Li. 18; Y. 15, 44.
Waterhowse, Y. 1.
Waterman, Ha. 5.
Waters, L. 16; S. 33.
Waterworth, Y. 15, 18.
Wates, L. 5; So. 6.
Watkins, B. 1, 18; L. 7.
Watkinson, Y. 28.
Watkis, S. 32.
Watkys, S. 33.
Watlington, Be. 3.
Watmough, La. 13.
Watmoughe, La. 29.
Watson, Cu. 1; Du. 5, 6, 7; E. 12; K. 2; La, 3, 11; Le. 1; M. 1; St. 1; Wo. 6; Y. 3, 5, 11, 18, 23, 30, 35, 42, 47.
Watsone, Ch. 2.
Watsonn, Du. 3; N. 23.
Watt, Ch. 6; Cu. 1.
Watte, K. 10.
Watter, We. 1; Y. 18.
Watterhouse, Y. 31.
Watters, S. 28.
Watterton, L. 3.
Watterworth, Y. 18.
Wattes, G. 2; K. 5; L. 7; M. 2.
Watts, C. 24, 45; M. 2; So. 9; Su. 4.
Wauer, L. 19.
Wauker, K. 18.
Wauld, Y. 2.
Waule, So. 28.
Waulter, W. 10.
Wawbye, Du. 2.
Wawne, La. 15.
Wayd, Y. 33.
Waye, De. 1.
Wayer, Ha. 19.
Waykam, M. 2.
Waynewright, La. 10.
Waynwright, Y. 26, 44.
Wayte, Y. 11, 12.
Weale, W. 9.

Weare, G. 52.
Wearen, C. 35.
Weast, G. 50.
Weatherall, Le. 1.
Weatherburne, Nu. 1.
Weatherhead, B. 1; La. 12.
Weauer, H. 1.
Weaver, C. 3.; Do. 4; S. 7, 8; Sf. 13.
Webb, B. 4; Be. 2; E. 14; G. 34, 36, 55; L. 4, 10, 19; M. 2; So. 28; Wi. 23.
Webbe, G. 5; K. 5, 13, 18; L. 19; So. 6; St. 14, 16; Wi. 2.
Webber, C. 24; Do. 8; L. 2.
Webster, La. 13, 15, 20; Nh. 1; St. 2; Y. 18, 43, 44.
Webstere, No. 17.
Websters, La. 10.
Webstr, La. 20.
Weddell, Nu. 1.
Weeche, So. 1.
Weeden, B. 1.
Weeks, K. 18; M. 2.
Weere, So. 5.
Weidall, La. 17.
Weight, No. 12.
Welden, Nh. 3.
Weldsonne, La. 7.
Welland, Su. 2.
Wellanoweth, C. 21.
Welles, L. 7; La. 23; R. 1; Wo. 6.
Wellock, Y. 18.
Wellom, Sf. 12.
Wells, B. 19; Be. 3; K. 13, 19; Li. 4; Y. 2.
Welmet, C. 32.
Welsh, M. 2.
Welshe, De. 4; L. 19; So. 28.
Welsto, C. 45.
Weltch, La. 10.
Wem, M. 2.
Wendover, L. 7.
Wentworth, Le. 1.
Wer, K. 4.
Were, Wi. 19.
Werman, De. 4.
Werne, C. 14.
Werren, C. 15.
Werret, G. 55.
Werringe, C. 7.
Wesbrooke, So. 22.
Wescott, B. 4; C. 2.
Wesson, Nh. 2.
West, Be. 3; C. 1; Do. 13; G. 27; Ha. 22; K. 5, 16; L. 19; Nh. 1; Ss. 1; Su. 4; W. 11; Wi. 12; Y. 15, 18, 41, 47.
Weste, Ha. 7; Nh. 1; So. 7.

INDEX OF SURNAMES

Westebie, Y. 3.
Westen, B. 4; No. 45.
Westerma, Y. 41.
Westerdaill, Y. 23.
Westerdale, Y. 19.
Westgat, N. 29.
Westgate, L. 3.
Westhead, La. 10.
Westley, He. 9; L. 1.
Westmore, La. 23.
Westover, So. 28.
Weston, L. 8; S. 15, 16.
Westren, C. 39.
Westron, L. 19.
Westropp, Li. 6.
Westwood, Y. 20.
Wetherell, Du. 6.
Wetherelt, Du. 6.
Wetwang, Y. 7.
Wetwood, St. 5.
Wettwood, St. 3.
Weydifield, Du. 2.
Whaites, La. 19.
Whaleye, La. 18.
Whalle, C. 25.
Whalley, La. 3; Y. 18.
Whaneby, Ch. 3.
Wharfe, K. 18.
Wharmbie, La. 24.
Wharmby, La. 24.
Wharton, L. 7; No. 57; Y. 18, 35, 37.
Whatlaye, Wi. 15.
Whatman, L. 7.
Whatson, D. 3.
Whauley, No. 12.
Whawp, Y. 30.
Whawpe, Y. 30.
Wheadon, So. 18.
Whealley, Y. 41.
Wheatley, L. 11; W. 17.
Wheeler, Ha. 13; W. 14.
Wheldome, La. 24.
Wheler, G. 8; L. 13; N. 29.
Wheller, B. 12; So. 3.
Whellock, De. 2.
Whelpdall, Cu. 1.
Whelply, He. 1.
Whetherhead, M. 1.
Whetley, B. 20; Du. 7.
Whetstone, Du. 5.
Whicup, Y. 30.
Whiller, De. 4.
Whipp, La. 13.
Whiston, S. 12.
Whitbread, Li. 4; M. 1.
Whitbrooke, L. 2.
White, C. 12, 13; De. 3; E. 10; G. 54; K. 13, 16, 18; L. 3, 5, 19; Le. 1; M. 1, 2; No. 10; S. 34; So. 28; Wi. 7, 18; Y. 18, 45.
Whitegraue, K. 3.
Whitehead, La. 29; M. 2; Sf. 7.
Whiteker, La. 9.
Whitell, Do. 15.
Whiteside, La. 11.
Whitfeild, Du. 4, 5.
Whitfeilde, B. 1; M. 1.
Whitfield, L. 19; So. 22.
Whitfielde, La. 4.
Whitfoote, Y. 18.
Whitfyeld, De. 2.
Whitfyelde, S. 33.
Whithead, La. 2; Y. 18.
Whitheade, La. 24; We. 2; Y. 18.
Whitikers, S. 11.
Whiting, W. 8.
Whitinge, Wi. 18.
Whitingtonne, W. 12.
Whitlay, Y. 13.
Whitley, Du. 7; La. 1; Y. 12, 14, 18.
Whitleye, La. 14.
Whitlock, Y. 3.
Whitlocke, L. 16; Li. 4.
Whitmarsh, Wi. 21.
Whitmoore, S. 29.
Whitsid, La. 11.
Whitsyd, La. 11.
Whitt, Sf. 13; So. 1.
Whittacre, Le. 29.
Whittaker, La. 13, 25, 29; Y. 47.
Whittakers, Y. 13.
Whittecar, Y. 36.
Whittel, La. 8.
Whittiker, La. 29.
Whittingham, Y. 37.
Whittington, B. 18; Wo. 7
Whittle, W. 11.
Whittling, Y. 32.
Whitton, No. 62.
Whitwaye, De. 4.
Whitwell, Y. 29.
Whitwhame, La. 29.
Whitworth, K. 10; La. 24.
Whitworthe, La. 1, 25.
Whoarton, L. 7.
Whorewood, L. 2.
Whorrockes, La. 1, 17.
Whorton, So. 28.
Whright, St. 12.
Whyght, B. 14.
Whylliam, C. 44.
Whypie, So. 27.
Whytacres, Y. 28.
Whyte, La. 6, 23; Le. 1; So. 9; W. 1; Y. 40.
Whytehead, La. 4.
Whyteheade, Ha. 23.
Whytestones, La. 10.
Whytgreve, St. 5.
Whythead, Ch. 5; La. 13; St. 2; Y. 1.
Whytheade, La. 1, 25.
Whythurst, St. 15.
Whyting, L. 7.
Whytinge, St. 2.
Whytker, La. 28.
Whytley, La. 25.
Whytt. La. 11; Y. 21.
Wiat, Wi. 12.
Wibbo, L. 12.
Wiborne, L. 7.
Wickam, G. 55.
Wicke, G. 27; L. 18.
Wickes, He. 10; L. 5.
Widall, La. 17.
Widditt, K. 13.
Widdowes, Y. 31.
Widmore, Wi. 5.
Wield, Wo. 7.
Wigan, La. 3.
Wigfall, Y. 42.
Wigfold, Su. 4.
Wigg, He. 2.
Wigge, M. 1.
Wigglesworth, Y. 32, 34.
Wigglesworthe, Y. 36.
Wighte, Wi. 12.
Wigley, S. 24.
Wignall, La. 5.
Wigsell, Su. 4.
Wijchuijs, L. 18.
Wike, So. 28.
Wilbarne, Y. 2.
Wilbram, St. 1.
Wilby, Y. 1.
Wilbye, Y. 13.
Wilcocke, La. 5; Y. 40.
Wilcockes, L. 16; Li. 8; So. 19.
Wilcoke, La. 8.
Wild, La. 11; No. 31, 53.
Wilde, La. 9; M. 2; No. 51.
Wildgoose, L. 19.
Wildgos, K. 9.
Wildgus, M. 4.
Wilding, G. 50.
Wildman, L. 7.
Wiles, C. 14; M. 2.
Wilfet, Y. 31.
Wilie, La. 23.
Wilke, Y. 18.
Wilkens, K. 5.
Wilkenson, D. 1; L. 7, 8; La. 23; N. 26.
Wilkes, He. 9; S. 30; Wo. 5.
Wilkeson, Ch. 2.
Wilkey, C. 24.

INDEX OF SURNAMES

Wilkie, C. 6.
Wilkin, L. 12.
Wilkins, G. 24; WL 15, 21.
Wilkinson, B. 12; Cu. 1; D. 6;
  Du. 6; E. 12; K. 16; L. 3,
  11, 16; La. 8, 11, 12, 14, 22,
  29; M. 1; N. 29; No. 47;
  Y. 23, 24, 38, 42.
Wilkinsonn, Du. 3; La. 13.
Wilkinsonne, Y. 14.
Wilks, K. 13.
Wilkye, De. 4.
Wilkyns, Wi. 1.
Willame, L. 12.
Willamson, Y. 40.
Willasill, La. 13.
Willats, Wo. 1.
Willes, C. 30, 37.
Willet, E. 6.
William, C. 15; S. 10.
Williames, W. 12.
Williams, B. 22; C. 2, 16, 42;
  G. 7, 52; H. 1; K. 18, 19;
  L. 7, 8, 19; La. 24; Le. 1;
  M. 1, 2; W. 10; Wi. 5, 25.
Williamson, Ch. 2; Cu. 1; La. 23.
Williamsone, La. 24.
Williamsonne, La. 7.
Williason, No. 1.
Willies, Wo. 5.
Willis, De. 4; Do. 13; G. 50;
  L. 3.
Willisie, La. 14.
Willisill, La. 29.
Will'm, C. 2.
Willms, C. 46.
Will'ms, Wo. 7.
Willmsdoughter, La. 4.
Willmson, Ch. 3; La. 4.
Will'msone, No. 48.
Willoughby, L. 7.
Willowsee, Li. 4.
Wills, C. 30; De. 4; So. 14.
Willson, Cu. 3; Nu. 1; Y. 18, 37.
Willsonn, De. 4.
Willyams, De. 4; L. 7.
Willyamson, B. 4; Be. 2; L. 7.
Willye, St. 16.
Wilman, Y. 18.
Wilshe, So. 28.
Wilson, B. 6; C. 2; Ch. 3, 6;
  Cu. 1, 2; Du. 3; He. 9;
  K. 5, 9, 12, 15, 19; L. 2;
  La. 14, 15, 19, 23, 24; Li. 16;
  No. 47, 58; St. 1; Su. 4;
  Y. 2, 5, 6, 11, 12, 14, 18, 40, 44, 47.
Wilsone, L. 7; Y. 11.
Wilsonn, We. 2; Y. 15, 26.

Wilsonne, La. 1; No. 26.
Wilton, Ca. 5; So. 1.
Wilnersley, Y. 13, 18.
Wimme, K. 4.
Winche, K. 18.
Winchestar, M. 2.
Winckley, Ch. 3; La. 3.
Winckworthe, G. 34.
Wind, Y. 32.
Winder, Cu. 1; La. 15, 23.
Windgrine, La. 23.
Windought, Sf. 11.
Windrow, La. 10.
Windwart, La. 5.
Wine, So. 24.
Wingate, L. 2.
Wingfeild, Sf. 9.
Wingfield, B. 22.
Winne, So, 3.
Winsbert, L. 12.
Winscome, So. 28.
Winsow, M. 2.
Winstanley, He. 9; La. 3.
Winstone, G. 27.
Winter, L. 12, 19.
Wintringham, Nu. 1.
Winzerd, Do. 14.
Winzor, Do. 14.
Wirrall, La. 17.
Wirroll, W. 17.
Wise, C. 2; Do. 14; Y. 18.
Wiseman, Y. 46.
Wishlett, M. 2.
Wissonton, K. 12.
Withall, De. 3.
Witham, Y. 25.
Withens, W. 10.
Withers, Sf. 17; Wi. 15.
Witherden, K. 12.
Withes, M. 5.
Withingeton, La. 10.
Withington, L. 7; La. 9, 25.
Withnall, St. 12.
Witill, La. 1.
Wix, K. 18.
Wllson, Y. 47.
Wmson, La. 6.
Woakley, G. 26.
Woane, La. 19.
Wodd, La. 17; Y. 11, 18, 42, 44.
Wodde, S. 21; Y. 47.
Wodland, So. 22.
Wodrofe, Y. 44.
Wodson, Y. 44.
Woley, Y. 1.
Wolf, L. 4; M. 2.
Wolfe, C. 25; L. 7; Wi. 1.
Wolffenden, La. 25.
Wolgare, Ss. 1.
Wollaston, St. 1.

Woller, Y. 12, 47.
Wolley, L. 7.
Wolleye, Y. 42.
Wolsencroft, La. 17.
Wolstenholme, La. 1, 25.
Wolton, Y. 18.
Wolwarke, La. 25.
Wombwell, Y. 26.
Wood, B. 1, 10; Be. 2; Ch. 3;
  Cu. 1, 2; E. 12; G. 7, 22;
  Ha. 27; L. 1, 7, 16; La. 3,
  6, 10, 25; Li. 7; M. 1; No.
  29; S. 21; So. 1; St. 1; Su.
  1; W. 11; Y. 12, 15.
Woodall, He. 9.
Woodcocke, L. 8; La. 5; M. 2.
Woodcoke, Ha. 16.
Woodcrofte, L. 7.
Woodd, St. 12.
Woodde, C. 2; La. 7; Y. 12.
Wooddes, Su. 4.
Woodds, Su. 4.
Woode, Ch. 2; E. 7; La. 1, 3,
  9, 18, 28; N. 21; Nu. 1; S.
  29; St. 11; Y. 29, 40.
Woodend, La. 27.
Woodes, Be. 3; La. 5; Li. 5.
Woodesyde, Y. 17.
Woodgate, He. 10.
Woodhead, Y. 41.
Woodheade, Y. 14.
Woodhouse, No. 48; Y. 3.
Woodhowse, B. 1; La. 10.
Woodison, Ha. 25.
Woodland, K. 19; So. 22.
Woodlands, Le. 8.
Woodman, G. 55; M. 1; Su. 7.
Woodmann, Du. 3.
Woodnett, L. 19.
Woodrowe, La. 24.
Woods, Ch. 3, 4; Ha. 26; N. 16.
Woodsall, St. 9.
Woodshare, L. 19.
Woodstocke, Su. 5.
Woodwall, St. 5; Wi. 12.
Woodward, Ca. 5; G. 28, 55;
  L. 4; St. 1; W. 4, 15.
Woodwarde, St. 7.
Woodword, Le. 1.
Woodyer, Su. 4.
Woofall, La. 4.
Wooler, Wo. 7.
Woolfenden, La. 25.
Woolflet, Y. 15.
Woolley, No. 15.
Woolmore, S. 12.
Woolton, De. 3.
Woolward, Su. 4.
Woolwarde, Sf. 8.
Woomer, Ch. 2.

lxix

INDEX OF SURNAMES

Woorall, B. 8.
Woortte, WI. 8.
Woossencroft, LA. 24.
Worall, LA. 25.
Workeley, L. 7.
Workley, Y. 18.
Worley, G. 47.
Worlich, NH. 2.
Worly, B. 5.
Wormall, Y. 14.
Wornall, So. 1.
Worseley, B. 5; LA. 3.
Worsleye, LA. 17, 24, 28; NH. 3; SU. 4.
Worsseley, LA. 13.
Wortely, R. 1.
Worth, C. 9; SF. 13.
Worthe, CH. 2.
Worthingeton, LA. 10.
Worthington, L. 17; LA. 24; Y. 45.
Worthyngton, No. 56.
Wortley, L. 2; Y. 1.
Wotmor, S. 26.
Wouterghen, L. 18.
Wragg, CA. 3.
Wrastler, E. 15.
Wrathoe, Y. 24.
Wreath, K. 6.
Wrenne, LA. 8.
Wrigglesworth, B. 5.
Wright, CH. 3; DU. 2, 5; K. 12; L. 3, 7, 16; LA. 17, 24, 27; LE. 2; LI. 18; M. 1, 2; N. 9; No. 48; SU. 7; W. 10; Y. 3, 13, 18, 26, 31, 33, 35, 41.
Wrighte, W. 14; Y. 1, 18, 30, 47.
Wrightson, CA. 1.
Wriglaye, LA. 1.
Wriglesforth, Y. 41.
Wriglesworth, B. 5.
Wrigley, LA. 9.

Writte, No. 39.
Wroes, Y. 18.
Wroo, LA. 17.
Wrose, Y. 37.
Wryght, CA. 5; SU. 1; Y. 21.
Wryghte, G. 32; LA. 17.
Wryte, N. 30.
Wulphra, C. 20.
Wurmall, Y. 13.
Wyar, B. 1.
Wyat, No. 26.
Wyatt, Do. 8.
Wyche, CH. 3.
Wyclyffes, Y. 28.
Wyddett, K. 10.
Wyet, W. 11.
Wygfall, Y. 42.
Wyld, Y. 1.
Wylde, LA. 1, 9, 22, 25; LE. 2; S. 14; Y. 42.
Wylie, L. 7.
Wylkenson, LA. 18; Y. 44.
Wylkinson, WE. 1; Y. 42.
Wyllcoks, S. 22.
Wyllim, H. 2.
Wyllyam, S. 8; Wo. 6.
Wylliams, WL. 1.
Wylson, ST. 11; WE. 1; Y. 6.
Wymans, B. 1.
Wymille, L. 7.
Wymon, S. 4.
Wynbushe, Y. 7.
Wynckelles, BE. 3.
Wynder, LA. 15.
Wyndowes, G. 47.
Wyneard, G. 55.
Wynge, No. 26.
Wynne, C. 2; CH. 3; L. 7; S. 10, 26; WL. 10.
Wynter, LI. 8.
Wynterbothom, CH. 3.
Wynterbourne, Y. 17.

Wyott, DE. 3, 4.
Wyrall, LA. 24.
Wyseman, So. 28.
Wythingeton, LA. 10.
Wythington, LA. 28.
Wytton, LA. 24.
Yarwoode, CH. 2.
Yat, W. 12.
Yate, LA, 1, 28; ST. 11; W. 11, 12, 13.
Yates, M. 1; NH. 2; W. 3; Y. 14.
Yats, So. 28.
Yceshippe, L. 7.
Yeadon, Y. 18.
Yeallonde, DE. 4.
Yearan, L. 11.
Yeardley, L. 7.
Yeate, Wo. 5, 6.
Yeeles, HA. 10.
Yeongs, N. 26.
Yetma', L. 19.
Yetmans, Do. 2.
Yevannes, G. 29.
Yngam, L. 7.
Yoile, Y. 18.
Yolds, CH. 6.
Yong, LA. 17; Y. 31.
Yonge, CH. 6; CU. 2; G. 7; LA. 13; S. 16; W. 12; Y. 17, 24, 39.
Yonger, DU. 4; LA. 26.
Yongr, WE. 1.
Yorke, L. 7.
Young, HA. 16.
Younge, C. 24; DU. 8; K. 18; NU. 1; So. 4: Y. 23, 39.
Younger, L. 19; Y. 7.
Yowle, Y. 31.
Ypette, L. 7.
Yugam, L. 7.
Yvers, K. 12.
Yvie, So. 1.
Zipporah, K. 7.

REFERENCES TO
ENGLISH SURNAMES
IN 1602

AN INDEX GIVING ABOUT 20,500 REFERENCES TO SURNAMES
CONTAINED IN THE PRINTED REGISTERS OF 964
ENGLISH PARISHES DURING THE SECOND
YEAR OF THE XVII. CENTURY.

WITH

AN APPENDIX

INDEXING THE SURNAMES CONTAINED IN
186 PRINTED REGISTERS DURING

1601

(OMITTED FROM THE VOLUME FOR THAT YEAR)

BY

F. K. & S. HITCHING.

PREFACE TO THE VOLUME FOR 1601
(*Reprinted*)

After even fifty years' original research among our old records, a genealogist, interested in the history of all the branches of one English family, would know that many branches remained to be traced. Much of his time would have been wasted in searching " likely " registers, which, on examination, proved to contain no data for him. Experience teaches every earnest student of family history that what he needs, is not more records, but more clues as to the contents of the available records. " Indexes and more Indexes " is his cry, and the publisher who issues a genealogical work without an index merits (and often receives) his imprecations.

No records require an Index so urgently as the Parish Registers, which record the baptisms, marriages and burials of our ancestors. These are spread over all the country, and, not only is there no general index to their contents, but there is not even an Index in each Parish to its own Registers. As a result there has been but little hope until now :—

(1). For the genealogist who has traced back a pedigree several generations and then loses all trace of the family.

(2). For the " thorough " genealogist, who wishes to know what other branches of his family existed besides those which he has traced.

(3). For the American who can trace back to the first of his surname in America, but does not know from which parish in England his ancestor migrated.

It is for these that the present work has been compiled. The genealogist who is anxious to find clues to the whereabouts in England of *living* persons bearing his surname has a comparatively easy task. A glance through the current Directory of each English County will give him many names and addresses (if the surname is not very uncommon), whilst, if he wishes to be thorough, and not to miss those bearers of his name who have not been considered of sufficient importance to be included in the County Directories, he can search the birth, marriage and death Calendars at Somerset House, London, for all entries since 1837.

Unfortunately, before the year 1837, County Directories were practically non-existent, and there was no central place of registration for vital statistics.

As indicated above, what is needed therefore is " A Complete Index to the Surnames in all the Registers of English Parishes "—but such a work is an utter impossibility. If the British Government undertook the publication of an index of the surnames recorded in all the parish registers during any fixed period of say only *thirty* years, we should have an invaluable work of reference, which would locate practically every branch of each family existing in England during that period. It would fill many huge volumes, and might be prepared in time to benefit our grandchildren, if all the available expert searchers were engaged to assist in its production.

However, what is practically impossible as a whole is sometimes possible in part. The present volume is not an index to the entries made during *thirty* years in *all* the parish registers of England, but to those entries made during *one* year in practically all the registers which have been printed, and are therefore readily available to those who find clues in the references given here.

Few genealogical searchers would have the energy to consult all the volumes, one year of which is indexed here, in the hope of locating the various branches of their families spread over the country in the early part of the XVII. Century. Those who have that energy should still prefer to find the work done for them already, so that they may devote the time thus saved to following up the clues which this volume will suggest.

If this work meets with a reception at all proportionate to the labour and expense it has entailed, it will be followed by similar volumes indexing 1602, 1603, and so on, until at least thirty years (one generation) have been indexed.

The year 1601 was chosen as a starting-point after much careful consideration. An earlier date would have excluded those parishes, the registers of which start after 1600, also, too many of the surnames in the early registers would have been difficult to recognise owing to the erratic spelling of the period. On the other hand, a later date would not have benefited to the same extent the many Americans whose ancestors left this country (from unknown parishes) in or about 1620.

REFERENCES TO ENGLISH SURNAMES, 1601

A reference having been made above to erratic spellings, it may be mentioned here that in the present work each varied spelling of a surname is treated as a distinct name; this being the only method which ensures the inclusion in their right places of those surnames which appear to be corruptions, but which, however, still exist as separate surnames in their apparently corrupted form.

The plan of the book will be found to be quite simple. To each County a reference *letter* has been allotted (*e.g*, "S." stands for Shropshire, "N." for Norfolk), and each parish has its reference *number* (*e.g.* "S.23." stands for the Registers of Hanwood, Shropshire, this being the 23rd Shropshire parish indexed in this work), whilst, in cases where several counties have the same initial letter, a slight variation has been made to indicate each, (*e.g.* "S."=Shropshire, "SF."=Suffolk; "So."=Somerset; "Ss."=Sussex; "Su."=Surrey, etc.). All these abbreviations are clearly set out in the "List of Parishes Indexed," following this Preface. It will be noticed that this list gives the names of the Publishers, Editors or Societies issuing the various registers, so that the volumes can be easily traced in the British Museum or other Libraries.

An advantage of this system is that a glance at the references following a common surname, such as BROWN, will show at once the Registers in which search should be made for the BROWNS of any particular County.

The Compilers of this book are anxious to make it of the greatest possible assistance to all, including especially those who may experience some difficulty in consulting the printed volumes which are here indicated. With this object in view, they hold themselves at the disposal of any subscribers to this book who wish extracts made from the printed registers, about any given surname. In order, however, to prevent any but serious inquirers from availing themselves of this offer, they have decided to stipulate for a minimum prepaid fee of 4/- (One dollar) with each inquiry. They will charge 2/- (Fifty cents) per hour for the actual time occpied in going to the British Museum Library, and making the search, and will return any balance there may be with the result of the investigation. For those living in or near London who wish to make their own researches, it may be mentioned that nearly every volume here indexed is to be found at the British Museum or Guildhall Libraries.

It being inevitable that, in a work of this description, errors must occur, the Compilers will be glad to be told of any that may be discovered, in order that they may be corrected in future issues.

It only remains to add, that the Compilers are under considerable obligations to those who have generously assisted them in their work by the loan of printed registers, especially the Rev. W. H. Shawcross, F.R.Hist.S.; the Rev. J. L. E. Hooppell; the Rev. W. G. D. Fletcher, M.A., F.S.A.; and Messrs. W. Bradbrook, M.R.C.S., F. Arthur Wadsworth and W. H. Maxwell.

PREFACE TO THE VOLUME FOR 1602

After the publication of "References to English Surnames in 1601," several excellent suggestions were received. These have been adopted in the present volume; hence the amplification which will be noticed in the "List of Parishes Indexed."

In the first place, it will be noticed that a star (*) has been placed before the abbreviations used to denote 186 of the parishes. This star indicates that the parishes so marked are those which were omitted from the volume for 1601 but have now been indexed in the Appendix to the present volume.

Many of the Registers omitted in our last volume were published only during that period when it was in the press or subsequently. Some which should have been included were omitted owing to our not knowing of their existence when compiling the volume for 1601. We wish to express our gratitude to the readers who kindly pointed these out to us.

The italicised name, immediately following that of the parish, gives the Transcriber or Editor of the register. In a few cases the names of both a Transcriber and an Editor have had to be recorded against one register, the letters "T" and "E" respectively being added to their names.

Referring to the column devoted to the names of the Publishers of the registers, it will be noticed that, in the case of Parish Register Societies, etc., publishing a series of registers, a note

PREFACE

has been made of the number of the volume in the series where the particular parish may be found. In the same column the date of publication, wherever obtainable, has been added; "N.D." in this connection having its usual significance of "No date."

In the case of 194 registers we found that, though there were sometimes entries for the years 1601 and 1603, there was none for 1602, and, to economise space, we have omitted the names of those registers from the "List of Parishes Indexed," though they have been included in the total number of parishes mentioned on the title-page. If any reader is desirous of ascertaining which these registers are he can easily discover them for himself by comparing the "List of Parishes Indexed" in this volume with the "List" given in the volume for 1601.

It is especially desirable to call attention to the paragraph in the Preface to our last volume referring to erratic spellings. We have been told that the name "VNWIN"—obviously intended for "UNWIN"—should not be included under "V" but under "U." After most careful reconsideration, we have decided to adhere strictly to the plan adopted last year, *viz.*, to transcribe the names exactly as they appear and arrange them according to their spelling, however erratic it may be. Our reasons are that every genealogical searcher interested, for instance, in the "Unwin" and "Hancock" families must know from his experience that he may find these names written as "Vnwin" and "Ancock," also that, if we once started editing the surnames, it would be quite impossible to draw the line. Such editing leads to numerous pitfalls, as is instanced by a surname appearing as "EUANS." Who are we that we should decide whether this is "EVANS" or "EWENS," both of which also appear in the work?

In this connection we would ask those who consult this volume not to lay it aside immediately as useless if they fail to discover at the first glance under their modern spellings the surnames in which they are interested. Many Lancashire registers print names such as "PARKER," "PARKINSON," etc., as "PKER," "PKINSON," etc. Names commencing with "H" followed by a vowel may be looked for without that elusive "H" and under each of the vowels.

In conclusion, we would thank the many who have so kindly written us letters of congratulation, especially those who have told us that the first volume has assisted them in their genealogical researches and the few who have facilitated our work on the present work by generously lending us volumes of printed registers. Messrs. Edson Salisbury Jones and G. P. Townend, as well as those mentioned in our former Preface, have been most helpful.

7, Evelyn Mansions,
  Queen's Club Gardens,
    West Kensington,
      LONDON, W.

F. K. HITCHING.
S. HITCHING.

KEY TO COUNTIES

B.	= Buckinghamshire.	LI.	= Lincolnshire.
BD.	= Bedfordshire.	M.	= Middlesex.
BE.	= Berkshire.	N.	= Norfolk.
C.	= Cornwall.	NH.	= Northamptonshire.
CA.	= Cambridgeshire.	NO.	= Nottinghamshire.
CH.	= Cheshire.	NU.	= Northumberland.
CU.	= Cumberland.	O.	= Oxfordshire.
D.	= Derbyshire.	R.	= Rutlandshire.
DE.	= Devon.	S.	= Shropshire.
DO.	= Dorset.	SF.	= Suffolk.
DU.	= Durham.	SO.	= Somerset.
E.	= Essex.	SS.	= Sussex.
G.	= Gloucestershire.	ST.	= Staffordshire.
H.	= Herefordshire.	SU.	= Surrey.
HA.	= Hampshire.	W.	= Warwickshire.
HE.	= Hertfordshire.	WE.	= Westmorland.
K.	= Kent.	WI.	= Wiltshire.
L.	= London.	WO.	= Worcestershire.
LA.	= Lancashire.	Y.	= Yorkshire.
LE.	= Leicestershire.		

LIST OF PARISHES INDEXED

BEDFORDSHIRE

BD. 1. — Haynes, formerly Hawnes.   Ed. & pub. by Wm. Brigg, B.A., 1891.

BERKSHIRE

BE.	1.	— Upton, *J. F. Fry.*	Parish Register Society, Vol. 8, 1897.
BE.	2.	— Bisham, *E. Powell.*	,, ,, ,, 15, 1898.
BE.	3.	— Welford and Whickham, *C. W. Empson.*	Cowper Press, Olney, 1892.
BE.	4.	— Reading, St. Mary, *G. P. Crauford.*	Bradley & Sons, 1892.
BE.	5.	— Didcot, *G. F. T. Sherwood.*	In Berks "Notes and Queries," July, 1890-April, 1891.
*BE.	6.	— Wantage, *Wm. Pumfrey.*	Berks Parish Registers, Vol. 1. 1908.
*BE.	7.	— Yattenden, *Mrs. Hautenville Cope.*	Berks, Bucks, & Oxon Jour., Vol. 7, 1901.
*BE.	8.	— Bradfield, ,,	,, ,, ,, 8-9, 1902-3.

BUCKINGHAMSHIRE

B.	1.	— Chesham, *J. W. Garratt Pegge.*	Elliot Stock & Co., London, 1904.
B.	2.	— Walton, *W. Bradbrook, M.R.C.S.*	Bucks Parish Register Society, Vol. 1, 1901.
B.	3.	— Thornton.	,, ,, ,, ,, 2, 1903.
B.	4.	— Great Marlow, *A. H. Cocks, M.A., F.S.A.*	,, ,, ,, ,, 3, 1904.
B.	5.	— Stoke Poges, *E. Lionel Reynolds.*	,, ,, ,, ,, 9, 1909.
B.	5½.—	Stoke Poges, *Thos. Gurney.*	Bucks Parish Registers, Vol. 4, 1908.
B.	6.	— Woughton-on-the-Green, *W. Bradbrook, M.R.C.S.*	Bucks Par. Reg. Soc., Vol. 5.
B.	7.	— Westbury.	,, ,, ,,
B.	7½.—	Westbury, *Rev. R. Ussher.*	Bucks Parish Registers, Vol. 3, 1907.
B.	8.	— Stewkley, *Rev. R. B. Dickson.*	Eben. Putnam Co., Salem, Mass., U.S.A., 1897.
B.	9.	— Cholesbury, *Rev. F. W. Ragg, M.A.*	Bucks Parish Registers, Vol. 1, 1902.
B.	10.	— Edlesborough, ,,	,, ,, ,, ,,
B.	11.	— Mentmore, *Ven. C. S. Grubbe.*	,, ,, ,, ,,
*B.	12.	— Hawridge, *Rev. F. W. Ragg, M.A.*	,, ,, ,, ,,
*B.	13.	— Masworth or Marsworth, ,,	,, ,, ,, ,,
*B.	14.	— Soulbury, ,,	,, ,, ,, ,,
*B.	15.	— Wendover, ,,	,, ,, ,, Vol. 2, 1904.
*B.	16.	— Hormead or Hardmead, *Miss E. E. B. Green.*	,, ,, ,, ,,
B.	17.	— Ivinghoe, *Rev. F. W. Ragg, M.A.*	,, ,, ,, ,,
B.	18.	— Aston Clinton, ,,	,, ,, ,, ,,
B.	19.	— Wing, *Rev. F. H. Tatham.*	,, ,, ,, Vol. 3, 1907.
B.	20.	— Stone, *Rev. F. G. Gurney.*	,, ,, ,, ,,
*B.	21.	— Linslade, ,,	,, ,, ,, ,,
B.	22.	— Amersham, *Thos. Gurney.*	,, ,, ,, Vol. 4, 1908.
B.	23.	— Chenies, *Rev. Reg. Shann.*	,, ,, ,, ,,
B.	24.	— Chalfont, St. Peter, *Thos. Gurney.*	,, ,, ,, ,,
*B.	25.	— ,, St. Giles, ,,	,, ,, ,, ,,
*B.	26.	— Hedgerley, ,,	,, ,, ,, ,,
*B.	27.	— Hitcham, ,,	,, ,, ,, Vol. 5, 1909.
*B.	28.	— Dorney, ,,	,, ,, ,, ,,
*B.	29.	— Turville, *Rev. Michael Graves.*	,, ,, ,, Vol. 6, 1910.
B.	30.	— Great Hampden, *E. A. Ebblewhite.*	Mitchell & Hughes, London, 1888.
*B.	31.	— Chicheley, *Rev. Campbell Lock.*	Bucks Parish Registers, Vol. 3, 1907.

CAMBRIDGESHIRE

CA. 1. — Cambridge, St. Edward, *C. J. B. Gaskoin, M.A., & Rev. E. Young.*   Cambs Parish Registers, Vol. 1, 1907.

REFERENCES TO ENGLISH SURNAMES, 1601

*CA. 2.	— Fen Drayton, *Rev. E. Young*,	Cambs Parish Registers, Vol. 1, 1907.
*CA. 3.	— Knapwell, ,,	,, ,, ,, ,, ,,
CA. 4.	— Cambridge, St. Sepulchre, ,,	,, ,, ,, Vol. 2, 1908.
*CA. 5.	— Swavesey, ,,	,, ,, ,, ,, ,,
CA. 6.	— Over, ,,	,, ,, ,, ,, ,,
CA. 7.	— Oakington.	,, ,, ,, Vol. 3, 1909.
*CA. 8.	— Girton.	,, ,, ,, ,, ,,
CA. 9.	— Cambridge, St. Botolph, *Rev. E. Young.*	,, ,, ,, ,, ,:
*CA. 10.	— Madingley.	,, ,, ,, ,, ,,
CA. 11.	— Toft.	,, ,, ,, ,, ,,
CA. 12.	— Cambridge, St. Michael, *John Venn, Sc.D.*	Cambs Antiquary Society, Vol. 25, 1891.
*CA. 13.	— Rampton, *C. H. Evelyn White.*	Cambs & Hunts Antiq. Soc., Vol. 1, 1904.

CHESHIRE

CH. 1.	— Stockport, *E. W. Bulkeley, F.R.H.S.*	Swain & Co., Stockport, 1889.
CH. 2.	— Prestbury, *Jas. Croston.*	Lancs & Ches. Record Soc., Vol. 5, 1881.
*CH. 3.	— Heswall, *Rev. T. H. May, M.A.*	Billing & Sons, Guildford, 1897.
CH. 4.	— Eastham, *F. Sanders, M.A.*	Mitchell & Hughes, London, 1891.
CH. 5.	— Frodsham, (T.) *Rev. Edmund Jermyn.* (E.) *S. Thornely.*	The Courant Press, Chester, 1908.
CH. 6.	— Bebington, *F. Sanders, M.A., & W. F. Irvine.*	Liverpool, 1897.
*CH. 7.	— Bidstone, *W. F. Irvine.*	In Wirral " Notes and Queries," 1893.
*CH. 8.	— Chester, St. Oswald.	Pub. in " Cheshire Sheaf," 3rd Ser., Vol. 2, 1898.

CORNWALL

C. 1.	— St. Breward, *Rev. Thos. Taylor, M.A.*	Cornwall Parish Registers, Vol. 1, 1900.
C. 2.	— Lanteglos by Camelford, ,,	,, ,, ,, ,, ,, ,,
C. 3.	— Michaelstow, ,,	,, ,, ,, ,, ,, ,,
C. 4.	— St. Teath, *Rev. Thos. Taylor, M.A., & Mr. Gervey Crylls.*	,, ,, ,, ,, ,, ,,
C. 5.	— Tintagel, *Rev. Thos. Taylor, M.A.*	,, ,, ,, Vol. 2, 1902.
C. 6.	— St. Tudy, ,,	,, ,, ,, ,, ,, ,,
C. 7.	— St. Just-in-Penwith, ,,	,, ,, ,, Vol. 3, 1903.
C. 8.	— Sheviocke, *Rev. G. Pole-Carew & Mr. A. J. Jewers.*	,, ,, ,, Vol. 4, ,,
C. 9.	— Blisland, *R. M. Glencross, M.A.*	,, ,, ,, ,, ,, ,,
C. 10.	— St. Minver, *Mrs. Glencross.*	,, ,, ,, ,, ,, ,,
C. 11.	— St. Breage, *Mrs. Jocelyn Barnes.*	,, ,, ,, Vol. 5, ,,
C. 12.	— Ludgvan, *Rev. Thos. Taylor, M.A.*	,, ,, ,, ,, ,, ,,
C. 13.	— Sancreed, *Rev. Thos. Taylor, M.A., & Rev. E. R. Nevill.*	,, ,, ,, ,, ,, ,,
C. 14.	— Egloshayle, *Rev. Thos. Taylor, M.A.*	,, ,, ,, Vol. 6, 1904.
C. 15.	— St. Kew, ,,	,, ,, ,, ,, ,, ,,
C. 16.	— Padstow, *Mrs. Glencross.*	,, ,, ,, ,, ,, ,,
C. 17.	— Warleggan, ,,	,, ,, ,, ,, ,, ,,
C. 18.	— St. Sampson (Golant), *Mrs. Glencross.*	,, ,, ,, ,, ,, ,,
C. 19.	— Mawnan, *C. F. Cole, J.P.*	,, ,, ,, Vol. 7, ,,
C. 20.	— Fowey, *Rev. Thos. Taylor, M.A.*	,, ,, ,, Vol. 8, 1905.
C. 21.	— Paul, *Rev. E. R. Nevill.*	,, ,, ,, Vol. 9, 1906.
C. 22.	— St. Ewe, *Rev. Thos. Taylor, M.A.*	,, ,, ,, Vol. 10, ,,
*C. 23.	— Lanlivery, *Mrs. Glencross.*	,, ,, ,, ,, ,, ,,
C. 24.	— Menheniot, *Rev. C. E. Hammond, M.A.*	,, ,, ,, ,, ,, ,,
C. 25.	— Bodmin, *Mrs. Glencross.*	,, ,, ,, Vol. 11, 1907.
C. 26.	— Lezant, *Rev. Thos. Taylor, M.A.*	,, ,, ,, ,, ,, ,,
C. 27.	— Gwinear, ,,	,, ,, ,, Vol. 12, ,,
C. 28.	— St. Gluvias, *Chas. F. Cole, J.P.*	,, ,, ,, Vol. 13, ,,
C. 29.	— St. Columb Minor, *Dr. Wm. J. Stephens.*	,, ,, ,, Vol. 14, 1909.

LIST OF PARISHES INDEXED

C.	30. — St. Issey, *Mrs. Glencross.*	Cornwall Parish Registers, Vol. 14, 1909.
C.	31. — St. Mawgan in Meneage, *Rev. Thos. Taylor, M.A.*	,, ,, ,, ,, ,, ,,
C.	32. — Wendron, *Chas. F. Cole, J.P.*	,, ,, ,, Vol. 15, ,,
C.	33. — Constantine, ,,	,, ,, ,, ,, ,, ,,
C.	34. — Perranuthnoe, *Rev. Thos. Taylor, M.A.*	,, ,, ,, ,, ,, ,,
*C.	35. — St. Ervan, *Dr. Wm. J. Stephens.*	,, ,, ,, Vol. 16, ,,
C.	36. — Newlyn-in-Pydar, *Dr. Wm. J. Stephens.*	,, ,, ,, ,, ,, ,,
C.	37. — St. Columb Major, *A. J. Jewers, F.S.A.*	Mitchell & Hughes, London, 1881.
C.	38. — Redruth, *T. C. Peter.*	Hoblyn & Taylor, Redruth, 1894.
C.	39. — Gulval, *G. B. Millett & W. Bolitho.*	Beare & Son, Penzance, 1893.
C.	40. — Madron, *G. B. Millett.*	,, ,, 1877.
*C.	41. — Boyton.	Cornwall Parish Registers, Vol. 17, 1910.
*C.	42. — St. Mellion.	,, ,, ,, ,, ,, ,,
*C.	43. — Morwinstow.	,, ,, ,, ,, ,, ,,
*C.	44. — Pillaton.	,, ,, ,, ,, ,, ,,

CUMBERLAND

Cu.	1. — Dalston.	Ed. & pub. by Rev. J. Wilson, M.A., 1892.
Cu.	2. — Kirkoswald, *Canon J. J. Thornley, M.A.*	1901.
*Cu.	3. — Watermillock, *Rev. Hector Maclean.*	Titus Wilson, Kendal, 1908.

DERBYSHIRE

D.	1. — Norton.	Ed. & pub. by L. Lloyd Simpson, 1908.
*D.	2. — Norton, *L. Lloyd Simpson.*	Derbyshire Parish Registers, Vol. 4, 1909.
D.	3. — Sandiacre, *Rev. R. J. Burton.*	,, ,, ,, Vol. 1, 1906.
D.	4. — Church Broughton, *Rev. A. M. Auden.*	,, ,, ,, ,, ,,
D.	5. — Allestree, *Hon. F. Strutt.*	,, ,, ,, ,, ,,
*D.	6. — Duffield, *Rev. J. C. P. Aldous.*	,, ,, ,, Vol. 2, 1907.
*D.	7. — Derby, St. Alkmund, *L. Lloyd Simpson & George Bailey.*	,, ,, ,, Vol. 4, 1908.
*D.	8. — Morton, *L. Lloyd Simpson.*	,, ,, ,, Vol. 5, 1909.
D.	9. — Derby St. Peter, *L. Lloyd Simpson & George Bailey.*	,, ,, ,, Vol. 6, 1909.
D.	10. — Chellaston, *L. Lloyd Simpson & E. B. Smith.*	,, ,, ,, ,, ,,
*D.	11. — Ilkeston, *L. Lloyd Simpson.*	,, ,, ,, Vol. 7, 1910.
*D.	12. — Horsley, ,,	,, ,, ,, ,, ,,

DEVON

De.	1. — Clyst St. George, *Rev. J. L. Gibbs, M.A.*	Par. Reg. Soc., Vol. 25, 1899.
De.	2. — Barnstaple, *Thos. Wainwright.*	Commin, Exeter, 1903.
*De.	3. — Uffculme, *Rev. Preb. Howard.*	Devonshire Parish Registers, Vol. 1, 1909.
De.	4. — Parkham, *J. I. Dredge.*	Devon & Cornwall Record Soc., 1906.
De.	5. — Exeter Cathedral.	,, ,, ,, ,, ,,
*De.	6. — Fen Ottery, *Rev. F. B. Dickenson, M.A.*	Devon. Assoc., Vol. 33, 1901.

DORSET

Do.	1. — Beer Hacket, *E. A. Fry.*	Parish Register Society, Vol. 3, 1896.
Do.	2. — Almer ,,	,, ,, ,, Vol. 56, 1907.
Do.	3. — Tarrant Hinton, *A. S. Newman.*	,, ,, ,, Vol. 44, 1902.
Do.	4. — Lydlinch, *Rev. C. H. Mayo, M.A., & the late F. G. Henley, M.A.*	,, ,, ,, Vol. 17, 1899.
Do.	5. — Powerstock & West Milton, *Rev. E. Nevill, B.A.*	Dorset Parish Registers, Vol. 1, 1906.
*Do.	6. — Cattistock, *Rev. E. Nevill, B.A.*	,, ,, ,, ,, ,,
Do.	7. — Symondsbury, ,,	,, ,, ,, Vol. 2, 1907.

REFERENCES TO ENGLISH SURNAMES, 1601

Do. 8.	— Allington, *Rev. E. B. Nevill, M.A.*	Dorset Parish Registers, Vol. 2, 1907.
Do. 9.	— Thorncombe, ,,	,, ,, ,, ,, ,,
Do. 10.	— Broadwinsor, ,,	,, ,, ,, Vol. 3, 1908.
*Do. 11.	— Burstock, ,,	,, ,, ,, Vol. 4, 1909.
Do. 12.	— Maiden Newton, ,,	,, ,, ,, ,, ,,
Do. 13.	— South Perrott & Mosterton, *Rev. E. Nevill, B.A.*	,, ,, ,, ,, ,,
Do. 14.	— North Wootton, *Rev. C. H. Mayo, M.A.*	Privately printed, N.D.
Do. 15.	— Sturminster Marshall, *Miss Edith Hobday.*	In " Dorset Records," 1901.
Do. 16.	— Long Burton, *Rev. C. H. Mayo, M.A.*	,, ,, ,, Vol. 1, 1894.
Do. 17.	— Holnest, ,,	,, ,, ,, ,, ,,
*Do. 18.	— Caundle Bishop, ,,	,, ,, ,, ,, ,,
*Do. 19.	— Coombe Keynes, & Wool, *Maj.-Gen. W. H. Smith.*	"Genealogist," N.S., Vols. 7-8, 1891-2.

DURHAM

Du. 1.	— Whitburn, *H. M. Wood, B.A.*	Dur. & North. P.R.S., Vol. 10, 1904.
Du. 2.	— Bishop Middleham, *R. Peacock.*	,, ,, ,, ,, Vol. 13, 1906.
Du. 3.	— Ryton, *Rev. Johnson Baily.*	,, ,, ,, ,, Vol. 6, 1902.
Du. 4.	— Durham, St. Margaret, *Rev. H. Roberson, M.A.*	,, ,, ,, ,, Vol. 9, 1904.
*Du. 5.	— Whickham (Baptisms), *H. M. Wood, B.A.*	Privately printed, 1909.
Du. 6.	— Whickham (Marriages), ,,	Dur. & North. P.R.S., Vol. 1, 1898.
Du. 7.	— Gainford, *Rev. J. Eldeston, M.A.*	Elliott Stock & Co., 1889-90.
*Du. 8.	— Durham, St. Mary, *H. M. Wood, B.A.*	Dur. and North. P.R.S., Vol. 17, 1908.
*Du. 9.	— Coniscliffe, (E.), *H. M. Wood, B.A., & (T.) Miss Edleston.*	,, ,, ,, ,, Vol. 18, 1908.
Du. 10.	— Durham, St. Oswald, *Rev. A. W. Headlam.*	Caldcleugh, Durham, 1891.
Du. 11.	— Esh, *Rev. W. S. White.*	Soc. of Antiquaries, Newcastle, 1896.

ESSEX

E. 1.	— Toppesfield, *Rev. H. B. Barnes & Philip Morant.*	Merrill Press, Topsfield, Mass., U.S.A., 1905.
E. 2.	— Theydon Mount, *J. J. Howard & H. F. Burke.*	London, 1891.
E. 3.	— Little Wigborough, *Mrs. N. A. F. Stephenson.*	1905.
E. 4.	— Great Wigborough, *Mrs. N. A. F. Stephenson.*	1905.
E. 5.	— Stifford.	Edited & published by F. A. Crisp, 1885.
E. 6.	— Ongar.	,, ,, ,, ,, 1886.
E. 7.	— Bobbingworth.	,, ,, ,, ,, 1888.
E. 8.	— Lambourne.	,, ,, ,, ,, 1890.
E. 9.	— Moreton.	,, ,, ,, ,, 1891.
E. 10.	— Stapleford Tawney.	,, ,, ,, ,, 1892.
E. 11.	— Greensted.	,, ,, ,, ,, 1892.
E. 12.	— Fyfield.	,, ,, ,, ,, 1896.
E. 13.	— Moze.	,, ,, ,, ,, 1899.
E. 14.	— Beaumont.	,, ,, ,, ,, 1899.
E. 15.	— Stock Harward, *E. P. Gibson.*	Mitchell & Hughes, 1881.
E. 16.	— Bocking.	Edited and published by J. J. Goodwin, 1903.
*E. 17.	— Boxted, *Neville Sturt.*	Essex Parish Registers, Vol. 1, 1909.
*E. 18.	— Great Horkesley, ,,	,, ,, ,, ,, ,,
*E. 19.	— Little Horkesley, ,,	,, ,, ,, ,, ,,
*E. 20.	— Wormingford, *Neville Sturt & Miss Chilton.*	,, ,, ,, ,,

LIST OF PARISHES INDEXED

*E. 21. — Navestock, *Neville Sturt.*   Essex Parish Registers, Vol. 1, 1909.
*E. 22. — Margaret Roding, *G. H. Johnston.*   "Genealogist," N.S., Vols. 6, 7, 9, 1891.

GLOUCESTERSHIRE

G.	1.	— King's Stanley, *the late T. W. Cattell, M.R.C.S.E., & Rev. C. H. Clutterbuck.*	Gloucestershire Par. Registers, Vol. 1, 1896.			
G.	2.	— Quedgeley, *Rev. E. L. Bryans & Rev. W. Symonds.*	,,	,,	,,	,, ,,
G.	3.	— Rendcombe, *Rev. G. A. E. Kempson.*	,,	,,	,,	,, ,,
G.	4.	— Leonard Stanley, *Mr. R. D. Jones.*	,,	,,	,,	Vol. 2, 1897.
G.	5.	— Stonehouse, ,,	,,	,,	,,	,, ,,
G.	6.	— Stinchcombe, *Rev. R. C. Lynch Blosse.*	,,	,,	,,	,, ,,
G.	7.	— Stone, *the late Rev. C. Cripps.*	,,	,,	,,	Vol. 3, 1898.
G.	8.	— Mickleton, *Mr. S. G. Hamilton.*	,,	,,	,,	,, ,,
G.	9.	— Aston Subedge, ,,	,,	,,	,,	,, ,,
G.	10.	— Matson, *Rev. Wm. Baseley.*	,,	,,	,,	,, ,,
G.	11.	— Bishop's Cleeve, *Mr. S. J. Madge.*	,,	,,	,,	,, ,,
G.	12.	— Charlton King's, ,,	,,	,,	,,	,, ,,
G.	13.	— Dorsington, *Rev. J. Harvey Bloom.*	,,	,,	,,	,, ,,
G.	14.	— Kemerton, *Rev. J. J. Mercier.*	,,	,,	,,	Vol. 4, 1898.
G.	15.	— Buckland, *Rev. J. Harvey Bloom.*	,,	,,	,,	,, ,,
G.	16.	— Preston-upon-Stour, ,,	,,	,,	,,	,, ,,
G.	17.	— Stanton, ,,	,,	,,	,,	,, ,,
G.	18.	— Snowshill, ,,	,,	,,	,,	,, ,,
G.	19.	— Guiting Power, ,,	,,	,,	,,	,, ,,
G.	20.	— Batsford, ,,	,,	,,	,,	Vol. 6, 1900.
G.	21.	— Beverston, *Rev. W. Symonds, M.A.*	,,	,,	,,	,, ,,
G.	22.	— Standish, ,,	,,	,,	,,	,, ,,
G.	23.	— Quinton, *Rev. J. Harvey Bloom.*	,,	,,	,,	,, ,,
*G.	24.	— Stinchcombe, *Rev. R. C. Lynch Blosse.*	,,	,,	,,	,, ,,
G.	25.	— Cheltenham, *Mr. S. J. Madge.*	,,	,,	,,	Vol. 7, 1901.
G.	26.	— Painswick, *the late Mr. U. J. Davis, Mr. C. T. Davis, & Mr. W. St. C. Baddeley.*	,,	,,	,,	Vol. 8, 1902.
G.	27.	— Cam, *Rev. E. T. Griffiths.*	,,	,,	,,	,, ,,
G.	28.	— Winchcombe, *Mr. T. C. Webb.*	,,	,,	,,	Vol. 9, 1903.
G.	29.	— Shipton Moyne, *Rev. W. Symonds, M.A.*	,,	,,	,,	,, ,,
G.	30.	— Kingswood, *Mr. V. R. Perkins.*	,,	,,	,,	,, ,,
G.	31.	— Avening, *Rev. E. W. Edwards.*	,,	,,	,,	Vol. 10, 1905.
G.	32.	— Minchinhampton, *Rev. W. Symonds, M.A., & Rev. E. L. Bryans.*	,,	,,	,,	Vol. 11, ,,
G.	33.	— Oldbury-on-the-hill, *Rev. W. Symonds, M.A.*	,,	,,	,,	,, ,,
G.	34.	— Horsley, ,,	,,	,,	,,	Vol. 12, 1906.
G.	35.	— Cherrington, *Rev. J. N. Bromehead & Rev. C. Marriott.*	,,	,,	,,	,, ,,
G.	36.	— Edgworth, *Rev. W. Symonds, M.A.*	,,	,,	,,	,, ,,
G.	37.	— Horton, *Miss O. M. Begbie.*	,,	,,	,,	Vol. 13, 1908.
G.	38.	— Great Badminton, *Rev. F. Tower.*	,,	,,	,,	,, ,,
G.	39.	— Eastington, *Rev. W. Symonds, M.A.*	,,	,,	,,	,, ,,
G.	40.	— Frocester, ,,	,,	,,	,,	Vol. 14, ,,
G.	41.	— Olveston, *Rev. J. E. Vernon.*	,,	,,	,,	,, ,,
G.	42.	— Ashchurch, *Rev. J. W. Rusling.*	,,	,,	,,	,, ,,
G.	43.	— Thornbury, *Rev. W. Symonds, M.A., & Miss Commeline.*	,,	,,	,,	Vol. 15, 1909.
G.	44.	— Oldbury-on-Severn, *Rev. W. Symonds, M.A.*	,,	,,	,,	,, ,,
G.	45.	— Ampney Crucis, *Rev. T. C. Johnson.*	,,	,,	,,	,, ,,

REFERENCES TO ENGLISH SURNAMES, 1601

G.	47.	— Marshfield.	Edited and published by F. A. Crisp, 1893.	
G.	48.	— Syston, *H. B. McCall.*	Gloucester Notes and Queries, Vol. 3.	
G.	49.	— Bitton, *P. W. P. Carlyon-Britton, F.S.A.*	Parish Register Society, Vol. 32, 1900.	
G.	50.	— Hanham & Oldland.	,, ,, ,,	
G.	51.	— Pebworth, *Rev. T. P. Wadley, M.A.*	Gloucester Notes and Queries, Vol. 1, 1881.	
*G.	52.	— Maisemore, *Conway Dighton.*	,, ,, ,, ,, Vol, 4, 1890.	

HAMPSHIRE

HA.	1.	— Hurstbourne Tarrant, *W. P. W. Phillimore.*	Hampshire Parish Registers, Vol. 1, 1899.	
HA.	2.	— Bramley, *Mr. S. Andrews.*	,, ,, ,, ,, ,,	
HA.	3.	— Dummer, ,,	,, ,, ,, ,, ,,	
HA.	4.	— Wootton, St. Lawrence, *W. P. W. Phillimore & Rev. C. S. Ward.*	,, ,, ,, ,, ,,	
*HA.	5.	— Faccombe, *W. P. W. Phillimore & Rev. F. H. Harding.*	,, ,, ,, Vol. 2, 1900.	
*HA.	6.	— Aldershot, *Rev. C. D. Stooks.*	,, ,, ,, ,, ,,	
HA.	7.	— Eversley, ,,	,, ,, ,, Vol. 3, 1901.	
HA.	8.	— Winchester Cathedral, *Mr. Chitty.*	,, ,, ,, Vol. 4, 1902.	
HA.	9.	— Winchester, St. Swithin's, *Rev. F. T. Madge, M.A.*	,, ,, ,, ,, ,,	
HA.	10.	— Crondall, *Rev. C. D. Stooks.*	,, ,, ,, ,, ,,	
HA.	11.	— Stratfieldsaye, *Rev. H. G. Monroe.*	,, ,, ,, Vol. 5, 1903.	
HA.	12.	— Odiham, *Rev. W. H. Windle.*	,, ,, ,, Vol. 6, 1904.	
HA.	13.	— South Warnborough, *Rev. C.D. Stooks.*	,, ,, ,, ,, ,,	
*HA.	14.	— Heckfield, *Mr. S. Andrews.*	,, ,, ,, ,, ,,	
HA.	15.	— Eling, *Rev. T. Thistle.*	,, ,, ,, Vol. 7, 1905.	
HA.	16.	— Westmeon, *Rev. Canon Benham.*	,, ,, ,, ,, ,,	
HA.	17.	— Burghclere, *Rev. J. F. Williams.*	,, ,, ,, Vol. 8, 1906.	
*HA.	18.	— Rowner, *Rev. E. S. Prideaux-Brune.*	,, ,, ,, ,, ,,	
HA.	19.	— Stoke Charity, *Rev. F. T. Madge, M.A.*	,, ,, ,, Vol. 9, 1907.	
HA.	20.	— Hartley Wespall, *Mr. S. Andrews.*	,, ,, ,, ,, ,,	
*HA.	21.	— Linkenholt, *W. P. W. Phillimore & Mr. Williams.*	,, ,, ,, ,, ,,	
HA.	22.	— Wonston, *Mr. Williams.*	,, ,, ,, ,, ,,	
HA.	23.	— Bentley, *Mr. S. Andrews.*	,, ,, ,, ,, ,,	
HA.	24.	— Preston Candover, ,,	,, ,, ,, ,, ,,	
HA.	25.	— Weyhill, ,,	,, ,, ,, Vol. 11, 1909.	
HA.	26.	— Kingsworthy, *Rev. F. T. Madge, M.A.*	,, ,, ,, ,, ,,	
HA.	27.	— Boldre, *Rev. J. F. Williams.*	,, ,, ,, ,, ,,	
HA.	28.	— Wellow, *C. W. Empson.*	London, 1889.	
*HA.	29.	— Southampton, Walloon Ch., *H. M. Godfray.*	Huguenot Society, Vol. 4, 1890.	

HEREFORDSHIRE

H.	1.	— Llandinabo, *J. H. Parry, B.A.*	1900.	
H.	2.	— Pencoyd, ,,	,,	
H.	3.	— Fownhope.	Edited & published by F. A. Crisp, 1899.	
*H.	4.	— Fawleye.	,, ,, ,, ,, 1899.	
*H.	5.	— Upton Bishop, *Rev. F. T. Havergal.*	Query " Records of Upton Bishop," 1883.	

HERTFORDSHIRE

HE.	1.	— Great Berkhamsted, *W. P. W. Phillimore & Rev. H. Constable Curtis.*	Hertfordshire Parish Registers, Vol. 1, 1908.	
HE.	2.	— Barley, *Rev. J. Frome Wilkinson.*	,, ,, ,, ,, ,,	
HE.	3.	— Ardeley, or Yardley, *Dr. H. Seager.*	,, ,, ,, Vol. 2, 1909.	
HE.	4.	— Bennington, ,,	,, ,, ,, ,, ,,	
HE.	5.	— Watton, ,,	,, ,, ,, ,, ,,	
HE.	6.	— Datchworth, ,,	,, ,, ,, ,, ,,	

LIST OF PARISHES INDEXED

HE.	7. — Aldenham, *Rev. and Hon. K. F. Gibbs.*	Privately printed, 1902.
HE.	8. — St. Alban's Abbey, *W. Brigg.*	" Herts Genealogist," 1897.
*HE.	9. — Little Hadham.	Edited & published by W. Minet, M.A., F.S.A., 1907.

KENT

K.	1. — Newenden, *Rev. E. Jermyn, M.A.*	Parish Register Society, Vol. 10, 1897.
K.	2. — Broughton-under-Blean, *Rev. J. A. Boodle, M.A.*	,, ,, ,, Vol. 48, 1903.
*K.	3. — Eynsford, *Mr. R. H. E. Hill.*	Kent Parish Registers, Vol. 1, 1910.
*K.	4. — Charlton-in-Dover, *Rev. Sidney F. Green.*	,, ,, ,, ,, ,,
*K.	5. — Westerham, *Lt.-Col. R. J. Fynmore.*	,, ,, ,, ,, ,,
*K.	6. — Lamberhurst, *Rev. J. Langhope.*	,, ,, ,, ,, ,,
K.	7. — Canterbury Cathedral, *R. Hovenden.*	Harleian Society, Vol. 2, 1878.
K.	8. — ,, St. Alphage, *J. M. Cowper.*	" The Canterbury Press," 1889.
K.	9. — ,, St. Dunstan, ,,	,, ,, ,, 1887.
K.	10. — ,, St. George the Martyr,	,, ,, ,, 1891.
K.	11. — ,, St. Mary Magdalene,	,, ,, ,, 1890.
K.	12. — ,, St. Paul, ,,	,, ,, ,, 1893.
K.	13. — ,, St. Peter, ,,	,, ,, ,, 1888.
K.	14. — ,, Walloon Church, *R. Hovenden.*	Huguenot Society, Vol. 5, 1891-8.
K.	15. — Harballdowne, *J. M. Cowper.*	" The Canterbury Press," 1907.
K.	16. — Orpington, *H. C. Kirby.*	Lewisham Antiq. Soc., Vol. 8, 1895.
K.	17. — Lee, *L. L. Duncan & A. O. Barron.*	,, ,, ,, Vol. 2, 1888.
K.	18. — Birchington.	Edited & published by F. A. Crisp, 1899.
K.	19. — Elmstone.	,, ,, Rev. C. H. Wilkie, M.A., 1891.
K.	20. — Chislet, *R. Hovenden.*	Mitchell and Hughes, London, 1887.
K.	21. — Kingston, St. Giles, *Rev. C. H. Wilkie, M.A.*	*Herald* Office, Brighton, 1893.
K.	22. — Wymyngeweld, ,,	" The Canterbury Press," 1898.
K.	23. — Beakesbourne, ,,	,, ,, ,, 1896.
*K.	24. — Lewisham, *L. L. Duncan.*	Lewisham Antiquary Society, Vol. 4, 1891.
K.	25. — St. Lawrence-in-Thanet, *Rev. C. H. Wilkie, M.A.*	" The Canterbury Press," 1902.
K.	26. — Maidstone.	Ed. & pub. by Rev. J. Cave-Browne, 1890.

LANCASHIRE

LA.	1. — Bury, *Rev. W. J. Lowenburg & Hy. Brierley.*	Lancashire Parish Register Society, Vol. 1, 1898.
LA.	2. — Burnley, *Wm. Farrar.*	,, ,, ,, ,, Vol. 2, 1899.
LA.	3. — Whittingdon, *Miss Fanny Wrigley & T. H. Winder.*	,, ,, ,, ,, Vol. 3, 1899.
LA.	4. — Wigan, *Jos. Arrowsmith.*	,, ,, ,, ,, Vol. 4, 1899.
LA.	5. — Walton-on-the-Hill, *Arthur Smith, B.A., LL.B.*	,, ,, ,, ,, Vol. 5, 1900.
LA.	6. — Croston, *Col. H. Fishwick, F.S.A.*	,, ,, ,, ,, Vol. 6, 1900.
LA.	7. — Didsbury, St. James, *H. T. Crofton & Rev. E. A. Tindall, M.A.*	,, ,, ,, ,, Vol. 8-9, 1900-1.
LA.	8. — Brindle, *Rev. K. Jacques, M.A., & Hy. Brierley.*	,, ,, ,, ,, Vol. 11, 1901.
LA.	9. — Middleton, *Giles Shaw, F.S.A.*	,, ,, ,, ,, Vol. 12, 1902.
LA.	10. — Ormskirk, *Jos. Arrowsmith.*	,, ,, ,, ,, Vol. 13, 1902.
LA.	11. — Chipping, *Alice Brierley.*	,, ,, ,, ,, Vol. 14, 1903.
LA.	12. — Padiham, *John A. Laycock.*	,, ,, ,, ,, Vol. 16, 1903.
LA.	13. — Colne, *T. B. Eckroyd.*	,, ,, ,, ,, Vol. 17, 1904.
LA.	14. — Poulton-le-Fylde, *W. E. Robinson.*	,, ,, ,, ,, Vol. 19, 1904.

La. 15.	— Cockerham, *Mrs. Hy. Brierley, Mr. Arrowsmith, Dr. Hodder, & Miss Wrigley.*		Lancashire Parish Register Society, Vol. 21, 1904.		
La. 16.	— Upholland, *Alice Brierley.*		,, ,, ,, ,, Vol. 23, 1905.		
La. 17.	— Eccles, *A. E. Hodder, M.B., B.C.*		,, ,, ,, ,, Vol. 25, 1906.		
La. 18.	— Ribchester, *J. Arrowsmith.*		,, ,, ,, ,, Vol. 26, 1906.		
La. 19.	— Cartmel, *Hy. Brierley.*		,, ,, ,, ,, Vol. 28, 1907.		
La. 20.	— Aldingham, *H. S. Cowper.*		,, ,, ,, ,, Vol. 30, 1907.		
La. 21.	— Manchester Cath., *E. Axon.*		,, ,, ,, ,, Vol. 31, 1908.		
La. 22.	— Lancaster, *Hy. Brierley.*		,, ,, ,, ,, Vol. 32, 1908.		
La. 23.	— Bispham, *W. E. Robinson.*		,, ,, ,, ,, Vol. 33, 1908.		
La. 24.	— Rochdale, *Col. H. Fishwick, F.S.A.*		James Clegg, Rochdale, 1888-9.		
La. 25.	— Hawkshead, *H. S. Cowper.*		Bemrose and Sons, London, 1897.		
La. 26.	— Ulverston, *Rev. C. W. Bardsley, M.A., & Rev. L. R. Ayre, M.A.*		J. Atkinson, Ulverston, 1886.		
La. 27.	— Leigh, *T. H. Stanning, M.A.*		Privately printed, 1882.		
*La. 28.	— Oldham,		Edited & published by Giles Shaw, F.R.H.S., 1887-9.		
*La. 29.	— Stretford, *H. T. Crofton.*		Cheetham Society, N.S., Vol. 42, 1899.		

LEICESTERSHIRE

Le. 1.	— Leicester, St. Mary.		Parish Register Society.		
Le. 2.	— Bottesford, *T. M. Blagg,*		Leicestershire Parish Registers, Vol. 1, 1908.		
Le. 3.	— Muston, *T. M. Blagg & Rev. Charles Furnival.*		,, ,, ,, ,, ,,		
Le. 4.	— Twyford-cum-Thorpe-Satchville, *Thos. Randall.*		,, ,, ,, ,, ,,		
Le. 5.	— Coston, *Rev. J. Denny Gedge.*		,, ,, ,, ,, ,,		
Le. 6.	— Scraptoft, *Henry Hartopp.*		,, ,, ,, ,, ,,		
Le. 7.	— Gaddesby, *Thos. Randall*		,, ,, ,, ,, ,,		
*Le. 8.	— Ab-Kettelby-cum-Holwell, *Rev. T. C. Hughes.*		,, ,, ,, Vol. 2, 1909.		
*Le. 9.	— Scalford, *Thos. Randall.*		,, ,, ,, ,, ,,		
*Le. 10.	— Evington, *Hy. Hartopp.*		,, ,, ,, ,, ,,		
*Le. 11.	— Rotherby, *Thos. Randall.*		,, ,, ,, ,, ,,		
*Le. 12.	— Hoby, ,,		,, ,, ,, ,, ,,		
*Le. 13.	— Barkby, *Hy. Hartopp.*		,, ,, ,, ,, ,,		
*Le. 14.	— Somerby, *Rev. G. E. Britten.*		,, ,, ,, ,, ,,		
*Le. 14a.—	Somerby, *Rev. G. G. D. Fletcher, M.A.*		Leicester Architectural & Archæological Soc., Vol. 5, 1882.		
*Le. 15.	— Freeby, *Hy. Hartopp.*		Leicestershire Parish Registers, Vol. 3, 1910.		
*Le. 16.	— Great Dalby, ,,		,, ,, ,, ,, ,,		
*Le. 17.	— Little Dalby, ,,		,, ,, ,, ,, ,,		
Le. 18.	— Leicester, St. Nicholas, *Rev. T. W. Owen.*		Leicester Architectural & Archæological Soc., Vols. 6 & 7.		
*Le. 19.	— Shackerstone, *Rev. W. H. Alnutt.*		Leicester Architectural & Archæological Soc., Vols. 6 & 7.		

LINCOLNSHIRE

Li. 1.	— Haydor.		Parish Register Society, Vol. 9, 1897.		
Li. 2.	— Coleby, *Rev. W. F. D. Curtoys, M.A.*		,, ,, ,, Vol. 48, 1903.		
Li. 3.	— Doddington-Pigot, *Rev. R. E. G. Cole, M.A.*		,, ,, ,, Vol. 14, 1898.		
Li. 4.	— Horncastle, *J. C. Hudson.*		W. K. Morton, Horncastle, 1892.		
Li. 5.	— Spalding, *Ashley K. Maples.*		Lincolnshire Parish Registers, Vol. 1, 1905.		
Li. 6.	— Allington, West, *Rev. M. B. Wynne.*		,, ,, ,, Vol. 2, 1907.		
Li. 7.	— Allington, East, *T. M. Blagg, F.S.A.*		,, ,, ,, ,, ,,		
Li. 8.	— Sedgebrook, *Rev. M. B. Wynne.*		,, ,, ,, ,, ,,		
*Li. 9.	— Pinchbeck, *Ashley K. Maples.*		,, ,, ,, ,, ,,		
*Li. 10.	— Fleet (Transcripts), *Henry Peet, F.S.A.*		,, ,, ,, ,, ,,		
Li. 11.	— Surfleet, *Rev. C. W. Foster & Ashley K. Maples.*		,, ,, ,, Vol. 3, 1908.		

LIST OF PARISHES INDEXED

Li. 12. — Swinderby, *Rev. R. E. G. Cole, M.A.*	Lincolnshire Parish Registers, Vol. 3, 1908.
Li. 13. — Norton Disney, ,,	,, ,, ,, ,, ,,
Li. 14. — North Scarle, ,,	,, ,, ,, ,, ,,
*Li. 15. — South Kelsey, St. Mary, *Rev. H. C. Brewster.*	,, ,, ,, ,, ,,
*Li. 16. — South Kelsey, St. Nicholas, ,,	,, ,, ,, ,, ,,
*Li. 17. — Thurlby, *Rev. R. E. G. Cole, M.A.*	,, ,, ,, ,, ,,
*Li. 18. — Aubourn, *Rev. R. E. G. Cole, M.A.*, & *Rev. J. Potts, M.A.*	,, ,, ,, ,, ,,
*Li. 19. — South Hykeham, *Rev. R. E. G. Cole, M.A.*, & *Rev. J. Young, M.A.*	,, ,, ,, ,, ,,
*Li. 20. — Eagle, *Rev. R. E. G. Cole, M.A.*	,, ,, ,, Vol. 4, 1909.
*Li. 21. — Doddington-Pigot, ,,	,, ,, ,, ,, ,,
*Li. 22. — Skellingthorpe, ,,	,, ,, ,, ,, ,,
*Li. 23. — Bassingham, *Rev. Canon W. A. Matthews, M.A.*	,, ,, ,, ,, ,,
*Li. 24. — Thorpe on the Hill, *Rev. R. E. G. Cole, M.A.*	,, ,, ,, ,, ,,
*Li. 25. — Heckington, *H. T. Summers.*	,, ,, ,, ,, ,,
*Li. 26. — Carlton-le-Moorland, *Rev. R. E. G. Cole, M.A.*	,, ,, ,, ,, ,,
Li. 27. — Great Grimsby.	Ed. & pub. by G. S. Stephenson, M.D., 1889.
Li. 28. — Irby-upon-Humber.	Edited & published by F. A. Crisp, 1890.
*Li. 29. — Kingerby, *A Gibbons, F.S.A.*	"Northern Genealogist," Vol. 1, 1895.

LONDON

L. 1. — St. Peter, Cornhill, *G. W. G. Leveson Gower.*	Harleian Society, Register Section, Vols. 1 and 4, 1877-9.
L. 2. — St. Dionis, Backchurch, *J. Lemuel Chester, LL.D.*	Harleian Society, Register Section, Vol. 3, 1878.
L. 3. — St. Mary, Aldermary, *J. Lemuel Chester, LL.D.*	,, ,, ,, ,, Vol. 5, 1880.
L. 4. — St. Thomas the Apostle, *J. Lemuel Chester, LL.D.*	,, ,, ,, ,, Vol. 6, 1881.
L. 5. — St. Michael, Cornhill, *J. Lemuel Chester, LL.D.*	,, ,, ,, ,, Vol. 7, 1882.
L. 5½.— St. Antholin, Budge Row, *J. Lemuel Chester, LL.D.*	,, ,, ,, ,, Vol. 8, 1883.
L. 6. — St. Martin in the Fields, *Thos. Mason.*	,, ,, ,, ,, Vol. 25, 1898.
L. 7. — St. Vedast, Foster Lane, *W. A. Littledale, M.A.*	,, ,, ,, ,, Vol. 29-30, 1902-3.
L. 8. — St. Helen, Bishopsgate, *W. Bruce Bannerman, F.S.A.*	,, ,, ,, ,, Vol. 31, 1904.
L. 9. — All Hallows, London Wall, *E. B. Jupp, F.S.A.*, & *R. Hovenden.*	Chiswick Press, 1878.
L. 10. — St. Christopher le Stocks, *E. Freshfield.*	Rixon & Arnold, London, 1882.
L. 11. — French Church, Threadneedle Street, *W. J. C. Moens.*	Huguenot Society, Vols. 9, 13, 16, 1896-1900.
L. 12. — St. Nicholas Acons, *W. Brigg, B.A.*	Walker & Laycock, Leeds, 1890.
L. 13. — St. Botolph, Bishopsgate, *A. W. C. Hallen, M.A., F.S.A. Scot, etc.*	Hallen's London City Registers, Vol. 2, 1889.
L. 14. — St. Mary, Woolnoth, *J. M. S. Brooke, M.A., F.R.G.S.*	Hallen's London City Registers, Vol. 1, 1886.
L. 15. — St. Mary, Woolchurch Haw, *A. W. C. Hallen, M.A., F.S.A. Scot, etc.*	,, ,, ,, ,, ,,
L. 16. — Dutch Church, Austin Friars, *W. J. C. Moens.*	Privately printed, 1884.

xv

MIDDLESEX

*M.	1.	— Acton, *Mrs. Phillimore.*	Middlesex Parish Registers, Vol. 1, 1909.
*M.	2.	— Heston, *T. Gurney.*	,, ,, ,, ,, ,,
*M.	3.	— Hanwell, ,,	,, ,, ,, ,, ,,
*M.	4.	— Harlington, ,,	,, ,, ,, ,, ,,
*M.	5.	— Greenford, ,,	,, ,, ,, ,, ,,
M.	6.	— Clerkenwell, St. James, *R. Hovenden.*	Harleian Society Register Section, Vols. 9, 13, 17, 19, 20.
M.	7.	— Hackney.	From MSS. Transcript in Guildhall, London.
M.	8.	— Kensington, *F. N. Macnama, M.D., & A. Story-Maskelyne.*	Harleian Soc. Reg. Sect., Vol. 16, 1890.
M.	9.	— Harrow, *Rev. W. D. Williams.*	J. Wright & Co., Beverley, 1899.
M.	10.	— Stepney, St. Dunstan, *T. Colyer Ferguson.*	Cross & Jackman, Canterbury, 1898-1901.

NORFOLK

N.	1.	— Hemblington, *F. Johnson.*	Norfolk Parish Registers, Vol. 1, 1899.
N.	2.	— Brundall, ,,	,, ,, ,, ,, ,,
N.	3.	— Burlingham, St. Peter, ,,	,, ,, ,, ,, ,,
N.	4.	— Burlingham, St. Andrew, ,,	,, ,, ,, ,, ,,
N.	5.	— Upton, ,,	,, ,, ,, ,, ,,
N.	6.	— Witton-by-Blofield, ,,	,, ,, ,, ,, ,,
N.	7.	— Strumpshaw, ,,	,, ,, ,, ,, ,,
N.	8.	— Calthorpe, ,,	,, ,, ,, ,, ,,
N.	9.	— Ingworth, ,,	,, ,, ,, ,, ,,
N.	10.	— Southacre, *Rev. J. Harvey Bloom.*	,, ,, ,, ,, ,,
N.	11.	— Narborough, ,,	,, ,, ,, ,, ,,
N.	12.	— Narford, ,,	,, ,, ,, Vol. 2, 1900.
N.	13.	— Dunham Magna ,,	,, ,, ,, ,, ,,
N.	14.	— Litcham, ,,	,, ,, ,, ,, ,,
N.	15.	— Holkham, ,,	,, ,, ,, ,, ,,
N.	16.	— Heacham, ,,	,, ,, ,, ,, ,,
N.	17.	— Chedgrave, *F. Johnson.*	,, ,, ,, ,, ,,
N.	18.	— Norwich, St. Mary Coslany, ,,	,, ,, ,, Vol. 3, 1907.
N.	19.	— Horstead, *R. W. Glencross, M.A., LL.B., & Rev. V. N. Gilbert.*	,, ,, ,, ,, ,,
N.	20.	— Ranworth, *Rev. H. Waldo Cholmeley.*	,, ,, ,, ,, ,,
N.	21.	— Woodbastwick with Panxworth. ,,	,, ,, ,, ,, ,,
N.	22.	— Great Cressingham, *Rev. E. Heseltine.*	,, ,, ,, ,, ,,
N.	23.	— Barton Turf.	,, ,, ,, Vol. 4, 1909.
N.	24.	— Hedenham, *Rev. R. Fetzer-Taylor.*	,, ,, ,, ,, ,,
N.	25.	— Weeting, St. Mary, *Rev. R. A. Oram.*	,, ,, ,, ,, ,,
N.	26.	— Weeting, All Saints, ,,	,, ,, ,, ,, ,,
N.	27.	— Carleton Roade, *W. T. Bensly, LL.D., F.S.A.*	,, ,, ,, ,, ,,
N.	28.	— Bedingham, *Rev. R. Fetzer-Taylor.*	,, ,, ,, ,, ,,
*N.	29.	— Stokesby with Herringby, *Rev. G. Hunt Holley.*	,, ,, ,, Vol. 5, 1910.
*N.	30.	— Holme Hale, *Rev. L. B. Stallard.*	,, ,, ,, ,, ,,
*N.	31.	— Runham, *Rev. G. Hunt Holley.*	,, ,, ,, ,, ,,
*N.	32.	— Woodton, *Rev.R.&MissFetzer-Taylor.*	,, ,, ,, ,, ,,
*N.	33.	— Cringleford, *Rev. T. S. Cogswell.*	,, ,, ,, ,, ,,
*N.	34.	— Ditchingham, *Rev. R. & Miss Fetzer-Taylor.*	,, ,, ,, ,, ,,
*N.	35.	— Topcroft, ,, ,,	
*N.	36.	— Thwaite, St. Mary, ,,	,, ,, ,, ,, ,,
*N.	37.	— West Newton, *Rev. J. Harvey Bloom & Rev. P. de Putron.*	,, ,, ,, ,, ,,
*N.	38.	— Castleacre, *F. Johnston.*	,, ,, ,, ,, ,,

LIST OF PARISHES INDEXED

N.	39.	Bircham Newton, *Richard Howlett.*	A. H. Goose, Norwich, 1888.
*N.	40.	Norwish, St. George Tombland, *G. B. Jay.*	,, ,, 1891.
*N.	41.	Norwich, Walloon Church, *W. J. C. Moens.*	In "East Anglian," 3rd Series, Vol. 12, 1907.
N.	42.	Old Buckenham, *W. Rye.*	A. H. Goose, Norwich, 1902.
*N.	43.	Marsham, *Rev. A. T. Michell, M.A.*	1889.
N.	44.	North Elmham.	Edited & published by Rev. A. G. Legge, 1888.
N.	45.	Brampton.	Edited & published by Rev. A. T. Michell, 1888.

NORTHAMPTONSHIRE

NH.	1.	Clay Coton, *Rev. Gordon H. Poole, M.A.*	In "Northern Genealogist," Vols. 2-4, 1896-1901.
NH.	2.	Moulton, *S. J. Madge.*	Parish Register Society, Vol. 47, 1901.
*NH.	3.	Glinton, *Rev. R. C. Faithfull, M.A.*	Northamptonshire Par. Reg., Vol. 1, 1908.
*NH.	4.	Stoke Bruerne, *Rev. H. I. Longden.*	,, ,, ,, ,,
*NH.	5.	Weston-by-Welland, & Sutton Basnett, *Rev. H. I. Longden & Rev. D. S. Davies.*	,, ,, ,, ,,
*NH.	6.	Dodford, *Rev. H. I. Longden.*	,, ,, ,, ,,
*NH.	7.	Heyford, ,,	,, ,, ,, ,,
*NH.	8.	Faxton, ,,	,, ,, ,, ,,
*NH.	9.	Northampton, St. Peter ,,	,, ,, Vol. 2, 1909.
*NH.	10.	Stowe IX. Churches, ,,	,, ,, ,, ,,
*NH.	11.	Harpole, ,,	,, ,, ,, ,,
*NH.	12.	Lamport, ,,	,, ,, ,, ,,
*NH.	13.	Everdon, ,,	,, ,, ,, ,,
*NH.	14.	Farthingstone, ,,	,, ,, ,, ,,
NH.	15.	Maxey, *Rev. W. D. Sweeting, M.A.*	1892.

NORTHUMBERLAND

NU.	1.	Berwick-on-Tweed, *H. M. Wood, M.A.*	Dur. & North. Par. Reg. Soc., Vol. 1.
NU.	2.	Whitburn, ,,	,, ,, ,, ,, ,, 10.

NOTTINGHAMSHIRE

No.	1.	Bingham, *Rev. J. Standish.*	Nottinghamshire Parish Registers, Vol. 1, 1898.
No.	2.	Car-Colston, *T. M. Blagg.*	,, ,, ,, ,, ,,
No.	3.	Elton-on-the-Hill, ,,	,, ,, ,, ,, ,,
No.	4.	Kneeton, ,,	,, ,, ,, ,, ,,
No.	5.	Orston, *W. P. W. Phillimore.*	,, ,, ,, ,, ,,
No.	6.	Thoroton, ,,	,, ,, ,, ,, ,,
No.	7.	Broughton Sulney, *T. M. Blagg.*	,, ,, ,, Vol. 2, 1899.
No.	8.	Colston Bassett, *Rev. A. J. Bennoch.*	,, ,, ,, ,, ,,
No.	9.	Cotgrave, *Rev. J. Standish.*	,, ,, ,, ,, ,,
No.	10.	Cropwell Bishop, *T. M. Blagg.*	,, ,, ,, ,, ,,
No.	11.	Holme-Pierrepont, *Rev. J. Standish.*	,, ,, ,, ,, ,,
No.	12.	Shelford, *Rev. J. Standish & T. M. Blagg.*	,, ,, ,, ,, ,,
No.	13.	Tithby, *T. M. Blagg.*	,, ,, ,, ,, ,,
No.	14.	Tollerton, ,,	,, ,, ,, ,, ,,
No.	15.	Balderton, ,,	,, ,, ,, ,, ,,
No.	16.	Barnby-in-the-Willows, *G. A. Ross.*	,, ,, ,, Vol. 3, 1900.
No.	17.	Elston Chapel, *T. M. Blagg.*	,, ,, ,, ,, ,,
No.	18.	Elston, ,,	,, ,, ,, ,, ,,
No.	19.	Farndon, ,,	,, ,, ,, ,, ,,
No.	20.	Kilvington, ,,	,, ,, ,, Vol. 4, 1902.
No.	21.	Newark-upon-Trent, ,,	,, ,, ,, ,, ,,

REFERENCES TO ENGLISH SURNAMES, 1601

No. 22.	— Gotham, *Rev. J. Clough.*	Nottinghamshire Parish Registers, Vol. 5, 1903.	
No. 23.	— Normanton-on-Soar, *Rev. Owen Orton.*	,, ,, ,, ,, ,,	
No. 24.	— Sutton Bonnington, St. Anne, *Rev. E. S. Taylor.*	,, ,, ,, ,, ,,	
No. 25.	— Sutton Bonnington, St. Michael, *Major Robertson.*	,, ,, ,, ,, ,	
No. 26.	— Widmerpool, *Major Robertson.*	,, ,, ,, ,, ,,	
No. 27.	— Attenborough, *Geo. Fellowes & Rev. J. Standish.*	,, ,, ,, Vol. 6, 1904.	
No. 28.	— Basford, *A. Stapleton.*	,, ,, ,, ,, ,,	
No. 29.	— Beeston, *T. M. Blagg.*	,, ,, ,, ,, ,,	
No. 30.	— Bilbrough, *Geo. Fellowes.*	,, ,, ,, ,, ,,	
No. 31.	— Bramcote, *T. M. Blagg & Geo. Fellowes.*	,, ,, ,, ,, ,,	
No. 32.	— Barton-in-Fabis, *Rev. C. A. Hodgson.*	,, ,, ,, Vol. 7, 1905.	
No. 33.	— West Bridgford, *F. A. Wadsworth.*	,, ,, ,, ,, ,,	
No. 34.	— Clifton, ,,	,, ,, ,, ,, ,,	
No. 35.	— Woollaton, *T. M. Blagg.*	,, ,, ,, Vol. 8, ,,	
No. 36.	— Greasley, *A. Stapleton.*	,, ,, ,, ,, ,,	
*No. 37.	— Annesley, *Rev. W. H. Kynaston.*	,, ,, ,, Vol. 9, 1906.	
No. 38.	— Bunny, *Rev. H. Cooper.*	,, ,, ,, ,, ,,	
No. 39.	— Langar, *T. M. Blagg.*	,, ,, ,, ,, ,,	
No. 40.	— Gedling, *Chas. Gerring, F.R.Hist.S.*	,, ,, ,, Vol. 10, 1907.	
No. 41.	— Burton Joyce, *T. M. Blagg.*	,, ,, ,, ,, ,,	
No. 42.	— Lowdham, ,,	,, ,, ,, ,, ,,	
No. 43.	— Selston, *G. C. Bonser.*	,, ,, ,, Vol. 11, ,,	
No. 44.	— Sutton-in-Ashfield, *G. C. Bonser.*	,, ,, ,, ,, ,,	
No. 45.	— Skegby, *M. A. Dodsley.*	,, ,, ,, ,, ,,	
No. 46.	— Teversal, *G. C. Bonser.*	,, ,, ,, ,, ,,	
*No. 47.	— Lambley, *T. M. Blagg.*	,, ,, ,, Vol. 12, 1909.	
*No. 48.	— Woodborough, ,,	,, ,, ,, ,, ,,	
*No. 49.	— Calverton, *Rev. T. W. Smith.*	,, ,, ,, ,, ,,	
*No. 50.	— Oxton, *T. M. Blagg.*	,, ,, ,, ,, ,,	
*No. 51.	— Gonalston, ,,	,, ,, ,, ,, ,,	
*No. 52.	— Hoveringham, ,,	,, ,, ,, ,, ,,	
*No. 53.	— Arnold, *Rev. M. T. Truman & F. A. Wadsworth.*	,, ,, ,, Vol. 13, 1910.	
*No. 54.	— Mansfield, *G. C. Bonser.*	,, ,, ,, Vol. 14, ,,	
*No. 55.	— Nottingham, St. Mary, *J. T. Godfrey.*	Notts City Par. Register, Vols. 1 & 2, 1900.	
*No. 56.	— ,, St. Peter, ,,	,, ,, ,, Vol. 3, 1901.	
*No. 57.	— ,, St. Nicholas, ,,	,, ,, ,, Vol. 4, 1902.	
No. 58.	— Perlethorpe, *G. W. Marshall.*	Rob. White, Worksop, 1887.	
No. 59.	— Carburton, ,,	,, ,, ,, 1888.	
No. 60.	— Worksop, ,,	Billing & Sons, Guildford, 1894.	
No. 61.	— Ollerton, ,,	W. Pollard, Exeter, 1896.	
No. 62.	— Shelton, *T. M. Blagg.*	Rob. White, Worksop, 1900.	
No. 63.	— Walesbey, *G. W. Marshall, LL.D.*	Parish Register Society, Vol. 12, 1898.	
No. 64.	— Headon, *Miss Edith Hobday.*	,, ,, Vol. 43, 1902.	

OXFORDSHIRE

O. 1.	— Chipping Norton, *Rev. G. A. Littledale & F. C. Wellstood.*	Oxfordshire Par. Reg., Vol. 1, 1909.	
O. 2.	— Wootton, *Rev. F. R. Marriott & W. P. W. Phillimore.*	,, ,, ,, ,,	
O. 3.	— Pyrton, *Rev. H. E. Salter.*	,, ,, ,, ,,	
*O. 4.	— Crowell, *Miss Spencer.*	"Three Oxfordshire Parishes," 1893.	
O. 5.	— Kidlington, *Mrs. Bryan Stapleton.*	"Transactions of the North Oxon. Arch. Soc. for 1880."	
*O. 6.	— Ducklington, *Rev. W. D. Macray, M.A., F.S.A.*		

LIST OF PARISHES INDEXED

RUTLANDSHIRE

R. 1. — North Luffenham. Parish Register Society, Vol. 4, 1896.

SHROPSHIRE

Shropshire Par. Reg. Soc., Lichfield Diocese,

S. 1. — Pitchford, *T. R. Horton.* ,, ,, ,, Vol. 1, 1900.
S. 2. — Moreton Corbet, *T. R. Horton.* ,, ,, ,, ,, ,,
*S. 3. — Cound, ,, ,, ,, ,, Vol. 2, 1901.
S. 4. — Grinshill, *Miss Amy M. Auden.* ,, ,, ,, ,, ,,
S. 5. — Albrighton, near Wolverhampton, *Rev. Thos. Priestley.* ,, ,, ,, Vol. 3, ,,
S. 6. — Donington, *Miss Amy M. Auden.* ,, ,, ,, ,, ,,
S. 7. — Fitz, *Miss Auden & Rev. W. G. D. Fletcher, M.A., F.S.A.* ,, ,, ,, ,, ,,
S. 8. — Frodesley, *Miss G. Walker.* ,, ,, ,, Vol. 4, 1903.
S. 9. — Withington, *T. R. Horton.* ,, ,, ,, Vol. 5, pt. 1, 1905.
S. 10. — Uffington, *Rev. J. E. Auden & Rev. W. F. G. Fletcher, M.A., F.S.A.* ,, ,, ,, ,, ,,
S. 11. — Leebotwood, *Miss Hope-Edwardes.* ,, ,, ,, ,,pt. 2,,
S. 12. — Longnor, ,, ,, ,, ,, ,, ,, ,,
S. 13. — Condover, *Miss B. Hughes.* ,, ,, ,, Vol. 6, 1906.
*S. 14. — Montford, *Rev. J. E. Auden.* ,, ,, ,, Vol. 7, 1909.
S. 15. — Sherriffhales, *Rev. A. T. Michell, M.A.* ,, ,, ,, ,, ,,
S. 16. — Wrockwardine, *W. A. C. Sandforth-Thompson.* ,, ,, ,, Vol. 8, 1907.
S. 17. — Wem, *Rev. G. A. F. Vane.* ,, ,, ,, Vol. 9, 1908.

Hereford Diocese,

S. 18. — Shipton, ,, ,, ,, ,, Vol. 1, 1900.
S. 19. — Ford, *Miss Amy M. Auden.* ,, ,, ,, ,, ,,
S. 20. — Hughley, *E. Collett.* ,, ,, ,, ,, ,,
S. 21. — Hanwood, *E. Jones.* ,, ,, ,, ,, ,,
S. 22. — Tasley, *T. R. Horton.* ,, ,, ,, ,, ,,
S. 23. — Sidbury, ,, ,, ,, ,, ,, ,, ,,
S. 24. — Sibdon Carwood, *Anonymous.* ,, ,, ,, Vol. 2, 1901.
S. 25. — Hopton Castle, *Rev. E. D. Elton.* ,, ,, ,, ,, ,,
S. 26. — More, *Anonymous & E. W. Cockell.* ,, ,, ,, ,, ,,
S. 27. — Clunbury, *Rev. W. G. Clark-Maxwell.* ,, ,, ,, ,, ,,
*S. 28. — Lydham, *Anonymous.* ,, ,, ,, Vol. 3, 1903.
S. 29. — Chelmarsh, *Misses A. & M. B. Auden.* ,, ,, ,, ,, ,,
S. 30. — Neenton, *Rev. W. G. D. Fletcher, M.A., F.S.A.* ,, ,, ,, ,, ,,
S. 31. — Stanton Lacy, *Rev. R. E. Davies.* ,, ,, ,, Vol. 4, ,,
S. 32. — Broomfield, *Rev. W. G. Clark-Maxwell.* ,, ,, ,, Vol. 5, 1909.
*S. 33. — Habberley, *T. R. Horton.* ,, ,, ,, ,, ,,
*S. 34. — Cleobury Mortimer, *Mrs. Baldwyn Childe.* ,, ,, ,, Vol. 9, ,,
S. 35. — Claverley, *Lieut.-Col. G. S. Parry.* ,, ,, ,, Vol. 10, 1907.
*S. 36. — Worthen, *Rev. C. H. Drinkwater & T. R. Horton.* ,, ,, ,, Vol. 11, 1909.
*S. 37. — Pontesbury, *Rev. W. F. L. Harrison.* ,, ,, ,, pt.1,Vol.12, ,,
*S. 38. — Ludlow. ,, ,, ,, Vol. 13, 1910.

St. Asaph Diocese,

S. 39. — Selattyn, *Hon. Mrs. Bulkeley-Owen.* ,, ,, ,, Vol. 1, 1910.
*S. 40. — Whittingdon, *Miss Leighton.* ,, ,, ,, Vol. 2, 1910.
*S. 41. — Oswestry, *Rev. D. R. Thomas.* ,, ,, ,, Vol. 4, 1909.
S. 42. — Broseley, *A. F. C. C. Langley.* Mitchell and Hughes, London, 1889.
S. 43. — Stapleton. Parish Register Society, Vol. 35, 1901.

SOMERSETSHIRE

So. 1. — Bruton, *Rev. D. L. Hayward, M.A.* Parish Register Society, Vol. 60, 1907.
So. 2. — Wilton, *J. H. Spencer.* Barnicroft, Taunton, 1890.

REFERENCES TO ENGLISH SURNAMES, 1601

So. 3. — Street, *A. J. Jewers.*	The "Genealogist," N.S., Vol. 11, 1898.	
So. 4. — Wedmore, *Rev. S. H. A. Hervey.*	Journal Office, Wells, 1888-90.	
*So. 5. — Bath Abbey, *A. J. Jewers.*	Harleian Society, Vols. 27 & 28, 1900.	
So. 6. — High Ham, *Rev. D. L. Hayward, M.A.*	Somersetshire Parish Registers, Vol. 1, 1898.	
So. 7. — Long Sutton, ,,	,, ,, ,, ,, ,,
So. 8. — North Curry, *Hugh P. Olivey, M.R.C.S.*	,, ,, ,, Vol. 2, 1899.
So. 9. — Martock, *Rev. D. M. Ross, M.A.*	,, ,, ,, Vol. 3, 1901.
So. 10. — Stocklinch Ottersay, *Rev. R. B. Poole.*	,, ,, ,, Vol. 4, 1902.
So. 11. — Shepton Beauchamp, *Rev. A. Lethbridge.*	,, ,, ,, ,, ,,
*So. 12. — Buckland, St. Mary, *Rev. W. H. Lowe.*	,, ,, ,, ,, ,,
So. 13. — Wraxall, *F. Were.*	,, ,, ,, ,, ,,
*So. 14. — Swell, *Rev. J. Rigbye.*	,, ,, ,, ,, ,,
So. 15. — Crewkerne, *Rev. D. M. Ross, M.A.*	,, ,, ,, Vol. 5, 1904.
So. 16. — Kingsbury Episcopi, ,,	,, ,, ,, ,, ,,
So. 17. — Over Stowey, *Rev. W. A. Bell.*	,, ,, ,, Vol. 6, 1905.
*So. 18. — Stockland Bristol, *Rev. C. W. Whistler.*	,, ,, ,, ,, ,,
So. 19. — Cannington, *Rev. W. A. Bell.*	,, ,, ,, ,, ,,
So. 20. — Spaxton, ,,	,, ,, ,, ,, ,,
So. 21. — Pitminster, *A. Eastwood.*	,, ,, ,, Vol. 7, 1906.
*So. 22. — Orchard Portman, *H.W.Seager,M.B.,&c.*	,, ,, ,, ,, ,,
*So. 23. — Bradford, ,,	,, ,, ,, ,, ,,
So. 24. — West Buckland, ,,	,, ,, ,, Vol. 8, 1907.
So. 25. — Norton Fitzwarren, ,,	,, ,, ,, ,, ,,
So. 26. — Taunton, St. Mary Magdalene, *H. W. Seager, M.B., etc., & E. H. Bates, M.A.*	,, ,, ,, Vol. 9, ,,
So. 27. — Bishop's Hull, *H. W. Seager, M.B. etc.*	,, ,, ,, Vol. 10 ,,
*So. 28. — Halse, *H. W. Seager, M.B., etc.*	,, ,, ,, ,, ,,
So. 29. — Ashbrittle, ,,	,, ,, ,, Vol. 11, 1908.
So. 30. — Runnington, ,,	,, ,, ,, ,, ,,
*So. 31. — Otterford, ,,	,, ,, ,, ,, ,,
*So. 32. — Stogursey, *Rev. W. A. Bell.*	,, ,, ,, Vol. 12, 1910.
*So. 33. — Holford, ,,	,, ,, ,, ,, ,,
*So. 34. — Goathurst, ,,	,, ,, ,, ,,, ,,
*So. 35. — Chedzoy, ,,	,, ,, ,, ,,, ,,

STAFFORDSHIRE

St. 1. — Walsall, *F. W. Willmore, M.R.C.S.*	Walsall, 1890.	
St. 2. — Barton-under-Needwood, *W. P. W. Phillimore.*	Staffordshire Par. Reg. Soc., Vol. 2, 1902.
St. 3. — Haughton, ,,	,, ,, ,, ,, ,,
St. 4. — Alstonfield, ,,	,, ,, ,, ,, Vol. 1, ,,
St. 5. — Standon, ,,	,, ,, ,, ,, ,, ,,
St. 6. — Castlechurch, ,,	,, ,, ,, ,, Vol. 2, 1903.
St. 7. — Hamstall-Ridware, *Rev. F. J. Wrottesley.*	,, ,, ,, ,, ,, ,,
St. 8. — Milwich, ,,	,, ,, ,, ,, Vol. 3, 1904.
*St. 9. — Ripe-Ridware, ,,	,, ,, ,, ,, Vol. 2, 1905.
St. 10. — Barlaston, ,,	,, ,, ,, ,, ,, ,,
St. 11. — Tatenhill, ,,	,, ,, ,, ,, ,, ,,
St. 12. — Berkswich-with-Walton, ,,	,, ,, ,, ,, Vol. 4, 1905.
St. 13. — Rocester. ,,	,, ,, ,, ,, Vol. 1, 1906.
St. 14. — Brewood, ,,	,, ,, ,, ,, ,, ,,
St. 15. — Trentham, *S. W. Hutchinson.*	,, ,, . ,, ,, ,, ,,
St. 16. — Ellastone, *Rev. F. J. Wrottesley.*	,, ,, ,, ,, ,, 1907.

SUFFOLK

Sf. 1. — Freston, *Rev. C. R. Durant.*	"Freston" Parish Mag., 1887-1891.
Sf. 2. — Ipswich St. Nicholas, *Rev. E. Cookson.*	Parish Register Society, Vol. 7, 1897.

LIST OF PARISHES INDEXED

Sf. 3. — Tannington.	Edited & published by F. A. Crisp, 1884.
Sf. 4. — Brundish.	,, ,, ,, ,, 1885.
Sf. 5. — Carlton.	,, ,, ,, ,, 1886.
Sf. 6. — Ellough.	,, ,, ,, ,, 1886.
Sf. 7. — Frostenden.	,, ,, ,, ,, 1887.
Sf. 8. — Pakenham.	,, ,, ,, ,, 1888.
*Sf. 9. — Thrandeston, Rev. T. L. French.	Suffolk Parish Registers, Vol. 1, 1910.
*Sf. 10. — Exning, Rev. E. Young.	,, ,, ,, ,, ,,
*Sf. 11. — Litle Wenham, Rev. A. C. Johnson.	,, ,, ,, ,, ,,
*Sf. 12. — Capel, St. Mary, ,,	,, ,, ,, ,, ,,
*Sf. 13. — Combs, Rev. C. E. Lowe.	,, ,, ,, ,, ,,
Sf. 14. — Letheringham.	Edited & published by P. C. Rushen, 1901.
Sf. 15. — Buxhall, W. A. Copinger, LL.D.	H. Sotheran & Co., 1902.
Sf. 16. — Rattlesden.	Edited & published by Rev. J. R. Olorenshaw, B.A., 1900.
Sf. 17. — Bardwell, Rev. F. E. Warren, B.D., F.S.A.	Mitchell & Hughes, London, 1893.
Sf. 18. — Knodishall, Rev. A. T. Winn, M.A.	Bemrose & Sons, Derby, 1909.
Sf. 19. — Horringer, Rev. S. H. A. Hervey.	G. Booth, Woodbridge, 1900.
Sf. 20. — Ickworth, ,,	E. Jackson, Wells, 1894.
Sf. 21. — Little Saxham, ,,	G. Booth, Woodbridge, 1901.
Sf. 22. — Rushbrook, ,,	,, ,, 1903.
*Sf. 23. — Denham, ,,	Paul & Mathew, Bury St. Edmunds, 1904.
Sf. 24. — West Stow, ,,	G. Booth, Woodbridge, 1903.
Sf. 25. — Wordwell ,,	,, ,, 1903.
*Sf. 26. — Culford.	Edited & published by W. Brigg, 1909.
*Sf. 27. — Ingham.	,, ,, ,, ,, ,,
*Sf. 28. — Tinworth.	,, ,, ,, ,, ,,
Sf. 29. — Thorington, T. S. Hill, M.A.	Mitchell & Hughes, London, 1894.

SURREY

Su. 1. — Banstead, F. A. Heygate Lambert.	Parish Register Society, Vol. 1, 1896.
Su. 2. — Haslemere, J. W. Penfold, F.R.I.B.A.	,, ,, ,, Vol. 57, 1906.
Su. 3. — Merstham, Thos. Fisher, Rev. R. I. Woodhouse, M.A., & Rev. A. J. Pearman, M.A.	,, ,, ,, Vol. 42, 1902.
Su. 4. — Richmond, J. C. C. Smith, F.S.A.	Surrey Par. Reg. Soc., Vols. 1 & 3, 1903-5.
Su. 5. — Godalming, Henry C. Malden, M.A.	,, ,, ,, ,, Vol. 2, 1904.
Su. 6. — Wanborough, P. G. Palmer & W. Bruce Bannerman, F.S.A.	,, ,, ,, ,, Vol. 4, 1906.
Su. 7. — Addington, W. Bruce Bannerman, F.S.A.	,, ,, ,, ,, Vol. 5, 1907.
Su. 8. — Gatton, ,,	,, ,, ,, ,, Vol. 6, 1908.
*Su. 9. — Sanderstead, ,,	,, ,, ,, ,, ,,
*Su. 10. — Titsey, ,,	,, ,, ,, ,, Vol. 7, 1910.
*Su. 11. — Bermondsey, St. Mary Magdalene, K. W. Murray.	"The Genealogist," Vols. 6-9, 1894.

SUSSEX

Ss. 1. — Edburton, Rev. C. H. Wilkie.	Herald Office, Brighton, 1884.

WARWICKSHIRE

W. 1. — Bourton-on-Dunsmore, Rev. E. H. Owen.	Warwickshire Parish Registers, Vol. 1, 1904.
W. 2. — Whitchurch, Rev. J. Harvey Bloom.	,, ,, ,, ,, ,,
W. 3. — Idlicote, ,,	,, ,, ,, ,, ,,
W. 4. — Bishop's Tachbrook, M. G. Hallett.	,, ,, ,, Vol. 3, 1906.
W. 5. — Charlecote, Rev. J. Harvey Bloom.	,, ,, ,, ,, ,,
W. 6. — Halford, ,,	,, ,, ,, ,, ,,
W. 7. — Snitterfield, Rev. E. Gayer.	,, ,, ,, ,, ,,
W. 8. — Hatton, Rev. J. Harvey Bloom.	,, ,, ,, ,, ,,
*W. 9. — Barton-on-the-Heath, ,,	,, ,, ,, ,, ,,

REFERENCES TO ENGLISH SURNAMES, 1601

W.	10.	— Aston-juxta-Birmingham, *W. F. Carter.*	1900.	
W.	11.	— Stratford-on-Avon (Births), *R. Savage.*	Parish Register Society, Vols. 6-16, 1897-1905.	
W.	12.	— ,, (Marriages), ,,	,, ,, ,, ,, ,,	
W.	13.	— ,, (Burials), ,,	,, ,, ,, ,, ,,	
W.	14.	— Solihull, *R. Savage, E. P. Martineau & E. A. Fry.*	,, ,, ,, Vol. 51, 1904.	
W.	15.	— Fillongley, *Anonymous.*	W. A. Robinson, Walsall, 1893.	
W.	16.	— Wroxall, *J. W. Ryland.*	"Records of Wroxall Abbey & Manor," 1903.	
*W.	17.	— Lapworth, *R. Hudson.*	Methuen & Co., London, 1904.	
W.	18.	— Southam, *Rev. IV. L. Smith, B.A.*	"Historical Notices of Southam," 1894.	

WESTMORLAND

WE.	1.	— Askham, *M. E. Noble.*	1893-4.
WE.	2.	— Ravenstonedale, *Rev. R. W. Metcalfe.*	Kendal, 1893.

WILTSHIRE

WI.	1.	— Mere, *T. H. Baker.*	Wiltshire Parish Registers, Vol. 1, 1905.	
WI.	2.	— Grittleton, *Rev. W. Symonds, M.A.*	,, ,, ,, ,, ,,	
WI.	3.	— Marlborough, St. Mary.	,, ,, ,, Vol. 2, ,,	
WI.	4.	— Durrington, *Rev. C. S. Ruddle.*	,, ,, ,, ,, ,,	
WI.	5.	— East Knoyle, *Rev. Canon. R. N. Milford, M.A.*	,, ,, ,, Vol. 3, 1906.	
WI.	6.	— Britford, *T. H. Baker.*	,, ,, ,, ,, ,,	
WI.	7.	— Stockton, *Rev. C. J. Johnstone, M.A.*	,, ,, ,, ,, ,,	
WI.	8.	— Milston, *Rev. C. S. Ruddle.*	,, ,, ,, ,, ,,	
WI.	9.	— Newton Tony, ,,	,, ,, ,, ,, ,,	
WI.	10.	— Urchfont, *Rev. J. Hamlyn Hill, D.D.*	,, ,, ,, Vol. 4, 1907.	
WI.	11.	— Stert, ,,	,, ,, ,, ,, ,,	
WI.	12.	— Salisbury, St. Thomas, *Rev. S. Forster-Brown.*	,, ,, ,, Vol. 5, ,,	
WI.	13.	— Baverstock, *Rev. C. V. Goddard.*	,, ,, ,, ,, ,,	
WI.	14.	— Castle Eaton, *Rev. C. M. R. Luckman.*	,, ,, ,, Vol. 6, 1908.	
WI.	15.	— Southbroom, *J. H. Parry.*	,, ,, ,, ,, ,,	
WI.	16.	— Putney, ,,	,, ,, ,, ,, ,,	
WI.	17.	— Chirton, ,,	,, ,, ,, ,, ,,	
WI.	18.	— Winterslow, *Rev. W. Symonds, M.A.*	,, ,, ,, ,, ,,	
WI.	19.	— Salisbury Cathedral, *Rev. W. Symonds, M.A.*	,, ,, ,, Vol. 7, 1908.	
WI.	20.	— Purton, *A. St. J. Story-Maskelyne, S. J. Elroid & Rev. J. Veysey.*	,, ,, ,, ,, ,,	
*WI.	21.	— Lyddiard Millicent, *Rev. D. P. Harrison.*	,, ,, ,, Vol. 8, 1910.	
*WI.	22.	— Woodborough, *Rev. J. A. Sturton.*	,, ,, ,, ,, ,,	
*WI.	23.	— Idmiston, *T. H. Baker.*	,, ,, ,, ,, ,,	
WI.	24.	— Broad Chalke, *Rev. C. G. Moore, M.A.*	Mitchell & Hughes, London, 1881.	
WI.	25.	— Stourton, *Rev. J. H. Ellis, M.A.*	Harleian Society, Vol. 12, 1887.	
WI.	26.	— Durneford, *Sir Thos. Phillipps.*	1823.	

WORCESTERSHIRE

Wo.	1.	— Shipston-on-Stour, *Rev. J. Harvey Bloom.*	Worcester Parish Registers, Vol. 1, 1901.
Wo.	2.	— Offenham, *Rev. J. Harvey Bloom.*	,, ,, ,, ,, ,,
Wo.	3.	— Kington, *Rev. W. J. Holden.*	,, ,, ,, ,, ,,
Wo.	4.	— Rous Lench, *Rev. W. K. W. Chafy.*	,, ,, ,, ,, ,,
Wo.	5.	— Cropthorne.	Edited & published by F. A. Crisp, 1896.
Wo.	6.	— Bretforton, *Rev. W. H. Shawcross.*	Mayer, Evesham, 1908.
*Wo.	7.	— Broadway.	Middle Hill Press, 1840.
Wo.	8.	— Doddenham, *Rev. J. B. Wilson.*	Chiswick Press, London, 1891.
Wo.	9.	— Worcester, St. Helens, ,,	,, ,, ,, 1900.

LIST OF PARISHES INDEXED

YORKSHIRE

Y.	1. — Kirkburton, *F. Collins.*	W. Pollard & Co., Exeter, 1887.
Y.	2. — York, St. Michael le Belfry, *F. Collins.*	Yorkshire Par. Reg. Soc., Vol. 1, 1899.
Y.	3. — Burton Fleming, *Rev. G. E. Park, B.A. & G. D. Lumb.*	,, ,, ,, ,, Vol. 2, ,,
Y.	4. — Horbury, *J. Charlesworth.*	,, ,, ,, ,, Vol. 3, 1900.
Y.	5. — Winestead, *Rev. N. J. Millar, B.A.*	,, ,, ,, ,, Vol. 4, ,,
Y.	6. — Ingleby Greenhow, *J. Blackburne.*	Canterbury, 1889.
Y.	7. — Patrington, *Rev. H. E. Maddock, M.A.*	Yorkshire Par. Reg. Soc., Vol. 6, 1900.
Y.	8. — Stokesley, *Rev. J. Hawell, M.A.*	,, ,, ,, ,, Vol. 7, 1901.
Y.	9. — Bingley, *Rev. W. J. Stavert, M.A.*	,, ,, ,, ,, Vol. 9, ,,
Y.	10. — Kippax, *G. D. Lumb.*	,, ,, ,, ,, Vol. 10, ,,
Y.	11. — Cherry Burton, *A. T. Winn, M.A.*	,, ,, ,, ,, Vol. 15, 1903.
Y.	12. — Marske-in-Cleveland, *Rev. F. A. C. Share, M.A.*	,, ,, ,, ,, Vol. 16, ,,
Y.	13. — Linton-in-Craven, pt. 2, *Rev. F. A. Share, M.A.*	,, ,, ,, ,, Vol. 18, ,,
Y.	14. — Bolton-by-Bolland, *Rev. W. J. Stavert, M.A.*	,, ,, ,, ,, Vol. 19, 1904.
Y.	15. — Pickhill-cum-Roxby, *A. W. Howard, B.D.*	,, ,, ,, ,, Vol. 20, ,,
Y.	16. — Howden, *G. E. Weddall.*	,, ,, ,, ,, Vols. 21 & 24, 1904-5.
Y.	17. — Hackness, *Rev. Ch. Johnstone & Miss E. J. Hart.*	,, ,, ,, ,, Vol. 25, 1906.
Y.	18. — Ledsham, *J. W. Clay.*	,, ,, ,, ,, Vol. 26, ,,
Y.	19. — Rothwell, *G. D. Lumb.*	,, ,, ,, ,, Vol. 27, ,,
Y.	20. — Gargrave, *Rev. W. J. Stavert, M.A.*	,, ,, ,, ,, Vol. 28, 1907.
Y.	21. — Terrington, *W. Brigg, B.A.*	,, ,, ,, ,, Vol. 29, ,,
Y.	22. — Thornhill, *J. Charlesworth.*	,, ,, ,, ,, Vol. 30, ,,
Y.	23. — Allerton Mauleverer, *F. W. Slingsby.*	,, ,, ,, ,, Vol. 31, 1908.
*Y.	24. — Askham, Richard, ,,	,, ,, ,, ,, " ,,
Y.	25. — Otley, *W. Brigg, B.A.*	,, ,, ,, ,, Vol. 33, 1908.
Y.	26. — Kirklington, *H. B. McCall.*	,, ,, ,, ,, Vol. 35, 1909.
*Y.	27. — York, St. Martin, Coney Street, *R. B. Cook, LL.B.*	,, ,, ,, ,, Vol. 36 ,,
Y.	28. — Leeds, St. Peter.	Thoresby Society, Vols. 1, 3, 7, 10, 13, 1889-
Y.	29. — Methley, *G. D. Lumb.*	,, ,, Vol. 12, 1903.
Y.	30. — Burnsall-in-Craven, *Rev. W. J. Stavert, M.A.*	*Craven Herald*, Skipton, 1893.
*Y.	31. — Conistone, ,,	,, ,, ,, 1894.
Y.	32. — Skipton-in-Craven, ,,	,, ,, ,, ,,
Y.	33. — Roos, All Saints, *Rev. R. B. Machell, M.A.*	A. Brown & Sons, Hull, 1888.
Y.	34. — Rylstone, *Rev. C. H. Lowe, M.A.*	Petty & Sons, Leeds, 1895.
Y.	35. — Dewsbury, *S. J. Chadwick, F.S.A.*	J. Ward & Co., Dewsbury, N.D.
Y.	36. — York, All Saints.	"Northern Genealogist," Vol. 6, 1903.
Y.	37. — Cundall.	Ed. & pub. by H. D. Eshelbey, F.S.A., 1898.
Y.	38. — Elland.	,, ,, ,, J. W. Clay, F.S.A., N.D.
Y.	39. — Linton-in-Craven, pt. 1, *Rev. F. A. C. Share, M.A.*	Yorkshire Par. Reg. Soc., Vol. 5, 1900.
Y.	40. — Monk Fryston, *J. D. Hemsworth.*	Parish Register Society, Vol. 5, 1895.
Y.	41. — Kirk Ella, *Rev. J. Foord & A. B. Wilson-Barkworth.*	,, ,, ,, Vol. 11, 1897.
Y.	42. — Huggate, *Miss Edith Hobday.*	,, ,, ,, Vol. 36, 1901.
Y.	43. — Farnham, *Francis Collins, M.D.*	,, ,, ,, Vol. 56, 1905.
*Y.	44. — Bradfield, *Rev. A. B. Browne, M.A.*	
Y.	45. — Calverley, *S. Margerison.*	G. F. Sewell, Bradford, 1880.
Y.	46. — Sandal Magna.	"Northern Genealogist," Vols. 3-4, 1897-1901.

INDEX OF SURNAMES

Abbatte, Y. 26.
Abbevone, S. 35.
Abbot, B. 31; M. 6; No. 64; Y. 19.
Abbott, Do. 15; E. 6; La. 8; M. 6; Y. 16.
Abcoke, D. 12.
Abeel, L. 11.
Abell, Le. 10; Li. 7, 8; N. 8.
Abery, So. 26.
Abote, La. 18.
Abowen, S. 36.
Abraham, C. 37; E. 5; W. 12.
Abrooke, B. 28.
Abyn, Wi. 12.
Acanley, C. 25.
Accomy, He. 9.
Ackers, L. 6.
Acklam, Y. 17.
Ackland, So. 21.
Acourt, S. 38.
Acreed, Li. 27.
Acringley, La. 13.
Acrode, Y. 35.
Acton, L. 14; La. 17; S. 38; So. 5.
Actone, La. 17.
Actor, Wi. 12.
Adam, C. 10.
Adames, Be. 4; E. 4; G. 10; L. 13; M. 6.
Adams, De. 5; He. 7; K. 18; N. 44, 60; S. 38; St. 3.
Adamson, Ch. 5; La. 4, 10; Y. 28.
Adcock, Le. 18.
Addames, B. 5; N. 32.
Addams, G. 11; S. 13, 42; St. 13; Su. 4.
Addison, Du. 9; Y. 2.
Adenborowe, N. 27.
Adie, K. 2.
Adis, H. 5.
Adison, La. 26.
Adkenson, Y. 43.
Adkinson, La. 21.
Adkinsone, La. 21.
Adler, Su. 5.
Adlin, L. 12.
Adlington, La. 21.
Adoms, Ca. 4.
Adrian, C. 19.
Adshead, Ch. 1.
Adshed, Ch. 2.
Adye, K. 2.

Aecaster, Y. 20.
Aertsz, L. 16.
Agard, D. 9.
Agburo, S. 38.
Ager, Y. 12.
Aggas, N. 21.
Agnis, Le. 1.
Ahage, N. 41.
Ailbury, K. 10.
Aingworthe, W. 11.
Ainscoe, La. 4.
Airsom, Y. 12.
Airton, Y. 34.
Aisam, G. 21.
Aiscrofte, La. 10.
Aish, Li. 27.
Aishford, W. 10.
Akeroyde, Y. 29.
Akers, K. 9; M. 2; N. 39, 43.
Akoomy, He. 9.
Alaert, N. 41.
Alberton, L. 3.
Albon, So. 1.
Albrighte, G. 8.
Albrighton, St. 3.
Alcock, L. 15; N. 36; S. 29.
Alcocke, Ca. 13.
Alden, M. 7; Sf. 29.
Alder, Su. 11.
Alderidge, L. 13.
Aldersay, Ch. 8.
Alderson, Ca. 1.
Aldhowse, Sf. 4.
Aldin, M. 10.
Aldome, G. 43.
Aldridge, Ha. 28; L. 6.
Aldworth, Be. 6.
Alen, N. 40; S. 41.
Alerton, La. 10.
Alexander, C. 39, 40; Ch. 8; L. 6; Nu. 1; S. 38.
Alford, So. 26.
Alie, Wo. 5.
Alixander, Su. 11.
Alker, La. 10.
Allaine, Y. 24.
Allam, E. 22; L. 2.
Allambridge, Y. 45.
Allame, La. 12.
Allan, Y. 2.
Allanbie, Y. 19.
Allanbridge, Y. 45.
Allanson, La. 19; Y. 37.
Allderidge, L. 13.
Alleigne, L. 13.

Alleine, L. 13.
Allen, C. 34, 37; Ch. 1, 2, 3, 6; De. 4; He. 9; K. 25; L. 6, 7; La. 4, 14; M. 6, 7; S. 7, 17, 23; Su. 2, 4; W. 10, 11.
Allenson, L. 8; La. 27; S. 17.
Allens, Ch. 1; La. 27.
Aller, So. 15.
Allerton, D. 7; Y. 9.
Alley, G. 48.
Allexander, M. 10.
Allfoorde, De. 2.
Allin, K. 12; No. 1; St. 8; Y. 23.
Alline, K. 8.
Allingham, Su. 3.
Allis, No. 16.
Allonson, La. 22.
Allott, Y. 46.
Allowins, L. 2.
Allowyns, L. 2.
Allred, Ch. 2.
Allsopp, D. 6.
Allston, La. 11.
Allstone, La. 11.
Ally, C. 6.
Allyn, C. 6; S. 41; Su. 11.
Allyne, Le. 9.
Almond, Nh. 15.
Alport, L. 10; St. 1.
Alred, La. 17, 27.
Alredde, La. 27.
Alsope, D. 4.
Alsopp, G. 47; S. 16.
Alston, La. 22.
Alvie, N. 48, 55.
Alvie, N. 48.
Alward, Su. 2.
Aly, G. 27.
Alye, G. 48.
Amaine, S. 31.
Aman, K. 14.
Amar, G. 21.
Amblar, Y. 28.
Ambler, Y. 28.
Ambone, C. 40.
Ambroise, H. 29.
Ambrose, C. 7, 40.
Amcocke, S. 16.
Amery, E. 16.
Ameryc, E. 16.
Ames, E. 16; So. 1, 5.
Amett, La. 5.
Amey, Su. 6.
Amnor, St. 1.

xxiv

INDEX OF SURNAMES

Amost, So. 3.
Amyas, S. 18.
Amyce, L. 8.
Amyes, S. 20, 31.
Amys, E. 16.
Anabell, M. 10.
Ancock, D. 10.
Ancocke, No. 16.
Anderson, Du. 5; K. 20; Li. 27.
Anderton, Ch. 2; La. 4, 8, 27; W. 14.
Andras, G. 24.
Andreson, Li. 25.
Andrew, Ch. 1; Li. 2; R. 1; Y. 28, 42.
Andrewe, La. 7, 17, 21.
Andrews, G. 6; Sf. 16.
Androes, B. 20.
Andros, So. 13; Wo. 9.
Androwe, B. 4; K. 9.
Androwes, L. 1; M. 6.
Andrson, Du. 9.
Angeare, C. 39.
Angell, Y. 19.
Anger, Y. 21.
Anglesdaile, La. 10.
Angleser, Ch. 4.
Angod, Wi. 24.
Angus, Du. 3.
Anion, La. 14.
Anne, L. 8.
Annes, B. 24; N. 56.
Annicaen, N. 41.
Anscowe, La. 4.
Anselet, St. 2.
Ansell, E. 16; K. 11.
Anskome, Su. 3.
Anskume, Su. 3.
Anslowe, L. 9.
Anstee, Do. 15.
Anterbus, He. 8.
Anthonius, N. 41.
Antley, N. 60.
Anton, Li. 3; S. 25.
Anzor, E. 6.
Ap Beddowe, S. 31.
Ap Dauid, S. 41.
Ap David, S. 12, 36, 39.
Ap Davie, S. 42.
Ap Ednyvet, S. 41.
Ap Edward, S. 38, 39.
Ap Eignion, S. 39.
Ap Elis, S. 41.
Ap Evan, S. 28, 41.
Ap Evans, S. 34, 37; So. 32.
Ap Ho'll, S. 41.
Ap Hugh, S. 41.
Ap Hughe, S. 16.
Ap Humfrey, S. 41.
Ap Inion, S. 41.

Ap Jeuan, S. 40, 41.
Ap John, S. 12, 13, 28, 39, 41.
Ap Lewes, S. 41.
Ap Lewis, S. 41.
Ap Llen, S. 41.
Ap Morgan, S. 37, 39, 40.
Ap Moris, S. 41.
Ap Morris, S. 33.
Ap Nicholas, S. 41.
Ap Oliver, S. 28.
Ap Owen, S. 27, 40, 41.
Ap Rees, S. 17, 40.
Ap Richard, S. 39, 41.
Ap Rinalt, S. 41.
Ap Robert, S. 33, 40, 41.
Ap Roger, S. 40, 41.
Ap Rondle, S. 41.
Ap Rytherch, S. 39.
Ap Thomas, S. 27, 37, 39, 41.
Ap William, S. 39, 40, 41.
Apace, K. 6.
Aparke, Ha. 6.
Apary, G. 30.
Aple, La. 22.
Apletrey, W. 18.
Apley, La. 22.
Apleyeard, Y. 28.
Aplye, De. 2.
Aplyn, So. 23.
Applebey, Du. 5.
Appleburye, S. 37.
Appleby, B. 22.
Appley, La. 15.
Appleyard, Y. 41.
Appryce, Ch. 5.
Aprice, G. 32.
Apthorp, Y. 16.
Apullteney, S. 36.
Ara, L. 5.
Archant, G. 38.
Archer, K. 9; La. 6, 14, 26; N. 41.
Ardington, Y. 28.
Argall, C. 40.
Argreffe, No. 63.
Arkell, Nu. 2.
Arksay, Y. 16.
Arman, Sf. 12.
Armeston, B. 5.
Armestrong, Y. 16.
Armestronge, Be. 6.
Armiger, S. 36.
Arminer, Ha. 15.
Armistead, La. 2.
Armitage, Y. 19, 28, 45.
Armitedge, Y. 35.
Armitstead, Y. 20.
Armorer, Nu. 1.
Armytage, Y. 1, 22.
Arnald, Y. 28.

Arnall, Li. 2.
Arnat, L. 6.
Arnefeild, St. 4.
Arnold, C. 20; Du. 5; K. 20; Li. 4; No. 12, 19; So. 5; Y. 46.
Arnolde, De. 2; He. 8; K. 20.
Arnoll, No. 17.
Aruould, Y. 35.
Arnoulde, Y. 35.
Arrey, Y. 26.
Arrian, L. 6.
Arrold, N. 40.
Arrowsmith, La. 27.
Arrowsmyth, La. 21.
Arrundell, C. 36.
Arthen, C. 39.
Arthington, Y. 20, 28.
Arthur, M. 8.
Arton, Y. 28.
Arture, La. 25.
Asbie, B. 6; La. 21.
Asburner, La. 26.
Ascew, La. 15.
Ascoe, La. 20.
Ascowe, La. 20.
Ascroft, La. 5.
Ascrofte, La. 4.
Ash, So. 6.
Ashbee, B. 6.
Ashbie, Nh. 10.
Ashboold, L. 1.
Ashburner, La. 19.
Ashby, B. 1.
Ashbye, Ca. 2.
Ashe, S. 17; So. 1, 9, 26, 35.
Asheburner, La. 25.
Asheforde, W. 14.
Ashehurst, K. 15.
Asheley, La. 21.
Ashell, N. 10.
Asheman, Wi. 15.
Ashewin, Wo. 6.
Ashminall, N. 3.
Ashmore, M. 7.
Ashpoole, Ha. 14.
Ashton, Ch. 1; G. 16; La. 10, 17, 27; Li. 23; S. 10; St. 4; Y. 11, 22.
Ashtone, La. 17; Y. 35.
Ashwell, B. 19.
Ashwin, Wo. 6.
Ashwood, S. 16.
Ashworth, Ch. 1.
Ashworthe, La. 1.
Askam, Y. 10.
Aske, L. 5.
Asken, L. 13.
Askew, L. 12; La. 19.

xxv

INDEX OF SURNAMES

Askewe, La. 26; M. 6.
Askwith, Y. 23, 28.
Asmall, La. 10.
Ason, St. 1.
Aspden, La. 2, 12.
Aspinwall, La. 10.
Aspland, He. 2.
Aspoole, La. 4.
Aspull, La. 4.
Asshenden, K. 13.
Assheton, La. 24.
Assheworthe, La. 24.
Asshorst, La. 10.
Asshworth, La. 24.
Astbrooke, Ch. 5.
Asteley, La. 4.
Asterley, S. 36.
Astley, La. 4, 21, 27; S. 17; St. 1.
Aston, S. 38; W. 14.
Astwell, Le. 1.
Atchley, S. 32.
Atherton, La. 27.
Athertone, La. 17.
Athorn, K. 2.
Athridge, M. 7.
Atie, Be. 4.
Atkenson, La. 22.
Atkins, Ca. 2; Ha. 28; W. 10.
Atkinson, Ca. 12; Cu. 1; Du. 9, 10; K. 11; L. 13; La. 3, 4, 10, 19, 21, 25, 26; Li. 3, 27; M. 6, 7; Nu. 1; Y. 7, 15, 16, 28, 35, 45.
Atkyn, D. 1.
Atkynson, C. 25.
Attenborow, N. 35.
Atterton, Bd. 1.
Attkinson, La. 22.
Attkis, S. 13.
Attwoodd, G. 49.
Attynell, Li. 4.
Atwater, Su. 2.
Atwode, W. 11, 12.
Atwood, G. 49.
Atye, He. 7.
Aud, Du. 5.
Auerhout, L. 16.
Aufeild, Ca. 11.
Aufray, Y. 44.
Augell, C. 32.
Auger, E. 7.
Aughton, La. 5.
Auncelet, Le. 1.
Auncelett, Le. 1.
Aunley, Y. 38.
Austen, B. 1; M. 7.
Austeyn, Li. 28.
Avaris, G. 15.
Averell, W. 14; Wo. 7.

Averye, C. 23; De. 2; G. 31; O. 1.
Avis, Su. 5.
Awardes, La. 14.
Awards, La. 14, 23.
Awards, La. 14, 23.
Awderson, Du. 7.
Awdesleye, Y. 4.
Awdus, Y. 16.
Awin, Y. 19.
Awlsebrooke, Le. 1.
Awme, Y. 16.
Awmond, Y. 16.
Awood, G. 49.
Awsten, L. 2, 15.
Awstin, L. 15.
Awstine, L. 13.
Awtie, La. 10; Y. 35.
Awyn, La. 17.
Awyne, La. 21.
Axeford, C. 20.
Axepeet, K. 15.
Axeworth, L. 6.
Axon, L. 7.
Axtell, He. 7.
Axton, L. 8.
Ayed, Su. 11.
Ayleborne, B. 1.
Ayles, Ha. 24.
Aylet, E. 16.
Aylmar, Y. 28.
Aylmire, Y. 28.
Aylward, Be. 4.
Aymers, Nu. 1.
Aynesworth, La. 1.
Aynesworthe, La. 1.
Aynsworth, M. 6.
Aynsworthe, La. 21.
Ayre, Du. 10; K. 26; L. 9.
Ayres, K. 18.
Ayscough, Y. 6.
Ayton, L. 8.

Babacombe, De. 2.
Babb, B. 1; So. 32.
Babbe, B. 25.
Baber, La. 21.
Babell, C. 40.
Babington, L. 1; La. 4; N. 56.
Bache, W. 14.
Bacheler, Wo. 9.
Bachiler, B. 22.
Bachouse, La. 20.
Backhouse, Sf. 24; Y. 32, 45.
Backhows, Do. 15.
Backhowse, Y. 40.
Backway, C. 5.
Bacon, L. 15; N. 42; St. 13; Y. 44.

Bacstondyne, La. 6.
Bacthelour, Y. 38.
Badcocke, K. 9.
Baddon, St. 1.
Baderbie, Y. 33.
Badeson, Y. 17.
Badger, S. 38.
Badicot, S. 18.
Badmington, G. 43.
Badnall, St. 5.
Badnell, St. 5.
Badwyn, La. 15.
Bady, S. 36.
Bageley, No. 12.
Bagg, N. 40.
Baggett, Le. 1.
Bagl——, C. 23.
Bagley, Su. 11.
Bagnes, L. 13.
Bagnold, St. 4.
Bagnolde, St. 10.
Bagshawe, Y. 44.
Baguley, La. 9, 17, 21; No. 1.
Bailes, W. 13; Y. 16.
Bailey, La. 23.
Bailie, N. 41.
Bailies, W. 14.
Bailles, Y. 16.
Bailma, Ha. 24.
Bailmane, La. 22.
Baily, M. 1.
Baine, Y. 32.
Baines, La. 19.
Baisepool, L. 13.
Baite, B. 13.
Baitma, La. 22.
Baitman, Y. 28.
Bakar, Le. 2.
Baker, Be. 4; C. 16; De. 2; G. 52; L. 6, 13; La. 5; M. 6; Nh. 15; S. 20, 38, 41; Sf. 7, 16; So. 9, 11, 15, 26; St. 1, 7; Su. 2; W. 11; Wi. 9.
Bakey, La. 13.
Balch, Do. 14.
Balden, K. 2, 10; M. 6; Su. 2; Wi. 10.
Baldin, B. 13; Li. 10.
Balding, Su. 5.
Baldok, K. 1.
Baldwin, Sf. 15.
Baldwyn, B. 15; M. 7; N. 19.
Baldwyne, La. 13.
Bale, De. 2; Nh. 5.
Bales, L. 6.
Baley, Y. 16.
Balgay, L. 4.
Balie, L. 15; La. 4.
Ball, B. 30; G. 31; L. 8, 15; M. 9; So. 2, 5, 17, 26; St. 1.

INDEX OF SURNAMES

Ballamy, W. 12.
Balland, N. 44.
Ballannce, St. 13.
Ballard, Ca. 4; L. 15; Nh. 1.
Ballarde, Nh. 1.
Balldrye, Sf. 4.
Balle, He. 7; K. 26; So. 15.
Baller, De. 5.
Balshai, La. 8.
Balshaie, La. 8.
Balshay, La. 8.
Balshey, La. 15.
Balydon, D. 6.
Balye, He. 7; Y. 28.
Bamber, La. 14, 23.
Bambrig, Du. 5.
Bambroughe, Y. 2.
Bamfford, La. 6.
Bamford, La. 21; S. 31; Y. 38.
Bamforde, St. 16.
Bamfort, S. 31.
Bamforth, Y. 44.
Bamforthe, Y. 38.
Bampton, B. 18.
Bamstede, E. 16.
Banaster, S. 17.
Bancke, Y. 5.
Banckes, Su. 11.
Bancknett, G. 26.
Bancraft, He. 9.
Bancroft, Ch. 1; D. 9; La. 13.
Bancrofte, D. 6; La. 2.
Band, So. 26.
Bande, De. 2.
Banes, L. 9.
Banester, L. 13.
Banestr, La. 6.
Banfield, Wi. 16.
Bangor, Y. 2.
Banister, K. 5; La. 13, 22; Su. 5; Y. 28.
Banke, Y. 28.
Bankes, C. 22; Ch. 8; La. 2, 10; N. 44; St. 1, 12; Wi. 12.
Banks, La. 4; S. 38; Y. 16, 20.
Banncrofte, Ch. 2.
Bannester, La. 21.
Bant, C. 39.
Bantocke, Sf. 16.
Banton, La. 15.
Bantonne, N. 57.
Baraclughe, Y. 9.
Barbar, C. 43; Ch. 2; La. 19; N. 42; Y. 25, 35.
Barbarr, Su. 11.
Barber, Ch. 2; La. 22; M. 6; N. 44, 53; S. 15; Sf. 4; St. 11; Y. 1, 25, 33, 35.
Barbier, K. 14.
Barbon, La. 15.

Barcroft, La. 13.
Barcrofte, La. 2.
Bardell, G. 26.
Bardin, S. 34.
Bardsley, La. 21, 28.
Bareley, Y. 2.
Barelowe, Ch. 2.
Barge, Do. 6.
Bargery, So. 15.
Barham, K. 12.
Barington, Sf. 13.
Barkar, L. 9.
Barke, O. 5.
Barker, B. 4, 26; Cu. 1; L. 5, 13; La. 14, 21, 29; Li. 28; M. 10; N. 15, 25, 44; S. 27; Sf. 1; St. 1; Y. 12, 16, 32, 42.
Barkesdale, G. 28.
Barlawe, Y. 44.
Barlay, Du. 3.
Barles, K. 12.
Barlet, L. 6.
Barley, La. 19, 21.
Barloe, M. 6; S. 17; St. 2.
Barlow, Ch. 2; La. 7, 17; N. 55. 60.
Barlowe, Ch. 2; La. 1, 7, 17, 21, 29; M. 10.
Barmbye, Y. 35.
Barnaby, R. 1.
Barnard, E. 6; Li. 27; N. 60.
Barne, C. 25; La. 4, 21; M. 4; S. 17.
Barnefather, Cu. 2.
Barnes, Be. 4; D. 1; Do. 15; G. 25; K. 20; La. 2, 17, 21; Le. 14a; Li. 8; M. 7; N. 40; O. 5; S. 41; Su. 11; Wi. 16; Y. 23.
Barnesley, Y. 1.
Barnett, L. 8; St. 1.
Barnette, W. 14.
Barnsley, K. 12.
Baron, La. 1, 2, 4.
Barons, De. 2.
Barout, N. 12.
Barr, Du. 3.
Barrabal, C. 4.
Barras, Du. 5.
Barrat, M. 9.
Barre, N. 26.
Barres, La. 1.
Barret, C. 6; G. 25; L. 13; Nh. 2.
Barrett, De. 2; L. 2; M. 10; S. 37.
Barrie, Y. 17.
Barrit, Y. 34.
Barroe, S. 17.
Barron, La. 4; Li. 5; M. 6.

Barrow, Du. 10.
Barrowe, Be. 4; L. 5; La. 19, 22; Y. 16.
Barrye, De. 2; K. 10; L. 3.
Barryte, Y. 45.
Barsbee, Le. 4.
Barsford, L. 12.
Bartelett, Be. 4.
Barten, D. 1.
Bartindale, Y. 42.
Bartle, S. 17; Y. 38.
Bartlet, O. 3; Wi. 1.
Bartlett, Be. 4; Do. 16; K. 9, 20; Wi. 1.
Bartlow, Y. 43.
Bartlum, Su. 11.
Bartmew, Ha. 20.
Bartolomeus, C. 11.
Barton, B. 5, 5½; Ch. 2, 8; Cu. 1; K. 9; L. 13; La. 5, 10, 14; Li. 16; M. 6; N. 27; St. 16; Su. 5.
Bartonn, Y. 35.
Bartram, N. 60; Y. 8.
Bartrum, Le. 4.
Barwick, La. 22.
Barwicke, Sf. 16; Y. 19.
Bason, La. 21.
Basse, De. 4; H. 12; N. 40.
Basset, C. 31; K. 2; Su. 3.
Bassett, R. 1.
Bastard, N. 16.
Bastwicke, E. 12.
Bat, Wi. 10.
Batchelor, Y. 38.
Bate, C. 22; Ch. 2; D. 1; La. 1, 27; Li. 1; M. 10; S. 17; W. 14.
Bateman, Ch. 2; He. 8; L. 13; N. 12.
Batersbie, La. 27.
Bates, Y. 38.
Bateson, La. 8.
Bath, C. 9.
Batha, W. 13.
Bathe, L. 6; Wi. 20.
Bather, St. 1.
Batherst, L. 8.
Bathewe, S. 31.
Bathoe, S. 17.
Batley, Y. 44.
Batman, Y. 4.
Batmanson, Du. 11.
Batsford, E. 6.
Batt, Su. 11.
Battalie, N. 41.
Batte, K. 24; M. 9.
Batteil, L. 14.
Batten, N. 41.
Battersbie, La. 1.

xxvii

INDEX OF SURNAMES

Battie, E. 1; L. 13, 15; La. 13; Y. 1.
Batty, Y. 1, 17.
Battye, Li. 8; Y. 1, 28.
Batus, N. 45.
Bauchet, L. 11.
Baude, C. 40.
Baughfoote, L. 6.
Bauld, N. 19.
Baule, Le. 1.
Bauler, Do. 1.
Baull, S. 13.
Bawden, C. 16, 26, 40; Ch. 6; De. 2.
Bawdry, G. 47.
Bawdwyn, N. 47.
Bawdwyne, La. 2.
Bawldwin, B. 1.
Bawler, So. 35.
Bawmforth, Y. 10.
Bawsworth, Ch. 1.
Bawton, M. 6.
Baxter, He. 8; L. 7; La. 13, 21; Nh. 3; Sf. 17; St. 2; Y. 14.
Baye, Le. 3.
Bayes, Y. 7.
Bayles, Du. 10.
Bayley, L. 9; M. 6.
Baylie, G. 49; Ha. 2; La. 4; M. 6; St. 1, 7; Y. 32.
Baylies, G. 8; Wo. 7.
Baylife, Y. 45.
Bayligh, De. 2.
Baylis, S. 38.
Bayllie, La. 21.
Bayly, L. 5; S. 41.
Baylye, St. 3; Y. 45.
Baynam, L. 13.
Baynard, L. 1, 4.
Baynes, L. 13; La. 22; Y. 28.
Baynom, G. 11.
Bayram, Y. 4.
Bayrstall, La. 2.
Bays, He. 8.
Bayton, M. 7.
Bayts, Y. 45.
Baywer, C. 28.
Beacha, C. 39.
Beacon, La. 21.
Beale, Do. 15; G. 52; Y. 16
Beamond, La. 21; Y. 28.
Beamonte, Y. 22.
Beane, K. 20; L. 13; Y. 16, 36.
Beanlandes, Y. 9.
Beard, B. 27; G. 20; Y. 16.
Bearde, Ch. 2.
Beardmore, St. 5.
Beards, Su. 11.
Beardsley, N. 44, 56.

Beare, Y. 19.
Beasle, L. 13.
Beaslie, He. 5.
Beaste, Su. 9.
Beathell, L. 6.
Beatson, Y. 4, 22.
Beaumont, B. 1.
Beaver, Y. 1.
Bebbe, S. 32.
Beche, Ha. 22.
Bechinge, K. 1.
Beck, Y. 2, 16, 27.
Becke, Li. 1.
Beckett, B. 18.
Beckfoorde, B. 4.
Beckitt, N. 1.
Beckwith, Y. 28.
Beckyt, N. 1.
Becroft, Y. 28.
Becue, N. 41.
Bedell, M. 10.
Beddoe, S. 17.
Beddy, L. 12.
Bedforth, Y. 22.
Bedforthe, Y. 22.
Bedle, K. 17; Le. 19.
Bednell, Nu. 1.
Bedoe, S. 38.
Beebie, No. 12.
Beech, Li. 27.
Beeche, S. 15.
Beeco, La. 9.
Beecrofte, Y. 28.
Beedeson, S. 36.
Beedle, B. 4; Wo. 9.
Beedles, He. 9.
Beedson, S. 36.
Beelbie, Y. 16.
Beeley, La. 21.
Beerd, G. 47.
Beeryman, G. 3.
Bees, W. 12.
Beethu, Y. 28.
Begoe, C. 40.
Beijrens, L. 16.
Beisone, La. 22.
Beiston, Y. 9.
Bekker, Wo. 4
Belam, L. 13.
Belcher, St. 11; Wi. 25.
Beley, Y. 1.
Belffelde, La. 24.
Belfield, D. 1.
Belgnm, Ss. 1.
Belie, La. 14
Belier, L. 11.
Belke, L. 13.
Bell, Du. 2; La. 19; M. 6, 7; N. 57; Sf. 2; S. 11; Wo. 9; Y. 2, 16, 28, 32.

Bellamie, So. 29.
Bellamye, No. 64.
Bellenesly, L. 5½.
Bellers, W. 12.
Bellinger, K. 10.
Bellingham, L. 9.
Belshere, So. 5.
Belton, Le. 1.
Bely, N. 41.
Bembroke, K. 26.
Bemonde, La. 1.
Bemont, Do. 15.
Benams, Ha. 14.
Benbowe, S. 23.
Benbrigge, N. 57.
Bende, Nh. 1
Benet, S. 41; W. 10, 12.
Benfold, Wo. 5
Benham, Ha. 26.
Beniamin, S. 41.
Benian, Su. 11.
Benion, S. 13.
Benison, La. 15.
Benit, N. 44.
Benitland, Li. 9.
Bennelle, He. 1.
Bennet, C. 40; Du 5; E. 16; G. 31; K. 12; L. 4, 15; La. 15; N. 51.
Bennett, B. 19; C. 37; De. 5; Do. 12; E. 6; K. 25; L. 6; So. 26, 32; Su. 11.
Bennetson, Ch. 1.
Bennetto, C. 7.
Bennington, N. 30.
Bennis, Ha. 28.
Bennison, Li. 28.
Bennye, C. 29.
Bennyng, B. 1.
Benon, De. 2.
Bensly, N. 43.
Benslye, N. 43.
Benson, L. 6; La. 14, 25, 26; Li. 19; N. 55; Y. 10, 28.
Bensone, L. 13.
Bensonne, De. 2.
Bent, La. 17.
Bentley, La. 24; St. 16; W. 11; Wo. 1; Y. 9, 41.
Bently, G. 23; L. 5.
Bentlye, B. 8.
Benton, Li. 4; Y. 2.
Benwell, Be. 4.
Benwin, S. 23.
Benyson, La. 15.
Berber, La. 22.
Bere, L. 3.
Beresford, St. 4.
Bergin, Y. 33.
Berick, S. 42.

xxviii

INDEX OF SURNAMES

Beridge, NH. 15.
Berke, N. 26.
Bernard, M. 9.
Bernarde, M. 9.
Berredge, Y. 40.
Berriat, G. 47.
Berridge, CA. 6.
Berrie, Y. 1.
Berrisse, G. 22.
Berry, G. 26; K. 10; Y. 24.
Berrye, M. 7.
Bert, SF. 16.
Berye, DE. 2.
Beryman, Do. 15.
Besant, K. 2.
Beseley, L. 13.
Besford, M. 8.
Besforde, S. 17.
Bessant, K. 18.
Best, C. 30; SU. 3.
Beste, DE. 2; WO. 7.
Beston, N. 55.
Beswicke, M. 7; Y. 17.
Bet, E. 16.
Betchfild, S. 36.
Betherton, W. 6.
Bethu, Y. 28.
Betson, ST. 8.
Betsone, CH. 3.
Bette, HA. 2; SU. 11.
Bettik, C. 17.
Betts, HE. 5.
Bevans, S. 32.
Bever, Y. 1.
Bevill, R. 1.
Bevis, So. 26; WI. 9.
Bewes, Y. 7.
Bewin, K. 26.
Bewly, CU. 1.
Bexter, SF. 2.
Bexwicke, LA. 17, 21.
Beycocke, LA. 22.
Beylyes, S. 13.
Bicars, Y. 21.
Bickarstaffe, LA. 23.
Bicke, G. 25; M. 6.
Bickerstaf, Do. 10.
Bickerton, NU. 1.
Bickford, ST. 14.
Bickham, So. 26.
Biddell, CA. 6.
Biddle, LE. 1; W. 12.
Bide, HA. 14.
Bidgedale, M. 6.
Bidle, L. 6; WI. 4.
Bierly, Y. 15.
Big, E. 1.
Bigge, N. 35.
Bigges, B. 21.
Biggin, Y. 11.

Biggins, LA. 26.
Biggs, L. 4.
Biggwood, G. 47.
Bigland, LA. 19.
Biglands, CU. 1.
Bignalle, LA. 21.
Bignell, K. 25; WI. 3.
Biguet, K. 14.
Bigwood, G. 47.
Bijnck, L. 16.
Bikarstaffe, LA. 14.
Bilbow, Y. 27.
Bilcliffe, Y. 1, 46.
Bilisburie, DU. 8.
Bill, L. 5.
Billage, No. 18.
Billamie, Y. 33.
Billemie, Y. 33.
Billing, NH. 5.
Billinge, ST. 4.
Billinges, M. 6.
Billinghurst, SU. 2, 5.
Billingsley, L. 10; So. 26.
Biltclife, Y. 22.
Bilton, Y. 7.
Bincke, N. 43.
Bincliffe, Y. 19.
Bindge, N. 54.
Bindon, So. 32.
Bingham, K. 18.
Bingley, Y. 22.
Binks, LI. 23; Y. 27.
Binneon, So. 5.
Binnes, Y. 38.
Binnion, So. 5.
Binson, WI. 12.
Birch, B. 12; C. 20; CA. 9; L. 9; LA. 2; LI. 4; N. 54; W. 10.
Birchall, D. 7.
Birche, CH. 1, 2; LA. 1, 17, 21, 24; So. 32; ST. 1.
Bird, DU. 6; E. 21; S. 27, 32; SF. 23; ST. 11.
Birde, E. 16; L. 6
Biriam, S. 41.
Birkbie, Y. 28.
Birke, Y. 19.
Birkenhead, CH. 5.
Birket, L. 13.
Birkett, LA. 19; M. 6.
Birkfeilde, WI. 24.
Birkhead, Y. 28.
Birkhill, Y. 35.
Birkle, LA. 9.
Birks, LI. 11; Y. 19.
Birley, Y. 44.
Birry, S. 32.
Birtchenhead, L. 6.
Birthe, K. 8.

Birtwisle, LA. 2.
Birtwissle, LA. 12.
Bishop, G. 38, 39; L. 13.
Bishope, LE. 4.
Bishopp, B. 19.
Bisley, G. 26.
Bisschop, N. 41.
Bisse, So. 3.
Bisseter, L. 13.
Bisshoppe, G. 47.
Biswell, Do. 16.
Blackamore, No. 20.
Blackborne, M. 6.
Blackburn, Y. 16, 20, 28, 34.
Blackburne, LA. 3; Y. 28.
Blackden, CH. 1.
Blacke, K. 8.
Blackeborne, CH. 4.
Blackebourne, Y. 21.
Blackeburne, S. 17.
Blackeledge, LA. 10.
Blacker, Y. 22.
Blackett, DU. 5.
Blackey, Y. 1.
Blackford, G. 48.
Blackgrave, M. 6.
Blackhurst, LA. 6.
Blackledge, LA. 8.
Blackman, B. 4, 18; K. 10; L. 6.
Blackmoore, DE. 2.
Blackmore, DE. 5.
Blackshawe, L. 6.
Blacksmythe, LA. 21.
Blackwall, N. 60; ST. 7.
Blackwey, S. 13.
Blackwod, Y. 2.
Blacoe, LA. 8.
Blafferling, So. 26.
Blagburne, Y. 38.
Blageburne, Y. 9.
Blagne, B. 4.
Blake, C. 2; G. 12; So. 32; SU. 1; WI. 19.
Blakemane, BE. 4.
Blakemore, S. 17.
Blake-Smythe, DU. 10.
Blakey, LA. 13; Y. 28.
Blakisley, L. 6.
Blakley, SU. 11.
Blakway, S. 18.
Blalock, CA. 1.
Blamyre, CU. 1.
Blanch, G. 5.
Blanchard, G. 47.
Blanckney, LI. 9.
Bland, LA. 3; Y. 28, 39.
Blande, M. 10; Y. 30.
Blanford, WI. 25.
Blansherd, Y. 16.

INDEX OF SURNAMES

Blaston, L. 6.
Blaunche, G. 4.
Blaxton, Ca. 6; Du. 10.
Blaxstone, Li. 4.
Blayd, Y. 28.
Blayney, S. 27.
Bleasdell, La. 11.
Bleeke, Wi. 5.
Bleeze, L. 14.
Bleis, L. 14.
Blenckarn, Y. 7.
Blenkarne, Y. 21.
Blessinge, La. 10.
Blewett, M. 7.
Blickard, So. 16.
Bligh, C. 24.
Blissarde, G. 15.
Blisse, G. 26; M. 6.
Blithe, W. 10.
Bloare, L. 13.
Blockseech, W. 10.
Blodwell, S. 41.
Blomeley, La. 7, 9, 21.
Bloore, St. 10.
Blossom, N. 30.
Blounte, Le. 7.
Blowe, L. 15.
Bloy, C. 28.
Blromeley, La. 1.
Blumeley, La. 7.
Blumer, Y. 38.
Blumfilde, Sf. 8.
Blundell, Ch. 8; La. 10.
Blunt, Y. 33.
Blunte, L. 13; Le. 7.
Blynstane, Ch. 8.
Blythe, St. 6.
Boardman, Ch. 1.
Boden, C. 31; Su. 4.
Bodie, So. 9.
Bodilly, C. 32.
Bodnam, S. 38.
Body, C. 37.
Boedry, N. 41.
Boethe, La. 21.
Bogin, S. 41.
Boice, L. 6.
Boland, Ch. 1; S. 40.
Bolde, L. 5½; Ha. 27.
Bolderson, K. 20.
Boler, D. 6, 12.
Boles, Do. 16.
Bolithow, C. 20.
Bolland, Ch. 6, 8; So. 5; Y. 32.
Bolley, S. 38.
Bollock, S. 27.
Bolto, La. 4; Y. 28.
Bolton, L. 1, 6; La. 1, 4, 13; Y. 34.
Bombie, Y. 39.

Bombinder, L. 16.
Bonck, La. 11.
Boncke, La. 6.
Bond, La. 22; Le. 1; Nh. 4; So. 35; Su. 11; Y. 16.
Bonde, Be. 5; La. 15, 22; M. 6.
Bone, C. 35; Cu. 1; E. 10.
Bonefate, C. 38.
Boñer, E. 3.
Bonfield, M. 6.
Bongeton, G. 35.
Bonick, M. 8.
Bonne, L. 11.
Bonne-Main, H. 29.
Bonner, Le. 1; M. 7.
Bonnett, So. 20; Su. 11.
Bontham, Do. 11.
Boodle, S. 40.
Boombinder, L. 16.
Boomer, N. 60.
Boone, Li. 5.
Boonson, La. 25.
Boorne, K. 13, 26.
Boosse, Su. 11.
Booth, Ch. 1; L. 7; La. 1, 2, 4; Y. 28.
Boothbie, Y. 16.
Boothe, Ch. 1; La. 1, 9; Y. 29, 35.
Boothman, La. 2, 13.
Bootman, Li. 5.
Booton, S. 34.
Boover, B. 8.
Booz, W. 14.
Boquillon, K. 14.
Bordeman, Le. 5.
Bordma, La. 1, 17.
Bordman, Ch. 1; La. 21; Y. 46.
Bordmane, La. 17.
Bore, Ch. 1; D. 1; S. 25.
Borington, De. 5.
Borne, L. 5.
Bornes, La. 22.
Borodale, Li. 13; M. 7.
Borowes, M. 6.
Borrett, Sf. 3.
Borrough, Wi. 25.
Borrow, Wi. 25.
Borrowe, N. 22.
Borter, M. 1.
Bort'o, Y. 43.
Borwicke, La. 19.
Bossche, L. 16.
Bosse, M. 6.
Bostock, He. 8.
Boston, Y. 28.
Bosvithick, C. 11.
Boswell, Li. 3.
Bot, E. 16.

Botfield, S. 23.
Both, Li. 20.
Bothe, La. 24.
Bothom, St. 16.
Bothomley, Le. 2; Y. 38.
Botom, Ha. 13.
Bott, St. 16.
Botte, S. 22; W. 13.
Bottom, Li. 5.
Bottomlesse, Sf. 4.
Bottrell, W. 14.
Bouchine, L. 11.
Bouckley, S. 42.
Boudrelus, N. 41.
Boudry, L. 11.
Boughton, S. 38.
Bouker, La. 7, 9.
Bouloir, K. 14.
Boultby, L. 6.
Boultbye, L. 6.
Boulton, La. 4, 8, 11, 21, 27, 28; Y. 2, 28, 32.
Boultonn, Y. 31.
Boulsever, N. 44.
Bounde, K. 17.
Boune, C. 6.
Bounsall, C. 42.
Bourchault, N. 41.
Bourd, B. 30.
Bourgeois, K. 14.
Bourges, Ch. 2.
Bourgier, L. 11.
Bourloir, K. 14.
Bourne, C. 26; De. 2; E. 11; L. 13; So. 29.
Bouters, L. 16.
Boutflure, Nu. 1.
Bouth, Su. 4.
Bouthe, Ch. 2.
Bouuery, L. 11.
Boven, M. 10.
Bowbancke, Du. 7.
Bowbank, Du. 7.
Bowch, L. 15.
Bowcocke, Y. 32, 38.
Bowdage, Do. 10.
Bowden, C. 17; De. 2; L. 13; So. 20; Wi. 12.
Bowdon, Du. 3.
Bowdrey, L. 13.
Bowe, L. 13.
Bowen, S. 13.
Bower, Ch. 1, 2; Su. 4; Y. 44.
Bowere, N. 22.
Bowerhouse, Ch. 1.
Bowers, Wo. 9.
Bowes, La. 15; Y. 16, 28.
Bowker, Ch. 1; La. 21.
Bowland, Y. 21.
Bowlande, L. 13.

xxx

INDEX OF SURNAMES

Bowler, Su. 5.
Bowles, Wi. 1.
Bowlswer, N. 44.
Bowman, Ch. 1; Cu. 2; L. 6; D. 12; Su. 3; Y. 27.
Bownshall, C. 37.
Bowntaine, Li. 4.
Bowras, Ch. 3.
Bowrey, G. 32.
Bowser, N. 60.
Bowserante, Le. 2.
Bowsom, St. 6.
Bowtell, E. 16.
Bowth, L. 15.
Bowton, S. 38.
Bowye, Du. 5.
Bowyer, C. 28; M. 10; Nu. 1; St. 8.
Boy, Y. 38.
Boyce, G. 23; K. 7; M. 7.
Boycke, Du. 8.
Boyden, S. 16; Su. 11.
Boyer, S. 37.
Boyes, La. 21; Y. 8, 29.
Boykett, K. 12.
Boyse, N. 42.
Boysse, So. 19.
Boythe, Y. 1.
Boyton, E. 12.
Brabson, K. 18.
Bracebrigge, Y. 41.
Brackeley, L. 13.
Bracken, L. 13, 22.
Brackley, B. 9.
Brackleye, L. 13.
Bradbourne, Nu. 1.
Bradbury, St. 4.
Braddell, La. 22.
Braddocke, St. 13, 16.
Brade, La. 15.
Bradelei, W. 14.
Bradeley, S. 29.
Bradeshey, La. 15.
Bradford, La. 21; Y. 32.
Bradforde, La. 24.
Bradforth, K. 12; Nu. 1.
Bradforthe, Y. 35.
Bradley, Ch. 1, 2; Li. 4; Su. 11; Y. 16, 20, 25.
Bradlie, Be. 5.
Bradshal, La. 27.
Bradshall, La. 21.
Bradshaw, Ch. 1; L. 1; La. 1, 17, 27; No. 4; Wo. 9.
Bradshawe, D. 4; L. 8; La. 21, 27.
Bradshew, La. 17.
Bradshewe, La. 17.
Bradwall, St. 15.
Bradway, Su. 5.

Brady, Wi. 20.
Braene, B. 18.
Bragg, E. 16; Su. 4.
Bragge, So. 9.
Braide, La. 15.
Braidgatt, La. 22.
Braidshawe, La. 15.
Braine, O. 1.
Braithwt, La. 25.
Brakenbury, Du. 7.
Brambellcome, Wi. 12.
Brame, N. 41; Y. 28.
Bramha, Y. 10.
Bramley, N. 25.
Brampton, L. 3.
Branborowe, So. 5.
Brand, La. 22; N. 44.
Brande, L. 9; La. 22.
Branderne, W. 14.
Brandwood, W. 10.
Brannock, Ch. 5.
Brante, K. 18.
Brantley, M. 6.
Branton, La. 19.
Branxton, Nu. 1.
Braphaton, Y. 42.
Braserton, Y. 42.
Brashay, Y. 19.
Brasi, E. 12.
Brasse, Du. 11; Y. 8.
Brasyor, Ch. 2.
Brather, L. 6.
Bratherton, Ch. 6.
Brathwhett, La. 22.
Bratt, St. 1.
Brattells, L. 13.
Brattle, L. 1.
Bray, Y. 1, 44.
Brayde, La. 15.
Braydley, La. 11.
Braye, C. 25; La. 13; Y.1.
Brayne, S. 17; So. 15.
Braynewood, E. 2.
Brayntone, L. 13.
Brayshaw, Y. 34.
Brdolock, C. 1.
Breaner, Y. 32.
Brearcliffe, La. 2.
Breare, Y. 25.
Breareley, Ch. 2.
Brearlay, Y. 28.
Brearley, La. 9, 28; Y. 38.
Breat, Sf. 19.
Breate, De. 2; Sf. 19.
Bredberey, M. 7.
Bredberye, La. 21.
Bredburye, Ch. 1.
Breeden, B. 1.
Breise, L. 5.
Brekill, La. 14.

Brentnall, Ch. 1.
Brerecliff, La. 13.
Brereley, La. 24; W. 15.
Brerelley, Ch. 2.
Bret, Sf. 2.
Bretherton, La. 6.
Brett, He. 9; L. 5; S. 17.
Brettergh, Ch. 1.
Breuiart, K. 14.
Brewer, Be. 4; L. 6.
Brey, C. 8.
Breykel, La. 10.
Brian, B. 1.
Briant, E. 1.
Briaunt, G. 49.
Brice, Wi. 4.
Brickelton, Ha. 14.
Bricket, Wi. 12.
Bricklande, N. 54.
Bricknill, O. 5.
Bricks, K. 9.
Briddock, La. 21.
Briddocke, La. 21.
Briden, B. 20.
Bridge, E. 2; La. 1, 5, 13; M. 10; So. 8.
Bridger, Ha. 28; Su. 2.
Bridges, E. 15, 18; Su. 3; W. 11.
Bridgge, La. 24.
Bridgges, La. 21.
Bridghouse, La. 4.
Bridgma, St. 1.
Bridkirke, Y. 17.
Brierre, N. 41.
Brige, Y. 20.
Brigett, K. 11.
Brigg, Cu. 1; Y. 38.
Brigge, La. 24; Y. 28, 29.
Brigges, He. 8; M. 7; N. 35, 56.
Briggs, La. 22, 24; N. 27.
Brighous, Y. 38.
Bright, E. 4; S. 28; Su. 5.
Brighte, De. 2.
Brighten, N. 27.
Brightes, Su. 11.
Brightmore, N. 56.
Brightwell, He. 7.
Brimley, S. 31.
Brinckworth, So. 5.
Brindle, S. 17.
Brine, W. 24.
Bringborne, L. 2.
Brinsforde, St. 14.
Brisco, St. 1.
Briscoe, G. 47; L. 6; St. 1.
Briscow, La. 10.
Brisselo, L. 11.
Briston, S. 10.

xxxi

INDEX OF SURNAMES

Bristow, So. 16; Su. 11.
Bristowe, Be. 4; Ha. 13; L. 13.
Brittain, L. 1.
Brittaine, So. 5.
Britten, Ha. 14; M. 6.
Britton, La. 19.
Broadbent, La. 24.
Broade, C. 1.
Broadhead, Y. 44.
Broadlay, Y. 28.
Brochet, N. 41.
Brockbanke, La. 19, 26.
Brockden, La. 13.
Brocke, G. 8.
Brockehurste, W. 14.
Brockhurst, M. 6.
Brocklesby, Li. 15.
Brocksbanke, La. 2.
Brockwell, K. 2.
Brodbent, La. 24; Y. 16.
Brodehead, Y. 1.
Brodeheid, N. 55.
Brodell, La. 22.
Brodhead, Y. 1.
Brodhurst, Ch. 2.
Brodley, Y. 38.
Brodstreete, K. 8.
Broedels, L. 16.
Broke, Li. 4; Y. 38.
Brokes, N. 40.
Bromblow, S. 37.
Bromefeld, E. 8.
Bromeley, La. 1.
Bromelowe, La. 27.
Bromfeild, E. 8.
Bromfield, Wo. 9.
Bromileye, La. 1.
Bromley, W. 11.
Brompton, S. 31, 32.
Broockes, W. 11, 12.
Brook, Su. 5.
Brooke, Ch. 1, 2; De. 2; G. 2; L. 6, 13, 14, 15; La. 7, 21; N. 54; S. 11; Sf. 8, 19; St. 1; Wo. 9; Y. 1, 28, 38, 46.
Brooker, M. 1.
Brookes, Ch. 1; He. 8; L. 5; M. 6, 7; W. 11; Wo. 7.
Brooks, Nh. 13.
Brookshaw, Ch. 1.
Broome, Ch. 1; K. 20; S. 36.
Broucke, La. 1.
Brough, Du. 1; Nu. 2.
Broughton, L. 13; M. 6; W. 11; Y. 34.
Brouke, Y. 35.
Broukhouse, Y. 19.
Brouse, L. 2.
Browcke, Su. 11.

Browen, Y. 8.
Browesey, Do. 10.
Browing, M. 6.
Browkes, B. 20.
Browman, K. 13.
Browmbell, Ch. 2.
Browne, B. 22; C. 25, 37; Ch. 2; Cu. 1, 2; Do. 5, 12; Du. 5, 7, 10; E. 21; G. 11, 26, 50; H. 3; Ha. 8; He. 1, 8; K. 10, 12; L. 6, 9, 13; La. 4, 13, 15, 21, 22, 26, 27; Le. 1; Li. 1, 4, 28; M. 6, 9, 10; N. 32, 33, 43; Nh. 2; Nu. 1; S. 27, 30, 37; Sf. 19; So. 5; Su. 1, 4, 11; W. 10, 13; Wi. 1; Wo. 7; Y. 3, 10, 17, 20, 23, 28, 32, 39.
Browneld, Y. 46.
Brownelesse, Ca. 12.
Brownell, D. 1.
Brownes, Du. 10.
Browning, De. 2.
Browninge, Ca. 12; Wo. 8.
Brownsword, La. 21.
Broxholme, Li. 27.
Broxon, M. 6.
Broxopp, Y. 14.
Brucke, La. 1.
Brudenel, He. 8.
Bruen, Ch. 1.
Bruer, E. 9; He. 7; La. 2; Su. 4.
Bruffe, K. 16.
Bruge, L. 10.
Bruke, Y. 28.
Brumhead, No. 17.
Brumley, K. 23.
Brunt, St. 4.
Brunton, Y. 15.
Brusbe, Ss. 1.
Bruscow, Ch. 6.
Bruscowe, Ch. 6.
Bruton, De. 5.
Bruzbane, La. 13.
Bryan, Ch. 2.
Bryenne, L. 11.
Bryer, M. 3.
Bryne, Ch. 2.
Bryre, Y. 44.
Bryscoe, He. 7.
Bryse, K. 1.
Bubwth, Y. 10.
Buch, He. 9.
Bucher, H. 1.
Buck, N. 35; Y. 28.
Bucke, E. 16; Li. 10; N. 48; Nh. 15.
Buckeley, La. 5.
Buckell, Y. 16.

Buckery, C. 16.
Buckfoord, S. 41.
Buckingham, So. 26.
Buckland, K. 12.
Buckle, Be. 5.
Buckley, Ch. 1; La. 1, 21, 24; St. 13.
Buckmaster, B. 1.
Bucknall, W. 10.
Bucksam, N. 55.
Buckshawe, Y. 2.
Buckstone, Li. 2.
Bucle, B. 14.
Buctrout, Y. 39.
Budd, De. 2; So. 16.
Buddell, N. 15.
Budding, G. 25.
Budworth, M. 6.
Buell, Y. 33.
Buerdsell, La. 21.
Buesken, L. 16.
Buey, S. 17.
Bugge, Do. 8; Sf. 15.
Bugin, M. 6.
Bulcocke, La. 13.
Bule, H. 29.
Bull, B. 8; L. 6; So. 26; St. 11, 16; Y. 9, 35.
Bullard, M. 10.
Bulliant, Sf. 6.
Bullman, N. 44.
Bullock, B. 4, 13; D. 1; E. 4; G. 47; L. 8; S. 30; Y. 14.
Bullocke, D. 1; K. 9; La. 22; S. 13; Y. 9, 32.
Bullyn, Ca. 8.
Bumell, M. 6.
Bumsted, Sf. 16.
Bunche, Nh. 4.
Bundell, L. 6.
Bunell, M. 6.
Bungay, K. 15.
Bunny, Y. 38.
Bunnyard, K. 13.
Buntes, M. 6.
Buntingale, L. 14.
Buntkyn, Li. 5.
Buny, Ha. 1.
Burberye, K. 18.
Burbidge, M. 6.
Burbishe, B. 14.
Burche, De. 2.
Burchell, Ch. 5.
Burcott, Be. 4.
Burde, B. 4; M. 7; Nu. 1.
Burdesell, La. 9.
Burdett, Y. 46.
Burdon, No. 63.
Buré, K. 14.
Burge, So. 26, 28.

INDEX OF SURNAMES

Burgeman, Su. 7.
Burges, Ch. 2; Ha. 10; L. 8;
 La. 19, 21; S. 37; Sf. 5;
 So. 1; Su. 11.
Burgesse, La. 4.
Burgin, Do. 10.
Burgis, Ha. 15; L. 8; Sf. 5.
Burgoine, W. 16; Wi. 26.
Burgon, N. 36.
Burgoyne, D. 6.
Burie, La. 1, 8, 9, 17, 22, 24.
Burke, K. 26.
Burkes, Li. 9.
Burlace, C. 37.
Burle, Ha. 6; Su. 5.
Burleighe, Be. 4.
Burley, M. 7; N. 44, 55;
 Nh. 2; Su. 11.
Burlys, C. 24.
Burman, W. 11.
Burnard, So. 7.
Burndishe, Sf. 15.
Burne, La. 21; S. 35.
Burnell, G. 23, 49; W. 11, 13;
 Y. 19.
Burnerde, De. 2.
Burnett, Y. 35.
Burnham, O. 5.
Burnlay, Y. 28.
Burrat, M. 9.
Burre, He. 1, 7; K. 3
Burrell, Du. 7; Nu. 1; Y. 7.
Burridg, L. 9.
Burridge, So. 32.
Burrow, La. 3.
Burrowe, La. 3, 15.
Burschough, La. 19.
Burslem, St. 8.
Burson, So. 26.
Burt, Do. 16.
Burte, Do. 16; L. 13.
Burton, Be. 4; Ch. 1; Cu. 3;
 L. 9; La. 6; Le. 1, 2; M. 9;
 N. 8, 35, 55; Y. 16, 28, 29,
 32, 34, 37, 43.
Burtone, La. 22; Li. 11.
Burtonn, Y. 29.
Busbie, Y. 16.
Busbye, L. 14.
Buse, C. 43.
Busfeld, Y. 2.
Bush, He. 9; N. 42; So. 5.
Bushe, Ca. 6; No. 15.
Bushell, Ch. 5; Y. 28.
Busher, L. 13.
Bushopp, S. 18.
Bushton, De. 2.
Busken, L. 16.
Buskens, L. 16.
Busshell, La. 5; Su. 5.

Busshope, Do. 2; S. 32.
Bussies, Du. 2.
Bussy, Sf. 1.
Bussye, Y. 2, 28.
Bust, St. 11.
Bustinge, N. 43.
But, So. 14.
Butchart, La. 10.
Butcher, E. 16; G. 49; L. 6, 9;
 La. 14, 23; N. 21, 28; Nh. 3;
 Sf. 13.
Butler, Do. 2, 15; E. 16;
 G. 47; K. 2, 18; L. 5, 13;
 La. 21; M. 6, 10; N. 31, 36;
 S. 17; St. 1; W. 11, 14, 15;
 Y. 9, 25.
Butseraen, N. 41.
Butt, O. 5.
Buttcher, So. 1.
Butteler, He. 5.
Buttell, B. 4.
Butterfeld, Y. 9, 14.
Butterfield, B. 23.
Butterworth, La. 21.
Butterworthe, La. 1, 21, 24.
Buttle, M. 10.
Buttler, Do. 2; N. 55.
Buttoll, E. 1.
Button, C. 15; Sf. 27.
Buttris, K. 18.
Buttrwoorthe, La. 9.
Buttworthe, La. 24.
Buug, L. 16.
Buxton, Le. 18.
Buxtons, S. 41.
Buxye, Ch. 8.
Byam, So. 5.
Byard, L. 8.
Byas, Be. 2.
Bybbie, La. 21.
Bybbye, La. 21.
Bycarstaffe, La. 10.
Byckerdycke, R. 1.
Byddle, G. 30; Le. 18.
Byddul, Nh. 4.
Bydon, So. 32.
Bye, Li. 21; So. 24.
Byethell, Ch. 3.
Byford, He. 9.
Byggarstaffe, Su. 1.
Byggen, D. 1.
Bygland, Su. 11.
Bygley, Ca. 13.
Bygod, Du. 9.
Bykarstaffe, La. 14.
Byles, Do. 4.
Byllingesleve, S. 35.
Byngley, Ch. 8; Y. 1.
Bylsborowe, La. 18.
Bynnes, La. 13.

Byrame, La. 17.
Byrch, B. 1; Ch. 2; La. 7,
 9, 17.
Byrd, Ch. 8; N. 60.
Byrde, Wo. 6.
Byrome, La. 21.
Byrtenshawe, La. 21.
Byshe, No. 19.
Byshop, C. 31.
Byshton, S. 5.
Bysley, Wo. 1.
Byssell, St. 1.
Bywater, Y. 10, 28, 46.

Caator, B. 1.
Cabelian, N. 41.
Cacbread, He. 9.
Cade, D. 1; L. 13.
Cadee, Do. 4.
Cadelie, C. 26.
Cademan, E. 20; Le 1.
Cadicke, Ch. 6; La. 10.
Cadwadr, S. 32.
Caf, L. 16.
Cager, Wo. 5.
Caisley, Nu. 1.
Calamay, C. 38.
Calamie, L. 4.
Calbard, Y. 28.
Calbeck, Y. 28.
Caleytot, H. 1.
Calf, L. 2, 16; N. 41.
Calister, Ch. 8.
Callis, N. 34; No. 7.
Callowe, Wo. 5, 7.
Callwey, C. 37.
Caltharp, Sf. 22.
Calton, L. 8.
Caluerly, L. 5.
Calveley, Ch. 8.
Calverley, Y. 19.
Calvert, La. 15.
Calverte, La. 15.
Cam, L. 13.
Cambier, L. 16; N. 41.
Cambo, S. 10.
Camdin, Le. 1.
Camell, La. 13.
Camme, D. 1.
Camper, He. 8.
Campian, Le. 1; N. 35.
Camplin, So. 32.
Campline, So. 32.
Can, N. 35.
Canadyne, L. 13.
Canbien, L. 11.
Candland, S. 38.

xxxiii

INDEX OF SURNAMES

Candow, La. 7.
Cane, L. 13; Li. 27; Wi. 24.
Canffeild, La. 11.
Canland, S. 22.
Cannie, La. 26.
Cannon, Ca. 9; So. 9.
Canny, La. 22.
Cannye, La. 19.
Cansfilde, La. 3.
Cante, Y. 42.
Canter, G. 29.
Capcoate, L. 13.
Caper, He. 7.
Capert, K. 14.
Capland, La. 20.
Capon, He. 8. N. 34.
Cappart, K. 14.
Capper, Ch. 8.
Cappor, S. 35.
Carbur, La. 6.
Card, K. 24.
Cardew, M. 6.
Cardie, E. 18.
Cardnell, No. 9.
Cardy, Ha. 28.
Care, Du. 10; Sf. 16.
Careles, S. 38.
Carelesse, St. 14.
Careley, K. 9.
Carelton, K. 8.
Carette, K. 14.
Carewdo, La. 22.
Carey, So. 3.
Carie, Y. 16.
Caringham, Su. 5.
Carion, L. 11.
Carleile, L. 13.
Carlele, Du. 2.
Carleton, Y. 28.
Carliell, Cu. 1.
Carlijn, L. 16.
Carlill, N. 60; Y. 16.
Carlton, L. 8.
Carman, N. 27.
Carnar, Du. 5.
Carnbean, C. 38.
Carne, C. 40.
Carnell, L. 6.
Caron, K. 14.
Carpender, Sf. 24.
Carpenter, G. 28; L. 5; Su. 5; Wi. 6, 12, 13; Wo. 7.
Carpmell, La. 15.
Carpnell, G. 28.
Carr, N. 29; Nu. 1; Y. 22, 27.
Carre, K. 10; La. 10; M. 6; Y. 14.
Carrell, L. 8.
Carrington, Ch. 4.
Carrol, W. 1.

Carrudas, Cu. 1.
Cars, L. 14.
Carsey, Nu. 1.
Carsy, Sf. 4.
Cartar, Y 43.
Carter, B. 1, 4, 7; Be. 4; C. 37; Ca. 1, 5; D. 5; Du. 10; E. 11, 22; K. 10; L. 13; La. 3, 15, 21, 22; N. 44, 60; Nu. 1; S. 34; Ss. 1; Su. 5; W. 12, 14; Wi. 12; Y. 8, 28, 38.
Cartere, La. 18.
Carterr, Y. 38.
Cartmell, La. 12, 13, 23.
Carton, La. 5.
Cartwright, Ch. 1; Ha. 12; L. 1; La. 4; Li. 8; M. 6; St. 11; Y. 2.
Cartwrighte, Y. 1.
Carver, Ca. 4; E. 9; La. 22; N. 25.
Cary, Y. 28.
Carye, Wi. 12; Y. 28.
Caryer, K. 1.
Case, S. 41.
Casier, L. 16.
Casley, Su. 11.
Caslighe, De. 2.
Casse, E. 15; K. 26; Y. 28.
Cassell, W. 13.
Cassier, L. 2.
Casson, La. 19; Y. 28.
Castell, L. 13; Y. 1.
Caster, Nh. 15.
Castineau, K. 14.
Castlay, Y. 28.
Castle, G. 26; Sf. 23.
Castlecroft, L. 13.
Castleton, Nu. 1.
Catcher, L. 3; M. 7.
Caten, He. 8.
Cater, L. 2.
Catharall, M. 6.
Catherall, La. 8.
Catley, Y. 14.
Catlin, He. 8.
Catlowe, Y. 38.
Catlyn, He. 6.
Caton, La. 15.
Catone, La. 22.
Catt, Sf. 5.
Catterall, La. 4, 14.
Catterell, Y. 3.
Catterson, Y. 28.
Cattersonn, Li. 1.
Cattle, Y. 16.
Cauche, L. 11.
Caudrie, W. 11.
Caudron, N. 41.

Caudry, B. 24.
Cauelier, L. 11.
Caulie, So. 14.
Caunt, D. 9; L. 1.
Caureur, L. 11.
Causten, K. 19.
Cauué, L. 11.
Cave, Li. 3; Y. 25.
Cavill, C. 6; K. 18.
Cavnerley, M. 7.
Cawcott, Be. 4.
Cawdowe, La. 1.
Cawdree, La. 6.
Cawdrey, La. 10.
Cawherd, La. 22.
Cawlldom, K. 7.
Cawnter, C. 8.
Cawood, Y. 24.
Cawoodd, N. 54.
Cawoode, La. 24.
Cawpland, La. 22.
Cawrowe, Ch. 2.
Cawsey, St. 6.
Cawson, La. 15.
Cawthera, Y. 28.
Cawthrey, Y. 28.
Cawton, N. 43.
Cawuerd, Y. 22.
Cawverley, Y. 10.
Cayley, Y. 14.
Cayline, Y. 22.
Cayton, La. 19.
Ceame, So. 8.
Ceelye, L. 6.
Celler, La. 13.
Cerf, L. 16.
Ceulen, L. 16.
Chadderton, La. 21.
Chaddocke, Su. 11.
Chaddrto, La. 9.
Chaderton, La. 28.
Chadkircke, La. 21.
Chadocke, La. 10.
Chadwallis, M. 10.
Chadweek, Y. 7.
Chadweeke, Y. 38.
Chadwicke, La. 21, 24; Y. 38.
Chafie, So. 9.
Chaldon, De. 2.
Challacombe, De. 2.
Challener, Ss. 1.
Challenor, La. 4.
Chalner, Ch. 5.
Chamber, Be. 2; De. 3; Du. 1; Nu. 2; Wo. 3; Y. 10.
Chamberlaine, K. 12.
Chamberlayne, Le. 2.
Chamberlen, C. 40.
Chamberlin, M. 6; St. 1.
Chamberlyn, C. 40.

INDEX OF SURNAMES

Chambers, C. 26; D. 11; G. 47; K. 12; L. 1, 4, 7, 13, 14, 15; Li. 3; Wo. 9.
Chamer, He. 8.
Chamlay, Y. 43.
Chamley, Y. 43.
Chamney, La. 26.
Champen, N. 60.
Champion, Wi. 24.
Champney, La. 19.
Champnis, E. 12.
Chandler, E. 16; M. 8; N. 44; Su. 5.
Channel, N. 6.
Channer, B. 23.
Chantrell, Y. 2.
Chanwell, N. 22.
Chaper, Do. 15.
Chaple, De. 2.
Chapleman, C. 37.
Chapline, De. 2.
Chapma, E. 16; La. 17, 22; Li. 27.
Chapman, E. 16; G. 40; He. 8; K. 5; L. 4, 13; La. 22; Li. 4, 10, 25; M. 10, N. 6; S. 34, 38; Sf. 10; So. 5; Y. 12, 28.
Chappell, M. 10; So. 3; Wi. 19; Y. 1.
Chapple, Li. 27.
Chare, L. 5.
Charetie, Le. 2.
Charitye, No. 5.
Charlay, Y. 28.
Charles, Cu. 1; L. 13; La. 10.
Charlessone, La. 17.
Charleswoorthe, Y. 45.
Charlesworthe, Y. 1.
Charleton, Le. 1.
Charlew, Y. 45.
Charlewoode, Su. 9.
Charlsworth, Y. 44.
Charlwood, M. 8.
Charman, Su. 5.
Charmoise, L. 11.
Charnell, E. 12.
Charnock, La. 15.
Charnocke, La. 4.
Chartar, Y. 43.
Chaster, Y. 35.
Chatborn, La. 22.
Chatborne, La. 22.
Chatburne, La. 12, 15.
Chatfield, Ha. 18.
Chatherton, Ch. 1.
Chatterton, La. 21.
Chaulew, Du. 5.
Chaumberlayne, Li. 9.
Chaunler, L. 9.

Chaundler, M. 9; Su. 5; Wi. 6.
Chaunter, C. 20.
Chauntrie, St. 12.
Chawke, L. 4.
Cheadocke, La. 27.
Cheapman, G. 47.
Cheatome, La. 24.
Chedwicke, B. 1.
Cheeta, Ch. 2.
Cheetam, Ch. 2; N. 60.
Cheetame, La. 21.
Cheetham, Ch. 1; N. 60.
Cheeton, La. 4.
Chele, Ss. 1.
Chellner, La. 16.
Chelsey, M. 10.
Chenhale, C. 7.
Chenie, W. 18.
Chepman, C. 39.
Chergviden, C. 13.
Cherre, C. 21.
Cheshire, St. 4.
Chester, N. 60.
Chesterton, Y. 28.
Chevyn, Li. 2.
Chewe, La. 13.
Chewter, Su. 6.
Chick, G. 50; So. 26.
Chicke, So. 1.
Chilcott, So. 27.
Childe, E. 16; S. 38; Y. 38.
Chilton, K. 12.
Chinge, C. 43.
Chinhall, C. 31.
Chippindall, La. 22.
Chippingal, La. 27.
Chippingdale, Y. 32.
Chippyndale, Y. 32.
Chislett, So. 9.
Chiteridge, Ha. 27.
Chitty, Su. 5.
Chitum, La. 7.
Chiverton, Ha. 27.
Chollwill, C. 43.
Cholmeley, L. 13; St. 6.
Chompen, C. 7.
Chopping, He. 8.
Choreton, La. 7.
Chorleton, La. 7.
Chorletonn, La. 17.
Chorlton, La. 21.
Chornocke, M. 6.
Chorse, Le. 14a.
Chor'ton, La. 7.
Chourton, La. 17.
Chowe, La. 27.
Chowerton, La. 21.
Christiaens, L. 16.
Christie, Y. 7.

Christmas, He. 8.
Christoe, G. 47.
Christopher, C. 7, 26; Du. 9.
Chue, Y. 38.
Churche, K. 9; So. 22.
Churchman, Le. 1.
Churchouse, Wi. 12.
Churt, K. 10.
Chynnerie, Le. 8.
Chrysterson, Ch. 1.
Chytty, Su. 5.
Chyvell, La. 2.
Cirke, E. 1.
Claiton, La. 12, 13.
Clapam, La. 10.
Clappam, L. 2.
Clarbrouge, Y. 29.
Clarck, Wi. 1.
Clarcke, Li. 27; Su. 11; Y. 32.
Clarisse, L. 14.
Clark, E. 11; G. 48; Li. 4; N. 44; S. 38; W. 11, 13; Y. 7, 14, 33, 43.
Clarke, C. 25; Ch. 2; D. 4; De. 3; Du. 5, 6; E. 1, 14, 15, 16; G. 48; He. 7; K. 12, 15; L. 1, 2, 5, 6, 13; Le. 13, 14a; La. 14, 15; Li. 1, 9; M. 6; N. 45, 48; O. 5; S. 42; Sf. 8, 12; So. 10, 15, 16, 25; Su. 11; Y. 28, 30, 32, 34, 39, 46.
Clarkeson, Ch. 2; La. 15.
Clarkesone, La. 22.
Clarkson, La. 15; St. 1.
Clarksone, La. 15.
Clarson, La. 22.
Clasey, So. 7.
Clathworthie, De. 2.
Claton, La. 20.
Clattwoorthie, So. 27.
Clauer, Do. 4.
Claughton, Y. 28.
Claukeley, He. 7.
Claxton, N. 44.
Clay, Ca. 13; E. 8; K. 11; La. 21; N. 44; Y. 19, 38.
Clayden, Sf. 8.
Claye, B. 24; Ch. 2; N. 44; Y. 4, 24.
Claypome, Y. 9.
Clayton, D. 1; La. 2, 8; Y. 22, 35.
Claytone, Be. 4; La. 2.
Claytonn, Y. 35.
Clea, S. 32.
Cleark, Sf. 2.
Clearke, S. 10; Wi. 23.
Cleaton, Ch. 2.
Cleaver, W. 18.

INDEX OF SURNAMES

Cleaye, Ch. 2.
Cleere, Su. 2.
Cleg, La. 28.
Clegg, La. 24; Y. 22.
Clegge, La. 24; Y. 22.
Cleghorne, Nu. 1.
Cleiff, Nu. 1.
Cleijmans, L. 16.
Clelande, E. 16.
Clemence, N. 55.
Clement, Be. 6; K. 2, 9; L. 3; Le. 18; M. 6; Wi. 12.
Clements, Li. 28; So. 33; Su. 3.
Clemsone, W. 10.
Clerck, L. 16.
Clercke, So. 32.
Clercx, L. 16.
Clere, M. 10.
Clerk, Ch. 2; E. 1, 6; S. 36; Y. 2.
Clerke, E. 11; G. 31; Ha. 28; La. 22; M. 8; S. 37, 38; So. 1; W. 3; Wi. 3; Y. 20, 41.
Cleton, La. 21; Su. 11.
Cleve, C. 40; M. 8.
Clevley, G. 12.
Cley, La. 21.
Cleybrooke, L. 13.
Cleypoll, Nh. 15.
Cleyton, Ch. 2.
Clibburne, Y. 28.
Cliburne, Y. 28.
Cliff, Li. 1; Y. 21, 22.
Cliffe, Y. 28.
Clifferde, De. 2.
Clifford, G. 47.
Clifton, La. 15; Le. 3; No. 14; Y. 16, 43.
Cliftone, La. 22; N. 37.
Clinch, De. 2.
Clinckaert, L. 16.
Clinthorne, So. 5.
Clise, C. 31.
Clitter, Ha. 10.
Cloise, L. 7.
Clonye, Li. 11.
Clopton, Ca. 4.
Closley, Y. 38.
Clothier, B. 1.
Cloudslay, La. 22; Y. 28.
Cloudsly, Le. 1.
Clough, La. 4, 24, 28; Y. 14, 32.
Cloughe, Du. 3; La. 21.
Clouse, St. 11.
Cloute, K. 6.
Clowde, Le. 18.
Clowell, Sf. 16.
Clowes, W. 14.

Cloweson, Du. 7.
Clowgh, S. 37.
Clowter, So. 8.
Clubley, Y. 3.
Clughe, Le. 14a.
Clungunford, S. 38.
Cluworth, La. 27.
Clyatt, Sf. 2.
Clyes, C. 39.
Clyff, Y. 21.
Clyffe, Li. 14; St. 3.
Clyfford, K. 2; M. 7.
Clynton, L. 9.
Cnight, Li. 11.
Coal, Ca. 9; Wi. 24.
Coark, Y. 32.
Coarke, Y. 32.
Coates, L. 14; Y. 32.
Cobb, G. 34; K. 10.
Cobbe, M. 6.
Cobcott, L. 6.
Cobgrave, Y. 16.
Cobham, L. 2, 6.
Cochett, L. 8.
Cochin, K. 14.
Cock, B. 1; He. 9; Li. 5, 19.
Cockan, La. 26.
Cockdall, Su. 4.
Cocke, B. 1, 4; C. 2, 25, 37; E. 14; K. 18, 20; L. 13; N. 26; S. 25; Su. 11; Y. 5.
Cockell, Y. 29.
Cocken, C. 37.
Cocker, Du. 5; L. 13.
Cockerell, Wi. 7.
Cockerham, D. 6.
Cockerline, Y. 16.
Cockerom, M. 6.
Cockfeild, Du. 7.
Cockfield, Du. 7.
Cockhill, Y. 9.
Cockline, L. 13.
Cockman, K. 20.
Cocknage, L. 14.
Cockrell, L. 3; Wi. 20.
Cockrill, Y. 17.
Cockshoott, La. 12.
Cockson, Y. 32, 34.
Cocquyt, N. 41.
Coffinge, Y. 27.
Cogars, Do. 9.
Coggeswell, Wi. 3.
Coggs, B. 22.
Coijghen, L. 16.
Coishe, L. 3.
Cok, He. 9.
Coker, Su. 4.
Colbecke, L. 6.
Colbie, Li. 9.
Colborne, Do. 16.

Colbran, K. 8.
Colbrand, M. 6.
Colby, Sf. 4.
Colclough, St. 10.
Colcombe, S. 32.
Cole, De. 2, 3; Do. 19; E. 14; He. 7; K. 9; L. 13; M. 8; Wo. 5; Y. 8.
Colema, K. 18.
Coleman, L. 3; Wi. 19.
Colemore, K. 17.
Coles, Ha. 28; R. 1; So. 1, 19; W. 18; Wi. 1.
Coleson, Du. 5.
Colier, St. 1.
Coling, L. 1.
Coll, H. 29.
Collande, De. 2.
Collchester, Wo. 5.
Colle, Ha. 12.
Colledge, La. 13.
Collen, C. 28; M. 6; Su. 2.
Collens, K. 2; W. 11.
Coller, E. 12.
Colles, So. 1.
Collett, S. 10.
Colley, M. 6; Nu. 1.
Collfeild, Wo. 8.
Colliar, La. 27; St. 2; Wi. 1.
Collie, S. 27.
Collier, B. 13; Ch. 1; St. 1, 15.
Colliers, Ch. 1.
Collin, C. 20; E. 12; Li. 4; Y. 16.
Colline, Du. 8.
Collines, Be. 4.
Collinge, La. 9.
Collings, G. 50; La. 24; S. 28.
Collingson, Y. 16, 28.
Collins, B. 7; H. 1; He. 1, 8; Ha. 28; K. 25; L. 5; N. 40; S. 17; Wi. 6.
Collinson, La. 26; Y. 16.
Collisson, N. 14.
Collmere, L. 13.
Collumbyne, La. 21.
Collweye, L. 13.
Collyford, So. 9.
Collyn, Ch. 1.
Collyne, Ca. 12.
Collyns, B. 10; He. 1; L. 8; S. 8.
Collyer, Ch. 1; St. 16.
Collys, C. 37.
Collyshaw, N. 56.
Colman, G. 8; M. 10.
Colmer, So. 21.
Colquite, L. 3.
Colsborne, G. 34.

xxxvi

INDEX OF SURNAMES

Colson, So. 3.
Colthurst, L. 2, 7; Y. 20.
Colthurste, La. 2.
Coltma, La. 22.
Colton, Y. 30.
Colvels, C. 16.
Comalache, La. 18.
Combe, So. 15.
Comberladg, St. 1.
Comberladge, St. 1.
Combes, Su. 5.
Combye, E. 20.
Co'min, Su. 4.
Comine, Y. 12.
Cominge, Du. 8.
Compton, L. 8.
Con, Du. 9.
Condall, C. 25.
Condez, L. 11.
Condley, B. 8.
Condly, B. 8.
Cone, M. 4.
Conlye, B. 8.
Conn, Du. 9.
Connesbe, Su. 11.
Connic, L. 16.
Conningham, N. 43.
Conny, O. 6.
Connygraue, Su. 11.
Consett, Y. 16.
Consley, Du. 9.
Constable, L. 6; W. 12, 13.
Conwey, S. 39.
Cony, L. 7.
Conyers, Y. 34.
Conyworth, L. 13.
Cooche, C. 42.
Coocke, La. 5; Li. 23.
Coockeson, La. 10.
Coockson, La. 4.
Coode, C. 24.
Cook, B. 18; So. 32.
Cooke, B. 1; C. 20, 21; Ca. 6;
 Ch. 1, 3; D. 5; Du. 5;
 G. 30, 39; He. 8; K. 15, 23;
 L. 1, 2, 5, 6, 13, 16; La. 11,
 13, 17, 21, 22; Li. 4, 27;
 M. 10; N. 43; S. 6, 34, 37,
 38, 40; Sf. 8, 14; So. 15;
 St. 4, 6; W. 14; Wi. 1, 24;
 Wo. 9; Y. 6, 7, 8, 28, 33, 39.
Cookes, L. 13.
Cookney, Do. 9.
Coole, Do. 15.
Cooleman, Du. 2.
Cooles, B. 10.
Coolles, So. 21.
Cools, B. 8.
Coolsone, K. 15.
Coombe, C. 15.

Coome, So. 14.
Coony, O. 6.
Coop, La. 9; Su. 11; Y. 38.
Coope, So. 15; St. 4.
Cooper, Be. 4; Ch. 1; K. 11,
 20, 25; L. 1, 5, 6, 14; Li. 7;
 M. 6; N. 41; Nu. 1; So. 5;
 Su. 5; W. 18; Wi. 26;
 Wo. 9.
Coopper, Nu. 1; Y. 7.
Coore, Su. 11; Y. 14.
Coosenn, Y. 45.
Coosin, Y. 38.
Cootes, Li. 27.
Coots, Y. 16.
Coper, Ha. 22.
Copis, Ha. 23.
Coplay, Y. 28.
Copley, Y. 22.
Coppedoke, Ha. 27.
Coppin, K. 9, 25; L. 6.
Copplay, Y. 46.
Coppoe, E. 13.
Coppoo, E. 13.
Cops, Ha. 16.
Copton, Su. 4.
Coram, So. 24.
Corbech, Su. 4.
Corbett, S. 37; St. 15.
Corbich, Su. 4.
Corbitt, La. 13.
Corcelis, L. 16.
Cordie, E. 8.
Cording, So. 26.
Cordinglay, Y. 28.
Core, La. 11.
Corke, C. 9; Nu. 1; Y. 32.
Corker, La. 9, 26; N.45; Su. 11.
Corleis, La. 27.
Corles, La. 22.
Corlyn, L. 9.
Cormill, Wo. 6.
Cornart, K. 14.
Corner, Y. 27.
Cornewall, Wi. 3.
Cornish, M. 10; O. 6.
Cornishe, De. 2; So. 32.
Cornowe, C. 31.
Cornuel, K. 14.
Cornwall, L. 7.
Cornwell, L. 7; La. 22.
Cornyshe, He. 7.
Corselis, L. 16.
Corser, S. 41.
Cortier, C. 4.
Coruuel, K. 14.
Cosen, C. 13.
Cosens, So. 3.
Cosin, C. 21; K. 18.
Cossine, Y. 22.

Cossens, So. 9.
Cossoll, St. 11.
Costeine, Ha. 6.
Costen, Su. 5.
Costentye, Y. 31.
Costerdyne, La. 21.
Costin, Sf. 17.
Cosynn, Y. 45.
Cotes, K. 25; L. 7; N. 43, 61;
 W. 13; Y. 8, 38.
Cotnes, Y. 16.
Cottarell, Do. 15.
Cottered, L. 13.
Cotterell, G. 16; L. 13; W. 14;
 Y. 2.
Cotterill, Y. 45.
Cotton, Do. 15; K. 24; L. 2,
 13; M. 10; S. 38.
Cottrell, Ch. 1; Nh. 10; St. 1;
 W. 10; Wo. 9; Y. 28.
Couch, So. 18.
Coudron, L. 16.
Couffen, No. 64.
Couke, No. 63.
Couleman, G. 23.
Coulinge, C. 26.
Coulman, Li. 4.
Coulner, K. 18.
Coulson, Du. 3; K. 10.
Coulton, No. 14; Y. 39.
Counde, S. 33.
Coup, La. 28; Y. 28.
Couper, K. 18; La. 9.
Courtall, Sf. 2.
Courte, K. 21.
Courtice, De. 2.
Courtise, So. 10.
Courtneye, B. 5.
Cove, M. 4.
Covell, Ca. 13; La. 22; M. 10;
 Y. 3.
Coverdail, Y. 12.
Covey, L. 13.
Covye, Wi. 19.
Cowape, La. 17.
Coward, La. 26; So. 3; Y. 38.
Cowarde, Y. 38.
Cowbage, S. 38.
Cowban, La. 23.
Cowdall, La. 27.
Cowe, No. 14.
Cowell, Ch. 4; E. 15; K. 11;
 La. 19, 21.
Cowes, Ch. 6.
Cowhard, La. 19.
Cowhird, La. 26.
Cowldwell, Y. 1.
Cowle, De. 2.
Cowles, G. 42.
Cowley, Ch. 8; L. 13; St. 1, 3.

xxxvii

INDEX OF SURNAMES

Cowleye, L. 13.
Cowlson, Y. 17.
Cowlton, S. 20.
Cowp, La. 10, 24; St. 1.
Cowpar, Y. 35.
Cowpe, St. 4.
Cowper, Ch. 2; D. 10; L. 13; Li. 8; M. 6; N. 57; S. 5, 17, 37; St. 1; Y. 16, 24, 38.
Cowrnowe, C. 31.
Cowsey, La. 10.
Cowshey, L. 13.
Cowson, La. 15.
Cowton, Y. 3.
Cox, H. 4; L. 15; Le. 1; St. 3; W. 10.
Coxe, L. 9; Nh. 11; Su. 8, 11; Wi. 2.
Coxshall, S. 38.
Cozine, Y. 22.
Crabtre, Y. 29, 38.
Crabtree, La. 2; Y. 29.
Cradge, Le. 2.
Craduck, Le. 1.
Craene, L. 16.
Crafte, Ha. 2.
Craftes, G. 23.
Cragge, La. 22; N. 26.
Craigo, C. 20.
Crake, Cu. 2.
Crakel, L. 5.
Crambrea, C. 28.
Crampon, L. 11.
Crane, B. 15; He. 1; La. 14; M. 6; S. 9; Sf. 2; So. 3; Wi. 12.
Cranes, L. 6.
Cranige, H. 29.
Cranwelle, He. 1.
Crapper, L. 6.
Craske, Sf. 17.
Craste, Ha. 10.
Crauen, Y. 28.
Caught, Ha. 2.
Craven, L. 5½; Li. 9; Y. 10, 16, 28, 45.
Crawfourth, Du. 3.
Crawley, He. 7.
Crayford, L. 13.
Crayne, La. 10; Y. 28.
Creanche, H. 29.
Creed, So. 1.
Creese, G. 47.
Crepell, N. 38.
Creseby, Ca. 4.
Cresland, No. 63.
Cressener, Sf. 4.
Cressie, Y. 16.
Creswell, M. 10.
Crew, G. 47.

Crewe, L. 15; M. 10.
Crewrie, Li. 4.
Crick, Sf. 15.
Crignon, K. 14.
Criket, Do. 2.
Crippes, B. 5; Su. 7.
Cripps, L. 6.
Crispe, L. 8, 13.
Croaker, B. 29.
Crochone, Ch. 3.
Crocke, So. 13.
Crocker, So. 9.
Crocquette, L. 11.
Croder, Y. 38.
Croft, Y. 32.
Crofte, La. 27; M. 6; Y. 25, 28.
Crofts, Sf. 24.
Croisan, L. 11.
Croke, La. 8.
Croker, Be. 3; G. 2.
Crombez, N. 41.
Crompto, La. 9.
Crompton, La. 24, 28; S. 9.
Cronker, L. 8.
Croo, Su. 11.
Crooder, L. 9.
Crooke, Ch. 5; Y. 4, 28.
Crookes, L. 5.
Crooxe, K. 20.
Cropp, La. 9, 24.
Cropper, C. 1; La. 15, 24.
Cropwell, Ca. 10.
Crosbi, La. 8.
Croscombe, M. 10.
Crose, Le. 3.
Crosfeld, La. 22.
Crosier, Y. 16.
Croskell, La. 22.
Croskill, N. 45.
Crosland, Y. 1, 28.
Croslande, Y. 19.
Crosley, La. 2, 12, 13, 24; Y. 9, 22, 38.
Croslie, L. 15.
Croson, Le. 1.
Cross, De. 2.
Crossbye, Li. 25.
Crosse, De. 3; He. 6; L. 6; M. 7; N. 29; O. 6; S. 37; So. 26; St. 11, 16; Y. 3, 42.
Crosseley, La. 12.
Crossinggam, E. 12.
Crossley, Y. 25.
Crosson, E. 15.
Croste, La. 9.
Crouder, Y. 38.
Crow, So. 32.
Crowch, E. 16.
Crowchlowe, La. 27.

Crowder, Y. 22.
Crowe, Sf. 21; So. 32.
Crowed, Y. 22.
Crowle, Y. 35.
Crowther, Ch. 2; S. 38.
Croxton, M. 8.
Croyden, S. 42.
Crudener, L. 11.
Crumacke, Y. 28.
Crume, He. 8.
Crumpe, S. 38; Wo. 5.
Cruse, M. 7.
Cruxon, S. 17.
Crycke, L. 13.
Cryspe, N. 39.
Crysswell, Ca. 4.
Cuabbe, C. 37.
Cuckney, Su. 4.
Cuckson, L. 6.
Cuddie, Do. 10.
Cudner, L. 10.
Cudwoorthe, La. 9.
Cudworth, N. 60.
Cue, He. 8.
Cuellemans, N. 41.
Cuerdon, La. 8.
Cuijl, L. 16.
Cuke, So. 20.
Cullingworth, N. 54; Y. 28.
Cullyford, Wi. 12.
Culverwell, M. 10.
Culverwill, So. 20.
Cumberland, M. 10.
Cumson, W. 14.
Cundcliffe, La. 21.
Cunditt, Wi. 26.
Cunisbie, Y. 27.
Cunliff, La. 8.
Cunlyffe, La. 1.
Cunney, C. 24.
Cunnic, O. 6.
Cunninge, C. 24.
Cunnisbie, Y. 27.
Cunstable, Y. 2.
Cunwell, Y. 28.
Cupper, S. 31, 38.
Curling, K. 25.
Curlinge, K. 25.
Currer, Y. 9.
Currey, Nu. 1.
Currie, Li. 4.
Curry, E. 16.
Curteise, L. 13.
Curten, N. 33.
Curtes, La. 22; Nh. 4.
Curtice, St. 1.
Curtis, C. 25.
Curtiss, Wi. 14.
Curtisse, B. 11.
Curtsys, N. 15.

xxxviii

INDEX OF SURNAMES

Curtys, M. 7; N. 44.
Curwen, LA. 15.
Curwine, LA. 19.
Cussens, L. 2.
Cussyns, L. 2.
Cuthbertson, CU. 1.
Cuthebert, Y. 21.
Cutlar, Y. 46.
Cutler, SF. 2.
Cutridge, Y. 27.
Cutrith, Y. 2.
Cutt, S. 42; Y. 16.
Cuttinge, SF. 13.
Cuttle, HA. 14.
Cuuelier, H. 29.
Cvrme, DO. 17.
Cylman, G. 32.

Dabbes, SU. 9.
Dabbs, K. 26.
Dabell, M. 10.
Dabrigecourt, W. 14.
Dacier, N. 41.
Dade, K. 12.
Daggar, LA. 23.
Dagge, L. 13; M. 10.
Dagger, SU. 11.
Daglis, DU. 5.
Dagnett, E. 15.
Dairain, K. 14.
Dajoies, L. 13.
Dakin, LE. 1; ST. 7, 10.
Dale, K. 21; M. 10; NH. 2; W. 13.
Dalen, N. 41.
Dalle, CH. 2.
Dalley, LI. 5.
Dallington, L. 10.
Dalton, DU. 5; N. 60.
Dames, HE. 9.
Damet, DO. 5.
Dammes, N. 39.
Damport, L. 2; W. 10.
Dams, HE. 9.
Dana, LA. 21.
Danbuy, N. 9.
Dancer, LA. 13.
Danck, L. 13.
Dancke, L. 13.
Danckes, M. 6.
Dand, N. 43.
Dandie, K. 9; LA. 6.
Dane, K. 23, 25; L. 13.
Danger, CA. 6; SO. 34.
Dangerfield, G. 1.
Daniell, CH. 1; L. 7; LA. 7; M. 10; SO. 21; ST. 1, 2.
Dannon, C. 1.

Danocombe, C. 4.
Danport, CH. 8.
Danson, CH. 2; L. 13; LA. 19, 22; Y. 19.
Dantithe, Y. 41.
Danyell, DE. 4; WO. 9.
Darbey, ST. 1.
Darbie, LI. 9; M. 6; SO. 6; Y. 16.
Darbishire, LA. 17, 23, 24.
Darbishyre, No. 4.
Darby, S. 38; WO. 1.
Dares, SU. 11.
Darker, WO. 9.
Darlinge, B. 8.
Darnbrooke, Y. 39.
Darnes, N. 43.
Darogon, Y. 2.
Darracott, DE. 2.
Darrall, LA. 27.
Dartnall, L. 13.
Darwaine, LA. 13; Y. 39.
Darwayne, LA. 13.
Darwent, Y. 20.
Darwin, LA. 8; N. 21.
Darwyn, LA. 13.
Dashwell, G. 30.
Daton, SU. 11.
Daubeny, SO. 15.
Daubney, N. 60.
Daughlesse, LA. 12.
Dauid, K. 17.
Dauis, K. 12; L. 1; W. 13.
Daulton, LI. 27.
Daunser, B. 1.
Daunton, K. 12.
Daus, K. 13.
Dauson, LA. 22; Y. 19.
Dauy, K. 13.
Davemport, CH. 1.
Davemporte, CH. 2.
Davenport, CH. 1; W. 10.
Davenporte, CH. 2.
Daves, L. 5½.
Device, M. 6.
David, CH. 8.
Davie, DE. 2; LA. 7, 14; LE. 18; N. 57.
Davies, C. 20; CH. 8; G. 1; K. 8; L. 6, 13; S. 12, 37, 38, 42; W. 12; WO. 9.
Davis, DO. 19; S. 31, 38; SO. 1, 33; SU. 11; WI. 24, 25.
Davise, S. 35.
Davison, K. 13; Y. 16.
Davisone, L. 13.
Davy, C. 20, 32; DE. 4; LA. 7.
Davye, C. 37, 40; DE. 2, 4; DO. 7; LA. 5; N. 45; SO. 11.
Davyes, D. 6; L. 8; SU. 5.

Davys, G. 50.
Daw, C. 37; SO. 28.
Dawbynn, C. 40.
Dawe, C. 37.
Dawes, LA. 22; W. 14.
Daweson, Y. 4.
Dawkin, N. 21; ST. 4.
Dawley, No. 17.
Dawney, LA. 3.
Dawnye, LA. 3.
Dawson, CH. 2; CU. 3; E. 3; L. 3; LA. 1, 19, 21, 22; M. 10; N. 61; Y. 2, 4, 10, 11, 16, 20, 28, 32, 35, 45.
Dawsone, DU. 10; Y. 45.
Dawsonn, DU. 3; Y. 45.
Dawsonne, No. 7.
Day, BD. 1; D. 12; E. 8, 11; L. 9, 11; W. 10; Y. 21.
Dayde, L. 5½.
Daye, BE. 6; E. 15; M. 6; SO. 35; W. 10.
Dayle, LA. 10.
Dayne, LE. 7.
Dayzie, M. 10.
De Backer, L. 16.
De Baudoux, K. 14.
De Beste, L. 16.
De Beer, N. 41.
De Bije, L. 16.
De Bil, L. 16.
De Bla, L. 16.
De Bonnet, N. 41.
De Bordes, L. 11.
De Bourg, L. 11.
De Boyce, L. 13.
De Brabant, N. 41.
De Bruyn, N. 41.
De Bugny, N. 41.
De Bul, N. 41.
De Carnin, N. 41.
De Celles, N. 41.
De Chelsey, L. 6.
De Cire, N. 41.
De Clerk, N. 41.
De Corte, N. 41.
De Deuxvilles, L. 16.
De Farvaques, N. 41.
De Fine, L. 11.
De Franc, N. 41.
De Func, L. 11.
De Gans, N. 41.
De Geetere, L. 16.
De Gheest, L. 16.
De Goret, N. 41.
De Graue, N. 41.
De Grave, L. 16.
De Groye, L. 13.
De Haue, L. 11.
De Hem, N. 41.

INDEX OF SURNAMES

De Henin, K. 14.
De Henwer, N. 41.
De' Herel, N. 41.
De Hoeck, L. 16.
De Hoeij, N. 41.
De Hogue, N. 41.
De Hoone, N. 41.
De Horne, N. 41.
De Houte, N. 41.
De Hulster, L. 16.
De Jonghe, N. 41.
De Klerck, N. 41.
De Kuijt, L. 16.
De Lannoy, N. 41.
De Lanson, N. 41.
De Larbe, L. 11.
De Lespaul, K. 14.
De Lespin, K. 14.
De Lespine, K. 14.
De Lesquer, K. 14.
De Lobeau, K. 14.
De Mercye, L. 13.
De Mey, N. 41.
De Millan, L. 11.
De Morse, N. 41.
De Mousson, N. 41.
De Noeud, K. 14.
De Peijster, L. 16.
De Porter, N. 41.
De Portere, N. 41.
De Pril, L. 16.
De Prill, L. 9.
De Puye, N. 41.
De Puyt, N. 41.
De Reste, N. 41.
De Richbourg, K. 14.
De Rocqueny, L. 11.
De Rore, N. 41.
De Roubay, L. 11.
De Ruué, L. 16.
De Rycke, N. 41.
De Sailli, L. 11.
De Saul, N. 19.
De Stanningal, N. 19.
De Villars, K. 14.
De Villers, L. 13.
De Villiers, L. 11.
De Waghe, L. 16.
De Walle, K. 14.
De Weuer, N. 41.
De Wilde, N. 41.
Del Beque, K. 14.
Del Porte, K. 14.
Dell Cumber, L. 13.
De La Ceullerye, L. 11.
De La Haye, L. 13.
De La Lande, H. 29.
De La Mare, H. 29.
De La Mer, K. 14.
De La Mote, L. 16.

De La Motte, H. 29.
De La Rue, K. 14.
De La Valle, L. 11.
De La Vile, L. 11.
Des Camps, L. 11.
Des Marets, N. 41.
Des Mazieres, N. 41.
Des Persin, K. 14.
Des Priz, L. 13.
Des Tombe, N. 41.
Deacon, Le. 1.
Deake, De. 2.
Deakes, L. 6.
Deane, B. 1; Ch. 2, 6; Cu. 1; E. 3; La. 27; Su. 11; Y. 28, 33, 38, 39.
Deaning, So. 19.
Deare, Su. 6.
Dearham, Du. 5.
Dearinge, Ha. 12.
Dearlove, K. 10.
Dearne, S. 5.
Deawe, L. 13.
Debdell, La. 19.
Dedame, C. 15.
Dederidge, W. 10.
Dedicott, Wo. 9.
Dee, La. 21; St. 16.
Deeker, Do. 16.
Deekes, E. 16.
Deelie, W. 14.
Deerelew, K. 10.
Deereman, Sf. 19.
Deery, M. 9.
Defraisne, K. 3.
Deine, La. 4.
Dejoies, L. 13.
Dekins, G. 47.
Delabarr, L. 2.
Delbekq, K. 14.
Delbridge, De. 2.
Delement, So. 15.
Dell, B. 1, 12; So. 8; Su. 11.
Delves, L. 14.
Demes, Su. 11.
Demillon, L. 6.
Denbie, La. 12.
Denbighe, L. 13.
Denbye, L. 13; Y. 28.
Dence, L. 13.
Dene, Wo. 2.
Deniar, Su. 5.
Denice, L. 13.
Denman, M. 6.
Denn, K. 21.
Dennet, L. 6.
Dennis, N. 43; No. 3.
Dennise, N. 12.
Dennwood, K. 23.
Denny, La. 22.

Dennys, C. 25; S. 13.
Denson, Ch. 8.
Dent, Y. 36.
Denton, La. 14; Y. 1, 2, 38.
Dentonne, Y. 38.
Denye, La. 15.
Denygo, Su. 11.
Denyson, Y. 25.
Deram, C. 25.
Derbie, La. 10.
Derbyshire, La. 21.
Derington, E. 6.
Derotye, M. 7.
Derville, K. 14.
Desbouury, L. 11.
Descaux, L. 11.
Descreton, L. 11.
Desmarets, K. 14.
Desmazeau, K. 14.
Desormeaux, K. 14.
Desplancque, L. 11.
Despres, K. 14.
Desreueaux, K. 14.
Deurden, La. 24.
Deuye, La. 15.
Devas, Y. 28.
Devell, No. 12; Su. 11.
Devereux, Sf. 16.
Devies, La. 15.
Devill, N. 41.
Devis, La. 15.
Devoies, L. 13.
Dewberie, He. 8.
Dewe, O. 5; Wi. 26.
Dewell, Be. 4.
Dewes, No. 19.
Dewhurste, La. 15, 18.
Dewis, Y. 28.
Dey, C. 37; N. 9; Y. 35.
Deye, N. 15; Sf. 4.
Deyne, Ch. 2; Y. 28.
Deyos, S. 42.
Deyward, K. 26.
Dicanson, La. 18.
Dicconsonn, Y. 29.
Diche, Y. 4.
Dickansonn, La. 12.
Dickens, L. 5.
Dickenso, Y. 32.
Dickenson, L. 6; M. 6; St. 15; Y. 2, 28.
Dickensonnes, Y. 2.
Dickeson, Y. 22.
Dickins, B. 1; L. 6; Su. 11.
Dickinson, B. 1; Ch. 1; Li. 25; M. 6; Nu. 1; O. 6; Y. 17, 19.
Dickinsonne, Y. 23.
Dickonson, La. 3; Y. 1.
Dickson, Ch. 1; La. 13, 19, 24; Y. 16.

INDEX OF SURNAMES

Diconson, La. 13, 15.
Dicson, La. 14, 28.
Didesburie, La. 7.
Didier, N. 41.
Didsburie, La. 7.
Didsburye, Ch. 1.
Dier, C. 16; M. 6.
Diericx, L. 16.
Diet, St. 2.
Digby, M. 10.
Digerits, L. 16.
Diggle, Sf. 20.
Digle, La. 9, 21.
Diglles, La. 21.
Digrets, L. 16.
Dikinson, Du. 10.
Dillowe, S. 38.
Dillworde, Le. 1.
Dillworth, La. 11.
Dilock, K. 2.
Dimond, N. 17.
Dindsdell, Y. 6.
Dindsedayle, Y. 8.
Dine, K. 2.
Dinelay, Y. 28.
Dingley, M. 1.
Dio, B. 30.
Dire, Do. 16.
Direns, N. 41.
Dirrickson, L. 6.
Dishforth, Y. 28.
Dishforthe, Y. 35.
Dishfurth, Y. 46.
Disley, La. 6.
Dison, Wi. 26.
Distance, Y. 7.
Ditcher, So. 5.
Dixie, E. 16.
Dixon, Ca. 11; He. 8; L. 8; Li. 5; W. 12; Y. 3, 28.
Dixson, N. 13; Y. 26.
Dixsonn, Y. 35.
Doarebarr, Su. 11.
Dobb, N. 21.
Dobbs, L. 13; M. 10.
Doble, C. 26.
Dobson, Cu. 3; Du. 5; L. 15; La. 6, 11, 13, 14, 26; Y. 9, 19, 44.
Dobsone, La. 2.
Dobsonn, La. 12.
Dobton, N. 38.
Docker, La. 22.
Dockett, G. 25.
Dockher, La. 22.
Dod, B. 5; M. 10.
Dodd, Du. 3; L. 3.
Dodes, L. 5.
Dodge, Ch. 1; La. 21.
Dodgson, La. 25, 26.

Dodsley, N. 56.
Dodson, N. 44; No. 63; Su. 11.
Dodsworth, Y. 28.
Doe, O. 5.
Doggerell, Wi. 5.
Dogget, K. 18.
Doggett, Sf. 15.
Dokenfeild, Ch. 1.
Dolator, Ha. 27.
Dole, M. 6.
Dolei, W. 14.
Dolenton, L. 5½.
Doley, D. 6.
Doller, Du. 10; G. 28.
Dollin, K. 14.
Dollowaie, M. 6.
Dolphen, N. 60.
Dolphin, La. 4, 8.
Donche, So. 15.
Dongar, Y. 28.
Donin, K. 14.
Donithorne, C. 39.
Donken, Nu. 1
Donkerley, La. 28.
Donkin, So. 3.
Donn, C. 36.
Donnall, C. 40.
Donne, Du. 10; G. 8.
Donnes, K. 2.
Donnkyn, Ca. 4.
Donwel, Y. 34.
Donynton, Y. 24.
Doo, Sf. 17.
Doode, R. 1.
Doodesonne, La. 21.
Doodie, St. 15.
Doodsone, La. 21.
Doogood, M. 6.
Dooley, Ch. 1.
Doornaert, L. 16.
Dorap, Ha. 10.
Doren, K. 12.
Dorington, L. 5½.
Dorne, B. 4.
Dorye, Su. 5.
Doson, Ch. 2; La. 27.
Dotny, L. 11.
Dotson, C. 28.
Doufe, Li. 3.
Doughtie, K. 25; N. 54.
Douglesse, Y. 28.
Doune, S. 33.
Douninge, K. 21.
Douns, B. 1.
Douthwait, La. 25.
D'ouwe, L. 16.
Dove, E. 16; No. 16.
Dovie, Wi. 15.
Dovers, Y. 28.
Dovye, S. 35.

Dowdney, De. 3.
Dowe, L. 5½.
Dowell, G. 7.
Down, De. 2.
Downall, La. 4.
Downar, Nu. 1.
Downe, De. 2; Do. 11; K. 2; So. 36.
Downeham, So. 15.
Downer, He. 7.
Downes, Ch. 2; La. 4, 21; S. 17; Y. 29, 46.
Downing, L. 13.
Downinge, C. 24.
Downs, Y. 8.
Downton, Do. 16; S. 13.
Downe, K. 12.
Dowson, L. 5; La. 8, 21, 24, 28; Y. 8.
Dowsonne, La. 21.
Drabbell, Y. 44.
Drage, Ss. 1.
Drake, C. 7; L. 7; Le. 3; N. 44; Sf. 27.
Drakford, St. 1.
Dransfeild, La. 21.
Dransfeilde, La. 21.
Draper, B. 4; C. 40; E. 9; K. 6; N. 21, 35, 36; S. 36; Y. 9.
Drapes, Li. 9.
Drapier, L. 11.
Drayton, K. 15.
Dredge, Wi. 9.
Drew, C. 43.
Drewe, C. 37; K. 12; L. 13; Su. 7.
Drewry, Li. 5.
Dries, L. 3, 16.
Drinckwater, L. 6.
Driver, La. 13.
Dron, L. 13.
Droushout, L. 16.
Drue, L. 16.
Drumell, Y. 16.
Drurie, N. 22.
Drury, L. 6.
Drurye, S. 17.
Dryall, G. 50.
Drye, Nu. 1.
Dryver, E. 15; La. 13; Wo. 6; Y. 1.
Dryvers, Y. 9.
Du Beuf, K. 14.
Du Boijs, N. 41.
Du Bois, N. 41.
Du Boys, K. 14.
Du Bu, K. 14.
Du Buisson, K. 14.
Du Cateau, L. 11.

INDEX OF SURNAMES

Du Chastel, N. 41.
Du Flo, L. 11.
Du Gardin, L. 11.
Du Hen, K. 14.
Du Liere, K. 14.
Du Molin, L. 11.
Du Pire, K. 14.
Du Penty, L. 11.
Du Prie, K. 14.
Du Quesne, K. 14; L. 11.
Du Toict, K. 14.
Du Wé, K. 14.
Duck, L. 7; Su. 4.
Duckett, L. 7.
Duckson, La. 8.
Duckwoorthe, Y. 45.
Duckworth, La. 2, 12.
Duckworthe, La. 1; Le. 14, 14a.
Ducy, Ha. 27.
Duddicke, Li. 4.
Dudding, Y. 16.
Duddlestone, S. 17.
Dudge, G. 26.
Dudicke, Li. 25.
Dudley, L. 2.
Dudsone, La. 17.
Duffan, Y. 10.
Duffe, Wi. 3.
Duffield, B. 5; M. 10.
Duffyne, Y. 9.
Dugbiggin, Y. 2.
Dugdale, M. 10.
Duglas, L. 2.
Dugless, B. 4.
Duglus, N. 45.
Duicke, No. 63.
Duijs, L. 16.
Duik, Le. 7.
Duke, Ch. 3; De. 2; E. 12; K. 18.
Dukenfeeld, La. 17.
Dun, Y. 16.
Duncalfe, Ch. 2; St. 14.
Duncalffe, La. 21.
Dunce, Su. 5.
Duncombe, He. 7.
Duncon, La. 10.
Dune, E. 16.
Dunell, So. 26.
Dungey, C. 37.
Dunham, Do. 5, 9.
Dunkyn, C. 40.
Dunmoll, K. 3.
Dunn, Du. 3; Le. 1; S. 41.
Dunne, G. 10; M. 7; N. 32; Wo. 9; So. 5; Y. 7, 15.
Dunninge, K. 26.
Dunnington, Y. 24.
Dunster, La. 27.

Dunston, K. 11.
Dunsture, La. 1, 17.
Dunt, N. 20.
Dunwell, Y. 25.
Durante, C. 20.
Durdent, L. 5.
Durham, L. 13, 15.
Durra, La. 14.
Durrant, B. 22.
Durret, W. 11.
Durrham, Wo. 9.
Durrington, So. 32.
Durwode, W. 12.
Dussan, Y. 40.
Dutchman, Y. 17.
Dutton, L. 14; La. 4.
Duxbery, Y. 19.
Dwarrihouse, Ch. 6.
Dyccon, La. 21.
Dycconson, La. 21.
Dych, Y. 22.
Dycke, La. 27.
Dyckenson, G. 43.
Dyer, B. 4; C. 29, 37; L. 13; S. 10; So. 3, 32; Su. 11.
Dymoke, Li. 4.
Dymonde, De. 2.
Dymont, N. 2.
Dynes, Su. 11.
Dynne, L. 7.
Dynnis, Y. 2.
Dyynes, No. 3.
Dysmoore, Wi. 12.
Dyson, La. 24; Y. 1, 28, 38.
Dysonne, Y. 38.

Eagles, E. 12.
Eames, K. 12.
Eare, C. 26; Y. 44.
Earl, Ch. 2.
Earle, W. 11; Y. 1, 28.
Earnald, Y. 28.
Earnsha, Y. 38.
East, B. 4; Be. 4; He. 8.
Eastbourne, Y. 32.
Eastburne, Y. 28.
Eastbrooke, De. 3.
Easte, Be. 4; De. 2.
Easteheades, La. 10.
Eastill, He. 6.
Eastlake, De. 2.
Eastmonde, De. 2.
Eastwood, La. 2; Y. 22.
Eastwoodd, La. 21.
Eaton, D. 12; La. 15; Nu. 1; R. 1; So. 32; Su. 11; W. 10.
Eatonn, N. 28.
Eavy, Ha. 14.

Eberall, W. 14.
Eborne, M. 2.
Eccles, Ch. 2; La. 11, 18.
Eccleston, Ch. 5.
Ecclestone, La. 22.
Eckersley, La. 27.
Eckles, La. 12.
Ecklesale, St. 1.
Eclles, La. 15.
Ecobe, Le. 3.
Ecrod, Ch. 1.
Edd, Ha. 10; S. 41.
Eddleston, La. 4.
Edds, S. 41.
Eden, La. 4.
Edes, E. 16.
Edg, Ch. 5.
Edgcombe, C. 26.
Edge, La. 17, 27.
Edgelye, O. 6.
Edgen, Wo. 5.
Edgerton, L. 3.
Edgley, S. 9.
Edglye, Sf. 17.
Edlestone, Y. 28.
Edlyn, He. 7.
Edmondes, C. 40; G. 37.
Edmonds, M. 10; W. 18; Wi. 3.
Edmonson, Ch. 4.
Edmson, La. 22.
Edmsone, La. 22.
Edmundes, O. 6.
Edmunds, B. 23; Ca. 9; He. 2; K. 12.
Edmundson, N. 44.
Edney, L. 13.
Edny, Wi. 24.
Edsun, W. 15.
Edwards, B. 7; Be. 4; De. 2; E. 1, 10; G. 43; Ha. 14; K. 2; M. 10; N. 27; O. 6; S. 17, 27, 37, 38; Sf. 2; So. 1; St. 14; Su. 5.
Edwardson, Y. 16.
Edwin, L. 6; S. 38.
Edward, C. 7, 16, 21, 40.
Edwarde, E. 1; So. 35.
Edwardes, B. 1; Be. 4; Du. 10; E. 10; G. 37; L. 5; M. 6; S. 41.
Edye, St. 4.
Eeles, B. 1.
Eevans, S. 21.
Egar, M. 1.
Egerton, Ch. 8.
Egglesfield, L. 3.
Eggleton, He. 1.
Eglefeilde, Le. 14a.
Egleston, Li. 27.

INDEX OF SURNAMES

Egleton, HE. 1.
Egynton, D. 6.
Eibles, G. 28.
Eiers, HA. 14.
Eilet, HE. 8.
Eire, NH. 14.
Eiton, D. 11.
Ekinton, D. 7.
Elbridge, G. 11.
Elcock, CH. 1.
Elcocke, DE. 2.
Elde, D. 4.
Elder, DU. 3.
Eldridg, L. 2.
Element, HE. 8.
Eles, HA. 11, 20.
Elett, DE. 2.
Elevens, Y. 38.
Elford, So. 15.
Eliex, M. 10.
Elinck, N. 41.
Elingtrope, LA. 13.
Eliot, HE. 8; SU. 5.
Eliote, G. 5.
Eliott, HE. 9.
Elis, S. 41; WO. 5; Y. 22.
Elison, LA. 8, 27.
Elistons, Y. 38.
Elithorn, LA. 26.
Elkes, G. 11.
Elkin, L. 13.
Ellarye, WI. 12.
Ellen, K. 9.
Ellerbie, Y. 7.
Ellerbye, LI. 4.
Ellet, No. 16.
Elletche, ST. 14.
Elliatt, W. 10.
Ellice, LA. 27; LI. 10.
Elliet, M. 10.
Ellill, Y. 14.
Ellinthorpe, LA. 21.
Elliot, C. 42; CH. 1; M. 6.
Elliots, S. 35.
Ellis, D. 1; E. 16; L. 4, 5; LA. 13; NU. 1; ST. 1; SU. 11; Y. 1, 9, 27, 32, 35.
Ellisannder, B. 5.
Ellise, K. 26.
Ellison, LA. 4; Y. 9.
Ellistones, Y. 45.
Ellor, LA. 21.
Ellorne, G. 22.
Ellot, Y. 28.
Ellott, LA. 13.
Ellsley, SF. 3.
Ellwood, CU. 2.
Ellym, L. 8.
Ellynson, DU. 10.
Ellyott, B. 13.

Ellys, B. 10; DE. 4; HE. 7.
Ellysse, Y. 40.
Elmes, HA. 27.
Elmer, BD. 1.
Elmhurst, L. 1.
Els, S. 34.
Elsam, LI. 8.
Elsewoorthe, L. 5.
Elson, LI. 7; W. 10.
Elstead, K. 15.
Elston, No. 18.
Elsworth, Y. 34.
Eltoftes, Y. 28.
Elton, HA. 1, 21; ST. 1, 2.
Elvye, K. 13.
Elwarde, B. 8.
Elye, L. 13.
Elyote, K. 1.
Embrey, S. 4.
Embrie, W. 10.
Embry, W. 10.
Emerso, BE. 3.
Emerson, DU. 5, 6.
Emersone, L. 13.
Emlin, M. 6.
Emling, LI. 4.
Emmerson, K. 25.
Emmott, K. 26.
Emotlayne, LA. 13.
Emott, LA. 13.
Emptage, K. 25.
Emry, L. 6.
Emson, Y. 16.
Emtum, B. 8.
Enckeldon, DE. 2.
Endick, Y. 7.
Endsworth, W. 10.
Endye, BE. 1.
England, G. 47, 50.
English, S. 13.
Englyshe, N. 14.
Ensore, ST. 4.
Ensworth, W. 10.
Entnap, SU. 5.
Entwisle, LA. 1, 9.
Entwisley, LA. 8.
Entwissle, LA. 24.
Epersone, LE. 3.
Erington, WI. 26.
Erle, W. 13.
Erslye, H. 3.
Erwine, SF. 12.
Esake, DU. 10.
Esam, NH. 15.
Escome, LA. 15.
Eshe, Y. 39.
Eshold, Y. 19.
Esterley, E. 6.
Estill, Y. 17.
Estoll, SF. 2.

Etheridge, HA. 4.
Ethrington, L. 5.
Euans, L. 6.
Euard, N. 44.
Euerden, K. 12.
Euered, E. 12.
Eueridge, BE. 5.
Eues, W. 14.
Eure, Y. 6, 8, 28.
Evan, C. 20; G. 1.
Evanes, K. 8; M. 6.
Evans, B. 1; C. 36; E. 8; K. 9, 12, 13; L. 2, 9, 13; M. 7, 10; S. 17, 21, 36, 37, 38; SU. 11; WI. 19; Y. 16.
Eve, C. 19.
Evemay, DO. 15.
Evenden, N. 44.
Evens, E. 1; So. 26; WO. 1.
Everatt, LE. 3.
Evered, E. 16; SF. 2.
Everenden, K. 10.
Eves, M. 10.
Evlighe, DE. 2.
Ewans, ST. 13.
Ewart, NU. 1.
Ewdon, C. 15.
Ewell, K. 20.
Ewen, G. 47.
Ewens, WO. 46.
Ewinge, E. 16.
Ewesn, WO. 6.
Ewstone, LI. 5.
Exelbye, SF. 17.
Exvm, Y. 28.
Eyles, WO. 5.
Eyre, N. 59; ST. 7; Y. 44.
Eyres, DO. 4; WI. 4; WO. 9.
Eyton, S. 40, 41.

Fackonbridge, N. 44.
Facon, L. 11.
Fairbarne, Y. 9.
Fairclough, LA. 8.
Fairebrother, LA. 4.
Fairley, NU. 1.
Fakener, W. 13.
Faldshay, Y. 31.
Faliaert, N. 41.
Fallowel, N. 42.
Fallowell, No. 4.
Fallowes, CH. 2; ST. 16.
Fallows, W. 10.
Falver, L. 5½.
Fann, SU. 4.
Farebrother, LA. 4.
Fareman, K. 25.
Fareste, LA. 18.

INDEX OF SURNAMES

Farian, Le. 19.
Farmel, N. 19.
Farmer, G. 18; Li. 4; S. 13, 17.
Farmor, S. 35.
Farnaham, Do. 11.
Farnales, S. 30.
Farr, Wo. 3.
Farrant, La. 17.
Farras, N. 55.
Farrer, Y. 9.
Farrinton, La. 8.
Farror, La. 6.
Farrowe, S. 32.
Farrulais, Du. 4.
Fascone, L. 13.
Faucas, Nu. 1.
Faukener, Ss. 1.
Favell, M. 6, 10.
Fawcet, Li. 4.
Fawcett, Li. 4; Y. 2.
Fawkener, Ch. 2.
Fawkes, Wo. 7.
Fawkner, Ch. 2; La. 21.
Faye, L. 13.
Fayre, Cu. 1.
Fayreclough, La. 4.
Fayreles, Du. 10.
Fayry, Cu. 1.
Fazacer, La. 21.
Fazaker, La. 21.
Feade, Li. 4.
Fearclough, Ch. 6.
Fearer, La. 22.
Fearneley, Y. 16.
Feazor, Y. 14.
Feddon, Cu. 1.
Federbe, K. 14.
Feeteepace, M. 7.
Feild, B. 1; W. 14.
Feilde, L. 6; W. 14.
Feilden, La. 27.
Feildhowsse, La. 21.
Feilding, M. 7.
Felde, E. 16.
Felding, N. 49.
Felkyn, S. 13.
Fell, La. 19; Y. 46.
Felle, La. 22.
Fellkin, S. 37.
Fellowes, Wo. 7.
Felton, S. 4.
Feltwell, Su. 4.
Fenbie, Y. 33.
Fenne, N. 3.
Fennton, K. 12.
Fenton, L. 13; La. 1.
Fenwick, Y. 16.
Ferchilde, De. 2.
Ferclough, La. 4.

Ferer, La. 22.
Feret, K. 14.
Ferguson, C. 20.
Ferim, No. 63.
Fermor, L. 15.
Ferneley, Wo. 7.
Ferrars, L. 8.
Fether, Y. 9, 29.
Fetherbie, Y. 16.
Fetherston, W. 14.
Fettis, Nu. 1.
Feuernton, He. 3.
Fever, N. 8.
Fewell, Du. 5.
Fewster, G. 36.
ffairwether, Y. 8.
ffalkner, Y. 28.
ffallowes, Ch. 1.
ffarand, Y. 28.
ffarebarne, Y. 4.
ffarington, M. 6.
ffarnabye, Y. 8.
ffarow, Y. 28.
ffarrent, So. 2.
ffarrowe, Y. 45.
ffartlaugh, La. 14.
ffasey, Su. 11.
ffavell, M. 6.
ffawkenar, Y. 28.
ffawset, Y. 28.
ffayreburne, Y. 28.
ffearn, Y. 28.
ffearne, Y. 28.
ffearnley, Y. 28.
ffeild, Y. 38.
ffeld, Su. 11.
ffelden, La. 13.
ffeldin, Le. 18.
ffell, La. 20, 26; Wo. 5.
ffellow, B. 30.
ffellowe, B. 30.
ffenbye, Li. 27.
ffenton, La. 24; Y. 28.
fferie, La. 10.
fferis, La. 10.
fferow, Y. 45.
ffesante, R. 1.
ffessand, R. 1.
ffessant, R. 1.
ffether, La. 24; Y. 28.
ffetherstone, Y. 28.
ffeveryer, Sf. 5.
ffewtrell, S. 36.
ffield, He. 7.
ffielden, La. 24.
ffilden, La. 24.
ffilds, La. 17.
ffirbanke, Y. 26.
ffirth, Y. 38.
ffirthe, Y. 38.

ffishe, La. 24.
ffisher, G. 47; La. 14, 23, 25, 26; N. 44; Nh. 5; R. 1; Su. 11.
ffishwick, Li. 27.
ffiske, Sf. 4.
fflather, Y. 38.
fflatman, Sf. 4.
ffleete, L. 9.
ffleming, L. 9; La 26.
ffletcher, Ch. 1; He. 7; La. 7, 10, 24; S. 41; Su. 11; Wo. 5; Y. 28, 38, 39.
ffletchers, Ch. 1.
fflleey, So. 2.
fflounders, Y. 8.
fflower, Sf. 7.
fflowre, G. 49.
ffludd, Su. 11.
ffludder, Su. 5.
ffluddier, Be. 1.
fflunders, Y. 6.
ffoge, Ch. 1.
ffoges, Ch. 1.
ffogge, La. 10.
ffoiston, No. 64.
ffolere, Su. 5.
ffolliate, Wi. 24.
ffoord, G. 47.
fford, Su. 11.
ffordam, Sf. 16.
fforde, Sf. 2.
ffordham, Sf. 16.
ffornas, Y. 1.
ffortescue, De. 5.
ffortune, Y. 21.
ffosbrooke, M. 6.
ffoscroft, Y. 28.
ffossard, Y. 45.
ffoster, Du. 6; Y. 15, 21, 28, 42.
ffouldes, La. 2; Y. 28.
ffountaynes, Y. 28.
ffourd, Y. 37.
ffowldes, Y. 1.
ffowles, Do. 4.
ffox, G. 50.
ffoxcrofte, Y. 28, 38.
ffoxe, He. 7; La. 17; Sf. 29; Y. 38.
ffoxgill, Y. 27.
fframpton, Do. 4.
ffrancis, Wi. 24.
ffranckland, Y. 39.
ffrannce, Y. 1.
ffrearson, La. 25.
ffree, Sf. 3.
ffreeman, Wo. 9; Y. 28.
ffresse, Su. 11.
ffreman, E. 22; Li. 27; R. 1; Sf. 5; Y. 28.

xliv

INDEX OF SURNAMES

ffrench, L. 9.
ffrenche, B. 4.
ffuller, Sf. 17.
ffylbie, Sf. 7.
ffylds, La. 17.
ffynche, E. 15.
ffyndlow, Ch. 4.
ffyne, C. 37; Sf. 5.
ffyshe, La. 24.
ffysher, Le. 18; N. 40.
Fideli, Sf. 16.
Fidelowe, Ch. 2.
Fidler, Sf. 8.
Fiebue, K. 14.
Field, B. 5; G. 32; L. 6; N. 44.
Fievre, L. 16.
Fildew, Do. 13.
Fildhowsse, La. 21.
Filds, La. 17.
Fillips, G. 25.
Filmer, K. 11.
Finch, L. 13; La. 6.
Finche, G. 39; La. 5.
Fincke, M. 6.
Findalle, K. 12.
Fingley, Y. 16.
Finlowe, Ch. 2.
Finnimore, St. 1.
Firkin, W. 10.
Firth, Y. 19.
Fisher, B. 28; Be. 3; Ca. 6; D. 9; Du. 4; H. 3; L. 6, 7; La. 15, 22; Li. 4, 13; M. 9; N. 42; S. 38; So. 15; St. 2; W. 10; Wo. 7; Y. 22.
Fith, E. 16.
Fitter, St. 1.
Fittocke, C. 38.
Fitton, La. 9.
Fittonne, La. 9.
Fixer, E. 12.
Flackett, St. 13.
Fladdar, Y. 28.
Flamend, K. 14.
Flamsted, D. 11.
Flancell, Y. 19.
Flatcher, G. 26.
Flawoode, Y. 16.
Flaye, De. 2.
Flechar, N. 50.
Flecher, St. 11.
Fleetwoode, La. 4, 27.
Fleming, C. 40.
Fletchar, Y. 46.
Fletcher, C. 28; D. 5, 6, 12; E. 16; He. 3; L. 5; La. 1, 19, 21; M. 7; N. 43; S. 5; W. 10; Y. 35.
Fletewood, St. 16.
Flint, Su. 4.

Flocton, Y. 19.
Floide, S. 29.
Florey, Ha. 12.
Floud, Su. 4.
Flower, Be. 7; Ha. 15; N. 39; W. 12.
Floyed, Ch. 8.
Fludd, K. 10, 13; Su. 5.
Fludde, L. 13.
Fluyyder, G. 32.
Flytcrofte, La. 27.
Foarde, L. 13.
Foate, K. 12.
Fogge, La. 1. 21.
Folenfaut, L. 11.
Folgate, N. 28.
Followell, Ha. 17.
Foole, La. 8.
Fooler, La. 15.
Foord, B. 1; S. 37.
Foorde, Sf. 19; So. 15.
Foorth, La. 4.
Foote, Be. 4.
Ford, Wi. 21.
Forde, Do. 5.
Foreman, Li. 10.
Forest, Do. 10; Du. 5; L. 1.
Forestae, La. 12.
Forman, N. 55; Y. 19.
Fornace, So. 26.
Fornam, Sf. 22.
Forrest, W. 10.
Forshay, La. 6.
Forster, Nu. 1; St. 13.
Forth, La. 4, 27; N. 51.
Forthe, La. 4, 21.
Fortie, O. 5.
Forton, La. 20.
Fortune, Be. 4.
Fortye, Be. 3.
Foscat, B. 8.
Fossell, Le. 4.
Fossier, K. 14.
Fostar, M. 10.
Fostare, Le. 9.
Foster, Ca. 6; Ch. 6; Du. 3, 5, 10; E. 8; He. 4; K. 26; L. 6, 13; La. 4; M. 6; N. 36, 48; Nh. 2; Su. 5; St. 14; Y. 14, 20.
Fouell, L. 6.
Fouler, La. 15.
Foulston, Su. 4.
Fowesden, L. 13.
Fowler, La. 15.
Fowsden, L. 13.
Fowthrgill, Y. 32.
Fox, La. 15; Li. 5; St. 15; Y. 22, 24, 35.
Foxcrofte, La. 22.

Foxe, Ch. 3; D. 1; K. 18; La. 15, 21; S. 9, 13, 38; St. 4, 16; Y. 17.
Foxley, L. 7.
Foxxe, L. 13.
Fradsham, La. 5.
Frambout, L. 16.
Framlinggam, N. 39.
France, La. 4.
Francis, E. 4; L. 13; N. 30; S. 11; St. 1; Su. 5.
Francke, S. 32.
Franckland, Y. 14, 31.
Francklin, Ha. 25; L. 2; O. 6; Su. 4.
Francline, So. 12.
Francklyn, L. 14.
Francs, M. 10.
Franke, N. 26; Y. 9.
Frankland, Y. 34.
Franklin, G. 35; O. 6.
Fransen, N. 41.
Frasier, K. 14.
Fraunce, La. 27.
Fraunces, L. 8.
Fraye, Be. 8.
Frederix, L. 16.
Free, N. 43.
Freek, Le. 18.
Freeman, K. 12; L. 5; Li. 3.
Freeme, G. 52.
Freene, E. 16.
Freesingfield, L. 13.
Freestone, Be. 4.
Freinde, M. 10.
Frelcux, K. 14.
Frema, Y. 29.
Freman, E. 17; L. 5; Y. 16.
Fremaut, K. 14.
Fremeueux, K. 14.
French, E. 16; So. 32.
Frenche, C. 6; De. 2.
Freshney, Li. 4.
Fretchevile, D. 1.
Freth, E. 16.
Fretter, Nh. 10.
Frewalyn, N. 16.
Frie, So. 29.
Frier, La. 4; S. 16.
Friet, Sf. 19.
Frissell, Du. 2.
Frithe, D. 1.
Frodgeley, S. 5.
Frocett, N. 60.
Frollocke, L. 13.
Frombout, L. 16.
Frost, C. 36; Nu. 1; Y. 27.
Froste, L. 6; Sf. 19.
Frowd, Wi. 23.
Fry, So. 30.

xlv

INDEX OF SURNAMES

Frye, M. 6; So. 3.
Fryer, B. 1.
Fryman, Ss. 1.
Frypp, W1. 1.
Fueger, S. 34.
Fukes, Le. 13.
Fulforde, W. 14.
Fulkes, Ha. 12.
Fuller, B. 29; L1. 5.
Fulstow, L1. 3.
Fulwoode, L. 5½.
Fundall, M. 10.
Furmadge, Do. 15.
Furmage, Do. 2.
Furnis, Y. 25.
Fursbe, Y. 42.
Fursey, So. 28.
Futter, L1. 3.
Fynch, E. 6.
Fynnes, No. 8.
Fynnie, C. 40.
Fyeson, L. 13.
Fyshe, La. 1.
Fytton, La. 21.

Gaate, B. 1.
Gabbit, La. 1.
Gabri, L. 16.
Gabriell, S. 41.
Gabry, L. 11.
Gacye, So. 34.
Gaille, Su. 9.
Gainsford, Wo. 9.
Gaits, La. 22.
Gale, De. 5.
Gall, So. 2.
Gallie, So. 9.
Galloway, L. 14.
Gallter, S. 13.
Gallway, C. 37.
Gamadge, M. 10.
Gambié, K. 14.
Gambier, K. 14.
Gamble, W1. 15; Y. 19, 28.
Game, E. 14.
Gamin, K. 14.
Gamlen, Su. 5.
Gamminge, De. 2.
Gamon, L. 7; No. 15.
Gandie, La. 1.
Ganiet, W1. 19.
Gann, L1. 5.
Gannce, Y. 22.
Gantlet, W1. 12.
Gape, He. 8.
Gapper, M. 6.
Garbett, S. 42.
Gardener, B. 31; S. 33; St. 1.

Gardiner, N. 21, 31.
Gardner, B. 1; G. 26; L. 6, 13; La. 15; M. 10; S. 12, 36; W1. 10; Wo. 7.
Gardnr, La. 20.
Gardyner, St. 1.
Garfett, L1. 9.
Garford, M. 6.
Garforde, M. 6.
Garfeyld, Ch. 8.
Garing, L. 6.
Garland, C. 20; Do. 5; L. 5½.
Garlick, So. 26.
Garlike, La. 14.
Garlup, Ca. 4.
Garner, D. 3; La. 15; Le. 19; N. 23; Y. 7.
Garnesse, La. 13.
Garnet, La. 7, 26; L1. 17; Y. 9, 38.
Garnett, Ch. 1; La. 25.
Garniere, L. 11.
Garnish, De. 2.
Garnitt, Y. 16.
Garnr, La. 20.
Garrard, La. 10; Sf. 13, 24.
Garrerd, La. 10.
Garret, B. 22; L. 4; Sf. 28; Y. 28.
Garrett, Be. 4; Ch. 8; M. 6; Su. 11.
Garrit, Y. 28.
Garrytt, Ca. 13.
Garsheade, L1. 4.
Garstange, La. 6, 8.
Garsyde, La. 28.
Garton, L. 13.
Garvis, L. 6.
Gascoigne, Y. 21.
Gasken, Y. 21.
Gase, Su. 2.
Gatchell, So. 21.
Gate, B. 1; Cu. 1.
Gater, K. 6.
Gates, M. 6, 9; Sf. 27.
Gateside, L1. 27.
Gath, C. 37.
Gathorne, Y. 16.
Gatt, De. 5.
Gaukeroger, Y. 38.
Gaulter, La. 14.
Gaunt, L1. 9; Y. 45.
Gaunte, L1. 9.
Gauntlet, W1. 12.
Gauntlett, Ha. 28.
Gauuain, H. 29.
Gaward, Ca. 13.
Gawton, Su. 3.
Gawtrie, Y. 41.
Gaye, De. 2; N. 38.

Gayford, Sf. 10.
Gayle, Nh. 15; Y. 28.
Gaylle, Du. 10.
Geale, So. 9.
Geares, S. 42.
Gedge, N. 45.
Gee, Ch. 1, 2; La. 17, 21, 28.
Geeraerts, L. 16.
Gees, Ch. 1.
Geffera, Y. 28.
Gefferson, Y. 28.
Gefford, M. 6.
Gelder, Y. 22.
Geldert, La. 26; Y. 14.
Gelson, L1. 2.
Geldyne, Ch. 1.
Genne, Y. 1.
Genninges, Be. 4.
Gennynges, M. 7.
Genowe, S. 37.
Gentrie, E. 16.
Gentt, Cu. 2; E. 14.
Gentyle, L. 8.
Genvar, C. 39.
Geolle, L. 11.
Geordaine, C. 38.
Georg, C. 40.
George, C. 28, 38; L. 3; S. 39, 41; Sf. 6; So. 5; Y. 8.
Gerarde, Ch. 1.
German, So. 7.
Gerrad, La. 9.
Gerrard, La. 4, 9, 21.
Gerrerd, La. 10.
Geskell, Ch. 2.
Gest, La. 27.
Geste, La. 27.
Gethe, S. 33.
Getley, W. 13.
Gettley, W. 11.
Geywood, M. 6.
Gheeraerts, L. 16.
Ghest, So. 5.
Gibbes, Do. 15; So. 15; W1. 25.
Gibbens, So. 26; W. 12.
Gibbines, L. 13.
Gibbing, L. 6.
Gibbins, W. 18.
Gibbon, Ch. 6.
Gibbons, Ca. 9.
Gibbs, L. 6; So. 5.
Gibirde, E. 16.
Gibs, So. 5, 26.
Gibson, Ch. 2; Du. 9; K. 10, 25; L. 6, 8; La. 2, 3; L1. 4, 6, 8; Su. 11; Y. 2, 12, 28.
Gibsone, L. 13; Le. 3.
Gibsoni, La. 13.
Gidnie, He. 5.
Gifferson, Y. 12.

xlvi

INDEX OF SURNAMES

Gifford, B. 1.
Gifforde, Ca. 3.
Gijtel, L. 16.
Gilbart, Su. 11.
Gilbert, L. 13; Li. 5; M. 1;
  Su. 9; Wo. 7.
Gilborte, Sf. 15.
Gilchrist, La. 23.
Gildersleeuc, Y. 28.
Gildersleeve, Y. 28.
Gildersleue, Y. 28.
Gildersleve, Y. 28.
Gile, Y. 34.
Gilessone, La. 17.
Gilford, L. 8.
Gilibronde, La. 8.
Gill, C. 14, 18, 30; Do. 5, 10;
  G. 47; L. 6, 13; La. 10, 13,
  15; Y. 24, 28, 35.
Gillam, H. 2.
Gilldne, Be. 2.
Gillet, So. 15.
Gilliam, Ha. 10; Y. 40.
Gilliame, La. 21.
Gillingham, Do. 6.
Gillman, K. 9.
Gillott, Y. 44.
Gillson, Y. 10.
Gillybrond, La. 21.
Gilman, Li. 26; St. 4.
Gilmin, Y. 2.
Gilmore, N. 33.
Gilpin, La. 20.
Gilpine, Be. 4.
Gimber, Ca. 6.
Ginkins, K. 26.
Ginninges, Y. 28.
Girdeler, Y. 16.
Girlinge, Sf. 4.
Girnewod, Y. 28.
Girnwod, Y. 28.
Gisborne, L. 13.
Gislinge, K. 3.
Gittens, S. 12.
Gittings, De. 2; K. 12.
Gittins, S. 36, 37.
Glanfield, Sf. 17.
Glas, M. 7.
Glascocke, E. 7, 15.
Glascodine, L. 6.
Glasebrooke, La. 4.
Glaskocke, M. 6.
Glasoger, Su. 11.
Glasscock, He. 9.
Glasse, Wi. 10.
Gleadill, La. 24.
Gleast, La. 10.
Gleaste, La. 10.
Gledow, Y. 28.
Gledstone, Y. 32.

Gledy, N. 55.
Gleene, L. 9.
Gleidell, Y. 38.
Gleidhel, Y. 38.
Glendinning, Nu. 1.
Glensover, Y. 28.
Glescock, He. 9.
Gleydhill, Y. 38.
Gloover, La. 5; M. 6.
Glosse, M. 10.
Glossop, N. 36.
Glouer, L. 6; N. 43.
Glovar, La. 27.
Glover, Ch. 1; K. 26; L. 6, 8,
  13; La. 4, 21; N. 7; Nh. 2;
  S. 17, 41; Y. 28.
Glovers, Ch. 1.
Glue, He. 8.
Goad, La. 20.
Goare, La. 5.
Goberd, E. 15.
Gobin, La. 10.
Gobroine, L. 5½.
Goby, Do. 15.
God, La. 20.
Godbeare, De. 2.
Godboll, Sf. 27.
Goddard, Ch. 1; L. 1, 6, 14;
  M. 6.; Sf. 24.
Godden, Ha. 28; Su. 11.
Godding, Sf. 1.
Godfrie, G. 49.
Godfray, De. 3; Y. 28.
Godfrey, E. 2; L. 6; St. 2;
  Wi. 12.
Godley, Y. 38.
Godman, He. 7.
Godmunte, La. 25.
Godsale, H. 3.
Godsalfe, La. 3.
Godschalck, L. 16.
Godschalk, N. 41.
Godtschalck, L. 16.
Godward, G. 18.
Godwing, So. 26.
Goe, M. 10.
Goefuite, L. 6.
Goffe, Ha. 27; L. 15; M. 7.
Gofirth, Y. 16.
Gogon, N. 41.
Gold, L. 1; Sf. 16.
Golde, Ha. 14; K. 24; Wo. 7.
Golden, So. 5.
Goldene, E. 16.
Golding, He. 7; L. 5.
Goldingall, W. 10.
Goldmyth, St. 1.
Goldsmith, La. 15.
Gollande, Du. 4.
Gollen, St. 16.

Gollop, Do. 13; So. 8.
Gollopp, Do. 15.
Gollyes, Li. 9.
Golsey, Y. 41.
Golsney, Do. 14.
Golson, K. 2.
Goningham, So. 32.
Good, C. 18; Ha. 4; Li. 28;
  M. 10; Su. 2.
Goodaile, Y. 28.
Goodall, L. 5½, 6.
Goodalle, M. 10; Y. 17.
Goodayle, Y. 45.
Goodbarne, Li. 7, 8.
Goodbye, Le. 14a.
Goodcheape, K. 24.
Goodchilde, B. 1.
Goodden, O. 1; So. 9; St. 16.
Gooddye, K. 10.
Gooddyn, Wi. 12.
Gooddyngs, N. 29.
Goode, Le. 1; N. 54.
Gooden, La. 21.
Goodenow, So. 17.
Goodes, He. 8.
Goodfellowe, Ch. 2.
Goodgeon, Y. 32.
Goodheir, Y. 38.
Goodheire, Y. 38.
Goodicar, Ch. 3.
Goodikare, Ch. 3.
Goodine, La. 17.
Goodinge, So. 31.
Goodland, So. 15.
Goodma, St. 1.
Goodman, B. 6; De. 2; E. 9;
  N. 39; Nh. 5; R. 1; St. 1.
Goodred, B. 31.
Goodrich, N. 60.
Goodridge, Wi. 7.
Goodson, W. 13.
Goodsonn, B. 18.
Goodwen, N. 40.
Goodwin, De. 2; E. 11, 12;
  N. 60; St. 4.
Goodwyn, M. 6.
Goodwyne, E. 16.
Goodwynge, N. 1.
Goodyeare, La. 21; Wo. 9.
Goodyere, La. 21.
Goodynch, M. 7.
Goodynche, M. 7.
Goodzeare, L. 13.
Goold, St. 1.
Goor, W. 3.
Goorley, K. 9.
Goose, K. 2.
Gooteriz, L. 13.
Goowse, La. 22.
Gorden, L. 9.

xlvii

INDEX OF SURNAMES

Goreld, La. 1.
Gorelde, La. 24.
Gorijus, N. 41.
Gorrie, G. 47.
Gorton, Ch. 1; La. 5, 21; Le. 1.
Gosberton, Li. 9.
Goslin, Nu. 1.
Goslinge, Do. 15.
Goslyng, Su. 11.
Gossedge, W. 10.
Gosseline, G. 47.
Gossenhill, M. 6.
Gosset, Wi. 12, 19.
Gossnett, M. 10.
Gosson, L. 7.
Gotheredg, He. 8.
Gotobed, Ca. 7.
Gott, Y. 25, 33.
Gottlie, Do. 15.
Gough, M. 8; S. 41, 42.
Goughe, S. 17, 25, 27, 37.
Gouier, L. 6.
Gould, B. 1; St. 4.
Goulde, De. 2; M. 10; St. 4.
Goulder, D. 7.
Gouldine, Du. 1; Nu. 2.
Gourney, B. 1; He. 1.
Govett, So. 32.
Gowar, N. 4.
Gower, S. 23, 37.
Gowld, K. 18.
Gowldsbrough, Y. 2.
Gowth, La. 26.
Goze, S. 40.
Gozon, K. 14.
Graace, B. 1.
Grabbam, So. 34.
Grace, B. 1, 4; He. 1; M. 6;
Gradell, La. 6.
Graffain, L. 13.
Gramer, L. 8.
Granbie, N. 61.
Grange, La. 4.
Granger, Do. 16, 17; L. 15; S. 42.
Grangr, So. 26.
Grannames, W. 11.
Grannger, M. 7.
Gransize, L. 11.
Grant, L. 8; Nii. 15; Sf. 24;
So. 29; Su. 5; Wi. 4; Y. 15.
Grantome, La. 7.
Grantum, L. 7.
Grasbrooke, M. 6.
Grasse, Do. 19.
Gratwicke, Ss. 1.
Gratye, N. 42.
Graue, E. 12; K. 14; L. 11.
Graunt, Li. 9.
Graunte, K. 13.

Grave, E. 6.
Gravell, L. 2.
Gravener, Sf. 2.
Gravenor, S. 35.
Graver, Y. 35.
Graves, L. 6; M. 6.
Gray, B. 4, 22; Du. 5, 6;
E. 16; G. 18; Li. 27; M. 10;
N. 55, 57; Y. 7, 8, 10, 16.
Graydell, La. 22.
Graye, L. 8; M. 6; N. 61; Nu. 1.
Graysonn, Y. 35.
Graystocke, La. 22.
Greame, La. 14.
Greatbach, St. 3.
Greathead, Du. 9; Y. 28.
Greatracks, La. 17.
Greave, La. 24; Y. 38, 44.
Greaves, Ch. 2; La. 10, 21;
No. 19, 20; St. 8; Y. 22, 29, 44.
Greavson, Y. 44.
Grebatch, S. 5.
Gredicot, So. 26.
Greehalge, La. 9.
Green, D. 1; L. 1; La. 23; Wi. 3.
Greenall, Li. 1.
Greendwood, La. 2.
Greene, B. 4; Be. 6; Ca. 6;
Ch. 2, 3, 6; D. 1; E. 16, 21;
G. 21; Ha. 15; L. 5; La. 4,
21, 27; Le. 14, 14a; Li. 1,
5, 15; M. 6, 10; S. 37, 38;
Sf. 6; So. 30; St. 1, 4, 13;
Y. 16, 28.
Greenefeild, La. 21.
Greenefield, M. 6.
Greenehaugh, L. 14.
Greenehill, M. 6.
Greenes, La. 21.
Greeneshaw, Y. 7.
Greeneslade, So. 15.
Greenewoode, La. 2.
Greenfield, Wi. 3.
Greenhowe, Le. 6.
Greenshawe, Y. 7.
Greensmith, N. 61.
Greensmyth, St. 4.
Greensmythe, N. 43.
Greente, L. 15.
Greenum, So. 15.
Greenwod, Y. 1.
Greenwood, La. 13.
Greenwyche, L. 13.
Greeves, Ch. 2.
Greg, Y. 6.
Grege, Y. 6.
Gregge, N. 52; Y. 28.

Gregor, C. 40.
Gregorie, L. 4; La. 27; Nu. 1.
Gregories, L. 14.
Gregory, La. 21, 29; Nh. 2;
Wo. 9.
Gregorye, La. 21; S. 17.
Gregson, Y. 34.
Greinc, Nu. 1.
Grenald, Y. 45.
Grenaye, Du. 3.
Grene, Ch. 2; Du. 10; E. 1;
La. 15, 17; Li. 19, 27;
N. 29, 40; W. 13, 15; Y. 1,
7, 28, 35.
Grener, Su. 5.
Greneroade, La. 24.
Grenerode, La. 24.
Grenewood, He. 8; Y. 35.
Grenewoode, La. 18, 24.
Grenne, Le. 19.
Grenopp, La. 20.
Grenough, La. 4.
Grenwell, Du. 11.
Grenwod, Ca. 1.
Grenwoodde, Y. 9.
Grestocke, La. 22.
Gretton, St. 7.
Greves, N. 21; No. 4; Y. 44.
Grey, De. 4; W. 12, 13; Wi. 13.
Gribble, De. 2.
Grice, S. 16.
Griffen, C. 40; E. 4; L. 13.
Griffeth, S. 15.
Griffin, G. 49; L. 6; M. 10; Sf. 23.
Griffinc, L. 13; Wi. 24.
Griffies, S. 42.
Griffit, S. 27.
Griffite, S. 34.
Griffith, L. 1, 6; M. 6; S. 38, 41; So. 5.
Griffyes, S. 17.
Grifyes, S. 17.
Grige, Sf. 16.
Grigges, M. 7.
Griggs, M. 7.
Grigs, C. 32.
Grigson, M. 10.
Grime, B. 8.
Grimes, La. 28.
Grimeshawe, Y. 9.
Grimonpont, N. 41.
Grimpes, M. 6.
Grimsdall, B. 5.
Grimsdon, Y. 33.
Grimshall, La. 14.
Grimshaw, La. 4, 21.
Grimshawe, Y. 38.
Grinallgh, La. 1.
Grindam, Do. 15.

xlviii

INDEX OF SURNAMES

Grinder, N. 44.
Grindham, Do. 15.
Grindon, So. 5.
Grinefeld, La. 22.
Grinehalge, La. 1.
Grinehalgh, La. 1.
Grinlye, S. 33.
Grinrowe, La. 28.
Grisdall, Y. 2.
Grist, Su. 4; Wi. 12.
Griste, Su. 4.
Griswoolde, W. 14.
Groder, Ch. 2.
Groma, K. 14.
Grombrydge, K. 1.
Grome, B. 5; S. 17; Sf. 16.
Groome, B. 5, 14; Bd. 1; Li. 4; M. 10.
Grose, C. 27.
Groser, Y. 28.
Grosse, C. 25; K. 12.
Grove, Be. 4; G. 20, 41, 43; Ha. 9; S. 38; St. 14; Wi. 24.
Grover, B. 1; Su. 5.
Groves, L. 13.
Groume, Li. 4.
Growcocke, N. 57.
Growe, So. 6.
Grubb, M. 7.
Grubbe, No. 15.
Grubie, La. 22.
Gruff, S. 41.
Gruffith, S. 40, 41.
Gruffiths, S. 38.
Grundie, La. 1.
Grycer, Ca. 13.
Gryffen, W. 13.
Gryffyn, He. 8.
Gryffyth, S. 41.
Grym, Y. 20.
Grymar, G. 43.
Gryme, La. 1, 2; S. 32, 42; Y. 28, 34.
Grymeshawe, La. 24.
Grympes, M. 6.
Gryse, S. 36.
Gudgeon, Y. 32.
Guenin, K. 14.
Guggle, N. 18.
Guilland, K. 26.
Guilliam, So. 5.
Guiselay, Y. 28.
Guittings, K. 12.
Gulwell, G. 21.
Gunbye, Y. 28.
Gundenayne, L. 13.
Gundrell, Wo. 9.
Gundrie, So. 3.
Gune, W. 11.
Guner, G. 14.

Gunne, W. 12.
Gunnell, He. 7; N. 40.
Gunstone, L. 5.
Gunter, Be. 4.
Gunthorpe, No. 12.
Guoden, Ch. 2.
Guppy, So. 3.
Gurnell, La. 19.
Gurnett, Su. 1.
Gurney, B. 8; He. 1.
Gurrant, So. 26.
Gurwoode, Y. 21.
Gust, Li. 5.
Gutsall, K. 6.
Guye, La. 26.
Guyer, Wi. 1.
Guylbert, C. 37.
Gwatkin, H. 2.
Gwercye, L. 13.
Gwersey, L. 13.
Gwier, Do. 14.
Gwye, L. 6.
Gwynope, C. 39.
Gybbs, De. 2; St. 4.
Gybbyns, B. 4.
Gybson, Ca. 13; He. 8; Li. 17; Su. 11.
Gye, Le. 2.
Gyfford, Ca. 4.
Gylbert, He. 8; No. 19.
Gylbodye, La. 21.
Gyldring, Li. 25.
Gyle, Ch. 8.
Gyles, C. 7; E. 2; Ha. 5; La. 12; M. 8; N. 21; So. 19; Su. 3, 11; Wo. 9.
Gyll, De. 2.
Gyllet, Do. 13.
Gyllman, Su. 5.
Gylmin, S. 38.
Gymlet, C. 41.
Gymro, S. 41.
Gynkens, K. 26.
Gynsone, Ch. 3.
Gyre, M. 10.
Gytten, K. 4.
Gyttins, S. 36.
Gyttyens, S. 33.
Gyttyns, S. 33.
Gyver, M. 6.

Habergam, La. 1.
Haberghame, La. 2.
Hacker, Be. 4; M. 1; So. 16.
Hackett, L. 6; Le. 1.
Hackney, Y. 33.
Hacksbee, L. 5.
Hacourt, H. 29.

Hadd, K. 8.
Hadden, S. 42.
Haddesley, Su. 11.
Haddlesey, Y. 16.
Haddocke, S. 38; Wo. 5.
Haddon, S. 42.
Hadfeild, La. 21; St. 4.
Hadle, He. 5.
Hadleye, S. 35.
Haele, He. 5.
Haffen, Sf. 5.
Hagarth, Li. 10.
Hager, S. 36.
Hagger, Y. 29.
Haggerston, Nu. 1.
Haghe, Y. 4.
Hagley, S. 25.
Haige, Y. 28.
Haigh, Y. 22, 28, 46.
Haighe, Y. 1, 38, 46.
Haile, M. 9.
Haines, L. 6; M. 7.
Haire, Y. 28.
Haisellwood, M. 10.
Haistell, Y. 16.
Haiward, W. 14.
Haiwarde, W. 14.
Hake, L. 6.
Hakelaers, L. 16.
Hakeshead, La. 5.
Halchar, Su. 1.
Hale, Ch. 5; G. 19, 27; L. 8; La. 17; S. 27.
Hales, St. 8; Wi. 10.
Haley, St. 8.
Halgarracke, C. 40.
Hall, Ch. 2; D. 1; Du. 10; E. 16; G. 8; Ha. 25; L. 6, 12, 13; La. 9, 11, 21; Li. 9, 27; M. 7, 10; N. 4, 25, 35, 58, 62; Nu. 1; S. 34, 38; So. 10, 26; St. 6; Wo. 9; Y. 1, 7, 9, 19, 20, 22, 23, 25, 28, 30.
Haley, L. 6.
Hallaland, Y. 41.
Hallam, N. 33, 35.
Hallat, Do. 13.
Halle, Ch. 2, 8; Du. 1; G. 47; La. 1, 21; M. 6; Nu. 2.
Halleley, M. 7.
Halley, L. 13.
Hallidaie, Y. 32.
Halliday, Y. 42.
Hallinck, N. 41.
Halloforde, De. 2.
Halloway, O. 5; W. 13; Wi. 25.
Hallowes, La. 21, 24, 28.
Hallstead, La. 12.
Hally, M. 10.

INDEX OF SURNAMES

Hallydaye, LE. 1.
Hallywell, LA. 21.
Halme, Y. 38.
Halsall, LA. 10.
Halsted, LA. 2.
Haluin, K. 14.
Halywall, LA. 1.
Ham, C. 10; LA. 1; So. 19
Haman, SU. 5.
Hamat, C. 26.
Hamber, G. 7.
Hambleton, L. 13.
Hambly, C. 24.
Hambton, LA. 11.
Hame, So. 7.
Hamer, LA. 24; Y. 38.
Hames, M. 7; ST. 2.
Hamesse, LI. 9.
Hamett, C. 40.
Hameus, L. 16.
Hamlett, M. 6.
Hamlitt, M. 6.
Hamlyn, Do. 13; So. 9.
Hamman, K. 8.
Hamme, So. 6.
Hammeus, L. 16.
Hammington, DE. 2.
Hammon, LI. 5; Y. 16.
Hammond, E. 9; L. 9; So. 32.
Hamo, E. 16.
Hamon, Y. 44.
Hamond, CU. 1; L. 13; M. 10; N. 44.
Hamore, L. 14.
Hamott, C. 20.
Hampden, B. 30.
Hampen, SU. 11.
Hampson, LA. 4, 7, 21.
Hampton, G. 18; HE. 9; S. 38.
Hamshare, Y. 22.
Hamson, LA. 7.
Hanckes, M. 6.
Hanckoke, So. 1.
Hanckyn, E. 15.
Hancock, C. 8; L. 3.
Hancocke, So. 1, 26.
Hancockes, H. 3; Wo. 6.
Hancocks, Wo. 6, 7.
Hancok, N. 60.
Hancoxe, S. 35.
Hand, M. 7.
Handel, HA. 28.
Handford, L. 15.
Handidaie, M. 6.
Handlay, Y. 2.
Handley, K. 2.
Hands, L. 6.
Handsday, M. 6.
Handsonn, ST. 2.
Hanerde, W. 14.

Hanforth, LI. 12.
Hankenson, CH. 1.
Hanker, K. 26.
Hankin, E. 15.
Hanking, LA. 11.
Hanley, S. 41.
Hanm, S. 41.
Hanmer, DE. 2; S. 39, 40, 41.
Hannowe, L. 13.
Hanson, L. 7; LA. 13, 24; M. 6; ST. 7; Y. 19, 38.
Hansone, LA. 2.
Hanway, ST. 7.
Hapkenson, L. 11.
Harabye, Y. 28.
Harapare, DE. 2.
Harbert, C. 40; K. 10; So. 5.
Harbie, SF. 1.
Harborowe, M. 10.
Harbour, K. 10.
Hard, Wo. 9.
Harde, Y. 24.
Harden, K. 23; ST. 12.
Hardicke, M. 7; S. 33.
Hardie, SF. 19; Y. 21, 41, 42.
Hardiman, Do. 15.
Hardin, WI. 25.
Harding, B. 1; DU. 6; G. 50; HE. 7; L. 14; N. 33; WI. 25.
Hardinge, HA. 22; N. 54; ST. 8; WI. 25.
Hardma, LA. 1, 14.
Hardman, CH. 1; LA. 24.
Harduel, K. 14.
Hardweck, Y. 28.
Hardwick, NU. 1; Wo. 3; V. 28.
Hardwicke, E. 7.
Hardwin, L. 1.
Hardy, LI. 28; M. 8; N. 29, 57; Y. 9.
Hardye, Y. 9.
Hare, B. 1; LI. 19; W. 13; Y. 23, 45.
Hargrave, N. 56.
Hargraves, Y. 30, 45.
Hargreaues, LA. 12.
Hargreaves, LA. 13; Y. 38.
Hargreves, LA. 2; No. 5.
Harguile, S. 38.
Harison, B. 5; BE. 4; L. 14; LA. 18; N. 26, 43; ST. 4; Y. 19, 28.
Harisone, N. 60.
Harisson, CA. 1.
Harker, K. 2.
Harkette, LE. 14a.
Harman, L. 2, 4.
Harmer, G. 1.
Harmewood, HA. 14.
Harmon, M. 6.

Harmwoode, B. 4.
Harp, ST. 1.
Harpam, Y. 28.
Harpeley, LI. 5.
Harper, LI. 2; S. 26, 34; SF. 6; ST. 2; Y. 41, 45.
Harrat, NU. 1.
Harrice, Do. 10; K. 3; M. 6.
Harrie, C. 19, 31, 40; S. 27.
Harries, C. 16; S. 13, 21, 37, 38.
Harrington, E. 1; Y. 27.
Harris, BD. 1; C. 20, 25, 36; DE. 2; E. 15; G. 8, 50; HA. 28; K. 9; L. 2, 7, 10; LE. 14a; M. 6, 10; NH. 2; O. 6; S. 11, 31, 42; So. 5, 26; WI. 20; Wo. 1, 6.
Harrise, G. 22; K. 12.
Harrison, C. 43; CA. 12; CH. 1, 2; DU. 5, 9; G. 8; K. 12; L. 6, 9, 15; LA. 2, 5, 7, 14, 22; LI. 19, 28; M. 7; N. 25, 54; NU. 1; S. 7; ST. 1, 16; SU. 4, 11; Y. 2, 16, 27, 28.
Harrisonn, LI. 27.
Harrisonne, Y. 38.
Harrist, Do. 8.
Harriuel, H. 29.
Harrock, Wo. 5.
Harrope, CH. 2.
Harrould, E. 16.
Harrowde, DE. 2.
Harry, C. 8, 15.
Harrye, C. 13. 37.
Harrys, C. 1, 28; E. 22; HE. 7; W. 13.
Harryso, CH. 2.
Harryson, CH. 1; CU. 1; DU. 4; LA. 6; LI. 19; NH. 15; Y. 20, 26, 28.
Harrysone, LA. 21.
Harrysonne, LA. 21; No. 64.
Harsenape, LA. 15.
Hart, Do. 12; LA. 17, 21; SF. 2, 7; SU. 5; WI. 24.
Harte, K. 7; L. 3; LA. 27; M. 6; S. 35; ST. 7.
Hartfoorth, Y. 19.
Hartforth, Y. 16.
Hartlay, Y. 28.
Hartley, K. 12; LA. 2, 13, 21, 28; Y. 9.
Hartleye, LA. 7, 14.
Hartleys, LA. 21.
Hartoppe, W. 14.
Hartry, So. 1.
Hartshorne, N. 24; S. 42.
Haruey, LI. 10.

1

INDEX OF SURNAMES

Harvey, C. 37; D. 4; E. 1; L. 8; St. 1.
Harvie, C. 25; He. 8; La. 4, 24; M. 6; Y. 2.
Harvord, G. 47.
Harvy, G. 34; L. 8; St. 4.
Harvye, Ch. 4; L. 5½; Nu. 1.
Harwar, L. 15.
Harwarde, Wo. 6.
Harwood, Wo. 7.
Harwoodd, La. 21.
Haryson, D. 6; La. 15, 18; Y. 28.
Harysun, W. 15.
Hascot, Nh. 4.
Hasebaert, N. 41.
Hasel, W. 11.
Hasell, So. 19; W. 12.
Haselwood, Su. 11.
Hasellwood, So. 13.
Haslame, La. 1, 24.
Haslom, La. 28.
Haslome, M. 7.
Hasted, Ha. 16.
Hastings, M. 15.
Hastlett, Be. 4.
Haswell, Du. 2.
Hasye, Wi. 12.
Hatch, La. 8.
Hatchet, Ha. 15; St. 2.
Hatchett, Ha. 28.
Hatcliffe, Li. 27.
Hateley, St. 1.
Hatfield, Ca. 13; Li. 2.
Hatherligh, De. 2.
Hathertwait, La. 15.
Hathrowhet, La. 22.
Hathronwhett, La. 22.
Hattfeild, N. 54.
Hattof, K. 7.
Hatton, Ch. 2; H. 5; K. 15; L. 8; S. 17, 35.
Hattone, S. 35.
Hauck, N. 60.
Haucke, C. 34.
Haughton, Ch. 1, 2; D. 7, 12; La. 10, 11, 13, 15, 27.
Hauke, K. 9.
Haukes, M. 8.
Haukeyearde, Y. 38.
Haukins, L. 9.
Hauksworth, Y. 44.
Haul, E. 16.
Haule, K. 26; La. 14; M. 7.
Haulsworth, Y. 2.
Haulsworthe, Y. 2.
Haume, Y. 38.
Hauthorne, G. 12.
Hautley, K. 12.
Hauwe, L. 16.

Haven, L. 16.
Haverthwat, La. 15.
Haves, L. 5½.
Havet, N. 41.
Haward, G. 19; L. 12; M. 10; Sf. 19; Su. 5, 11; Y. 1.
Hawarde, M. 6.
Hawarth, La. 1.
Hawcke, G. 32.
Hawdwen, La. 22.
Hawe, W. 14.
Hawell, La. 5.
Hawes, C. 11; L. 7; S. 29; W. 14.
Hawforde, S. 26; Wo. 7.
Hawghton, M. 6.
Hawis, N. 44.
Hawke, C. 37.
Hawken, C. 25.
Hawkens, L. 13.
Hawkes, B. 1; St. 1; Wi. 20.
Hawks, B. 21.
Hawkshaw, Y. 28.
Hawkins, B. 14; Be. 7; M. 10; Y. 27.
Hawldsworth, Y. 2, 32.
Hawle, Ch. 4; L. 13; M. 6; St. 1.
Hawly, Y. 44.
Haworth, N. 56.
Haworthe, La. 9.
Haworth, La. 24; No. 1.
Haworthe, La. 1, 13, 21, 24.
Hawse, Li. 1.
Hawsebroocke, N. 57.
Hawsonne, N. 57.
Hawsted, Su. 5.
Hawthorne, M. 6.
Hawton, N. 55.
Haworth, Y. 28.
Hawxe, Ca. 12.
Hay, S. 17.
Haydon, B. 5, 5½.
Hayes, L. 6, 13; St. 1.
Hayin, Ha. 15.
Hayken, Y. 30.
Hayle, He. 7.
Haylocke, Sf. 7.
Haylye, B. 20.
Hayman, De. 4.
Haymon, C. 31.
Hayne, L. 13.
Haynes, M. 4.
Haynworth, Y. 9.
Hayton, La. 10.
Haywade, L. 5.
Hayward, Bf. 4; E. 8; L. 13; M. 7; Y. 1.
Haywarde, G. 4; L. 6.
Haywood, L. 13.

Head, Cu. 1.
Headlam, Y. 2.
Headley, Y. 16.
Headly, S. 38.
Healde, La. 1.
Heale, K. 12.
Healey, La. 24; M. 6.
Heamis, St. 5.
Heap, La. 28.
Heape, La. 2, 13; Y. 38.
Hearde, Ca. 6.
Hearfeld, Y. 28.
Hearinge, So. 26.
Hearste, La. 2.
Heath, Ha. 13; K. 16; M. 6; N. 58; No. 11; St. 1; W. 11; Wo. 9.
Heathe, N. 47, 48; Su. 9; W. 14.
Heather, Ha. 10.
Heaton, La. 3, 9, 21, 35.
Heatonn, Y. 35.
Heawoodd, La. 21.
Hebb, N. 55.
Hebbes, B. 17.
Hebden, Y. 28, 31.
Hebdon, Y. 28.
Hebson, La. 14.
Heckells, Su. 11.
Hedbaut, K. 14.
Hedge, B. 5.
Hedger, B. 5½.
Hedges, G. 43, 47; L. 9.
Hedley, L. 6, 13; Su. 11.
Hedleye, L. 13.
Hedly, Du. 3.
Hedrington, Cu. 1.
Hedwine, Du. 10.
Heelesse, Y. 32.
Heely, W. 10.
Heffor, Ca. 8.
Hegh, L. 2.
Hegton, N. 36.
Heie, La. 14.
Heighinton, Du. 2.
Heijlighers, L. 16.
Heijndrick, L. 16.
Heines, G. 9; S. 20; Wo. 9.
Heise, Su. 6.
Heiward, Wi. 26.
Helbout, K. 14.
Helcote, Du. 2.
Helier, Wi. 26.
Hellam, K. 12.
Helliar, So. 1.
Hellier, De. 4.
Helliwell, Y. 28.
Hellot, D. 6; N. 35.
Hellyar, C. 24.
Hellyn, Su. 11.

li

INDEX OF SURNAMES

Hellywell, La. 1.
Helme, La. 11, 18; Li. 27.
Helton, Ss. 1.
Helvishe, Y. 4.
Helyn, Su. 11.
Hembrigges, M. 10.
Hemes, S. 20; St. 5.
Hemminges, W. 12.
Hempstrech, Ha. 15.
Hemsworth, Y. 19.
Hen, G. 43.
Henborow, So. 24.
Henche, So. 1.
Henchow, Wo. 1.
Henden, K. 23.
Henderson, Du. 5; M. 10; Nu. 1.
Hendey, Wi. 1.
Hendley, So. 26.
Hendlye, B. 4.
Hendrix, N. 41.
Hendy, G. 37.
Hendye, C. 29; Wi. 12.
Henfrey, No. 15.
Henin, K. 14.
Henlo, L. 11.
Hennifer, C. 29.
Henricus, St. 2.
Henrieson, La. 10.
Henrison, La. 10.
Henry, L. 11.
Henshall, Ch. 1; La. 5.
Hensligh, De. 2.
Henson, Nh. 2.
Henstrit, Ha. 15.
Hepple, Du. 5.
Heptenstall, Y. 29.
Hepworth, Y. 44.
Hepworthe, Y. 1.
Herberr, L. 6.
Hercle, Sf. 17.
Herd, E. 2.
Herdman, Du. 10.
Herdner, La. 3.
Herenden, R. 1.
Hereson, Y. 16.
Hericke, L. 7.
Herison, Y. 12.
Hermesen, N. 41.
Herne, L. 7; M. 10; So. 21.
Herreson, Y. 16.
Herring, N. 21.
Herringe, N. 21.
Herrison, Du. 2; Y. 16.
Herrott, N. 42.
Hersent, H. 29.
Hervey, St. 6.
Hesket, La. 4.
Hesketh, La. 4; M. 6.
Heskins, G. 29.

Heskyne, La. 6.
Heslop, Nu. 1.
Hesmenhaughe, La. 18.
Hesslewood, Y. 11.
Hesslewoode, Y. 16.
Hester, B. 4.
Hestone, C. 28.
Hetchen, La. 4.
Hett, No. 63.
Heu, G. 43.
Heuhet, Wi. 23.
Heuit, St. 15.
Hew, C. 40.
Heward, He. 7; La. 17; Wo. 5.
Hewarde, La. 1.
Hewback, Sf. 21.
Hewbye, Y. 28.
Hewence, O. 1.
Hewes, K. 8; L. 8; M. 10; W. 12.
Heweson, Du. 6.
Hewet, Su. 3.
Hewett, K. 12; L. 24.
Hewgrave, S. 17.
Hewitt, K. 25; L. 8.
Hewlins, G. 7.
Hewood, La. 17.
Hewson, Sf. 16; Y. 28.
Hewytt, Wi. 1.
Hexom, Ch. 1.
Hexsome, Nu. 1.
Hey, Ch. 5; La. 10, 12, 17; Y. 14, 38.
Heycoope, Le. 2.
Heye, Ch. 3; La. 4, 10, 17; No. 63; Y. 1.
Heyfeld, La. 21.
Heylow, N. 29.
Heynes, G. 1; S. 31; Wo. 5, 8.
Heythe, Su. 1.
Heyton, S. 38.
Heyward, B. 8; G. 18; La. 24; S. 21, 29.
Heywarde, Do. 17; La. 17, 24.
Heywoode, La. 1.
Hiat, So. 3.
Hiatt, So. 3.
Hibbart, La. 21.
Hibberd, D. 8.
Hibbert, Ch. 1; La. 21.
Hibbins, S. 10.
Hibblethaight, L. 4.
Hibbt, G. 25.
Hichcock, Ha. 23.
Hick, C. 10; N. 51.
Hickes, C. 20; G. 42.
Hickington, Y. 11.
Hickman, B. 14; He. 8; M. 10.
Hickmans, Wo. 9.
Hickmott, K. 6.

Hickockes, L. 2.
Hicks, C. 37.
Hide, L. 2; La. 21; Su. 4.
Higby, He. 7.
Higgeley, S. 33.
Higgen, La. 2.
Higgenbotham, Ch. 1; W. 10.
Higgenbothom, Ch. 1.
Higgens, L. 13.
Higgenson, La. 5, 15; S. 17.
Higges, St. 11; Wo. 5.
Higgin, La. 26; Li. 10.
Higginbothom, Ch. 1; St. 16.
Higgine, La. 13.
Higgins, B. 25; He. 8; M. 6.
Higginson, La. 27; S. 17.
Higgon, Y. 16.
Higgons, S. 37.
Higgs, B. 4; Ha. 10; S. 35.
Higgyns, S. 30.
Higha, La. 4.
Higham, Ch. 1; La. 10; So. 1.
Highams, Ch. 1.
Highem, W. 18.
Highgate, He. 8.
Highton, D. 5.
Hignet, Ch. 5.
Higson, La. 12.
Higsone, La. 17.
Higton, N. 56.
Hikx, C. 40.
Hill, B. 1, 4, 5½, 8, 30; C. 43; Ch. 6; D. 10; De. 2; Ha. 4; He. 7; K. 7, 27; L. 5; La. 21, 24, 27, 28; M. 7, 8, 10, 21, 60; Nu. 1; S. 35; So. 1, 2; St. 1, 16; Su. 11; Y. 6, 9, 34, 40, 43, 44.
Hillary, C. 4.
Hille, C. 25; Do. 11; La. 24; So. 6.
Hillerde, So. 9.
Hilles, K. 11, 26.
Hills, Ha. 27; K. 2, 26.
Hillyard, L. 13; Y. 2.
Hillyarde, L. 13.
Hilps, So. 5.
Hilto, La. 9.
Hilton, Ca. 6; Du. 7; L. 8, 13, 21; St. 15.
Hinch, Y. 2.
Hinckes, S. 35.
Hinde, M. 10.
Hindel, La. 18.
Hindemarshe, N. 48.
Hindle, La. 12, 13.
Hindley, L. 6; La. 4.
Hindmer, Y. 17.
Hinington, M. 10.
Hinley, La. 27.

INDEX OF SURNAMES

Hinsclife, Y. 22.
Hinshew, K. 20.
Hinton, K. 18.
Hirdson, LA. 3, 22, 26.
Hirst, LA. 13; Y. 1.
Hirste, Y. 38.
Hitchensone, LA. 1.
Hitchin, C. 10.
Hitchman, M. 6.
Hitchon, Y. 46.
Hix, K. 2.
Hixe, C. 27.
Hixon, CH. 5.
Hixte, DE. 2.
Hiwchin, C. 21.
Hoape, LA. 21.
Hoare, HA. 10; HE. 7.
Hoase, LI. 1.
Hobbe, B. 4.
Hobbes, G. 1; SU. 4.
Hobbs, So. 6.
Hobbye, L. 13.
Hobdaye, W. 12.
Hoblyn, C. 24.
Hobs, B. 30.
Hobson, CH. 1; DU. 9, 10; Y. 2, 6, 28, 44, 45.
Hockin, C. 21, 32.
Hocklye, CA. 6.
Hocknell, E. 16; L. 13; LA. 21.
Hockye, C. 37.
Hoddiball, E. 21.
Hodge, C. 9, 28, 35; DE. 2; E. 16; L. 13.
Hodgeland, So. 26.
Hodges, L. 13; S. 13; So. 34; WO. 7.
Hodgeson, CH. 6; CU. 1; LA. 15.
Hodgesonne, N. 21.
Hodgettes, W. 14.
Hodgetts, ST. 1.
Hodgion, M. 6.
Hodgis, So. 5.
Hodgkin, N. 61.
Hodgkinson, CH. 2; LA. 21; ST. 1.
Hodgkinsone, LA. 21.
Hodgskin, N. 60.
Hodgskine, B. 16.
Hodgson, LA. 8, 14, 15, 19, 23, 25; NU. 1; ST. 3; Y. 7, 23.
Hodgsonn, LA. 12; Y. 32.
Hodgsonne, Y. 38.
Hodn, W. 13.
Hodshon, LA. 19, 22; Y. 28, 32.
Hodshone, LA. 22.
Hodskinson, HE. 8.

Hodskyn, N. 40.
Hodson, DU. 10; LA. 6.
Hodyn, ST. 16.
Hogben, K. 25.
Hogbin, K. 20.
Hogg, LI. 27; Y. 25.
Hoggart, LA. 14; Y. 8.
Hoggarte, LA. 14.
Hoggett, SU. 11.
Hoiden, SF. 8.
Hoile, Y. 38.
Hoileroyde, Y. 38.
Hoilroyde, Y. 38.
Hoivse, G. 12.
Hoke, SU. 5.
Holbache, W. 15.
Holbage, W. 14.
Holbech, W. 15.
Holbourne, DU. 5.
Holbrooke, N. 28.
Holbrowke, SU. 11.
Holcard, LA. 21.
Holcrofte, LA. 17.
Holdbecke, L. 9.
Holden, L. 9, 16; LA. 8, 14; S. 17; Ss. 1; Y. 43.
Holder, M. 7; SU. 11; W. 13.
Holdernes, Y. 16.
Holderness, HA. 25.
Holdinge, LA. 14.
Holdon, ST. 1.
Holdswoorth, Y. 32.
Holdsworth, K. 12; Y. 28.
Holerie, So. 26.
Holey, LA. 10.
Holgate, LA. 13.
Holiday, Y. 34.
Holinworth, LA. 28.
Holland, L. 13; LA. 10, 17, 21; LI. 13; N. 29, 55; S. 22; ST. 2.
Hollande, CH. 2; D. 1; HA. 2; LA. 1, 9; W. 14.
Hollands, B. 2.
Hollane, BE. 2.
Hollawaye, L. 4.
Hollden, L. 13.
Holle, HA. 12.
Hollennworth, CH. 2.
Hollenshed, CH. 2.
Hollese, ST. 1.
Hollett, M. 10.
Hollensworth, HE. 9.
Holleway, S. 42.
Hollidaye, LA. 19.
Holliman, N. 55.
Hollinges, Y. 10.
Hollinghedge, LI. 4.
Hollingraike, Y. 9.
Hollings, Y. 28, 29, 45.

Hollingworth, M. 7.
Hollis, LA. 4; LI. 27; ST. 11; W. 10.
Hollister, G. 6, 24; M. 6.
Holliwell, LA. 10.
Hollowaie, M. 6; SU. 5.
Holloway, K. 15; M. 6; So. 5; WI. 6.
Hollway, G. 41.
Holly, WI. 24.
Hollynworthe, LA. 21.
Holm, LA. 26.
Holmden, L. 15.
Holme, CH. 1, 6; DU. 10; LA. 7, 19, 21, 22, 25, 26; NO. 15; ST. 4; Y. 19.
Holmes, BE. 4; HA. 23; LI. 1; Y. 8.
Holson, N. 55.
Holsworth, K. 26; L. 1.
Holt, CH. 2; L. 12; LA. 24; ST. 1; W. 10.
Holte, CA. 6; CH. 1; L. 13; LA. 1, 2, 9, 18, 24; M. 6, 7; N. 29.
Holys, L. 7.
Home, LA. 21.
Homer, W. 10.
Homewood, L. 9.
Homnb, LA. 24.
Honeyball, E. 21.
Honiburne, WO. 2, 5.
Honney, L. 9.
Honnywill, DE. 2.
Hony, K. 1.
Honybourne, W. 10.
Honye, K. 1.
Honyott, WO. 9.
Honywill, DE. 2.
Hood, DU. 7; HA. 14.
Hoodd, ST. 16.
Hoodde, ST. 16.
Hoode, DU. 7.
Hooghe, ST. 13.
Hooke, NH. 15.
Hoolden, LA. 17.
Hoolihocke, W. 16, 26.
Hoolme, LA. 7, 10.
Hoope, LA. 24; Y. 2.
Hooper, M. 6; So. 21.
Hoorde, LA. 4; ST. 16.
Hoore, LE. 6.
Hooton, LA. 10.
Hoow, CH. 3.
Hoowe, CH. 3.
Hope, Y. 17, 27; NU. 1.
Hopensack, C. 40.
Hopkin, CA. 1; N. 55.
Hopkins, B. 14; H. 1; HE. 9; L. 6.

liii

INDEX OF SURNAMES

Hopkinsonne, Y. 38.
Hopkis, L. 3.
Hopkyn, Ca. 4.
Hopkyns, W. 10.
Hopp, He. 7.
Hopper, Du. 10; E. 2; Su. 11.
Hopton, S. 31.
Hopwood, La. 2, 9, 17, 21, 24.
Hopwoodd, La. 21.
Hopwoode, La. 1; St. 16.
Hopwoods, Ch. 1.
Horden, K. 26.
Hordrone, Ch. 2.
Hore, Su. 8; Wi. 19.
Hornar, Y. 28.
Hornbee, W. 11.
Horne, De. 4; G. 42; K. 26; Li. 3; St. 3; W. 18.
Hornebie, La. 21, 27.
Horneblowe, L. 15.
Horneby, Cu. 1.
Horner, Li. 5; Y. 21, 24, 31.
Horninglow, St. 11.
Hornsbye, Du. 10.
Horobine, La. 8.
Horrell, Su. 5.
Horridge, Y. 28.
Horrowde, De. 2.
Horsecar, La. 6.
Horsema, N. 40.
Horseman, Y. 28.
Horsey, G. 48.
Horsfall, La. 2.
Horsington, G. 47; Wi. 19.
Horsley, No. 14; Nu. 1.
Horslie, Be. 5.
Horspoole, M. 6.
Hort, G. 41.
Horton, Ch. 2; W. 10; Wi. 25; Y. 38.
Hortoppe, Ch. 2.
Horwell, L. 6.
Horwich, La. 8.
Horwood, G. 40; Su. 5.
Hory, Y. 41.
Hosier, G. 27.
Hoskins, C. 38; G. 47.
Hoskyn, C. 4, 37.
Hoskyne, C. 25.
Hossant, Su. 3.
Hothersall, La. 18.
Hothorne, B. 4.
Hottofe, Nh. 15.
Hovenden, K. 12.
Hovend'n, K. 13.
Houard, K. 14.
Houart, K. 14.
Houdon, Y. 37.
Houell, Ca. 10.
Hough, D. 9.

Houghe, Ch. 1; La. 6, 21; Nu. 1.
Houghton, L. 15; La. 8, 13; St. 11.
Houlde, La. 17.
Houlden, Y. 43.
Houlder, G. 28.
Houldsworthe, Y. 38.
Houlegate, La. 12.
Houleroide, Y. 38.
Houlgaite, Y. 9.
Houlme, Ch. 2; La. 7, 9, 16.
Houlroide, Y. 9.
Houlroyd, Y. 9.
Houlstocke, K. 15.
Hoult, L. 5; La. 21.
Houltbye, Li. 4.
Houlte, Ch. 2; La. 1, 7; N. 55.
Hous, G. 47.
How, N. 40.
Howard, E. 20; St. 1.
Howarde, La. 24.
Howdell, Y. 16, 40.
Howden, D. 10.
Howe, He. 8; L. 6, 13; Su. 11.
Howell, E. 15; M. 10; Wo. 9.
Howells, S. 18, 27.
Howes, N. 11.
Howesse, K. 2.
Howet, Le. 5.
Howett, Le. 11.
Howgate, S. 13.
Howgill, Y. 14.
Howkard, La. 24.
Howldsworthe, La. 4
Howldworth, Y. 32.
Howley, Ch. 2.
Howlett, Sf. 16.
Howlmes, Y. 32.
Howse, So. 26.
Howseman, Y. 2.
Howsma, La. 22.
Howson, Cu. 1; L. 7; Y. 34.
Howsonn, Y. 31.
Howste, So. 26.
Hoxen, Sf. 4.
Hoy, E. 1.
Hoye, E. 20.
Hoyes, Li. 23.
Hoyle, La. 24.
Hoyll, Y. 1.
Hubbard, K. 9, 10; L. 13.
Hubbarde, E. 16; Le. 9.
Hubberd, K. 9, 26.
Hubbert, M. 10.
Hubbold, S. 35.
Hubbolde, S. 35.
Huberstie, La. 22.
Hubert, St. 12.
Hubrechts, L. 16.

Huchen, C. 39.
Hucheson, Y. 12.
Huchinson, Y. 22.
Huchon, K. 14.
Huckell, Wi. 12.
Huckemore, C. 43.
Hudd, M. 6.
Huddell, He. 7.
Hudlesse, G. 11.
Hudleston, Y. 25.
Hudson, Ch. 1; L. 1, 6, 7; La. 7, 13, 21; Li. 4, 9; N. 11; Nh. 15; Su. 11; Y. 9, 12, 19, 28, 44, 45.
Hudsone, La. 7.
Hudsonn, St. 2; Y. 45.
Hudsonne, La. 21.
Huelynges, St. 6.
Hues, E. 2; Wo. 9.
Hueson, He. 7.
Huet, L. 5½; S. 17; Su. 3.
Huett, Ha. 15; La. 13; Wi. 1; Y. 39.
Hugebout, N. 41.
Hugel, Y. 12.
Huggett, K. 6.
Hugginge, G. 26.
Huggins, M. 10.
Hughe, S. 41.
Hughes, Be. 4; M. 4; S. 15, 27, 28, 41.
Hughson, L. 1.
Hugreve, S. 17.
Huit, La. 17.
Hujne, K. 14.
Huland, M. 10.
Hulbert, Be. 4; Wi. 19.
Hulet, L. 9; Su. 2.
Hull, Do. 1; La. 1, 14, 21, 23; N. 54; W. 18; Wi. 25.
Hulla, La. 21.
Hullane, Y. 36.
Hulles, G. 12.
Hulley, Nh. 1.
Hulme, La. 7, 21, 27.
Hulo, L. 11.
Hulse, L. 13.
Hulst, L. 16.
Hulster, L. 13.
Hulton, La. 14, 17, 27.
Hultone, La. 17.
Humbell, La. 21.
Humberston, Li. 22.
Humble, Y. 8.
Humby, Wi. 6.
Hume, Nu. 1.
Humfray, Su. 7.
Humfrey, Su. 2.
Humphrie, Be. 5; K. 9.
Humphrey, Wi. 16.

liv

INDEX OF SURNAMES

Humstow, S. 29.
Huningham, LI. 5.
Hunnyburne, Wo. 4.
Hunsley, Y. 16.
Hunt, CH. 8; D. 6; G. 23;
  HA. 5; HE. 8; K. 10; LA. 17,
  21; M. 6; W. 11, 12; Y. 19.
Hunte, B. 5, 5½; HA. 23;
  L. 13; LA. 1, 17; M. 6;
  Wo. 5, 6.
Hunter, K. 6; L. 1; LA. 10,
  21, 26; LI. 27; M. 6, 8;
  NU. 1; Y. 16, 17, 33, 42.
Huntington, CH. 6.
Hunton, HA. 22.
Huntt, K. 20.
Hurdsfold, LA. 17.
Hurl, K. 2.
Hurlaston, ST. 12.
Hurle, So. 1.
Hurlee, W. 10.
Hurles, L. 13.
Hurleston, M. 1.
Hurlestone, M. 6.
Hurley, W. 10.
Hurlie, So. 32.
Hurrell, E. 14; So. 17.
Hurst, CH. 2; Do. 19; G. 28;
  HA. 15, 28; LA. 27; No. 63;
  ST. 4; Y. 28, 35.
Hurste, LA. 27.
Hurstwood, LA. 2.
Hurth, N. 55.
Husband, C. 25; Y. 15, 16.
Huscrofte, Y. 1.
Husdell, So. 5.
Huse, HA. 7.
Huske, M. 9.
Huson, Y. 28.
Husse, S. 19.
Hussey, L. 6; S. 10.
Hussye, O. 6.
Hutchens, CH. 6.
Hutchenson, N. 43.
Hutchensone, LI. 5.
Hutchin, L. 14.
Hutchins, Do. 10; So. 9.
Hutchinson, DU. 1; LA. 21;
  M. 10; N. 42; NU. 2; SU. 4;
  Y. 28.
Hutchinsonn, Y. 29.
Hutchinsonne, N. 52.
Hutchinsoun, Y. 35.
Huton, LA. 10.
Hutton, DU. 7; HA. 14; HE. 8;
  LE. 2.
Huwes, LA. 7.
Huxley, S. 38.
Huyes, ST. 1.
Huyt, CH. 8.

Hyde, CH. 1, 2; L. 4; M. 7;
  Y. 32.
Hyeron, L. 13.
Hygham, W. 12.
Hyginbothm, CH. 2.
Hyle, K. 12.
Hyll, ST. 3.
Hylle, B. 8.
Hylls, M. 7.
Hynchcliffe, Y. 35.
Hynchliffe, Y. 1.
Hynckes, S. 33.
Hyncks, S. 33.
Hynd, LA. 22; W. 2.
Hyndle, Y. 1.
Hyndmarch, LI. 17.
Hynie, LA. 22.
Hyne, LA. 1.
Hynshowe, S. 5.
Hynxman, S. 38.
Hyot, So. 19.
Hyrst, Y. 44.
Hytchcocks, Wo. 1.
Hytchings, CH. 27.
Hyton, LA. 27.
Hytons, LA. 4.

Ibatson, Y. 28.
Ibbotson, Y. 1.
Ibotson, Y. 34, 44.
Ibotsone, N. 60.
Ibotsonn, Y. 39.
Icke, S. 15.
Ides, Do. 5.
Ignaru, Y. 28.
Ilbecke, LA. 11.
Iles, Y. 28.
Ilford, M. 8.
Illesley, ST. 14.
Illing, B. 9.
Illingworthe, Y. 9.
Illsone, LE. 4.
Ilsley, ST. 7.
Ilson, LE. 18.
Ilye, Y. 28.
Ince, LA. 4.
Ingelbye, Y. 28.
Ingerom, Y. 28.
Ingham, LA. 2, 12.
Inghame, LA. 2.
Ingland, G. 47.
Inglebye, Y. 28.
Inglefeild, CH. 6.
Inglet, K. 10.
Ingleton, B. 1.
Ingmyre, Y. 32.
Ingram, W. 11.
Ingrom, G. 50.

Ingromn, C. 24.
Inhold, SF. 19.
Inkerson, NH. 15.
Inman, NU. 1; Y. 30, 38.
Innocent, N. 54.
Inowes, E. 16.
Inskipp, Y. 14.
Inwood, HA. 6.
Inwoode, HA. 10.
Iollie, LA. 1.
Ireland, D. 9; M. 7.
Irelande, LA. 9.
Irlame, LA. 17.
Ironmonger, M. 10.
Irons, O. 5.
Isaac, So. 16.
Isaach, C. 44.
Isacke, C. 26.
Isarde, M. 6.
Isbell, K. 12.
Isble, C. 36.
Isherwood, Y. 14.
Islam, M. 6.
Issard, M. 6.
Isson, SU. 11.
Ithel, S. 38.
Ithell, G. 30.
Itheridge, S. 5.
Ives, S. 7; SU. 11.
Iveson, Y. 20.
Ivyden, G. 35.
Ivye, C. 14.

Jaanes, B. 1.
Jack, C. 21.
Jacka, C. 38.
Jacke, LA. 22.
Jackes, S. 27.
Jackeson, LA. 10, 15; LI. 9.
Jacket, C. 10; K. 12.
Jackling, LI. 25.
Jackman, HA. 28; SU. 5.
Jackso, LA. 9.
Jackson, B. 15; BE. 4; CH. 1,
  2, 6; D. 4; HE. 2; L. 8, 13;
  LA. 2, 6, 13, 15, 19, 21, 25;
  LE. 5; LI. 19; M. 10; N. 44,
  55, 59; ST. 4; SU. 4; W. 10;
  Y. 1, 14, 16, 24, 27, 28, 33.
Jacksonn, CH. 2.
Jacksonne, LA. 21; N. 57.
Jacob, L. 9.
Jacobs, L. 16.
Jacques, L. 10.
Jacson, CH. 2; LA. 22, 26;
  N. 44; Wo. 7.
Jacsone, LA. 17.
Jagger, Y. 1, 38.

lv

INDEX OF SURNAMES

Jago, C. 22.
Jagoe, C. 18.
Jak, N. 30.
Jakes, LA. 9, 21, 27.
James, C. 21, 28, 37, 38, 40;
   L. 13, 16; M. 10; N. 57;
   O. 2; S. 38, 39; So. 3, 16,
   32; W. 10.
Jameson, CH. 2; Y. 6.
Jancocke, K. 15.
Jane, C. 20, 25, 36.
Janninges, SF. 8.
Janny, CH. 2.
Janson, DE. 2; LA. 26.
Janssen, L. 16.
Jarartt, LE. 14a.
Jarman, N. 34.
Jarnall, L. 4.
Jarvice, LI. 1.
Jarvis, L. 15; N. 60.
Jax, N. 41.
Jaye, L. 5½.
Jayrom, Y. 28.
Jeamson, CU. 2.
Jeanes, DO. 6.
Jeapes, CA. 1.
Jeary, M. 10.
Jebb, N. 48.
Jee, C. 20.
Jeenkes, W. 10.
Jeffcot, W. 18.
Jefferes, S. 23.
Jefferey, G. 50.
Jefferie, C. 25, 36; WI. 19.
Jefferson, CH. 1; L. 12; Y. 28.
Jeffery, E. 15; SU. 4; Y. 28.
Jeffes, B. 8.
Jeffeson, LA. 21.
Jeffres, WI. 15.
Jeffrey, S. 39.
Jeffreye, NH. 10.
Jeffrie, C. 40.
Jeffries, S. 31.
Jeffrye, L. 6.
Jeggo, E. 16.
Jeinkyn, C. 37.
Jeinson, CH. 6.
Jelbart, C. 39.
Jelicors, S. 5.
Jellian, C. 28.
Jellison, M. 6.
Jellys, SF. 6.
Jelson, LE. 13.
Jelus, SU. 11.
Jelysse, ST. 1.
Jenckinsonn, LI. 1.
Jenings, S. 41.
Jenison, Y. 16.
Jenkinge, C. 13.
Jenkingsone, LA. 22.

Jenkinn, K. 18.
Jenkinson, L. 5; LA. 19, 23;
   LI. 1; Y. 4, 6, 28.
Jenkyn, C. 11, 33, 40; CH. 8.
Jenne, L. 3.
Jennery, E. 16.
Jenninges, BE. 4.
Jennyng, K. 13.
Jenson, C. 3.
Jeorge, S. 41.
Jepson, CH. 2; LA. 21.
Jerard, L. 13.
Jerman, C. 7; M. 10.
Jermyn, C. 7.
Jerratt, Y. 16.
Jerveis, K. 20.
Jervis, SF. 17.
Jervys, B. 4.
Jesop, SU. 5.
Jessey, L. 6.
Jeuan, S. 39, 41.
Jewe, W. 12.
Jewel, HE. 8.
Jewet, LI. 13.
Jewett, Y. 16, 46.
Jewette, Y. 45.
Jewit, Y. 28.
Jeynkun, C. 37.
Jhonson, CH. 2; LE. 9; N. 42.
Jiles, C. 20.
Jilshawe, M. 10.
Jinkinson, L. 6.
Joanes, G. 50; K. 16; L. 4, 6;
   LA. 28; So. 5; SU. 11.
Joannes, SU. 11.
Joans, DE. 2.
Jobber, DU. 9.
Jobe, SU. 4.
Jodrell, CH. 1.
Joese, E. 21.
John, C. 9, 31, 32, 37; W. 13.
Johnes, BE. 4; S. 41.
Johns, S. 5.
Johnsdoughtr, LA. 5.
Johnso, K. 18.
Johnson, B. 5; CH. 1, 2; CU. 2;
   D. 5; DU. 1, 6; HE. 7; K. 9,
   10, 25; L. 4, 6, 13; LA. 3, 4,
   5, 8, 10, 15, 21, 23, 27; LE. 1;
   LI. 4, 9; M. 6, 10; N, 48;
   No. 63; NU. 1, 2; S. 37;
   SF. 4; So. 1; ST. 4; SU. 11;
   Y. 16, 19, 28, 33, 40.
Johnsone, LA. 17, 21; N. 34.
Johnsonne, K. 3; N. 21.
Johnsons, W. 11.
Joice, E. 21; SU. 5.
Jolies, LA. 15.
Jolles, WI. 9.
Jollie, E. 20; LA. 4; N. 42.

Joliff, Do. 18.
Jolliffe, NH. 1.
Jolly, C. 20.
Jollye, C. 37.
Jone, C. 28.
Jones, B. 2; CH. 2; G. 41, 44,
   47; L. 5, 5½, 6, 13; LA. 9;
   LI. 27; M. 6, 7, 10; S. 11,
   12, 13, 36, 38, 41, 42; So. 3,
   13; SU. 4; W. 15; WI. 19;
   Wo. 7.
Joneson, LA. 7.
Jonnes, G. 43.
Jons, S. 41.
Jonson, DU. 1; E. 1; LA. 22;
   NU. 2; SF. 26; Y. 32.
Jonsons, N. 1.
Jonsson, B. 4.
Jopling, DU. 11.
Joplinge, DU. 11.
Jordan, L. 1; S. 32.
Jordane, L. 1.
Jorden, K. 10, 18.
Jorion, L. 11.
Josee, L. 13.
Joseph, C. 20.
Josephe, BE. 4.
Joupe, Do. 15.
Jovelin, K. 14.
Jowet, Y. 22.
Jowne, So. 13.
Joye, K. 19, 26; WI. 24.
Joyner, CA. 13; ST. 4.
Joysey, LI. 27; NU. 1.
Jub, Y. 28.
Juce, K. 2.
Juckes, L. 9.
Judde, C. 37; LE. 13; N. 42.
Judkin, W. 18.
Judson, Y. 28.
Juell, DE. 2, 4.
Jueson, Y. 34.
Juhah, L. 16.
Jukes, S. 36.
Jule, DE. 2.
Jumpe, LA. 6.
Jurden, W. 10.
Jurdin, ST. 1.
Juskynce, O. 1.
Jusson, B. 15.
Justice, Y. 22.

Kadwell, K. 10.
Kadwalader, S. 41.
Kadw'r, S. 41.
Kaie, LA. 1.
Kawt, HA. 20.
Kay, LA. 11; Y. 1, 38.

lvi

INDEX OF SURNAMES

Kaye, LA. 1, 9, 13, 24; Y. 2, 22.
Kayley, Y. 34.
Keale, K. 20; L. 14, 15.
Keame, L. 6.
Keane, S. 36.
Keate, BE. 1; C. 37.
Keck, W. 11.
Keech, Do. 6.
Keede, G. 50.
Keemishe, M. 7.
Keen, So. 3.
Keene, C. 3; N. 7; So. 3; Su. 5.
Keepe, L. 6.
Keeth, LI. 27.
Keld, Y. 17.
Kelke, L. 13.
Kellan, S. 41.
Kellett, LA. 19.
Kellsall, CH. 2.
Kellsalle, CH. 2.
Kellye, C. 25.
Kelsall, CH. 1.
Kelsey, M. 6; Su. 5.
Kembridge, G. 34.
Keminge, DE. 2.
Kemme, L. 2.
Kemp, C. 22; M. 1; N. 40.
Kempe, E. 1; L. 12; LA. 5, 15; M. 7; N. 27, 42; No. 19; W. 18.
Kempsall, L. 13.
Kempt, So. 35.
Kempthorne, C. 6.
Kems, G. 26.
Kemsie, W. 14.
Kendall, K. 8; L. 13; M. 6; Su. 11; Y. 28.
Kendricke, W. 14.
Kendroe, Nu. 1.
Kenerley, Y. 38.
Kenety, LA. 28.
Kenion, LA. 24.
Kennarde, K. 12.
Kennell, Su. 11.
Kennion, CH. 1; LA. 10.
Kennison, WI. 25.
Kennyon, LA. 21.
Kenock, DE. 2.
Kenocke, DE. 2.
Kenrick, B. 19.
Kenricke, S. 13.
Kenrose, LI. 4.
Kenrycke, S. 38.
Kent, D. 1; L. 13; O. 5; SF. 21; WI. 20.
Kente, C. 37.
Kenton, HE. 7; L. 14.
Kenyon, LA. 21.
Kepas, LA. 13.

Kerbie, G. 25.
Kerkbie, Y. 7.
Kerkes, CH. 1.
Kerrich, SF. 4.
Kerrey, M. 7.
Kershawe, LA. 28.
Kersley, LA. 27.
Kersye, So. 5.
Kerver, S. 39.
Kervie, ST. 6.
Kery, S. 41.
Kesleye, Do. 4.
Kestell, C. 25.
Ketcleffe, N. 55.
Kete, C. 37.
Kettell, HE. 5.
Kettle, HE. 9.
Kettlewell, Y. 16.
Kevell, K. 9.
Kew, LA. 22.
Kewe, LA. 22.
Kewer, So. 22.
Kewquick, LA. 10.
Kewquicke, LA. 10.
Key, O. 2; S. 41; Y. 15, 39.
Keyes, M. 6.
Keyling, ST. 1.
Keyne, B. 28.
Keyther, C. 37.
Kid, Du. 5.
Kidd, Y. 28.
Kiddle, HE. 9.
Kighley, Y. 9, 34.
Kighleye, LA. 14.
Kilane, S. 41.
Kilbie, W. 14.
Kilborne, N. 31.
Kilbye, L. 13.
Killett, HA. 15.
Killiat, N. 28.
Killingbecke, Y. 28.
Killinggayle, Y. 28.
Killingley, N. 57.
Killshaw, LA. 10.
Killshawe, LA. 10.
Kilner, LA. 19, 22, 26.
Kilnr, LA. 20.
Kilpin, Y. 16.
Kilshet, LA. 4.
Kilwek, Y. 42.
Kimber, M. 10; ST. 1.
Kinaston, S. 40, 41.
Kinbye, L. 13.
Kind, HA. 15.
Kinerly, L. 4; LI. 10.
King, E. 12; HE. 2; L. 4; LI. 4; M. 1; R. 1; Su. 4, 11; WI. 24; Y. 28.
Kinge, BE. 4; DE. 2; Do. 1; E. 9, 16; G. 47; K. 11, 25;

L. 6, 13; M. 10; S. 37; SF. 4; ST. 3; W. 14; WI. 1; Y. 30.
Kingedon, C. 43.
Kingsland, DE. 2.
Kingsnode, K. 12.
Kingson, Y. 8.
Kinnes, M. 6.
Kinny, Y. 28.
Kinnye, Y. 28.
Kinnystone, Y. 28.
Kinseman, L. 13.
Kinsmerley, N. 55.
Kippine, B. 15.
Kirbi, LA. 26.
Kirbie, LA. 26.
Kirbies, LA. 26.
Kirbye, L. 13.
Kircam, G. 28.
Kircke, LA. 21.
Kirk, LA. 11; LI. 4.
Kirkbe, N. 21.
Kirkbie, No. 10.
Kirke, LA. 13, 22; LI. 4; N. 58; Y. 28.
Kirkebie, LA. 4.
Kirkham, LA. 14; ST. 4.
Kirklebye, Y. 8.
Kirkley, Y. 12.
Kirkma, LA. 1.
Kirkman, LA. 1; Y. 19.
Kirksie, Y. 16.
Kirsen, L. 13.
Kirshawe, LA. 24.
Kirssie, Y. 16.
Kitchen, LI. 5; N. 54.
Kitchin, LA. 15; Y. 33, 45.
Kitching, Y. 28.
Kitchinge, Y. 39.
Kitchinman, Y. 19.
Kitley, Su. 11.
Kitson, HE. 8; Y. 4, 45.
Kitsonn, Y. 45.
Kittell, HE. 9.
Kitton, LI. 5.
Kittowe, C. 14.
Kittridge, M. 10.
Kittsonn, Y. 29.
Knaplocke, M. 6.
Kneppne, Su. 9.
Kneppe, Su. 9.
Knevat, HE. 7.
Knill, DE. 2.
Knight, B. 6, 10; BE. 4; C. 38; D. 9; K. 13; L. 6; LA. 17, 29; So. 23; W. 12.
Knighte, No. 14.
Knock, K. 10.
Knockell, CA. 1.
Knocker, S. 35.

lvii

INDEX OF SURNAMES

Knott, K. 9; LA. 21; M. 6.
Knotte, Y. 38.
Knottone, No. 4.
Knowells, G. 26; L. 6.
Knowes, LA. 21.
Knowle, LA. 8.
Knowles, CH. 5, 6; K. 8; ST. 4, 7; Y. 16, 28.
Knowesley, Y. 3.
Knowls, L. 6.
Knowsley, SU. 11.
Knyfton, D. 4.
Knyghtson, SU. 11.
Knype, LA. 19, 25.
Knytch, ST. 4.
Knytter, Y. 22.
Koeux, K. 14.
Kolyer, Y. 37.
Konnion, W. 4.
Kurrell, C. 16.
Kychinge, Y. 10.
Kydgell, B. 10.
Kyfhn, S. 40, 41.
Kyghley, C. 9.
Kynaston, S. 41.
Kyne, B. 1.
Kyneton, Wo. 9.
Kyng, Do. 3; K. 2.
Kynge, HE. 7; K. 1.
Kypgate, M. 7.
Kypping, N. 1.
Kyrbie, ST. 16.
Kyrfoote, CH. 4.
Kyrkbe, Y. 42.
Kyrke, D. 1.
Kyrkley, DU. 10.
Kyrrie, M. 7.
Kyrvor, S. 40.
Kytching, Y. 10.
Kytson, Y. 22.
Kyttewell, G. 30.
Kyttringe, WI. 14.

L'Espau, K. 14.
L'Esquennes, N. 41.
Laake, B. 1.
Lablaw, DU. 5.
Lacelet, K. 15.
Lacke, Y. 28.
Lacy, G. 49, 50.
Ladbrooke, G. 13.
Ladd, K. 12.
Ladiman, SF. 23.
Ladly, E. 12.
Ladyma, CU. 1.
Lafield, LA. 14.
Lago, SU. 5.
Laike, Y. 29.

Lailond, LA. 8.
Laithwaite, LA. 4.
Lake, C. 40; HA. 5; L. 6; S. 19, 41; ST. 6; WI. 12.
Laken, S. 39, 41.
Lalean, C. 38.
Laline, C. 13.
Lamanby, CU. 1.
Lambart, L. 2; Y. 28, 31.
Lambe, LA. 15, 22, 24; M. 6; So. 1; W. 14; Y. 35.
Lambert, E. 18; L. 10; LI. 5; Y. 9, 19, 25, 30, 45.
Lamberte, SF. 13.
Lambley, LI. 5; Y. 16.
Lambolt, HA. 1.
Lame, NU. 1.
Lamin, C. 38.
Laminge, LI. 28.
Lamkin, CH. 1.
Lammanby, CU. 1.
Lampen, C. 20.
Lamperney, K. 24.
Lampyn, ST. 24.
Lancashire, LA. 9.
Lancaster, LA. 10; Y. 20.
Lance, LA. 4.
Lanctie, LA. 22.
Lancton, LA. 4.
Lande, DE. 3.
Lander, ST. 1.
Landsdale, LI. 18.
Landsdall, N. 35.
Landsdowne, G. 50.
Lane, BE. 4; CH. 1; DU. 10; Do. 12; K. 12; L. 1, 6; LA. 21; S. 33; So. 26; SU. 11; W. 10; WI. 3.
Laneman, DE. 2.
Lang, H. 29.
Langdale, Y. 17.
Langdon, DE. 2; Do. 10.
Lange, Y. 45.
Langford, C. 33; CH. 6; HA. 15; S. 21, 38; SU. 11; WI. 12.
Langforde, ST. 16.
Langhland, LI. 27.
Langley, B. 4; HA. 28; L. 2, 13, 14, 21; M. 6; S. 42; SU. 11; Y. 41.
Langshaw, LA. 4.
Langsker, Y. 28.
Langson, M. 6.
Langsson, C. 24.
Langston, C. 6.
Langstones, SU. 11.
Langstrop, Y. 28.
Langton, LA. 8, 27; LI. 27; NH. 3, 7; Y. 16.

Lanke, R. 1.
Lankeford, E. 11.
Lankford, E. 6.
Lankkester, L. 5¼.
Lannder, M. 7.
Lanne, So. 2.
Lanthon, L. 11.
Lanyng, Do. 4.
Laplinch, LA. 6.
Larans, WI. 1.
Larcombe, Do. 5; So. 9.
Lardner, O. 5.
Larkeman, N. 33.
Laseling, SF. 16.
Lasley, K. 15.
Lassenbye, WI. 12.
Latemer, ST. 1.
Lateward, S. 13.
Latham, CH. 2; Y. 27.
Lathom, LA. 8, 10.
Lathome, LA. 15, 17.
Lathwaite, LA. 4.
Lathwhat, LA. 10.
Lattimer, ST. 1.
Lauender, E. 6.
Laughin, M. 10.
Laughland, LI. 27.
Laughton, L. 5.
Launce, K. 26.
Launder, C. 40; SU. 3.
Laurence, Do. 13; E. 4; W. 12.
Laurens, N. 41.
Lauwers, N. 41.
Lavorne, So. 35.
Law, LA. 12.
Lawcoke, Y. 10.
Lawdye, DE. 2.
Lawe, CA. 6; K. 2; L. 16; LA. 13; S. 35.
Lawerence, CA. 5.
Lawes, C. 23; LI. 10; N. 44; SF. 8, 10.
Lawfeld, LA. 22.
Lawghton, L. 13.
Lawley, S. 18.
Lawne, N. 24; Y. 28.
Lawrance, C. 25.
Lawremare, Y. 4.
Lawrenc, LA. 22.
Lawrence, BE. 4; DE. 2; HE. 7, 8; L. 14; LA. 15; M. 10; S. 25, 27; So. 15, 32.
Lawrey, C. 37.
Lawry, C. 37.
Lawse, C. 1.
Lawsell, E. 16.
Lawso, DU. 3.
Lawson, DU. 2, 7; HE. 7; LA. 4, 22; M. 10; Y. 6, 16, 28.

INDEX OF SURNAMES

Lawtie, Y. 16.
Lawton, Y. 16.
Lax, Li. 28.
Lay, Su. 3.
Layche, La. 1.
Laycocke, Y. 9, 25.
Laycoke, Y. 9.
Layland, Y. 31.
Laytham, M. 10.
Laythwate, La. 4.
Layton, Y. 8.
Lazenbie, Wi. 19; Y. 23.
Le, E. 9; Wi. 3.
Le Blanc, K. 14; N. 41.
Le Brun, N. 41.
Le Cacheu, H. 29.
Le Cheualier, K. 14.
Le Clerc, K. 14; L. 11.
Le Cocq, L. 11.
Le Conte, K. 14.
Le Doux, K. 14.
Le Dru, K. 14; N. 41.
Le Febure, N. 41.
Le Fevre, N. 41.
Le Fin, L. 11.
Le Gay, H. 29.
Le Grain, N. 41.
Le Jeusne, L. 11.
Le Mahieu, H. 29.
Le Maire, H. 29.
Le Martin, N. 41.
Le Mayre, L. 11.
Le Moor, K. 14.
Le Noble, K. 14.
Le Pers, K. 14.
Le Poin, L. 11.
Le Poutre, K. 14.
Le Poynte, L. 13.
Le Quien, L. 11.
Le Roux, K. 14.
Le Roy, K. 14; N. 41.
Le Tale, K. 14.
Le Vefue, K. 14.
Le Vent, N. 41.
Lea, Ch. 6; L. 6; La. 4; M. 6; N. 42; S. 14, 38; St. 1; W. 14; Y. 22, 36.
Leach, Y. 28.
Leache, La. 9, 24; Y. 9, 46.
Leadbeater, Ch. 2; M. 7; Y. 17, 35.
Leadell, Y. 2.
Leadebeater, Ch. 2.
Leadman, Y. 28.
Leake, L. 6; S. 37; Y. 10, 35, 46.
Lealand, La. 27.
Leaman, N. 44.
Leaper, Y. 16, 40.
Leare, De. 2.

Leathwatt, La. 27.
Leaven, Y. 16.
Leaver, Du. 8; La. 2, 24.
Leaveritt, M. 6.
Leaves, Li. 9; So. 35.
Leawse, Wi. 15.
Leband, M. 6.
Lech, Ha. 1.
Lechlande, De. 2.
Lecroft, L. 1.
Ledger, Y. 28.
Ledgert, Li. 16.
Ledill, L. 8.
Lednam, Li. 3.
Ledsam, Ch. 5.
Lee, Be. 2; Ch. 1, 8; D. 6; Ha. 4; L. 6, 13, 16; La. 2, 4, 10, 13; Le. 18; M. 10; N. 25, 60; S. 17; Y. 9, 28, 35, 45.
Leech, M. 10.
Leeche, La. 2, 27.
Leeds, K. 15; La. 8.
Leeke, S. 37.
Leemans, L. 16.
Leere, L. 3.
Lees, Ch. 1.
Leetch, La. 27.
Leez, La. 21, 28.
Legard, Y. 41.
Legate, E. 7.
Legerd, Y. 41.
Legg, K. 12; So. 20.
Leigh, Ch. 2; De. 4; Y. 19, 28.
Leighbone, S. 36.
Leighe, Ch. 2; De. 5; La. 17, 24.
Leighes, La. 9.
Leighton, S. 42.
Leke, Y. 43.
Leland, Wi. 12.
Lelloe, S. 27.
Leming, Y. 25.
Lentch, W. 13.
Leonard, C. 19, 32; L. 8; La. 26; S. 30; Wi. 10, 12.
Leonnarde, Sf. 4.
Leppé, K. 14.
Lepton, Y. 28, 45.
Lerehty, C. 31.
Lescaillet, N. 41.
Lesie, K. 14.
Lespau, K. 14.
Lester, St. 2.
Lete, So. 13.
Lether, N. 10.
Letherbarrowe, La. 4.
Lethume, La. 26.
Letroff, C. 9.

Lettes, Ha. 1.
Leunis, L. 16.
Levens, Y. 28.
Leverit, N. 55.
Levet, Y. 43.
Levice, N. 25.
Levit, Y. 28.
Levitt, L. 5½.
Levold, Sf. 16.
Lewes, C. 25; G. 4, 26; K. 2; L. 5½; M. 6, 10; No. 19, 39; S. 35; Sf. 29.
Lewis, B. 4; Be. 4; Ch. 8; L. 6; S. 20, 38, 39.
Lewndon, Ha. 21.
Lewteth, La. 20.
Lewys, B. 1.
Ley, B. 4; Du. 5; He. 7; So. 24.
Leycester, Ha. 13.
Leye, So. 26.
Leyland, Y. 39.
Lezingha', N. 19.
Lhermitte, N. 41.
Lide, Wo. 5.
Liddoll, Wi. 3.
Lie, So. 9.
Lies, La. 1.
Lightbowne, La. 17, 21.
Lightefoote, Ch. 2.
Lightfat, Y. 28.
Lightowlers, Y. 38.
Lightwood, St. 5.
Lillie, Sf. 19.
Lillye, K. 20.
Limbe, No. 1.
Lime, Wi. 3.
Limeinge, Y. 14.
Limpeny, L. 7.
Lindlay, Y. 28.
Lindley, Y. 25.
Lindo, La. 26.
Lindoe, La. 26.
Lindridge, K. 6.
Line, Le. 3; N. 57.
Linedon, S. 40.
Liney, Ch. 2.
Ling, L. 2.
Lingard, Ch. 1.
Lingen, S. 36.
Linger, K. 11.
Lingward, La. 11.
Linneye, La. 7.
Linns, St. 11.
Linselle, L. 11.
Linsey, Li. 4.
Linsley, N. 55.
Linsoll, E. 10.
Linton, Su. 4.
Linwood, E. 1; Y. 33.

lix

INDEX OF SURNAMES

Lions, L. 16.
Lippet, So. 5.
Lister, LA. 24; S. 42; SU. 11; Y. 9, 35, 45.
Litefoote, G. 52.
Lithgoe, LA. 4.
Litle, CU. 1; WI. 19.
Litlehowse, LA. 2.
Litlewod, Y. 44.
Litlewood, Y. 44.
Litster, No. 64.
Littacott, C. 37.
Little, DU. 5.
Littleboy, M. 10.
Littleton, S. 25.
Littlewood, K. 20.
Litton, CH. 2.
Liversedge, Y. 28.
Llandley, ST. 3.
Llewelyn, S. 13.
Lliod, CH. 3; S. 40.
Lloyd, S. 16, 37, 38, 41.
Lloyde, L. 6; S. 16.
Lluellin, L. 6; Y. 32.
Loadsman, LI. 11.
Lobb, SU. 4.
Loblay, Y. 28.
Lock, DO. 16; WO. 9.
Locke, DE. 4.
Lockeleye, S. 15.
Lockewod, Y. 22.
Lockey, LA. 22.
Lockles, SF. 7.
Locksley, Y. 44.
Lockwod, Y. 1.
Lockwood, BE. 2; LA. 4; Y. 15.
Lockwoode, Y. 22.
Lodden, SU. 11.
Lodge, L. 13; LA. 2; Y. 27.
Loe, LA. 17.
Loffeild, S. 32.
Loftehowse, Y. 28.
Lofthowse, Y. 28.
Loftis, SF. 17.
Loftus, Y. 39.
Loggon, LI. 27.
Loick, SU. 5.
Loicke, SU. 5.
Loid, S. 40.
Lokeley, S. 6.
Lokyer, So. 19.
Lollie, Y. 43.
Lomas, LA. 21; ST. 4.
Lonbotu, Y. 28.
Loncaster, DU. 5.
London, BE. 4; C. 40; WI. 7.
Lone, LI. 25.
Long, N. 27; So. 26.
Longasco, Y. 32.
Longden, S. 29.

Longe, C. 20; HE. 7; K. 11; L. 13; WI. 4, 6; Y. 9.
Longeley, Y. 22.
Longeleye, Y. 4.
Longestaffe, Y. 9.
Longford, S. 41.
Longhespey, N. 41.
Longley, N. 38; Y. 1.
Longlye, S. 33.
Longman, WI. 12.
Longmoore, S. 35.
Longstowell, L. 6.
Longwood, Y. 40.
Longworth, LA. 1, 5.
Lonnge, M. 6.
Lonnt, LA. 27.
Loots, L. 16.
Loranc, S. 41.
Lord, LI. 27; SF. 17.
Lorde, L. 6; LA. 24.
Lorringtone, R. 1.
Lorte, LA. 1, 9.
Lorydale, L. 13.
Lorydan, L. 11.
Lotien, L. 11.
Louch, So. 16.
Louche, L. 11.
Loue, WO. 5.
Louell, Y. 21.
Loughton, M. 10.
Lound, N. 43; No. 12.
Lounde, LA. 2.
Lourdelle, L. 11.
Lovatt, D. 6.
Love, CU. 1; N. 44; WO. 5.
Loveday, G. 26.
Lovegrove, HA. 14.
Loveleye, L. 13.
Lovelis, So. 28.
Lovell, HA. 15.
Lovet, B. 1.
Lovett, B. 1.
Lovgrove, BE. 4.
Lovioy, B. 4.
Lovioye, B. 4.
Lovles, K. 7.
Lovys, C. 37.
Low, LA. 4, 14.
Lowater, S. 17.
Lowding, CU. 2.
Lowdinge, CU. 2.
Lowe, CH. 1; L. 14; LA. 27; N. 30; ST. 1.
Lowen, HE. 8.
Lowes, Y. 43.
Lowkes, Y. 29.
Lowrence, Y. 8.
Lowry, C. 33.
Lowson, Y. 34.
Lowsonne, Y. 6.

Lowther, CH. 5; Y. 16.
Lowthorppe, Y. 11.
Lowthrop, Y. 11.
Lowyn, BD. 1.
Loxley, WO. 5.
Lubbrige, BE. 4.
Lucas, BE. 3; L. 7, 12; LA. 15; S. 27; So. 6; WI. 1.
Lucke, K. 1; NH. 2.
Luckett, K. 20.
Lucus, SF. 15.
Lucye, HE. 6.
Luddington, WO. 9.
Ludgate, K. 26; LA. 10.
Ludlam, D. 8; LE. 1.
Ludlame, N. 44, 60.
Luff, SF. 5.
Luffe, M. 9; R. 1; SF. 5, 12.
Luine, LE. 7.
Luke, C. 37, 40; M. 8.
Lukie, C. 29.
Lukye, C. 37.
Lu'kyn, SF. 27.
Lum, L. 13.
Lumbie, Y. 45.
Lume, Y. 38.
Lumley, Y. 15.
Lumme, Y. 38.
Lumsdale, DU. 5.
Lumsley, Y. 17.
Lund, Y. 2.
Lundye, Y. 11.
Lunne, M. 6.
Lunsforde, K. 12.
Lunt, LA. 10.
Lupo, SU. 4.
Lupton, Y. 28.
Lustead, SU. 3.
Luter, S. 13.
Lutman, LA. 10.
Lyberton, K. 9.
Lycorus, NH. 2.
Lydle, DU. 10.
Lye, SU. 5.
Lyegh, G. 33.
Lyford, BE. 4.
Lyfsaie, LA. 1.
Lyfsaye, LA. 1.
Lyghtolers, LA. 18.
Lyke, WO. 9.
Lyle, W. 14.
Lyllie, M. 7.
Lyllye, K. 2; M. 7; Y. 9.
Lymall, WO. 3.
Lymbry, M. 10.
Lympenie, C. 39.
Lynaker, CH. 6.
Lynbie, M. 6.
Lyne, NH. 2.
Lynger, B. 1.

ix

INDEX OF SURNAMES

Lynley, Y. 1.
Lynnacre, N. 56.
Lynney, LA. 21.
Lynneye, LA. 7.
Lynnye, C. 37.
Lynsie, Wo. 9.
Lyon, LA. 10.
Lyons, ST. 9.
Lyster, No. 7.
Lythegoe, LA. 4.
Lytherland, CH. 5, 8.
Lythgoe, LA. 27.
Lythibye, C. 20.
Lythom, LA. 14.
Lythome, LA. 14.
Lython, LA. 14.
Lytterford, D. 6.
Lyttlewoode, D. 1, 2.

Mabbat, N. 55.
Mabson, DU. 7.
Macander, LI. 24.
Macant, LA. 27.
Mackarell, LA. 22.
Macereth, LA. 25.
Machin, G. 12.
Mackelen, CH. 6.
Macom, CH. 2.
Macon, L. 11.
Macont, LA. 27.
Maddake, L. 6.
Maddison, DU. 5.
Maddocke, M. 6.
Maddox, S. 4, 26, 27.
Maddoxe, M. 6.
Maddye, CA. 5.
Maderson, Y. 8.
Madox, S. 38.
Maes, K. 14.
Mafeild, No. 19.
Maffie, WI. 23.
Mahewe, SF. 19.
Mahieu, L. 11.
Maie, SU. 4.
Mainard, NH. 4.
Mainer, LI. 5.
Maingie, Y. 27.
Maio, M. 8.
Maior, L. 13.
Maire, D. 5.
Maison, Y. 7.
Makant, LA. 27.
Makebathe, L. 13.
Makereel, N. 41.
Makerell, Do. 15.
Makerith, B. 1.
Malam, D. 1.
Malbranc, N. 41.

Male, So. 16.
Malen, L. 1, 13.
Mallebourne, DU. 5.
Mallet, Y. 22.
Mallett, L. 14; SU. 11.
Malley, CH. 1.
Mallinsonne, Y. 38.
Mallowes, SF. 9.
Maltbye, Y. 2.
Malvie, G. 43.
Man, B. 15; DU. 10; K. 9, 13; M. 6; ST. 2; Wo. 9; Y. 28.
Manard, Y. 26.
Mancer, N. 15.
Mancknols, LA. 13.
Mancknolls, LA. 13.
Mancou, L. 11.
Mandall, N. 25.
Maneringe, K. 7; S. 41.
Manestye, CA. 12.
Manfeeld, BE. 2.
Manfeilde, LI. 9.
Maninge, E. 16.
Manistye, CA. 12.
Manke, K. 14.
Manley, K. 25.
Mann, B. 4; SU. 4.
Manninge, E. 15.
Mannyfold, D. 6.
Manque, K. 14.
Mansbridg, HA. 15.
Manseck, WI. 19.
Mansell, G. 15.
Mansfield, D. 9.
Mansill, HA. 4.
Mansteple, SU. 11.
Mansuer, N. 15.
Mantell, Do. 10.
Mantle, K. 24; No. 5.
Mapesden, L. 13.
Maple, E. 21.
Marables, K. 8.
Marcer, LA. 10, 12.
Marchall, CA. 6.
Marche, SF. 25.
Marchman, L. 6.
Marck, C. 36.
Marcraft, S. 41.
Marcrofte, LA. 9, 24.
Marcye, NH. 10.
Marden, H. 5; SU. 3.
Mare, DE. 2; L. 13; LA. 20.
Maredyth, So. 13.
Mareselande, CH. 2.
Margetts, L. 8.
Margitts, L. 8.
Marham, NH. 15.
Mariat, L. 16.
Marichal, L. 11.
Marie, N. 41.

Maries, G. 25.
Marin, L. 11.
Marion, Y. 45.
Mariot, N. 46.
Mariott, BE. 6.
Marke, C. 37; DE. 2.
Markendale, Y. 20.
Markham, N. 30.
Markland, LA. 4.
Marks, So. 32.
Marland, LA. 24.
Marlar, ST. 2.
Marler, CH. 2; LA. 21.
Marmand, N. 21.
Marneham, M. 9.
Marquinus, L. 16.
Marr, LA. 20.
Marsden, LA. 11, 13; Y. 1.
Marse, G. 7; Wo. 9.
Marsh, B. 1; HE. 7; LA. 4; ST. 4.
Marshall, C. 20, 37; D. 6; K. 2, 26; L. 5, 8,13; LA. 21; LI. 4, 5; N. 21, 56, 60; NH. 5; SU. 4; Y. 16, 28, 29, 35, 44, 45.
Marshalls, L. 6.
Marsham, N. 43.
Marshe, CH. 5; L. 7; LA. 17, 21, 27; M. 6; ST. 16; W. 10; Y. 1.
Marshell, Y. 28.
Marsheman, L. 6.
Marsland, CH. 1.
Marson, N. 56; NH. 5; ST. 1.
Marston, W. 14.
Marten, C. 39; LA. 5; NH. 2; S. 32, 37; SU. 10.
Martenn, Wo. 1.
Martiall, N. 32; Y. 17.
Martin, C. 7, 10; CH. 2; DE. 2; HA. 18, 27; K. 4, 12, 14; L. 5, 9, 11, 15; LE. 13; LI. 26; N. 21; NU. 1; So. 32; ST. 5; SU. 5, 7; Y. 28.
Martinase, L. 11.
Martine, HA. 2; L. 13; LI. 9; N. 50; So. 5.
Marting, CU. 3.
Marton, LA. 5; Y. 19.
Martyn, B. 4; C. 25, 30; D. 3; N. 1; SU. 11.
Martyne, B. 10; C. 30.
Marwod, W. 11.
Marwood, W. 12.
Maryat, Y. 22.
Maryet, LI. 14.
Maryott, NH. 11.
Maselande, CH. 2.
Masheter, LA. 22.

lxi

INDEX OF SURNAMES

Mashiter, La. 22.
Maslin, Wi. 20.
Mason, Do. 5; G. 25; Ha. 17; L. 3; La. 10, 11, 15, 21; M. 6; N. 42; S. 6, 17, 27, 28; Sf. 21, 27; Y. 33.
Masone, La. 22; No. 4.
Masonn, Y. 35.
Masonne, S. 32.
Massam, Y. 33.
Massey, La. 17.
Massy, St. 8.
Massye, La. 21; No. 8.
Master, K. 10.
Masterman, Y. 6.
Masters, M. 10; R. 1; So. 9.
Maston, Y. 28.
Matew, St. 1.
Mather, La. 4, 27.
Mathew, L. 2, 6; Li. 5; S. 41; Su. 2, 3; Y. 28.
Mathewe, B. 4, 5½; Ch. 2; De. 2; La. 24; Su. 1.
Mathewes, L. 4, 15; S. 13.
Mathews, B. 5.
Mathez, L. 11.
Mathias, S. 42.
Mathie, N. 60.
Matkins, O. 5.
Matley, La. 21.
Matlocke, Le. 4.
Matphen, Du. 5.
Matthew, Du. 1; La. 28; Nu. 2.
Matthewe, Ha. 14; La. 9.
Matthie, Ha. 6.
Mattingley, M. 6.
Matton, K. 14.
Maude, La. 24; Y. 28, 45.
Maudesley, La. 8.
Maudesleye, La. 8.
Maulden, M. 7.
Mauldens, M. 7.
Maulever, Y. 23.
Maultbye, Du. 2.
Maultman, Li. 26.
Maunder, De. 2.
Maunsell, Li. 5.
Maunsfeilde, Le. 9.
Maure, Y. 28.
Mavde, La. 1.
Mavdes, La. 1.
Mavisley, Ca. 11.
Mawd, Y. 25.
Mawde, Y. 9, 38.
Mawdisley, La. 10.
Mawer, Y. 28.
Mawfett, Y. 38.
Mawledge, D. 5.
Mawnd, S. 36.
Mawnde, S. 36.

Maxfeild, N. 57.
Maxsted, K. 2, 25.
May, G. 17, 45; He. 9; K. 25; N. 12; No. 19.
Maye, C. 28, 29; De. 2; K. 18; M. 7, 10.
Mayes, So. 13.
Mayhowe, K. 25.
Maymere, Be. 8.
Maymore, Ha. 7.
Mayne, Wi. 12.
Maynie, K. 9.
Maynley, Su. 11.
Maynorde, Do. 7.
Maynute, Y. 28.
Mayo, W. 13.
Maysent, E. 16.
Mayson, Du. 10; Y. 28.
M'croft, S. 41.
Meade, E. 16.
Meadman, He. 8.
Meager, C. 15.
Meakins, L. 6.
Meale, La. 21.
Meall, La. 24.
Meaneley, La. 27.
Meanley, La. 17.
Meare, La. 17; St. 13.
Mearse, W. 18.
Measure, Nh. 15.
Meatcalfe, Y. 43.
Mechil, Y. 12.
Medculf, M. 7.
Medlam, So. 21.
Medleton, Du. 10.
Medlicott, S. 37.
Medlie, Y. 33.
Medlye, Li. 27.
Medow, La. 4; Y. 28.
Medowcrofte, La. 1.
Medowes, La. 10.
Mee, N. 55.
Meecke, W. 10.
Meed, L. 7.
Meede, So. 15.
Megges, M. 6.
Megson, Y. 4.
Meide, De. 2.
Meire, S. 35.
Mekyns, Sf. 4.
Melborne, M. 10.
Meller, Y. 44.
Melleriz, D. 1, 2.
Mellers, N. 59.
Mellersh, Su. 5.
Mellin, Y. 30.
Mellinge, La. 3.
Mellor, La. 28; St. 4, 13.
Mellyn, C. 24.
Melton, N. 60; Y. 42.

Membrey, De. 3.
Membrye, So. 19.
Menard, C. 25.
Mennell, Y. 15.
Meo, La. 21.
Merchaunt, L. 13.
Mercier, H. 29.
Mercrofte, La. 1.
Mereden, B. 1.
Meredith, G. 47; S. 21, 26, 41.
Meredydd, S. 39.
Mericke, Be. 4.
Meridith, M. 6.
Merie, K. 8.
Merifield, Wi. 13.
Merifielde, So. 23.
Merifild, Be. 4.
Meriot, L. 10.
Merriall, Su. 4.
Merricke, L. 6.
Merrett, G. 17.
Merrye, C. 15.
Mersh, K. 22.
Merson, Wo. 9.
Merydale, L. 13.
Meryfeild, C. 37.
Meryfielde, C. 37.
Meryvale, L. 13.
Meryweather, M. 7.
Mesnier, H. 29.
Messenger, B. 10; L. 13; N. 44.
Messeter, G. 47; Ha. 12.
Metcalfe, M. 6; Su. 11; Y. 28.
Methm, Y. 16.
Metier, Ha. 15.
Mettam, Su. 4.
Mettecalfe, N. 34.
Meurillon, K. 14.
Meverill, N. 55.
Mewe, Do. 4.
Mewkwell, L. 8.
Meyer, L. 13.
Meyres, L. 3.
Meyricke, S. 27, 38.
Michaell, C. 14; La. 15.
Micheall, Li. 14.
Michel, H. 29.
Michelboren, K. 15.
Michelbourne, L. 15.
Michell, C. 15, 38, 40; Ha. 14; La. 13; N. 59; So. 15, 24; Ss. 1; Su. 11; Y. 6, 32.
Michelmoore, C. 24.
Mick, N. 41.
Middleton, L. 5, 13; Nh. 3; St. 15; Su. 2; Y. 11, 30.
Middlewood, Y. 16.
Midforde, Du. 1; Nu. 2.
Midgley, La. 24; Y. 9, 28.

lxii

INDEX OF SURNAMES

Midgesley, LA. 13.
Midlebroughe, Y. 35.
Midlehurst, CH. 6.
Midleton, Y. 28.
Midlome, So. 26.
Milbery, So. 18.
Milbourne, K. 12.
Miles, BE. 8; CA. 6; G. 47; HA. 25; SU. 4; WI. 10.
Mill, G. 21; NU. 1.
Millar, BD. 1.
Millard, S. 38.
Mille, G. 25; L. 11.
Miller, B. 30; Do. 15; K. 10, 26; L. 6; S. 40; So. 1.
Millerd, So. 1.
Milles, L. 4, 13; So. 26; SU. 2; W. 11, 12.
Millingate, HA. 3.
Millington, CH. 5; S. 25; SU. 11.
Milliton, LI. 9.
Millner, LA. 20; So. 16.
Millnor, N. 21.
Milnar, Y. 28.
Milne, LA. 24.
Milnes, LA. 9, 17, 24; Y. 35.
Milner, K. 10; LA. 6, 19; S. 41; ST. 2; Y. 16, 19, 38.
Milnerson, LA. 26.
Milnr, LA. 20.
Milson, D. 8; LI. 28.
Milton, G. 52.
Milvoye, K. 14.
Milward, ST. 4.
Milwarde, ST. 4.
Minnies, G. 19.
Minshull, S. 22.
Minterne, WI. 12.
Mintle, CA. 6.
Mintye, M. 6.
Mitchell, LA. 2; LI. 4; So. 5; W. 14; Y. 26, 28.
Mitten, E. 12; L. 8.
Mittford, Wo. 9.
Mitton, HE. 8; LA. 13; NU. 1.
Mixe, SU. 11.
Mnason, Wo. 1.
Mocke, DE. 2.
Mockenes, K. 25.
Mockett, K. 12.
Moffet, DU. 5.
Moforde, So. 30.
Mogge, So. 1.
Mogges, N. 2.
Mokeson, Y. 1.
Molineux, LA. 5.
Mollinex, LA. 10.
Monckesfeilde, L. 6.
Monckton, Y. 28.

Mondaie, So. 26.
Monday, K. 8.
Mone, LA. 22.
Monford, E. 15.
Mongombrill, E. 10.
Monier, K. 14.
Monk, HE. 9.
Monke, SU. 7.
Monn, LA. 27.
Monne, LA. 27.
Monny, L. 14.
Monsfeild, Y. 4.
Montague, SU. 5.
Monyment, N. 13.
Moobery, L. 6.
Moodye, CA. 12.
Moole, Y. 2.
Moone, K. 8; LA. 2.
Moore, B. 4; BE. 4; C. 11; CA. 6; CH. 1, 3; DE. 2, 5; Do. 19; DU. 2; G. 5; L. 2, 13; LA. 5, 14; N. 51; No. 14; S. 20; SF. 16, 19; So. 10, 32; SU. 4; WI. 20; Wo. 5; Y. 9, 17, 19, 38.
Moorecock, Do. 10.
Moorehouse, Y. 34.
Mooreley, Wo. 9.
Moorer, L. 10; SU. 2.
Moores, B. 1; CH. 8.
Moorhouse, Y. 32.
Moosse, HE. 4.
Morah, C. 35.
Moral, L. 16.
Morandy, G. 43.
Morberry, L. 6.
Morcomb, C. 23.
Morcombe, C. 29, 37; DE. 2.
More, B. 4; D. 1; G. 44; HA. 24; L. 4; LA. 5, 12, 21, 22; LE. 19; M. 7; N. 55; SF. 16; So. 25; Y. 19, 28.
Morecroft, LA. 10.
Morecrofte, LA. 10.
Morecrosse, LI. 25.
Morehouse, LA. 26.
Morehowse, Y. 1, 32.
Morel, K. 14.
Mores, WI. 6.
Moreton, LA. 21.
Morevs, B. 5.
Morgan, B. 4; BE. 4; DE. 2; DU. 7; G. 50; L. 6; M. 6, 10; N. 30; S. 21, 29; So. 5, 17.
Morgayn, SU. 11.
Morgin, DU. 7.
Morgon, M. 6.
Morgraue, L. 5.
Morice, LA. 4; LE. 9; S. 27.

Morillon, K. 14.
Moris, S. 41; ST. 7.
Morles, L. 5½.
Morley, D. 7; L. 7; LI. 25; M. 6; N. 25.
Morly, SF. 10.
Morpeth, DU. 3.
Morratts, N. 41.
Morrell, E. 16; HA. 28.
Morrey, ST. 8.
Morrice, L. 13; M. 6; So. 1, 3; Wo. 9.
Morris, BE. 8; K. 12; L. 1; LA. 1, 27; M. 1, 10; S. 5, 10, 13, 17, 25, 27, 38; So. 21; ST. 1; W. 18; Wo. 6; Y. 16, 28.
Morriss, ST. 1.
Morryn, B. 4.
Morrys, DE. 5; DU. 10; LA. 21; M. 7.
Morse, H. 1; N. 43.
Morsill, SU. 2.
Mort, LA. 17.
Morte, LA. 17; ST. 4.
Morthen, M. 7.
Mortimer, So. 24.
Morton, Do. 15; DU. 7; LA. 17, 27; LI. 3; NU. 1; S. 17; Y. 1, 16, 19, 44.
Morvell, LA. 13; Y. 9.
Mose, CH. 2.
Moseley, Wo. 9; Y. 32.
Mosforth, N. 62.
Mosle, LE. 19.
Mosley, CH. 1; LA. 4, 21.
Mosse, CH. 1; L. 5; LA. 6, 14, 21.
Mossocke, LA. 10.
Moteram, CH. 8.
Moth, L. 7.
Mothersowle, L. 2.
Motte, E. 15; K. 14.
Mottershd, CH. 2.
Mottersheadd, LA. 21.
Mottershed, CH. 2.
Mottra, CH. 2.
Mottram, CH. 2.
Mottrm, CH. 2.
Mottshed, CH. 2.
Mough, Y. 28.
Moulding, LA. 4.
Moule, HE. 2.
Moumforde, K. 3.
Mounford, L. 5½.
Mounsie, Y. 16.
Mount, K. 2; LA. 20, 26.
Mountford, K. 24.
Mountyre, So. 1.
Mowbray, DU. 2.

lxiii

INDEX OF SURNAMES

Mowbury, L. 6.
Mower, N. 18.
Mowle, WI. 9.
Mowmfort, LA. 21.
Mownsteven, SU. 11.
Mowsowle, SU. 5.
Moxe, K. 12.
Moxson, Y. 36.
Moyell, C. 37.
Moyle, C. 10.
Moysden, SU. 11.
Moyses, LA. 19; N. 43.
Mozier, M. 10.
Mrcer, LA. 5.
Mredith, S. 21.
Mrshe, LA. 21.
Mvllings, Y. 22.
Muburne, Y. 6.
Muckelt, LA. 19.
Muckleston, S. 41.
Muells, DE. 2.
Mugge, L. 6.
Muggell, LA. 15.
Muggleson, G. 47.
Mugglestone, L. 13.
Mulier, K. 14.
Mulles, C. 3.
Mulliner, S. 17.
Mullinesse, W. 11.
Mullinex, LA. 4.
Mulshoe, NH. 2.
Mum, K. 26.
Munckur, LI. 27.
Munckus, L. 5¾.
Munday, B. 30; HA. 28.
Mundin, NH. 2.
Mundy, WI. 23.
Munk, LA. 4.
Munke, LA. 4.
Munkeman, Y. 17.
Munne, HE. 7.
Munsey, LI. 5.
Munssye, Y. 22.
Munstin, SO. 26.
Muntayne, Y. 41.
Munter, SU. 3.
Munton, R. 1.
Muray, Y. 28.
Mure, HA. 11.
Murgatroyd, Y. 45.
Murland, C. 15.
Murr, B. 4.
Murrey, SU. 11.
Murton, SF. 15; Y. 28.
Murtonn, Y. 8.
Musgrave, Y. 28, 35, 45.
Mushawe, BE. 7.
Muskett, SF. 15.
Musselwhitt, C. 25.
Musson, NO. 7.

Must, SF. 17.
Mustoe, B. 3.
Mut, M. 7.
Mutice, CA. 12.
Mutterson, M. 10.
Mutton, LA. 11.
Muyseuoet, N. 41.
Mycklem, BE. 2.
Mychell, LA. 13; Y. 32.
Myddleton, DU. 2.
Mydgeley, Y. 45.
Mydleton, CH. 4.
Myers, L. 3; LI. 8.
Myles, BE. 4, 8.
Myll, G. 5.
Myller, SU. 11.
Mylles, L. 9; LA. 27; N. 40.
Mylls, BE. 8.
Mylner, CH. 5; N. 29, 60; Y. 9, 26.
Mylnes, D. 1; LA. 21.
Mylnor, S. 35.
Mylward, ST. 4.
Mynde, SO. 13.
Mynes, LA. 21.
Mynott, CA. 4.
Mynsterley, S. 13.
Myres, LA. 3.
Mytchell, LE. 5; N. 56; Y. 28.
Mytleye, Y. 10.
Mytton, S. 36; Y. 25.

Nab, LA. 4.
Nabbe, LA. 1.
Nabbes, LA. 1.
Nabuer, L. 16.
Naden, LA. 1; ST. 4.
Nailer, LA. 26.
Naires, WO. 9.
Naish, SO. 35.
Naishe, HA. 12.
Nalior, LA. 10.
Nall, ST. 2.
Nalred, SS. 1.
Nancalles, C. 14.
Nancannion, C. 37.
Nancarow, C. 22.
Nancarrowe, C. 22.
Nanil, Y. 42.
Nanill, Y. 42.
Nanskevell, C. 37.
Narmon, LE. 1.
Nash, LE. 1.
Nashe, ST. 13.
Nason, W. 11.
Natcot, SO. 28.
Nation, Y. 25.

Navels, NO. 3.
Nayler, Y. 16, 35.
Naylor, Y. 28.
Neale, HE. 7; SF. 1.
Neame, K. 18.
Nederwood, L. 16.
Nedham, D. 7.
Nedhame, N. 60.
Neeld, LA. 28.
Negroe, L. 10.
Neidham, ST. 13.
Nele, E. 16.
Nelham, M. 9.
Nellson, L. 2.
Nelsin, Y. 28.
Nelson, HA. 23; HE. 7; LA. 23; LI. 4; M. 7; Y. 16, 40.
Nelsonne, N. 38.
Nenys, C. 40.
Nesfeld, Y. 20.
Nethersole, K. 13.
Netherwod, Y. 28.
Netherwodd, Y. 28.
Netherwood, L. 9.
Netleton, Y. 45.
Netletonn, Y. 35.
Nettleton, Y. 1, 19.
Nevall, ST. 1, 2.
Neve, N. 42.
Nevel, E. 16; L. 15
Nevell, E. 16.
Newall, S. 37.
Newans, S. 17.
Newarke, LI. 5.
Newberrye, M. 7.
Newbery, B. 4.
Newberye, B. 4.
Newbey, DU. 5, 6.
Newbie, DU. 7; LA. 19.
Newbolt, CH. 3.
Newbrig, N. 24.
Newbye, LA. 19.
Newcu, Y. 28.
Newcum, LI. 26.
Newell, N. 26; Y. 28.
Newey, W. 10.
Newhall, L. 13.
Newland, HA. 22; K. 10.
Newlande, K. 12.
Newma, ST. 1.
Newman, DO. 1, 15; E. 1; HA. 15; HE. 7; K. 3, 6; M. 4, 7, 10; ST. 2; SU. 11; WO. 7.
Newnes, S. 4.
Newnham, K. 18.
Newnus, S. 41.
Newsam, SU. 5.
Newsom, LA. 8.
Newsome, LA. 18; Y. 35.

INDEX OF SURNAMES

Newton, C. 39; Ch. 2; Du. 4; E. 15; K. 8; La. 17, 19, 21; Le. 1; N. 43, 57; Su. 11; Y. 12, 28, 46.
Newtone, La. 22.
Neyghbour, Wo. 7.
Neylde, La. 21.
Niall, C. 25.
Niblet, G. 1.
Nibs, W. 6.
Niccolls, R. 1.
Niccolsonne, S. 32.
Nicholas, C. 37; L. 13; S. 41; So. 26; Wi. 3.
Nicholl, La. 12; Y. 38.
Nicholle, He. 7.
Nicholles, Do. 5; He. 5.
Nicholls, K. 12; L. 13; St. 1.
Nichols, K. 12; L. 15; Li. 27; Su. 4; Y. 38, 44.
Nicholson, Ch. 1; Cu. 1, 3; L. 6, 7; La. 26; M. 10; Su. 11; Y. 9, 11, 16, 25, 28.
Nicholsone, La. 22; No. 64.
Nicholsonne, No. 64.
Nickeson, La. 6.
Nickins, St. 1.
Nickson, L. 14; La. 6, 14, 15; Y. 27.
Nicleson, Y. 24.
Nicol, E. 16.
Nicolaes, L. 16.
Nicolay, K. 14.
Nicole, N. 57.
Nicoles, N. 13.
Nicolles, G. 21; Y. 1.
Nicolls, B. 25.
Nicolson, E. 10; La. 25; Y. 12, 16.
Nightgale, La. 4.
Nightingale, L. 2.
Nightingall, Be. 4; L. 2.
Nightinggall, Do. 2.
Nigroe, La. 22.
Nixon, Cu. 1; M. 10; Y. 8.
Nixson, K. 8: N. 30; Wi. 12.
Nobb, St. 2.
Noble, Be. 4; De. 2; Du. 10; L. 4, 13; La. 26; M. 7; No. 1; Y. 16.
Nocke, S. 42.
Noell, W. 14.
Nok, E. 22.
Nollan, K. 14.
Nomffra, C. 7.
Nonelye, S. 10.
Nonyley, S. 14.
Noram, Sf. 1.
Norcliffe, Y. 38.
Norcott, M. 10.

Norcrosse, La. 18.
Norfolk, St. 11.
Norgrove, S. 34.
Norlande, S. 15.
Norlet, So. 5.
Norlier, K. 14.
Norman, De. 2; K. 2, 20; L. 9, 11; Li. 1; Y. 16, 40.
Normande, De. 2.
Normansell, Ch. 2.
Normant, L. 11.
Normavell, Y. 2.
Normonton, Ca. 6.
Norres, St. 6.
Norrice, La. 27.
Norrington, Su. 11.
Norris, E. 10; L. 6; La. 14.
Norrys, So. 9.
Nortcliffe, Y. 1.
North, L. 6; La. 3, 42; Y. 28.
Northaye, He. 9.
Northcliffe, K. 15.
Northe, D. 1; So. 6.
Northen, R. 1.
Nortie, K. 14.
Norton, C. 37; L. 6; Su. 4; W. 10, 11, 12; Y. 46.
Norwell, St. 8.
Not, C. 11.
Notha, Cu. 1.
Nott, K. 3; S. 38; Wo. 9.
Notte, Su. 4.
Nottingham, B. 2.
Nottinghame, Y. 38.
Nowars, M. 2.
Nowell, St. 16; Y. 19.
Nox, K. 2.
Noy, C. 33.
Noye, C. 40.
Nuall, C. 29.
Nuby, N. 27.
Nubye, W. 10.
Nuijwaert, L. 16.
Nun, M. 10.
Nunham, N. 27.
Nuns, Y. 29.
Nurton, So. 8.
Nutbe, Su. 11.
Nutbrown, Y. 16.
Nutbrowne, Y. 16.
Nutle, B. 8.
Nutshawe, St. 10.
Nutt, Be. 4: G. 44; L. 6.
Nuttall, La. 1, 24.
Nutter, La. 2.
Nuwaie, W. 14.
Nvttowe, Wo. 5.
Nycholas, C. 33.
Nyclys, C. 28.
Nycolas, S. 33.

Nycolson, L. 9.
Nycooles, M. 7.

Oak, Su. 4.
Oakes, L. 2.
Obee, L. 3.
Obert, N. 41.
Obrey, Li. 5.
Occley, W. 12.
Ocley, Li. 5.
Oddye, Y. 28, 45.
Odem, Su. 11.
Odium, L. 1.
Odyll, M. 7.
Oetes, Y. 35.
Offeild, Ca. 11.
Ogalvilye, E. 15.
Ogden, La. 1, 9, 21, 24, 28; Y. 38.
Ogle, Du. 5; Li. 9; N. 57.
Oglebie, La. 24.
Oglesthorpe, Y. 19.
Ogye, L. 11.
Okely, Su. 6.
Old, C. 31.
Oldam, B. 4; Ch. 2; N. 46.
Olde, S. 42.
Oldfeeld, Ch. 2.
Oldfeild, B. 1.
Oldfeild, La. 2; Y. 28.
Oldfell, Y. 28.
Oldfield, Y. 32.
Oldham, Ch. 1; N. 42.
Oldney, N. 40.
Oldom, Y. 44.
Oldred, Y. 28.
Oliver, C. 40; Ha. 28; S. 36; Wo. 9.
Oliverson, La. 7.
Olivier, L. 16.
Olivsson, Ch. 1.
Ollyver, St. 14; Su. 11.
Olmestede, E. 16.
Olver, C. 10, 20, 37.
Olyver, L. 8; St. 4.
Olyvers, La. 21.
Omfrey, La. 5.
Onnsworth, La. 27.
Onnsworthe, La. 27.
Onnyons, St. 6.
Onye, E. 14.
Onwyn, Li. 5.
Oranffeild, Y. 26.
Orchard, La. 21.
Orcharde, Do. 7.
Orde, Nu. 1.
Ordway, Wo. 7.
Organ, G. 11; He. 8.

lxv

INDEX OF SURNAMES

Organn, G. 26.
Orgayne, N. 22.
Orgen, L. 9.
Orgill, St. 2.
Orham, St. 1.
Orlybie, He. 8.
Ormaroide, La. 12.
Orme, Ch. 1; St. 7.
Ormeroid, La. 2.
Ormesbye, N. 40.
Ormishaw, La. 10.
Ormundie, La. 26.
Orne, S. 36.
Orpyn, B. 16.
Orredg, Ch. 5.
Orrell, La. 4.
Orton, La. 10; Le. 19.
Osbaldestone, La. 18.
Osbeston, K. 8.
Osbon, He. 9.
Osborn, M. 2.
Osborne, G. 4, 47; L. 2, 9, 13; N. 43; So. 15.
Osbulldestone, O. 1.
Osburne, M. 10; S. 35.
Oseland, S. 29.
Osgarbie, Li. 28.
Osmont, H. 29.
Osmotherley, O. 1.
Ospringe, La. 21.
Osspringe, K. 11.
Osten, Wo. 9.
Oswald, Du. 9.
Oswell, G. 27.
Otes, N. 43.
Otlay, Y. 27.
Ottewell, Y. 28.
Oudart, K. 14.
Ouers, Do. 15.
Ould, L. 12.
Ouldame, La. 17.
Ouldfield, Y. 32.
Ouldham, R. 1.
Ouldhame, La. 21.
Ouldm, Ch. 2.
Ouldney, N. 48.
Ouldroide, Y. 35.
Oundale, He. 9.
Outefeelde, Ch. 2.
Outerbridge, K. 12.
Outlawe, M. 10.
Ou'ton, S. 31.
Ovenden, K. 11.
Overall, La. 1.
Overbery, G. 43.
Overdowne, K. 25.
Overill, E. 10.
Overton, S. 29; St. 14.
Overy, K. 10.
Owanne, No. 64.

Owen, L. 10; La. 7; M. 6; S. 21, 36, 37; Su. 3.
Owens, S. 32, 33.
Ower, Ha. 23.
Owers, Do. 15; E. 16.
Owersbie, Li. 16.
Owin, St. 2.
Owine, So. 5.
Owldhame, La. 21.
Owlred, Y. 25.
Ownesworth, La. 27.
Owney, E. 13.
Ownsteed, Su. 9.
Owoode, N. 59.
Owres, L. 13.
Owsame, Y. 16.
Owyn, Ch. 1.
Owyne, La. 21.
Oxeden, K. 15.
Oxenbere, De. 1.
Oxenbridge, W. 18.
Oxenham, C. 37.
Oxford, C. 8.
Oxley, N. 60.
Oxton, He. 8.
Ozane, H. 29.

Pachett, La. 22.
Pack, M. 2; Su. 5.
Packer, M. 9.
Packinton, St. 1.
Packnam, K. 2.
Pacye, Li. 19, 26.
Paddye, Y. 2.
Padgite, Y. 10.
Padlye, L. 4.
Padmore, M. 6.
Page, Ch. 2; E. 18; G. 28; He. 7; K. 12; L. 1, 4, 6, 13; Li. 4; M. 9; Nh. 2; Sf. 2, 16, 26; Y. 2, 44.
Pageot, B. 4.
Paget, Li. 4; Y. 32.
Pagett, Y. 38.
Pagget, Li. 5.
Pagton, L. 2.
Paine, Do. 16; L. 6; Sf. 13; So. 1.
Painter, C. 27; O. 5.
Paite, Y. 17.
Pake, E. 16.
Palden, N. 44.
Palfreeman, M. 6.
Palfrey, Sf. 8.
Palie, W. 14.
Pallin, Ch. 2.
Pallmer, De. 2.

Palmar, B. 4; E. 15.
Palmer, B. 5, 5½, 22; De. 2, 4; Do. 10, 15; E. 8; G. 47; K. 25, 26; L. 4, 6; Le. 1; Li. 4; N. 39; S. 27, 29; St. 6; W. 14; Y. 16, 40.
Paman, Sf. 23.
Panitt, E. 12.
Pannell, K. 18, 25; Y. 10.
Pannis, L. 16.
Panther, Do. 1.
Panton, Li. 4.
Pantry, K. 2.
Pantrye, K. 18.
Panyell, M. 6.
Pape, Y. 28.
Paramor, K. 20.
Parchmall, N. 32.
Parckes, S. 31.
Parcyvall, La. 21.
Parcyvalle, La. 21.
Pare, Le. 18; N. 56; Su. 11.
Parent, L. 11.
Parie, St. 1.
Paris, L. 13.
Parishe, L. 14.
Park, La. 26.
Parke, D. 1; G. 39; L. 13; La. 6, 26; Wi. 12.
Parkens, Li. 4.
Parker, B. 20; D. 1; H. 3; Ha. 15; He. 8; K. 10; L. 1, 13; La. 2, 11, 12, 13, 15, 21; Le. 18; N. 31, 40, 42, 45, 61; Nu. 1; Sf. 26; So. 5, 21; St. 1, 6, 16; W. 11, 12, 13; Y. 7, 28, 35, 46.
Parkes, L. 2, 8.
Parkin, Y. 1, 16, 17.
Parkins, N. 38.
Parkinson, K. 11; L. 7; La. 11, 15; Y. 8.
Parkinsonn, Y. 14.
Parkyn, Y. 1.
Parkynson, Y. 20.
Parlor, G. 14.
Parmyter, N. 56.
Parnacot, De. 4.
Parnacott, De. 2.
Parnell, C. 14; N. 59.
Parnill, No. 64.
Parr, B. 31; G. 47; La. 17.
Parrant, He. 9.
Parratt, M. 6.
Parre, La. 17.
Parret, Wi. 1.
Parrie, M. 6.
Parries, L. 13.
Parris, Do. 17.
Parrott, Be. 4.

INDEX OF SURNAMES

Parry, G. 1; S. 41; WI. 20.
Parrye, L. 13.
Parryne, L. 13.
Parseley, Y. 21.
Parsley, Y. 21.
Parslowe, O. 1.
Parson, O. 6.
Parsons, B. 4; M. 6; S. 12.
Partington, LA. 1, 27.
Partingtone, LA. 17.
Partinton, ST. 7.
Partridg, B. 1.
Partridge, L. 5; S. 37; So. 15.
Parvish, SU. 5.
Pascow, C. 28, 43.
Paske, L. 7.
Pasley, Y. 21.
Pasmoore, DE. 2.
Pasnippe, LA. 21.
Passet, K. 14.
Patch, CA. 9; G. 43.
Patche, G. 49.
Patchet, LA. 3, 22; S. 38.
Patchett, S. 38.
Patchin, L. 14.
Pate, K. 14; LA. 13; M. 7; S. 4; SU. 4; Y. 28.
Paterick, N. 60.
Pateson, K. 11; LA. 14.
Patfold, SU. 5.
Patie, BE. 4; Do. 16.
Patison, BE. 4.
Patryck, N. 12.
Patson, L. 12.
Patte, K. 14.
Patten, K. 17.
Patterson, N. 19.
Patteson, Y. 6.
Pattinson, CU. 1; Y. 11.
Pattison, Y. 21, 34.
Patton, LA. 19.
Pattrick, Y. 28.
Pattricke, DE. 2; E. 14.
Paty, Do. 16.
Patye, BE. 3; D. 6.
Paul, E. 16; L. 4.
Paule, C. 20; M. 10.
Paulmer, B. 1.
Paunton, G. 38.
Pauwees, N. 41.
Paver, Y. 10.
Pawfryman, D. 10.
Pawlett, M. 6.
Pawley, M. 6.
Pawmer, NU. 1.
Pawson, Y. 24, 25.
Payce, HA. 11.
Paymente, DE. 2.
Payne, C. 26; CA. 12; DE. 4; G. 9; HE. 6; K. 13; L. 13;
 M. 2, 10; S. 21; SF. 19; So. 13.
Paynter, L. 2, 13; N. 2; NH. 2.
Pcyvall, LA. 21.
Pcyvalle, LA. 21.
Peace, Y. 4, 28, 35.
Peach, Do. 8; LE. 1.
Peache, N. 40.
Peacock, E. 8; L. 3; Y. 2, 16, 28.
Peacocke, CH. 6; Y. 32.
Peage, LA. 27.
Peagrain, L. 13.
Peake, M. 10.
Pearamar, So. 32.
Pearce, HA. 28; So. 15, 17.
Pearcye, Y. 2.
Pearde, DE. 2.
Peares, CH. 2.
Peareson, LI. 5.
Pearle, SF. 16.
Pearne, Do. 10.
Pearse, G. 43; SU. 4, 11.
Pearsey, M. 6.
Pearson, CH. 1; D. 5; DU. 5; LA. 14, 22, 23; M. 6; N. 40; SU. 2; Y. 7, 16, 19, 27, 28, 40, 46.
Pearsone, LA. 14.
Peart, Y. 39.
Pearte, Y. 30, 39.
Pease, Y. 10, 28.
Peat, W. 10.
Peate, S. 17; W. 10.
Peck, No. 5.
Pecke, DU. 7; SU. 5.
Peckestones, LA. 15.
Peckleton, LE. 4.
Pecoke, LI. 23; SF. 8.
Pedle, ST. 4.
Pedley, LA. 21; ST. 13.
Pedlie, L. 15.
Peeke, Do. 13; LA. 21.
Peele, LA. 17; M. 10; Y. 14.
Peelye, L. 6.
Peercy, L. 6.
Peeres, CH. 2.
Peers, K. 18; S. 13, 37, 38; WI. 3; Y. 6.
Peerse, Do. 15; S. 31.
Peerson, CH. 1; L. 15.
Peeter, LA. 10; Y. 2.
Pegge, LE. 1.
Pegler, G. 40.
Peirce, C. 30; L. 5; Wo. 8.
Peirse, DE. 2.
Peitoo, SU. 5.
Pelham, HE. 9.
Pell, Y. 35.
Pellam, HE. 9.
Pelliton, DE. 5.
Pelton, LA. 17.
Peltonn, LA. 17.
Pemberton, CH. 6; LA. 4, 5, 8.
Pembroke, LI. 9.
Pemerton, W. 10.
Pen, S. 35.
Penarth, C. 38.
Penburie, G. 28.
Penckes, ST. 16.
Pendelton, CH. 3.
Pendleburie, M. 6.
Pendleton, CH. 8; D. 7; LA. 21; N. 36.
Pendlto, LA. 9.
Pendrye, L. 6.
Peneltier, L. 16.
Peney, LA. 25; So. 17.
Penford, B. 31.
Penhelleck, C. 38.
Penington, LA. 4; M. 6.
Peniston, L. 5.
Penistone, K. 2, 18.
Penitente, DE. 2.
Penketh, LA. 27.
Penlee, B. 1.
Pennaluna, C. 28.
Penne, K. 25; ST. 13.
Pennie, LA. 26.
Pennington, DU. 10; L. 13; M. 6.
Penny, K. 10; LA. 26; So. 1, 17; WI. 24.
Pennye, C. 9; K. 18.
Penton, ST. 14.
Peny, LA. 26.
Penyell, NH. 15.
Pep, LA. 15.
Peper, N. 60.
Peplowe, S. 7.
Pepper, LI. 9; NU. 1.
Peppes, L. 2.
Pepr, Y. 28.
Percevall, SU. 4.
Percivall, L. 5.
Perckes, S. 31.
Percockes, Wo. 6.
Percyvall, LA. 1.
Peregrini, W. 11.
Perese, SF. 7.
Pereson, LI. 25.
Periar, SU. 5.
Perin, K. 14; S. 29.
Perine, L. 13.
Perkes, W. 11, 13.
Perkin, C. 16; K. 25.
Perkins, M. 7.
Perkynson, Wo. 1.
Perman, K. 11; So. 15.
Permenter, HE. 9.

lxvii

INDEX OF SURNAMES

Peronell, He. 9.
Perpoints, La. 4.
Perren, Do. 8.
Perrett, Do. 17; W. 13.
Perribee, K. 9.
Perrie, Wi. 1.
Perriman, K. 26.
Perrot, W. 12; Y. 36.
Perry, Be. 8; So. 16.
Perrye, De. 2; S. 35.
Perryn, G. 31.
Persivale, Y. 28.
Person, Du. 10; La. 8; Le. 1; Li. 22; M. 8.
Perton, S. 38.
Pervish, Su. 5.
Pery, So. 30.
Peryman, He. 7; Sf. 2.
Peryn, Ha. 8.
Pescod, N. 44.
Pester, N. 41.
Petch, Y. 16.
Peter, C. 7, 8; Su. 5; Wo. 6.
Pethericke, De. 5.
Petrus, L. 16; N. 41.
Petters, S. 27.
Pettie, La. 26; M. 6; Y. 32.
Pettinger, No. 64.
Pettit, E. 16.
Petts, He. 9.
Pettycane, E. 20.
Pettye, N. 39; Y. 28.
Petwardine, Y. 16.
Petyface, M. 7.
Petytt, Nh. 15.
Phaseakerley, La. 4.
Phelleppe, C. 27.
Phelpes, G. 47.
Phelthouse, St. 2.
Phelypes, S. 33.
Ph'es, S. 37.
Phesye, S. 14.
Phielpe, Be. 4.
Philippson, La. 6.
Philips, L. 16; St. 8.
Philipson, La. 6, 11.
Phillator, Do. 15.
Phillip, Y. 22.
Phillipes, S. 28, 42.
Phillipp, C. 14; Li. 5.
Phillippe, Wi. 8; Y. 9.
Phillippes, G. 47.
Phillipps, L. 3, 6, 7; S. 13, 17; Su. 11.
Phillips, G. 43; Ha. 8; L. 13; La. 4; S. 38; Y. 35.
Phillipson, Li. 28; N. 58.
Phillop, La. 4.
Philpe, C. 30.
Philpott, B. 1; K. 25.

Phin, N. 55.
Phips, K. 26.
Phitton, La. 21.
Phrone, Le. 1.
Picart, K. 14.
Piccop, La. 2.
Picher, N. 44.
Picheringe, Y. 41.
Pickan, C. 27.
Pickard, L. 12; Y. 19, 43.
Pickavance, Ch. 6.
Pickborn, L. 1.
Picke, C. 25.
Pickeforde, E. 18.
Pickering, Du. 3; L. 15; La. 4, 19; Y. 16.
Pickeringe, No. 14.
Pickersgill, Y. 28.
Pickeryne, Ca. 12.
Pickman, E. 8.
Pickrin, Y. 17.
Piecroft, La. 21.
Pierse, N. 42; Wo. 9.
Pierson, Y. 32.
Pieterssz, L. 16.
Pigg, Nu. 1.
Pighells, La. 13.
Pighills, La. 13.
Pigot, M. 1.
Pigott, L. 5.
Pike, C. 20; Ca. 6; K. 10; S. 35.
Pikkinson, K. 20.
Pilcher, K. 8.
Pile, N. 27.
Pilgrom, E. 16.
Pilgrome, E. 16.
Pilkington, La. 1, 21; Le. 18; Wo. 9.
Pilkinton, La. 4.
Pillings, N. 57.
Pimelatt, Ch. 2.
Pimlatt, Ch. 2.
Pinchon, L. 7.
Pincon, K. 14.
Pinder, La. 22; W. 10, 11, 12.
Piningto, La. 4.
Pinington, La. 4, 27.
Pinley, L. 7.
Pinner, Sf. 8.
Pinson, K. 6; Sf. 15.
Pipar, Y. 43.
Piper, C. 42, 43; La. 14.
Piren, N. 41.
Pirkin, K. 25.
Piser, N. 36.
Pisie, Sf. 13.
Pisinge, K. 12.
Pit, S. 35.
Pitborough, Sf. 1.

Pitchar, L. 6.
Pitchford, He. 8; M. 6.
Pites, He. 9.
Pithie, Y. 26.
Pitman, Ha. 27.
Pitney, Wi. 25.
Pittard, So. 3, 16.
Pitte, He. 9; Wi. 12.
Pittman, Do. 15.
Pitts, G. 47.
Pixeley, S. 17.
Pkenson, La. 22.
Pker, La. 15, 21, 22.
Pkinsone, La. 22.
Place, K. 2.
Plasterer, Y. 16.
Plastern, N. 27.
Plate, Be. 4.
Plats, Y. 38.
Platt, He. 7; La. 8, 17, 21, 27; Su. 11.
Platte, La. 27.
Plattes, N. 24.
Playne, M. 7.
Pleashe, N. 54.
Plelande, De. 2.
Plichart, K. 14.
Plime, De. 2.
Plomb, Ch. 5.
Plommer, Be. 4.
Plommeridge, Be. 4.
Plomridge, Be. 4.
Plonnye, L. 11.
Plont, St. 4.
Ploret, Wi. 3.
Plumb, E. 1; He. 6.
Plumer, Y. 17, 27.
Plumpton, Ch. 5.
Plumton, Y. 28.
Plyme, De. 2.
Poche, H. 29.
Pogeson, Y. 1.
Poillou, K. 14.
Pointer, Y. 29.
Poker, St. 7.
Pokingehorne, C. 39.
Poley, Sf. 22.
Polgeste, C. 33.
Polglase, C. 11.
Pollard, C. 20; E. 1; Ha. 14; He. 8; La. 2, 13; Li. 3; So. 1; Su. 5; Wo. 9.
Pollarde, C. 37; La. 2.
Pollerd, Ch. 1; Y. 1.
Pollet, Ch. 1; La. 17.
Pollett, La. 21.
Pollmer, S. 37.
Polstagge, C. 38.
Pomery, C. 1; Do. 1.
Pomerye, C. 20.

lxviii

INDEX OF SURNAMES

Pomfrett, La. 21.
Pond, B. 4; L. 17.
Poole, E. 9; G. 25; L. 1;
  La. 4, 17; N. 38; S. 10, 33;
  Sf. 12.
Poore, M. 10.
Pope, G. 12, 21; K. 2; L. 6;
  M. 8; So. 5.
Popham, So. 19.
Pople, Li. 27.
Poppes, Sf. 2.
Porredge, K. 2.
Porter, Cu. 1; L. 35; La. 22;
  So. 13; Y. 28.
Porthmer, C. 11.
Portier, L. 11.
Portingale, La. 4.
Portway, E. 18.
Porvis, Li. 27.
Posier, K. 18.
Post, Be. 1.
Postern, Y. 28.
Pothrope, Y. 10.
Pott, Ch. 2; Y. 43.
Potter, De. 5; Du. 1; G. 11;
  L. 1, 2; La. 21, 24; Nu. 2;
  S. 35; So. 32; Y. 19.
Pottes, Li. 4.
Potts, Y. 12.
Pouche, H. 29.
Poughsligh, De. 2.
Poule, N. 44.
Poulter, Ha. 14.
Pound, M. 6.
Pountney, S. 34.
Poutrain, L. 11.
Powell, Ch. 4, 8; G. 50;
  Ha. 14; L. 13; M. 6; S. 27,
  31, 32, 38, 40; So. 2, 26;
  W. 15; Y. 19.
Power, C. 16; Y. 26.
Powers, He. 8.
Powin, D. 6.
Powis, S. 38.
Powlay, Y. 28.
Pownall, Ch. 1.
Powne, So. 7.
Poyeton, Su. 11.
Poyner, S. 13.
Poynter, E. 13.
Poyser, St. 16.
Pran'. W. 10.
Prat, B. 18.
Pratt, K. 26; Li. 19; M. 6;
  N. 44; Su. 11.
Pratte, M. 7; W. 14.
Prece, S. 41.
Prees, S. 38.
Preest, Li. 1.
Preist, L. 9.

Preistley, Y. 14.
Prentise Y. 23.
Prentone, Ch. 3.
Prentons, Ch. 3.
Prentysse E. 14.
Prescot, La. 10, 17.
Prescott, Ch. 8; La. 6.
Prescotte, La. 4, 10.
Preskot, La. 10.
Presland, He. 9.
Preslewood, L. 13.
Presson, He. 7.
Pressonne, N. 21.
Preste, Ca. 9.
Preston, B. 1; He. 8; L. 2, 13;
  La. 15, 19, 22; Li. 1; Y. 16.
Prestener, Ch. 2.
Prestwch, La. 21.
Prestwiche, Ch. 1.
Prestwoode, S. 35.
Prettie, K. 12; O. 1.
Pretty, St. 2.
Preuost, H. 29; K. 14.
Price, G. 49, 50; K. 14; La. 4;
  M. 6; O. 1; S. 37; W. 12.
Priceley, E. 21.
Priceman, M. 7.
Prichard, S. 32, 38.
Pricharde, So. 5.
Prichate, G. 12.
Prichyard, L. 9.
Pricket, O. 6.
Pricksmale, Ha. 15.
Prictoe, Wi. 10.
Pride, Do. 14, 16; N. 54.
Pridie, G. 2.
Pridgin, Li. 4.
Priem, N. 41.
Priestley, Y. 38.
Prigg, So. 16.
Prime, Ca. 1.
Prince, La. 4; Le. 8; S. 31, 37.
Principall, Ch. 2.
Printop, Le. 19.
Prior, Bd. 1; Do. 16; G. 47;
  He. 8; So. 32.
Prise, H. 3; K. 2; So. 9.
Prisley, M. 10.
Prissone, Ch. 3.
Priste, Ha. 10.
Pritchard, S. 37.
Procter, Du. 3; La. 6, 22;
  Y. 22, 30, 39.
Procters, La. 22.
Proctor, Le. 1; St. 10; Y. 34.
Proffyt, O. 1.
Prosser, G. 50.
Proud, He. 9; Y. 21.
Proude, Y. 21.
Proudelove, Ch. 2.

Proudfellow, Y. 16.
Proudlove, D. 12.
Prowde, Y. 21.
Prowdlove, La. 21.
Prowse, So. 23, 26.
Prston, La. 21.
Prum, Sf. 17.
Prust, C. 43.
Pruston, Y. 46.
Pryc, L. 13.
Pryce, L. 8; M. 8.
Pryngey, B. 4.
Prynne, S. 34.
Pryor, So. 22; Wi. 14.
Pryse, Su. 11.
Psebell, Y. 28.
Puckerige, Ha. 14.
Pudsye, B. 4.
Pull, La. 19.
Pullain, Y. 27.
Pullalyn, Y. 43.
Pulleigne, L. 13.
Pullen, W. 13.
Puller, Ch. 6; L. 13.
Pulley, Le. 2; S. 29.
Pulmen, So. 6.
Pulter, M. 6.
Pumfrey, Wi. 20.
Punder, N. 27.
Pundeson, Y. 41.
Punniet, N. 33.
Purchas, Su. 5.
Purser, K. 26.
Purslowe, S. 23, 36.
Purtayn, Su. 11.
Purten, Be. 3.
Purvey, L. 7.
Putnam, B. 12; He. 1.
Putte, Do. 5.
Puttrick, Y. 16.
Pyckover, L. 13.
Pyckering, N. 60.
Pye, Ca. 2; Do. 15; La. 15, 22.
Pyggott, B. 10.
Pyke, Ch. 5; K. 13; La. 27.
Pyle, Ha. 25.
Pyll, So. 15.
Pyllinge, La. 27.
Pym, De. 5.
Pymlott, Ch. 2.
Pynder, N. 21.
Pynders, W. 10.
Pyngle, S. 38.
Pynke, W. 12.
Pyper, L. 13.
Pyrry, N. 56.
Pytt, M. 7.
Pyttham, Su. 11.
Pyxe, B. 2.

lxix

INDEX OF SURNAMES

Quarles, Sf. 23.
Quarton, Y. 10, 33.
Quayntrey, Ch. 8.
Quellery, L. 13.
Querton, L. 7.
Quicke, L. 5.
Quillocke, K. 18.
Quilter, K. 12.
Quiny, W. 12.
Quisthout, L. 16.
Quy, E. 22.
Quyddington, Su. 10.
Quynnell, Su. 2.

Rabie, Y. 16.
Rabone, W. 10.
Rabye, M. 4.
Race, Y. 33.
Rachdale, D. 7.
Raden, Y. 28.
Radcliff, La. 21; Y. 27.
Radcliffe, La. 21; Y. 38, 39.
Radclyff, La. 21.
Radley, La. 21.
Rafton, M. 6.
Raggamye, L. 13.
Ragge, Y. 39.
Ragsdall, No. 6.
Raife, Y. 7.
Raine, N. 60.
Rainer, Ca. 11.
Rainforth, La. 10; Y. 16.
Rainforthe, Y. 38.
Rainforthes, La. 4.
Rainoldes, He. 8; L. 1.
Rainolds, So. 26.
Rainsforde, L. 6.
Rainsforth, Y. 38.
Rainton, L. 15.
Rainwrighte, Y. 38.
Rake, Wi. 1.
Rakes, Y. 20.
Rakestrawe, La. 15.
Rakstrea, La. 26.
Ralfe, Sf. 4.
Ralinson, K. 10.
Ram, E. 15; N. 44.
Ramell, La. 14.
Ramisse, L. 4.
Ramridg, He. 8.
Ramsdaile, Y. 28.
Ramsden, La. 24; Y. 38.
Ramsdene, Y. 14.
Ramsdenne, Y. 38.
Ramsey, M. 6.
Ramsor, St. 4.
Ramzey, E. 8.
Randall, B. 26; E. 16; K. 24; Li. 1; So. 5; Wi. 24.

Randell, M. 7.
Randoll, Be. 2; Wi. 24.
Rangefer, Su. 11.
Ranner, Y. 38.
Ransdale, St. 6.
Ranse, B. 18.
Raper, Y. 15.
Raph, S. 41.
Raphe, M. 6.
Raphesonne, La. 4.
Rapley, B. 1; Su. 4.
Rashell, Du. 10.
Rasle, Du. 5.
Rastell, G. 11.
Ratchedale, L. 6.
Ratcliffe, Y. 14.
Rathmell, Y. 39.
Ratliffe, Le. 13.
Ratlyf, L. 2.
Ratsdale, L. 1.
Raunce, B. 4; M. 8.
Raunsley, Y. 38.
Ravald, La. 21.
Ravalde, La. 21.
Raveinge, M. 6.
Raven, L. 7; N. 27, 29.
Raveninge, B. 4.
Ravens, De. 2.
Raw, C. 6.
Rawden, Y. 28.
Rawdon, Y. 28.
Rawe, C. 37.
Rawlen, K. 3.
Rawlens, L. 13.
Rawlin, He. 8.
Rawling, Y. 33.
Rawlings, M. 10.
Rawlins, K. 10; L. 6, 14; M. 6.
Rawlinson, K. 10; L. 2; La. 25; Li. 1.
Rawlyn, C. 25, 40.
Rawneson, Y. 30.
Rawnsley, Y. 38.
Raworth, D. 1.
Rawson, La. 13; Y. 27, 28, 33.
Rawsonn, Y. 35.
Rawsonne, Y. 38.
Rawsore, St. 4.
Rawthmell, Y. 30.
Raye, St. 15.
Raylton, Cu. 1.
Raym, M. 6.
Rayner, L. 13; Li. 27; No. 12; Y. 28, 35.
Raynes, L. 13.
Raynold, So. 5.
Raynoldes, S. 32.
Raynolds, K. 1; Sf. 5.
Raynolls, Be. 6.
Raynscraft, Su. 11.

Raynsford, B. 16; Su. 11.
Raystorne, La. 1.
Rea, S. 29.
Read, M. 6; Wi. 19.
Reade, G. 11; He. 9; N. 43, 44.
Reader, La. 15; N. 42.
Readinge, E. 5; L. 13; M. 10; Wo. 9.
Readman, Y. 32.
Realfe, N. 41.
Reame, Y. 28.
Reasley, Du. 5.
Reason, G. 43.
Reavill, Le. 1.
Reavys, Du. 2.
Reber, Ha. 10.
Record, L. 1.
Redd, Y. 28.
Reddich, Ch. 2.
Reddicshe, Ch. 2.
Reddishe, Ch. 2; La. 21.
Reddoll, Wi. 12.
Rede, De. 2; He. 9.
Rederidg, B. 1.
Redfearn, La. 24.
Redferne, La. 24.
Redford, B. 22; Ch. 1.
Redforth, D. 8.
Redgate, N. 36.
Redge, S. 36.
Redhead, La. 26.
Redich, Ch. 1.
Reding, K. 26.
Redinge, B. 25.
Redman, M. 9.
Redmoore, De. 2.
Redwood, He. 7.
Redcliefe, De. 2.
Redynge, B. 12.
Reed, Du. 4; Ha. 12; Y. 16.
Reede, De. 2, 3; E. 16; N. 43; Su. 5.
Reeder, L. 13.
Reedferne, St. 4.
Reeding, B. 1.
Reeve, B. 30; C. 37; G. 41; Nh. 1; St. 5; Wo. 9.
Reevers, M. 6.
Reeves, So. 3.
Reeue, M. 10.
Regnart, L. 11.
Reighnolds, S. 25.
Reignolds, M. 10; S. 12.
Reijnoldes, M. 7.
Relfe, Y. 44.
Remnant, Su. 5.
Remy, L. 11.
Renawden, C. 25.
Renchon, L. 11.

lxx

INDEX OF SURNAMES

Rendall, Su. 5.
Rennalds, Ch. 8.
Renolde, E. 7.
Renoldes, K. 20.
Renshaw, N. 54.
Renshawe, L. 9.
Rent, Wi. 26.
Reoboth, Du. 5.
Resbye, E. 15.
Rescarlow, C. 37.
Reson, N. 55.
Restall, N. 60.
Resting, L. 6.
Reue, E. 12.
Reve, Sf. 13, 17, 24.
Reveley, Nu. 1.
Revell, E. 16; N. 61; Y. 44.
Revers, M. 6.
Revis, Y. 19.
Rewme, Y. 42.
Reynold, K. 1; Li. 2.
Reynoldes, E. 8; L. 1; S. 27.
Reynolds, E. 21; H. 1; He. 7; K. 1; L. 6.
Reyson, Cu. 1.
Rhodes, L. 5; S. 42; Y. 17.
Ribshed, Ca. 7.
Ricar, L. 11.
Ricard, C. 36.
Riccall, Y. 16.
Rice, St. 1.
Rich, Ha. 11; Wi. 19.
Richard, C. 12, 16, 31; L. 7.
Richarde, So. 25.
Richardes, S. 27.
Richards, L. 6, 13; No. 10; S. 38.
Richardson, B. 1; Ca. 9; Ch. 6; E. 16; L. 5, 6, 8, 21, 25, 29; Le. 2; Li. 1, 4, 21; M. 6, 7, 10; N. 43, 44; Nh. 1; S. 17; W. 15; Y. 19, 22, 28, 30, 33.
Richardsone, L. 13.
Richardsonn, Y. 30.
Richardsonne, Ch. 8; K. 8; L. 7; No. 64; Y. 23.
Riche, N. 60; So. 11.
Richeman, G. 33.
Richer, Sf. 15, 16.
Richerde, So. 9.
Richerdes, G. 7.
Richerdson, Ch. 2; Li. 27.
Richerson, Li. 27.
Richeson, Y. 16.
Richmond, La. 11, 15, 21; N. 57.
Richrdson, Ch. 2.
Rickabey, Nu. 1.
Rickabeye, Nu. 1.

Rickaby, Y. 21.
Rickardes, M. 6.
Rickerby, Y. 15.
Rickettes, G. 22.
Ricroft, Y. 16, 45.
Ricrofte, S. 17.
Ricson, Ch. 5.
Riddall, Y. 28.
Riddell, W. 14.
Riddle, Nu. 1.
Rider, De. 5; E. 12; M. 10; S. 37.
Ridgat, Li. 18.
Ridge, Bd. 1.
Ridgewaie, Ch. 1.
Ridgeway, Ch. 2.
Ridgewaye, Ch. 1.
Ridgewell, E. 1.
Ridgley, L. 1.
Ridiall, N. 60.
Ridinges, La. 9.
Ridings, La. 21.
Ridley, Ha. 8; M. 6; Y. 5, 6.
Ridsley, Y. 16.
Rie, E. 20.
Rifsen, Wo. 5.
Rigbie, K. 12; La. 4, 7, 27.
Rigby, La. 7.
Rigg, La. 19, 25.
Rigge, La. 25.
Riginall, N. 60.
Rigsbe, K. 12.
Riley, La. 13; Y. 45.
Rill, So. 30.
Rily, Li. 10.
Rimer, St. 5.
Ring, D. 8.
Ripley, Y. 6, 34.
Rippington, K. 12.
Rippon, Du. 7.
Riquart, K. 14.
Risbroke, Sf. 8.
Risden, He. 9.
Rishbrooke, M. 10.
Rishton, La. 12.
Rishworth, Y. 25.
Rishworthe, Y. 38.
Risley, La. 27.
Ritch, L. 14.
Ritchins, Wi. 20.
Rivett, Le. 1.
Rivers, L. 9.
Rjmes, L. 11.
Ro, L. 11; W. 3.
Roach, So. 26.
Roades, La. 24.
Robart, C. 29.
Robartes, L. 10; Le. 14a.
Robarts, N. 35; Su. 11.
Robbins, G. 41; Wo. 9.

Robbinson, Su. 4.
Robbs, Ha. 20.
Robenson, L. 4.
Roberd, Y. 1.
Roberdes, Ca. 3.
Robert, C. 21, 28; La. 12, 13.
Roberte, La. 2.
Robertes, E. 16; L. 2; Le. 18; M. 6.
Roberts, B. 6, 10; C. 29; E. 16; Ha. 28; K. 26; L. 5; Nu. 1; So. 5; St. 16; Wi. 19; Y. 4.
Robertson, M. 10.
Robertt, C. 13.
Robines, G. 12; So. 5.
Robingson, La. 22; Y. 16.
Robinns, Wo. 4.
Robins, C. 38; G. 50; K. 15; So. 26.
Robinso, Y. 32.
Robinson, Ch. 1; Cu. 1; Du. 1, 3, 5, 9; He. 8; L. 6, 10, 13, 15; La. 2, 3, 10, 13, 19, 21, 20, 27; Li. 4, 7, 26, 27; M. 10; N. 30, 44; No. 1; Nu. 1, 2; Su. 5, 11; Y. 6, 10, 14, 16, 23, 26, 28, 29, 35, 40, 45.
Robinsone, G. 25; La. 2, 25.
Robinsonn, La. 12; Y. 29, 35.
Robothm, Ch. 2.
Robottom, Du. 5.
Roboucke, Y. 46.
Rob'rte, C. 39.
Rob'rtshawe, Y. 9.
Robson, Du. 6; K. 6; L. 14; Li. 1; Nu. 1.
Robtes, Y. 28.
Robucke, Y. 1.
Robye, K. 18.
Robyns, B. 27; C. 9, 37.
Robynson, Ch. 1; Du. 4; Li. 8; M. 7; W. 10; Y. 20.
Robynsone, S. 42.
Roch, C. 38; Y. 28.
Rochdale, D. 6.
Roche, C. 40; De. 2.
Rochly, W. 10.
Rocke, St. 1.
Rockoll, B. 4.
Rod, Y. 16.
Rodaway, L. 4.
Rodda, C. 40.
Rodehowse, Y. 40.
Rodes, M. 8; W. 11, 13; Y. 45.
Rodgers, Su. 11.
Rodham, Du. 4.
Rodirome, La. 22.

INDEX OF SURNAMES

Rodley, LA. 21; Y. 19.
Rodleye, L. 13.
Rodman, G. 41.
Rods, LA. 18.
Roe, DE. 2; LA. 12, 14; LI. 12; N. 42; S. 16; ST. 5.
Roebucke, Y. 35.
Roffe, E. 11; K. 1.
Roger, CA. 6; D. 1; K. 14.
Rogeres, K. 7.
Rogers, CH. 1; DE. 2; DO. 9; HE. 7; K. 10, 17; L. 5, 6; LI. 23, 27; M. 6; S. 37, 41; SO. 26; SU. 4, 11; W. 13; WI. 1; WO. 1; Y. 2, 12.
Rogerson, Y. 9.
Roides, LA. 2.
Roilye, LE. 13.
Roiston, CA. 6.
Rokby, Y. 12.
Roke, ST. 1.
Roles, W. 13.
Rolf, M. 7.
Rolfe, E. 1; K. 9; L. 12; M. 7.
Rolin, K. 14.
Rollen, N. 35.
Rollynson, LE. 2.
Rolphe, K. 25; SU. 5.
Romayne, DO. 4.
Rombellowe, BE. 4.
Romesbothome, LA. 24.
Romsbothome, LA. 1.
Romsden, LA. 21.
Romsell, S. 11.
Rondall, C. 25; K. 8.
Rondell, C. 31.
Ronksley, Y. 44.
Roo, SU. 11.
Roode, SO. 3.
Roodes, Y. 25, 38.
Roods, LA. 11.
Rooke, WI. 19.
Rookesby, L. 4; M. 10.
Rookwood, M. 10.
Rooley, Y. 44.
Roondell, C. 37.
Roowks, SU. 11.
Roper, D. 1, 2; W. 10; Y. 44.
Rosdalle, M. 6.
Rosdayle, Y. 7.
Rose, CA. 3; D. 1, 2; K. 20; LA. 5; N. 10, 20, 38, 56.
Roseau, L. 11.
Rosendall, Y. 38.
Roskell, LA. 23.
Roslynge, N. 21.
Rosmoran, C. 39.
Roson, LA. 21.
Rossall, LA. 14.
Rosse, HA. 15; L. 5½.

Rossell, M. 7.
Rotheram, N. 56; Y. 41.
Rotherham, M. 6; N. 55.
Rotherye, Y. 20.
Rothwell, LA. 1, 2, 4, 24, 27.
Rottwell, L. 7.
Roty, K. 14.
Rouesie, CA. 1.
Roufe, S. 10.
Roughley, LA. 10.
Rought, SF. 17.
Roulandes, S. 21.
Roule, NU. 1.
Rounsevale, C. 10.
Rountree, Y. 8.
Rouse, C. 38.
Roussel, K. 14.
Routh, Y. 7.
Rouxby, DU. 1; NU. 2.
Rowbothom, CH. 1.
Rowe, C. 38, 42; D. 7; L. 3; N. 40; SO. 9.
Roweld, LI. 9.
Rowet, L. 13.
Rowland, BE. 3; C. 38; CU. 1; M. 7.
Rowlanson, L. 6.
Rowle, DU. 10.
Rowles, L. 6.
Rowley, M. 6, 10; Y. 1, 41, 44.
Rowlsone, DE. 2.
Rowndefoote, Y. 28.
Rowndson, LA. 19.
Rowod, N. 36.
Rowse, BE. 4; C. 37; DE. 2; DO. 4; E. 9; Y. 35.
Rowsell, SO. 11.
Rowson, LA. 21; N. 55.
Rowton, S. 27.
Rowzell, SO. 19.
Royall, WO. 1.
Roydes, Y. 28.
Roydon, K. 26.
Roylay, Y. 28.
Royle, CH. 2; ST. 2.
Royleye, LA. 1.
Royse, E. 14; SF. 10.
Rucke, K. 2, 9.
Ruckman, SU. 3.
Rudd, B. 1; L. 14; LA. 24; N. 44.
Ruddocke, Y. 12.
Rudinges, LE. 1.
Rudley, Y. 16.
Rugge, SO. 9.
Rugley, K. 21.
Ruijtinck, L. 16.
Rumbelow, M. 10.
Rumnei, CU. 3.

Rumney, CU. 1.
Rundle, L. 5.
Runkhorne, CH. 8.
Runwell, M. 4.
Rupe, SU. 4.
Rushall, L. 8.
Rushe, C. 25; SU. 4.
Rushton, LA. 12.
Russe, SO. 1.
Russell, B. 19, 20; C. 16, 40; DO. 6; G. 25, 31; HA. 15; HE. 7; K. 10; L. 4, 6; M. 6; S. 42; SF. 13; W. 15.
Ruts, L. 16.
Rutt, B. 22.
Rutter, G. 13; WO. 7.
Ryce, NH. 15.
Rychardson, DU. 10.
Rychebell, SU. 1.
Rycherdson, LI. 27.
Rycraft, S. 17.
Rycroft, LA. 5; SF. 8.
Rycrofte, Y. 39.
Ryddle, LA. 21.
Ryder, CH. 1; LA. 21; S. 13, 21.
Rydinge, LA. 6, 24.
Rydings, CH. 1; LA. 21.
Rydley, DU. 10; LA. 21.
Ryland, G. 8; M. 6.
Rylands, LA. 27.
Rylay, Y. 28.
Ryle, LA. 21.
Ryley, L. 13; LA. 2; M. 10; ST. 6; Y. 14, 38, 45.
Rylie, LE. 9; ST. 4.
Rymer, G. 49.
Rymes, L. 11.
Rypley, Y. 6.
Rysbe, L. 8.
Ryse, C. 33; ST. 1.
Rysheforthe, Y. 4.
Ryshworth, LA. 2.
Ryves, LA. 1.
Ryvet, L. 13.
Ryvett, SF. 16.

Saale, B. 1.
Sabyn, HE. 9.
Saers, L. 16.
Sacaria, C. 40.
Sachell, DE. 3.
Sacker, CA. 1.
Sackerson, L. 5.
Sadd, N. 32.
Sadler, BE. 4; CH. 6; L. 15; W. 12, 14, 15.

INDEX OF SURNAMES

Safford, M. 8.
Safforde, L. 9.
Sage, K. 9.
Sager, La. 2, 12, 13, 21.
Sagrose, L. 14.
Sailes, L. 14.
Sainte, Nu. 1.
Sale, La. 27.
Salisbury, La. 15.
Sallisburye, De. 2.
Salloway, L. 14.
Salmon, Li. 4; Sf. 16.
Salomé, K. 14.
Salsbury, La. 11.
Salte, St. 11.
Saltenstall, Du. 8.
Salter, Sf. 2, 16.
Salthowse, La. 14.
Saltmarsh, E. 12; He. 8; Li. 27.
Saltmarshe, E. 22.
Saltonstall, La. 13; Nu. 1.
Saltus, La. 26.
Salvin, Du. 10.
Sambache, Wo. 7.
Sampey, Li. 28.
Sampson, De. 5; L. 13; So. 1.
Samson, C. 18; Y. 33.
Samuell, L. 9.
Samwell, L. 14.
Sande, La. 19; Y. 41.
Sandel, Wi. 25.
Sander, Du. 3; E. 16; K. 20.
Sanders, B. 27; He. 8; L. 5; N. 41; St. 1.
Sanderson, Cu. 1, 2; La. 14, 21, 27; Y. 2, 16, 41.
Sandersone, La. 14, 17.
Sandome, N. 36.
Sands, L. 6; La. 22, 25; Li. 4.
Sandye, De. 2.
Sanger, Wi. 1.
Sankey, La. 10.
Sansam, So. 26.
Sansom, He. 7.
Sansome, He. 7; So. 9.
Sansume, He. 7.
Sare, He. 8.
Sares, L. 13; M. 7.
Sarete, La. 18.
Sargeant, M. 10.
Sarrat, Ch. 5.
Saruante, Y. 27.
Satchfeld, L. 1.
Satterthwt, La. 25.
Sauage, L. 6.
Saule, L. 5.
Saulle, Y. 19.
Saulter, So. 5.
Saunder, K. 25; N. 43.

Saunders, B. 1, 4, 5; Be. 4; De. 2; G. 50; L. 9; M. 4, 6; So. 5, 26; W. 12; Y. 28.
Saunderson, Li. 5; N. 48; Nu. 1; Y. 26.
Saundrie, C. 35.
Savage, L. 13.
Savidge, De. 2; M. 1; Wi. 24.
Saville, Y. 22, 38.
Savile, Y. 22, 38.
Savle, Y. 28.
Sawell, B. 17.
Sawier, Su. 7.
Sawle, La. 22; Li. 5; N. 55.
Sawmonde, Y. 21.
Sawnce, M. 10.
Sawnders, B. 30.
Sawnsam, Le. 2.
Sawnsonne, N. 54.
Saworth, N. 60.
Sawre, Y. 28.
Sawrey, La. 25.
Sawyer, Be. 5; Li. 8.
Saxbie, E. 16.
Saxon, N. 43.
Saxton, Y. 25.
Saxtonn, Y. 35.
Say, L. 10.
Saye, K. 9; L. 13.
Saynct, Ch. 5.
Sayner, Y. 40.
Sayre, Du. 2.
Saywel, Sf. 19.
Saywell, Li. 8.
Scaddon, So. 21.
Scale, La. 25, 26; Y. 9.
Scales, La. 26.
Scaliet, L. 1.
Scammell, Wi. 24.
Scar, G. 32.
Scarborow, Bd. 1; Le. 18.
Scarbrooke, S. 28.
Scarbrough, Y. 19, 28.
Scarbrecke, La. 10.
Scasbricke, Ch. 6.
Scaves, W. 4.
Scawrer, La. 5.
Scheppen, L. 13.
Scholay, Y. 28.
Scholefeelde, La. 9.
Scholefeild, Y. 22.
Scholefeilde, Y. 19.
Scholes, La. 9, 17, 28; Y. 28, 35.
Scholeye, Y. 46.
Scholfed, Y. 28.
Schoffeelde, La. 9.
Scholffeld, Y. 28.
Schooles, Y. 19.
Schovell, Do. 15.

Scillett, Sf. 17.
Sclater, St. 16.
Sclatere, La. 18.
Scoble, C. 37.
Scoffeilde, La. 27.
Scolefeilde, Y. 38.
Scoles, La. 21.
Scolfeild, La. 21.
Scolfelde, La. 1, 24.
Scollar, S. 31.
Scolles, Y. 10.
Scollthorpe, Le. 7.
Scoolefeilde, Y. 38.
Score, C. 22.
Scory, Wi. 3.
Scot, De. 4; St. 8; Y. 34.
Scote, Y. 14.
Scotson, La. 21.
Scott, Du. 5, 6; Ha. 15; K. 2; L. 6; La. 15, 27; N. 22; Nu. 1; Y. 28.
Scotte, L. 13; La. 4; N. 31.
Scragg, St. 8.
Scragge, St. 8.
Scrinsbie, K. 8.
Scriven, Wo. 5.
Scrivener, Y. 40.
Scrivner, N. 33.
Scruton, Y. 26, 28.
Scudamore, H. 3.
Seabrooke, B. 2; Bd. 1.
Seaflitte, Su. 9.
Seale, L. 13; Le. 13.
Seaman, L. 1; N. 28; Sf. 6.
Seamar, B. 4.
Seamor, L. 13.
Search, G. 43.
Seare, B. 13; S. 38.
Searieunt, He. 8.
Searle, Ha. 12.
Searll, Ha. 12.
Seaton, Du. 7.
Seawell, L. 13.
Sebroke, B. 1.
Secker, Y. 10, 35.
Seckforde, M. 6.
Sedden, La. 1.
Seddon, La. 17, 24.
Sedgewicke, E. 6.
Sedgier, K. 10.
Sedman, Y. 17.
Sedon, La. 4, 17.
Seed, Y. 28.
Seede, La. 18.
Seel, La. 26.
Seeley, M. 6.
Seelye, L. 4.
Sefton, Ch. 8; La. 10.
Seger, C. 28.
Seile, La. 26.

lxxiii

INDEX OF SURNAMES

Sekersonne, Ch. 8.
Selbey, Nu. 1.
Selby, N. 33, 53.
Selbye, Du. 2; N. 26; Nu. 1.
Selland, N. 30.
Sellibarne, Y. 8.
Selwin, G. 1.
Semington, So. 26.
Sene, L. 11.
Senechal, L. 11.
Senekal, L. 11.
Senellar, K. 14.
Senenhouse, La. 26.
Sennocke, K. 6.
Senyor, M. 6.
Senyshaw, L. 13.
Seppens, Sf. 29.
Serell, De. 2.
Sergeant, K. 14; W. 10.
Sergent, So. 5.
Serna, C. 21.
Sertayne, M. 2.
Seth, K. 14.
Settell, La. 22.
Settle, La. 19; Y. 20, 31.
Seuillin, K. 14.
Seulin, K. 14.
Scullin, K. 14.
Severay, No. 13.
Seward, S. 34.
Sewell, Cu. 1; Sf. 1.
Sewer, Su. 9.
Sewet, Li. 28.
Sewster, B. 8.
Seyd, Y. 19.
Seymer, E. 15.
Shae, N. 35.
Shackleden, La. 13.
Shackleton, La. 13.
Shacklocke, La. 21.
Shafto, Du. 5.
Shaftoe, Nu. 1.
Shakleton, W. 13.
Shalcrosse, La. 21.
Shamrocke, L. 9.
Shann, Y. 29.
Shapligh, De. 2.
Sharles, L. 15.
Sharman, G. 41.
Sharp, La. 13; So. 26; Y. 16.
Sharpe, Du. 10; G. 27; K. 9, 13; La. 2; M. 6, 9; N. 52; So. 17; Su. 3; Y. 7, 17, 19, 29.
Sharpentine, Du. 1; Nu. 2.
Sharphowse, Y. 35.
Sharples, La. 1, 6, 21.
Sharpp, La. 24.
Sharpus, Y. 28.
Sharrack, La. 4.
Sharrocke, Y. 38.
Sharshaw, Ch. 1.
Shassted, K. 25.
Shasted, K. 25.
Shaw, La. 5, 10; Y. 28.
Shawarden, Li. 5.
Shawcrosse, La. 27.
Shawe, Ch. 1, 2; He. 5, 8; L. 8, 13; La. 9, 10, 13, 17, 21, 22, 24; Li. 9; M. 10; N. 26, 37, 44, 54; S. 37; Sf. 21; Y. 20, 28, 38, 44.
Shay, Y. 19.
Sheapd, La. 24.
Sheapde, La. 24.
Sheapehearde, L. 6.
Sheapheard, K. 20.
Shearme, C. 43.
Shearwin, N. 42.
Sheene, So. 1.
Sheepheard, He. 7.
Sheeple, St. 4.
Shefdotell, L. 2.
Sheffeild, Bd. 1.
Sheildes, Y. 7.
Sheirson, La. 15.
Sheldon, St. 1, 4, 16; Wo. 7.
Shell, Du. 5.
Shelley, St. 10; W. 10.
Shelly, Sf. 10.
Shelmerdyne, La. 21.
Shelvocke, S. 41.
Shepard, D. 5; Y. 43.
Shephard, Y. 28.
Shepheard, La. 11, 13; So. 8; Y. 28.
Shepherd, N. 36; Wi. 1; Y. 7.
Shepley, Ch. 1; Y. 22.
Sheppam, He. 8.
Sheppard, La. 2, 21; S. 31; St. 2.
Sheppards, G. 49.
Sheppd, La. 21.
Shepperd, L. 8; Y. 35.
Sheppham, L. 4.
Shereborne, M. 6.
Shereman, N. 60.
Sherer, S. 21.
Sherette, St. 3.
Sherewine, St. 13.
Sherewood, L. 6.
Shergale, Wi. 24.
Sheringham, E. 3.
Sherington, L. 7; La. 4.
Sherma, St. 1.
Sherman, Sf. 8.
Sherrer, S. 8.
Sherriffe, Li. 2.
Sherrocke, Ha. 2.
Sherwell, C. 15.
Sherwen, M. 10.
Sherwin, N. 44; St. 1.
Sherwod, So. 1.
Sherwood, L. 13.
Shetma, St. 1.
Shewell, No. 11.
Shewers, N. 21.
Shewster, B. 8.
Shiers, La. 15.
Shillito, Y. 42.
Shintone, S. 35.
Shipman, N. 42, 51; S. 16.
Shippen, Y. 40.
Shippie, N. 55.
Shippman, S. 13.
Shippowbothome, La. 1.
Shipton, K. 26.
Shipwaie, Wi. 2.
Shire, H. 3.
Shires, Li. 19.
Shirley, E. 22.
Shirrett, S. 17.
Shirrisone, La. 3, 22.
Shirson, La. 22.
Shirtley, N. 60.
Shittleworth, L. 2.
Shoowsmyth, La. 13.
Shore, La. 2, 21, 24, 28.
Shorie, Do. 3.
Shorland, N. 44.
Shorroke, La. 8.
Short, C. 10.
Shory, Do. 3.
Shotten, Li. 4.
Showe, La. 15.
Shower, Do. 7.
Shrawley, S. 38.
Shrigeleye, Ch. 1.
Shriglay, La. 1.
Shrimpton, B. 4.
Shroubsoll, K. 2.
Shuan, L. 13.
Shulker, S. 13.
Shurte, De. 2; O. 5.
Shury, O. 6.
Shusmith, Wo. 9.
Shutleworth, La. 13; Y. 28.
Shutt, S. 13; Y. 20.
Shuttleworth, Ch. 1; La. 12, 27.
Shyer, Su. 5.
Shyers, La. 15.
Shyne, E. 22.
Shyres, Y. 14.
Shyrle, D. 6.
Sibbers, E. 14.
Sibson, La. 26.
Sich, W. 12.
Sicke, Y. 22.
Sicklemore, E. 21.

lxxiv

INDEX OF SURNAMES

Sidall, Y. 28.
Siddall, La. 1.
Sidnall, St. 11.
Sifson, Y. 23.
Sigswicke, La. 22.
Sikes, Y. 11, 28, 38.
Silcock, La. 23.
Silcocke, La. 14.
Silkwod, K. 9.
Sill, La. 15.
Sillet, Sf. 19.
Silliman, Y. 16.
Silver, Ha. 19.
Silverwoodd, La. 12.
Silvester, N. 54.
Silyman, Y. 28.
Simcoe, Ch. 1.
Simes, L. 6.
Simison, Nu. 1.
Simkin, La. 10.
Simmes, Wi. 24.
Simons, G. 40; He. 7; K. 26; N. 41; S. 27.
Simpkenson, La. 22.
Simpkin, La. 15.
Simpso', Y. 8.
Simpson, L. 7; La. 11, 19, 23; No. 1; St. 4; Y. 7, 17, 28, 30.
Simpsonn, L. 7.
Simson, L. 4; La. 19, 20, 26; N. 24.
Simsone, Le. 14a.
Simsonne, M. 57.
Sincox, St. 1.
Singelton, La. 22; So. 20.
Singeltone, La. 22.
Singer, So. 5.
Singgleton, Y. 22.
Singleton, L. 7; La. 14, 23, 26; Y. 11, 22.
Singlton, He. 9.
Sinnocke, Ha. 1.
Sise, C. 39.
Siston, Ca. 6.
Skarbrough, Y. 28.
Skare, Y. 28.
Skargell, Y. 44.
Skarp, Sf. 16.
Skeale, He. 7.
Skeek, N. 19.
Skeenson, Li. 25.
Skeile, Nu. 1.
Skelton, Y. 2, 16, 28, 42.
Skeltonn, Y. 45.
Skeppes, Nu. 1.
Sketchley, Y. 2.
Skeyres, M. 8.
Skidmore, L. 9; W. 12.
Skilton, K. 25.

Skin, Y. 16.
Skinner, De. 2; G. 28; K. 5; L. 4; La. 10; Wi. 24.
Skiptonn, La. 17.
Skirowe, Y. 9.
Skitler, Sf. 17.
Skorier, M. 7.
Skott, M. 10; Y. 22.
Skottley, E. 14.
Skrafton, Y. 27.
Skryvin, Su. 11.
Skudder, K. 26.
Skurfeld, Du. 10.
Skydmore, Wi. 7.
Skynner, Su. 11.
Slade, Ch. 1; S. 31.
Slader, C. 40.
Slaiden, Y. 38.
Slaine, St. 1.
Slainey, Su. 4.
Slan, Li. 25.
Slappe, N. 31.
Slater, Ch. 2; La. 4, 21; Li. 9; M. 7; Nu. 1; Y. 12, 16, 38.
Slator, No. 17.
Slatter, W. 2.
Slawter, L. 13.
Slayney, St. 1.
Slayter, La. 19; Y. 19, 28.
Sle, Cu. 1.
Slee, Cu. 3.
Slie, W. 17.
Sliver, So. 9.
Slogatt, C. 3.
Slolye, De. 2.
Sluijs, L. 16.
Slye, L. 13.
Slyfield, M. 7.
Smalbone, Nh. 10.
Smale, De. 2; K. 16.
Smalebent, Y. 44.
Smalewood, W. 14.
Smaley, L. 6.
Smalhorne, Cu. 1.
Smalley, D. 11; La. 12.
Smalmon, S. 41.
Smaly, L. 6.
Smart, Du. 3; Ha. 12; W. 11.
Smarte, G. 4; O. 1, 5.
Smee, Su. 4.
Smethells, Ch. 2.
Smethers, Ch. 5.
Smetherste, La. 1.
Smethurst, La. 21, 28.
Smewells, Ch. 1.
Smirfoot, Y. 28.
Smith, B. 6; Be. 8; C. 37; Ch. 1, 3; Cu. 2; De. 2; Du. 9; E. 2, 13, 14; G. 19,
39, 47, 50; He. 8; K. 10, 12; L. 5, 5½, 7, 12, 13; La. 2, 7, 27; Le. 19; Li. 4, 11, 24; M. 7, 8; N. 22, 23, 25, 26, 44, 55; Nh. 15; No. 1; Nu. 1; S. 10, 31, 41; Sf. 8, 16; So. 1, 2, 5, 15; St. 8, 11; W. 11, 13; Y. 6, 16, 19, 32, 33, 38.
Smithe, Ca. 6; Ch. 1, 2; Du. 1; G. 1, 12; K. 5, 11, 18; L. 3, 6, 11, 13; La. 1, 2, 7, 9, 17, 22; N. 54; Nh. 1; Nu. 2; Sf. 16; Y. 35, 38, 40.
Smithes, L. 7.
Smithies, Y. 38.
Smithman, L. 6.
Smithson, K. 2; La. 14; N. 35; Y. 2, 20, 28.
Smithsonn, Y. 35.
Smity, W. 10.
Smurfoote, Y. 28.
Smuth, La. 13.
Smylter, Y. 44.
Smyth, B. 1; Be. 5, 8; E. 4; G. 25; Ha. 10; He. 7; K. 26; L. 2, 4, 10; La. 4, 10, 12, 13, 17, 21, 27, 28; Li. 5; M. 6, 10; N. 37, 60; No. 9; So. 19, 26; St. 1, 4; Su. 5; W. 2, 10, 15; Wi. 22; Y. 19, 22, 28, 34.
Smythe, B. 4; Ch. 1, 2; Du. 10; G. 17, 42; H. 5; K. 20; La. 7, 13, 15, 21, 24; Li. 4, 5; N. 31; Nh. 9; Sf. 15; So. 9; St. 16; Su. 5; W. 10, 12, 14; Y. 1, 22, 41, 45.
Smythes, La. 13.
Smythson, M. 10; Y. 29.
Smythsonn, La. 12.
Snaill, Y. 16.
Snaithe, Du. 10.
Snape, M. 7.
Snapes, Be. 4.
Snarte, La. 6.
Snathe, Y. 33.
Snawbal, Y. 21.
Snawdon, Y. 12, 28.
Snaye, L. 13.
Sneap, La. 13.
Snel, Y. 34.
Snelart, K. 14.
Snelkocke, De. 2.
Snell, C. 24; De. 2; G. 31.
Snelling, Su. 5.
Snoden, K. 12.
Snooke, Do. 9.

lxxv

INDEX OF SURNAMES

Snowden, N. 60.
Snowe, DE. 2; O. 5; So. 6; Y. 7.
Soar, L. 13.
Sobey, C. 37.
Soden, M. 6.
Softley, DU. 10.
Sole, K. 18.
Soleigh, S. 38.
Solley, K. 23.
Somerbee, LE. 2.
Somerlande, W. 10.
Somers, G. 27.
Somervile, LE. 1.
Sommer, DE. 2; L. 11.
Sommerson, DU. 8.
Sompner, LA. 6.
Somset, So. 15.
Sonday, DO. 15.
Sonderland, Y. 1.
Sonderson, Y. 1.
Sondiforthe, LA. 21.
Sonyer, Y. 1.
Sorowcould, LA. 27.
Sorrocold, LA. 21.
Sorrocolde, LA. 21.
Sotheron, CH. 6; LA. 21.
Sotherton, M. 6.
Sotherwood, ST. 1.
Sothill, Y. 35.
Sound, L. 14.
South, SU. 7.
Southall, S. 5, 17.
Southwarke, L. 13.
Southworth, LA. 8.
Sowden, Y. 28.
Sowerne, G. 42.
Sowgate, SF. 15.
Sowson, N. 15.
Sowter, N. 31.
Sowth, BE. 2; SU. 11.
Sowthen, HE. 8.
Sowtherne, G. 8.
Spackman, E. 8; WI. 21.
Spaidma, LA. 22.
Spakman, LA. 27.
Sparke, L. 10; SF. 4.
Sparkes, K. 17.
Sparks, HE. 6.
Sparling, LI. 3; N. 60.
Sparrow, Y. 16.
Sparrowe, L. 6.
Sparrye, H. 3.
Spautton, Y. 2.
Speare, C. 26.
Spearpoynt, W. 12.
Speede, HE. 4; M. 6.
Speight, Y. 35, 45.
Speighte, Y. 1.
Spence, DE. 2; L. 5; Y. 28.

Spencer, K. 2; L. 13; LA. 10; M. 6; N. 41; S. 7; So. 9; Y. 14, 32.
Spender, S. 25.
Spendlove, M. 6.
Spenlofe, S. 36.
Speringe, G. 28; So. 5.
Sperpoint, W. 13.
Sperpoynt, W. 13.
Spenser, CH. 6; LI. 27; N. 22, 51, 60.
Spice, K. 12; LA. 21.
Spicer, L. 6, 9; M. 7; W. 18.
Spight, LA. 19; NU. 1.
Spilman, K. 8.
Spiltimber, E. 1.
Spink, Y. 2, 24.
Spiring, WI. 12.
Spiringe, So. 24.
Spiser, K. 10.
Spittle, S. 5.
Spittlehouse, N. 55.
Spoforth, Y. 40.
Spooner, CH. 1; N. 17; ST. 8.
Spracket, So. 6.
Spracklinge, K. 13.
Spragge, L. 6.
Sprigge, No. 6.
Sprigonell, Y. 46.
Spring, L. 13.
Springall, B. 4, 22; N. 42.
Sproson, LE. 2.
Sproxton, LE. 2.
Sprule, B. 4.
Spruston, DU. 4.
Sprye, K. 18.
Spurnell, Y. 8.
Spurr, M. 10.
Spurrier, K. 17.
Spycer, G. 47.
Spycsser, K. 10.
Squire, DO. 15; L. 15; NU. 1.
Squires, Y. 28.
Sreves, HA. 12.
Stabeler, LI. 3.
Stable, LA. 20; Y. 28.
Stables, Y. 1.
Stace, K. 26.
Stacey, HE. 9; SF. 5.
Stacie, L. 13; LE. 3.
Stacye, LE. 4, 13.
Staffe, SU. 4.
Stafford, M. 7; N. 33.
Stagge, Y. 28.
Stainforth, Y. 16, 30.
Stainton, LA. 19.
Stallum, N. 40.
Stalworth, W. 18.
Stalworthe, W. 18.
Stamford, M. 10.

Stampes, So. 26.
Stamproe, So. 26.
Stanbery, M. 10.
Stanberye, DE. 2.
Stanbridge, B. 31.
Stanbrooke, HA. 17.
Stanclife, Y. 38.
Standley, K. 12; LA. 5.
Standon, L. 12; SU. 4.
Standy, WI. 24.
Stane, E. 12.
Stanedge, N. 21.
Staner, Y. 16.
Staney, S. 39, 41.
Stanfeild, Y. 19.
Stanfeld, Y. 45.
Stanford, LE. 18.
Stanherd, SF. 1.
Stanidge, LE. 4.
Staninough, LA. 4.
Stanklife, Y. 9.
Stanlee, B. 1.
Stanley, CH. 1; Y. 28.
Stannard, L. 5.
Stannell, W. 12.
Stannop, Y. 38.
Stansey, N. 60.
Stansfeilde, Y. 38.
Stansfeld, LA. 2.
Stansfield, LA. 24; Y. 35, 38.
Stanton, SF. 19.
Stanwaye, S. 31.
Staple, DO. 3; S. 38.
Stapledon, DE. 4.
Staples, G. 18; LA. 17.
Stapp, Y. 32.
Stappe, B. 8.
Stark, Y. 43.
Starkey, R. 1.
Starkie, LA. 8, 12, 27; Y. 16.
Starkyc, HE. 7.
Stasey, K. 24.
State, BE. 4.
Stathm, CH. 2.
Staunforth, Y. 19.
Staunton, BE. 4.
Staures, Y. 1.
Staynton, SU. 11; Y. 25.
Stead, Y. 16, 22, 25, 28.
Steagle, SF. 19.
Steane, M. 6.
Stebin, SF. 24.
Stedman, S. 20; SU. 5.
Stedy, N. 44.
Steele, LA. 1; LE. 14a; Y. 43.
Steene, N. 41.
Steenson, LA. 13.
Steeuens, SU. 3.
Steevens, M. 1, 6; O. 4; So. 5.
Steevins, DE. 2.

INDEX OF SURNAMES

Steggell, Sf. 8.
Stellinge, Du. 2.
Stent, Su. 2.
Stenyng, K. 2.
Stephen, C. 28, 29, 37.
Stephens, Ha. 9.
Stephenson, N. 48.
Stere, De. 2; M. 10.
Steringe, S. 28.
Sterlande, N. 43.
Sterlinge, K. 21
Sterrupp, Li. 2.
Sterzekar, La. 14.
Steuens, Do. 16.
Steven, C. 10, 20, 24, 27; Su. 1; Y. 16, 28.
Stevens, C. 37; Do. 5, 16; K. 11, 20, 24, 26; L. 16; So. 26; Wi. 20; Wo. 2.
Stevenson, Cu. 1; Du. 5; K. 26; Li. 23; Y. 16, 22, 45.
Stevensonne, Li. 14.
Stevins, S. 36.
Steward, Su. 11; Y. 28.
Stewardson, Y. 28.
Stewart, Y. 7.
Stewkyn, Ca. 13.
Steyd, Y. 19.
Steyde, Y. 19.
Steyte, G. 17.
Steyvens, S. 13.
Stibbs, Do. 16.
Stick, De. 4.
Stiels, Y. 2.
Stile, Ha. 17; Wi. 25.
Stilte, L. 16.
Stilton, Y. 7.
Stinte, Ha. 5.
Stinton, S. 22.
Stirkehead, Cu. 3.
Stirsaker, La. 15.
Stirzaker, La. 15.
Stitch, Wo. 9.
Stitche, S. 42.
Stoake, W. 10.
Stobbart, Du. 5.
Stobert, Du. 6.
Stobes, St. 1.
Stockdail, Y. 39.
Stockdall, Cu. 1.
Stockdayle, Y. 28.
Stocke, La. 9, 24.
Stockeley, La. 5.
Stockes, N. 60; No. 63.
Stocks, Y. 19.
Stockwell, M. 6.
Stockto', Y. 8.
Stocton, L. 7.
Stodart, S. 41.
Stoker, Du. 5.

Stokes, L. 5; S. 5; So. 19; St. 1; W. 10.
Stokly, W. 13.
Stomphous, L. 16.
Stonarde, E. 20.
Stonas, Y. 17.
Stone, Do. 5, 8; K. 26; L. 13; M. 6; So. 2; St. 1, 11; W. 15; Wo. 7.
Stonefeild, St. 4.
Stoner, S. 42; Su. 5.
Stones, La. 1, 9; N. 55; St. 4; Wo. 2.
Stonnard, L. 2.
Stonr, Y. 16.
Stonycke, B. 20.
Stonyyer, Ch. 2.
Stoorton, C. 37.
Stopforth, La. 10.
Stoppard, Ch. 1.
Stopper, Y. 14.
Stopport, Ch. 1.
Storer, N. 43.
Storey, Du. 6.
Storie, Le. 3; Y. 16, 41.
Storrie, Y. 16.
Story, Y. 17, 41.
Storye, Du. 3; Y. 28.
Stot, Y. 32.
Stotchard, Ca. 4.
Stote, De. 2.
Stott, La. 24; No. 15; Y. 32.
Stoughton, K. 2.
Stout, G. 50.
Stowdley, So. 15.
Stowe, L. 5, 6.
Stowell, C. 39.
Stower, L. 16.
Stowp, Y. 12.
Stowre, So. 10.
Stowte, La. 22.
Strange, G. 48; La. 5; Su. 4.
Strangwick, C. 25.
Stransome, K. 10.
Stratfold, B. 9.
Stratton, Wi. 15.
Strayne, W. 13.
Strayte, B. 17.
Streaker, Y. 28.
Streame, B. 15.
Streatley, He. 8.
Streatton, L. 2.
Stredicke, K. 8.
Street, La. 24.
Streete, La. 24; M. 7.
Streets, M. 10; N. 35.
Strelleye, D. 1.
Strenger, La. 24.
Strengthfellowe, La. 21.
Stretch, Wo. 7.

Strete, E. 16.
Stretton, Ch. 2.
Streven, Wo. 1.
Stribley, C. 37.
Striblin, De. 2.
Stribline, De. 2.
Striblye, C. 30.
Strickland, La. 19; Y. 28, 38.
Stringeley, S. 5.
Stringer, L. 13; Le. 1; M. 7; S. 13, 20; W. 14; Y. 28, 29, 46.
Strite, La. 22.
Stroker, L. 1.
Strongarme, No. 63.
Stronge, K. 12; Su. 11.
Strongman, C. 37.
Stroud, G. 11.
Strout, C. 15.
Strowde, L. 6.
Strudweeke, Su. 6.
Stryker, La. 10.
Stuard, Y. 43.
Stub, Cu. 1.
Stubbinge, N. 54.
Stubblefeild, K. 20.
Stubley, Li. 5.
Stuckely, L. 6.
Stuckey, So. 16.
Studde, Sf. 15.
Studley, C. 20.
Studman, Sf. 16.
Stuffin, No. 63.
Stuffine, N. 61.
Sturdivant, Li. 4.
Sturges, Ca. 9.
Sturley, W. 10.
Sturman, K. 12.
Stursiker, La. 11.
Sturt, Su. 6.
Stutsberie, W. 14.
Stuttard, La. 2.
Styam, L. 8.
Stydole, Ss. 1.
Styffe, B. 4.
Styholme, La. 15.
Style, B. 10.
Styrrey, M. 7.
Styrrop, La. 27.
Stythe, La. 22.
Styvens, Do. 7.
Suard, Y. 34.
Subdeane, Wi. 4.
Such, W. 12.
Suckmantle, La. 25.
Sudbury, L. 14.
Suddabye, Li. 27.
Suddebie, Y. 33.
Suddick, Du. 2.
Suddicke, Du. 2.

lxxvii

INDEX OF SURNAMES

Sudglow, C. 40.
Sudley, Su. 11.
Suert, La. 19.
Suffyld, N. 45.
Sugar, So. 7.
Sugden, La. 13.
Sughsmyth, La. 27.
Suker, S. 17.
Sumer, E. 15.
Summer, L. 11; La. 19.
Sumpter, Ch. 2.
Sunderland, La. 2; Y. 4, 32.
Sunderlande, Y. 22, 38.
Sunlaye, Y. 2.
Sunyer, Y. 22.
Surcoots, Li. 8.
Surey, O. 6.
Surfield, De. 2.
Surfielde, De. 2.
Surflett, Li. 4.
Sury, O. 6.
Sussex, L. 13.
Sutch, La. 10.
Sutclife, Y. 38.
Sutcliffe, La. 13; Y. 9
Sutclyf, La. 12.
Suthworde, La. 22.
Sutleworth, N. 21.
Sutton, C. 41; Du. 7; E. 16; L. 6; La. 10; Li. 16; Nh. 1; S. 38; St. 4; W. 11, 12; Y. 14, 16.
Suttone, Be. 4.
Swadlynge, B. 4.
Swaffen, C. 40.
Swain, He. 2.
Swaine, Y. 14.
Swainson, La. 20, 26.
Swallow, Li. 27; Y. 19.
Swallowe, N. 21.
Swan, W. 11.
Swane, Li. 4; M. 6; N. 21.
Swanne, Be. 4.
Swanson, Li. 17; Su. 11.
Swansonn, E. 14.
Sware, Sf. 13.
Swarson, L. 8.
Swartbrick, La. 22.
Swaton, Li. 28.
Swayne, L. 8; La. 13; M. 7.
Swaynson, La. 19.
Sweete, De. 2, 4.
Sweeting, So. 32.
Sweetinge, K. 13; L. 13; La. 15.
Sweetlove, La. 27.
Sweett, So. 1.
Swetnam, Wi. 13.
Swicket, Y. 44.
Swift, L. 1.
Swifte, La. 10.

Swinbanck, Y. 2.
Swinborne, L. 13.
Swindells, Ch. 1.
Swinden, Li. 27; Y. 44.
Swinfilde, Le. 19.
Swinglerst, La. 11.
Swithens, L. 1.
Swyer, Li. 8; Y. 20.
Swyft, Li. 20; Y. 1.
Swyfte, D. 12.
Swynbanck, Y. 2.
Swyndells, Ch. 1.
Swynden, Y. 44.
Swynmore, L. 13.
Syar, N. 44.
Sybley, M. 7.
Sydbothm, Ch. 2.
Syddall, Ch. 1; La. 21.
Sydebotham, Ch. 1.
Sydebothom, Ch. 1.
Sydes, L. 13.
Sydney, La. 21.
Sygins, M. 7.
Sykes, Y. 1, 27, 28.
Sylke, He. 8.
Sym, Y. 29.
Symes, B. 1.
Sym'es, K. 10.
Symkynson, Li. 20.
Symmes, Ha. 27.
Symmon, L. 1.
Symmons, S. 10.
Symon, C. 6, 20, 33.
Symond, La. 1; Nu. 1.
Symonde, La. 1.
Symondes, Sf. 19.
Symonds, La. 14.
Symons, C. 37; De. 2; Ha. 28; M. 6.
Sympson, Ch. 2; Y. 28.
Sympsone, L. 13.
Symson, Cu. 1; La. 13; M. 6; Su. 11; Y. 2, 32.
Syncke, Su. 11.
Syncocke, C. 43.
Syndrland, Y. 32.
Synklev, K. 8.
Synnocke, L. 5.
Syntabynn, C. 36.
Syslve, K. 1.
Syssell, O. 1.

Tabe, C. 16.
Tabernor, D. 8.
Tadd, K. 2.
Tailer, Du. 11; He. 8; La. 1; W. 14.
Tailler, M. 10.

Taillor, Li. 4.
Tailor, N. 42; S. 36, 37, 38; Wo. 6; Y. 38.
Tailour, Y. 38.
Tailyor, La. 12.
Talbot, Ha. 12; So. 3, 6.
Talbott, S. 15.
Talbut, L. 1.
Taler, W. 12.
Talior, La. 10.
Taller, Y. 10.
Talmadg, Ha. 5.
Talyar, Y. 28.
Tames, Wo. 4.
Tancocke, C. 6.
Tandie, W. 14; Wo. 6.
Tan'er, Su. 5.
Tanfield, L. 2.
Tanner, C. 4; He. 8; L. 13; M. 9; S. 38; Wi. 12.
Tannett, L. 6.
Tarbox, B. 11.
Tarline, M. 10.
Tarlinge, E. 9.
Tarlton, M. 6.
Tarum, L. 6.
Taske, N. 13.
Tasker, M. 6.
Taskere, La. 18.
Tassar, La. 11.
Tassell, Sf. 10.
Tatchill, So. 16.
Tate, M. 10.
Tatersall, Y. 38.
Tatersoll, K. 2.
Tatime, La. 22.
Tatinclau, L. 11.
Tattersall, La. 2; Li. 7, 8.
Taury, Li. 23.
Tawton, De. 2.
Tayer, So. 14.
Taylar, St. 2.
Taylboies, Y. 2.
Tayler, B. 2; Cu. 1; D. 1; G. 11, 50; Ha. 6; K. 2; L. 2, 13; La. 3, 21, 24; Le. 5; Li. 4, 25; M. 6; Nu. 1, 2; O. 6; St. 1; W. 12, 13; Y. 7, 16, 17, 28, 32, 44, 46.
Taylier, Ch. 2; La. 2, 21, 28.
Taylior, Ch. 8; La. 14, 17; N. 49.
Tayller, M. 10.
Taylor, B. 7; Ca. 6; Ch. 1, 2; Du. 9; E. 8, 14; G. 49; Ha. 9; K. 9; L. 5, 8, 9; La. 7, 19, 27; N. 22, 25; S. 2, 32, 38; Sf. 16; St. 3; Su. 5; Wo. 6; Y. 2, 9, 28.

INDEX OF SURNAMES

Taylour, H. 3; WI. 20.
Taylyar, Y. 28.
Taylyer, CH. 2; Y. 1.
Teag, C. 38.
Teague, C. 37.
Teake, C. 21.
Teale, HE. 7.
Tearle, M. 7.
Tebb, Y. 25.
Tebbet, NH. 2.
Ted, W. 15.
Tedbeen, DE. 4.
Tedbury, So. 26.
Tedder, L. 8.
Tedderingeton, CH. 2.
Teege, S. 37.
Teft, S. 35.
Tegg, SU. 11.
Teighe, LI. 5.
Teisdale, NU. 1.
Teliar, LA. 9.
Telling, WI. 20.
Telyer, LA. 22.
Tempeste, Y. 39.
Temple, BE. 4; M. 3; NU. 1; O. 5.
Templeman, LI. 8.
Templer, L. 13; So. 9, 26, 32.
Tenand, Y. 28.
Tenant, Y. 9.
Tench, L. 1; S. 30.
Tenderbye, K. 4.
Tennand, Y. 29.
Tennant, Y. 6, 31, 45.
Tennie, Y. 33.
Tenny, C. 37.
Terebye, C. 14.
Terrey, K. 18.
Terri, W. 11.
Terry, L. 14.
Terryll, SU. 11.
Tespen, Do. 7.
Tessymond, Y. 2.
Tether, SU. 11.
Tetlow, LA. 28.
Tetlowe, LA. 21, 24.
Tew, SU. 11.
Tewnye, Y. 7.
Tewtin, N. 55.
Tey, L. 5.
Teydor, S. 41.
Thackara, Y. 28.
Thacker, N. 44, 60.
Thackewray, Y. 25.
Thackwray, Y. 27.
Thakarowe, Y. 9.
Tharlve, SF. 14.
Thayer, E. 16.
Thayme, N. 19.
Theakston, Y. 6.

Theede, L. 8.
Theedome, E. 15.
Therdye, L. 13.
Therkill, WI. 20.
Theroles, L. 13.
Thery, K. 14.
Theuelin, K. 14.
Theus, L. 16.
Thickins, S. 13.
Thierrj, L. 11.
Thijssen, L. 16.
Thirlwynde, LA. 27.
Thirst, M. 6.
Thistlewood, N. 41.
Thomas, C. 7, 10, 11, 12, 37, 39, 40; L. 12, 13; M. 6; S. 41; SU. 4, 11; Y. 28.
Thomasone, S. 35.
Thomlinson, CU. 1; Y. 2, 24.
Thomlynson, Y. 20.
Thompson, DU. 3, 4, 5, 7, 9; Y. 8.
Thomson, CU. 2; K. 8, 9; LI. 27; M. 6, 10; N. 1; O. 1; Y. 12.
Thomsone, LA. 22.
Thonge, CA. 12.
Thoren, HE. 1.
Thorn, HE. 9.
Thornburgh, LA. 19.
Thorne, DE. 2; HE. 1, 6; M. 6; ST. 7.
Thorneburie, M. 6.
Thorneburne, LA. 2.
Thornell, Y. 28.
Thorneleys, CH. 1.
Thorner, C. 43.
Thornes, Y. 4, 35.
Thornet, L. 9.
Thorneton, L. 13.
Thornetonne, HE. 7.
Thornicrofte, CH. 2.
Thorniley, CH. 1.
Thornow, LA. 10.
Thornton, LA. 14, 15; W. 12; Y. 9, 16, 28, 45.
Thorogood, E. 1; L. 1.
Thorp, LA. 28; Y. 16, 28.
Thorpe, D. 12; L. 6, 13; LA. 12, 21; LI. 25; N. 52; Y. 5, 29, 35, 38, 43.
Thorppe, LA. 21.
Thorton, LA. 14.
Thrall, BD. 1; HE. 8.
Threaplande, Y. 9.
Threele, L. 13.
Threlfall, LA. 11.
Thresher, So. 32.
Thriston, B. 21.
Thropp, LA. 27.

Throppe, LA. 27.
Throwley, D. 10.
Thurburne, HE. 8.
Thurkittle, BE. 4.
Thurlwinde, LA. 17.
Thursbey, L. 9.
Thursby, E. 16; L. 13.
Thursfild, ST. 12.
Thurston, DE. 5.
Tibbolde, E. 16.
Tibbott, G. 47.
Tibhurstreat, HE. 7.
Tibs, NH. 13.
Ticeing, LA. 4.
Tichute, G. 12.
Tickell, L. 6.
Tiddiman, K. 12.
Tidman, ST. 12.
Tidnam, W. 18.
Tie, SU. 4.
Tilbery, HE. 9.
Tilie, G. 49.
Tilar, SF. 26.
Till, N. 45.
Tillard, L. 7.
Tillatson, LA. 13.
Tiller, L. 7.
Tilletso, Y. 32.
Tillett, SF. 16.
Tilley, K. 9.
Tilliarde, BE. 5.
Tillitsonn, Y. 28.
Tillman, L. 1.
Tilney, L. 3.
Tilton, G. 38; M. 10.
Tilye, G. 47.
Tinckler, LA. 23.
Tindall, K. 12.
Tingle, CA. 3.
Tink, C. 4.
Tinker, WI. 20.
Tinsdell, Y. 19.
Tipper, G. 47.
Tippin, H. 3.
Tipton, S. 37.
Tisdell, L. 14.
Titeberst, HE. 7.
Titterege, E. 16.
Tittye, Y. 28.
Toasle, N. 21.
Tobowe, DE. 5.
Toch, N. 14.
Tod, Y. 10.
Todd, DU. 7; Y. 15.
Todde, DU. 7.
Tofts, NU. 1.
Togoode, So. 15.
Toler, M. 6.
Tollerton, V. 8.
Tolnson, LA. 15.

lxxix

INDEX OF SURNAMES

Tolsonn, Y. 45.
Toluson, LA. 3.
Toly, N. 40.
Tom, C. 15, 18; M. 10.
Tome, C. 9, 28.
Tomes, B. 8; WO. 4.
Tomhum, Y. 1.
Tomkin, C. 21; S. 41.
Tomkinson, DU. 1; NU. 2.
Tomkyn, S. 41.
Tomlin, L. 13; Y. 16.
Tomling, Y. 16.
Tomlingson, Y. 28.
Tomlinson, L. 13; LA. 4, 11, 14, 25; M. 6; N. 44; Y. 6.
Tomlyns, S. 36.
Tomlynson, LA. 15.
Tommes, B. 8; BE. 8.
Tompson, CU. 1; DU. 10; L. 7; LA. 6, 14, 15, 22, 23; N. 33, 44; NU. 1; Y. 9, 14.
Tompsone, LA. 11, 22.
Tompsonn, Y. 28, 45.
Tompsonne, Y. 14.
Tomptson, DU. 10.
Toms, B. 19.
Tomson, DU. 10; E. 7; HA. 19; HE. 7, 8; K. 26; L. 15; LA. 10; N. 24; NH. 2; ST. 1, 7; SU. 11; Y. 25, 28, 34, 44.
Tomsonn, Y. 39.
Tomye, H. 2.
Tonckyn, C. 40.
Tonge, LA. 9, 17, 21; Y. 45.
Tonnge, M. 6.
Tonken, C. 28.
Tonks, S. 6.
Tonstall, L. 13.
Tooke, L. 6.
Tookefeild, B. 1.
Tooker, C. 2; DE. 2; SF. 1.
Tooley, L. 9.
Tooly, L. 9.
Toose, So. 2.
Toothington, CA. 1.
Toovye, B. 4.
Tophan, Y. 39.
Tophann, Y. 39.
Toplye, LE. 1.
Toppan, Y. 34.
Toppin, LA. 12; Y. 28.
Topping, Y. 37.
Toppinge, L. 13; LA. 4, 10.
Torboll, SF. 9.
Torkinton, CH. 1.
Torpine, DU. 10.
Torpyne, DU. 10.
Totill, Y. 44.
Totterson, Y. 28.
Tottie, Y. 28.

Totton, M. 10.
Totty, No. 19.
Tottye, Y. 28.
Toulson, Y. 28.
Tounge, LA. 17.
Tounleye, LA. 18.
Towenly, Y. 8.
Towenson, LA. 25.
Towers, M. 6; LA. 26; LE. 2.
Towerson, M. 10.
Towler, K. 5; Y. 25.
Towndrow, N. 61.
Towne, LA. 26; LI. 1; Y. 14.
Towneley, LA. 4.
Townende, D. 1; Y. 38.
Townesley, Y. 16.
Towneson, SU. 4.
Townley, LA. 2, 7, 13.
Townson, LA. 19, 22.
Townsonne, B. 4.
Towre, S. 41.
Towson, LA. 22.
Toye, NH. 14.
Toytell, Y. 44.
Toywell, G. 12.
Tracher, B. 1, 30.
Tracye, E. 7.
Trafford, CH. 5.
Traford, LE. 1; ST. 1.
Trapnell, Do. 8.
Trappes, M. 6.
Trapps, E. 10.
Traueaux, L. 11.
Traughton, G. 28.
Travas, M. 10.
Traves, LA. 10, 21.
Travesse, K. 2; Y. 38.
Travice, LA. 27.
Travis, HA. 10; LA. 21.
Travys, LA. 21.
Tredcrafte, K. 12.
Tredinack, C. 39.
Tredin'acke, C. 39.
Trefrie, C. 15.
Tregeare, C. 36.
Tregerthen, C. 39.
Tregillgis, DE. 2.
Tregirthen, C. 40.
Treglyne, C. 25.
Tregowith, C. 28.
Trelader, C. 25.
Trelill, C. 40.
Trelogon, So. 19.
Tremanion, SU. 4.
Trembahe, C. 40.
Tremethack, C. 40.
Trenchant, H. 20.
Trenear, C. 30.
Trenowth, C. 37.
Trentesaux, L. 11.

Trescott, C. 37.
Trescotte, C. 37.
Trestraill, C. 25.
Trevaile, C. 36.
Treves, Y. 28.
Trevethick, C. 35.
Trevethyn, C. 37.
Trevisse, LI. 2.
Trevonen, S. 41.
Trevyth, C. 37.
Trewicke, C. 11.
Trewren, C. 40.
Trice, K. 25.
Tricke, DE. 4.
Tricker, DE. 2.
Trigaut, K. 14.
Trigge, HA. 27.
Trigger, L. 14.
Triminge, L. 12.
Trimsmore, LA. 22.
Trioen, L. 16.
Trion, HE. 8.
Trippit, HA. 15
Troblefield, M. 8.
Troghton, LA. 26.
Trolocke, CH. 8.
Trott, So. 1; Y. 17.
Troughton, LA. 22.
Troupe, N. 21.
Trout, W. 12.
Troute, DE. 2.
Troward, K. 25.
Trowe, S. 34.
Truman, N. 41.
Trumble, SF. 19.
Truslaye, Y. 7.
Trusse, B. 4.
Trustan, S. 41.
Trye, L. 6.
Trymens, ST. 1.
Trynder, G. 3.
Tryon, L. 10.
Tuapp, SU. 11.
Tubbin, M. 10.
Tubman, L. 15; SU. 1.
Tucke, NU. 1; WI. 23.
Tucker, C. 37; K. 11; L. 12; So. 7, 19.
Tuckye, L. 8.
Tuder, L. 13.
Tudma, ST. 1.
Tue, W. 14.
Tuflyn, M. 7.
Tull, SU. 2.
Tulland, Y. 32.
Tulye, B. 24.
Tumin, SF. 8.
Tumklingtoume, Y. 38.
Tunbrydge, K. 1.
Tunstall, LA. 22; Y. 45.

INDEX OF SURNAMES

Tuplin, LI. 27.
Tupper, SU. 2.
Turke, DO. 1.
Turnar, O. 1; Y. 1.
Turnbull, Y. 32.
Turnebull, Y. 32.
Turnehowte, L. 6.
Turnell, NH. 15.
Turner, B. 7; CH. 1, 2; D. 1, 2; DE. 2; DO. 5; DU. 3; E. 16; HA. 4, 10; K. 13; L. 1, 2, 6, 13; LA. 4, 8, 9, 10, 11, 19, 27; LE. 2; LI. 26; M. 10; N. 21, 42; NO. 12; NU. 1; S. 32, 34; SF. 16; SO. 1; ST. 11; W. 11, 18; WI. 22; Y. 9, 16, 22, 27, 28, 38, 41.
Turney, B. 17; C. 25.
Turnley, ST. 1.
Turnor, L. 6; LA. 28; S. 35; Y. 2.
Turnough, LA. 24.
Turnoughe, LA. 24.
Turny, C. 20, 25.
Turtle, G. 32.
Turton, CH. 2; LA. 27.
Turvin, NU. 1.
Tutson, SO. 26.
Tuzeler, E. 3.
Twidall, LI. 4.
Twigden, K. 8.
Twigge, ST. 12.
Twine, N. 10.
Twisse, S. 7, 10.
Twiste, LA. 17.
Twychell, LE. 11.
Twyforde, LA. 7.
Twynes, LA. 21.
Twyning, W. 1.
Twynninge, W. 11.
Twysell, DU. 1; NU. 2.
Tvas, Y. 1.
Tychicus, DU. 9.
Tyckle, LA. 21.
Tyddall, O. 4.
Tydder, S. 17.
Tydderingeton, CH. 2.
Tye, K. 18; SF. 8.
Tyears, SU. 11.
Tyers, SU. 5.
Tylar, HE. 7; K. 17.
Tyldesley, LA. 27.
Tyldslev, LA. 17, 21.
Tyler, L. 13; S. 17, 34; SF. 19.
Tylie, G. 50.
Tyll, SU. 11.
Tyllev, L. 13.
Tylliarde, BE. 5.
Tyllman, L. 1.

Tylly, DO. 19.
Tylson, LI. 9.
Tymberley, M. 7.
Tymes, M. 6.
Tymmes, B. 1.
Tynbe, E. 13.
Tyncombe, C. 26.
Tyndell, DU. 10.
Tynker, Y. 1.
Typpinge, LA. 21; M. 6.
Tyrer, LA. 5.
Tyrrington, LI. 28.
Tyse, M. 7.
Tysen, L. 13.
Tysone, LA. 25.
Tyvito, HA. 27.

Udall, L. 14.
Udye, C. 30.
Ulnabie, DU. 9.
Umfrey, Y. 6.
Umphraye, NU. 1.
Uncle, S. 34.
Underdowne, K. 25.
Underhill, G. 49; M. 10.
Underwood, S. 32; SU. 3; Y. 16.
Underwoode, L. 6; Y. 16.
Unis, LI. 23.
Unsworthe, LA. 24.
Unwin, NO. 64.
Unwine, NO. 64.
Uon, M. 10.
Upton, CH. 1; NO. 14.
Ure, Y. 46.
Urham, ST. 1.
Urling, M. 2.
Urmeston, CH. 6.
Urpin, NO. 64.
Urom, ST. 1.
Ursynane, L. 13.
Urton, D. 1.
Usher, E. 16; L. 13.
Usherwood, ST. 11.

Vachell, L. 6.
Vaghan, M. 6; S. 41.
Vaisve, DE. 2.
Valain, N. 14.
Vale, E. 12; N. 41.
Valentyn, M. 7.
Valentyne, LA. 17.

Valler, L. 11.
Valles, L. 11.
Valleys, C. 37.
Vallor, M. 6.
Van Bockauen, N. 41.
Van Brakel, L. 16.
Van Bure, N. 41.
Van Cusex, N. 41.
Van Daele, L. 16.
Van Damme, L. 16; N. 41.
Van Dike, N. 41.
Van Halle, L. 16.
Van Hecke, N. 41.
Van Heij, N. 41.
Van Hulst, L. 16.
Van Langhe, L. 16.
Van Mersch, N. 41.
Van Rockegheen, N. 41.
Van Staveren, L. 16.
Van Winterbeke, L. 16.
Van de Roo, L. 16.
Van den Berge, L. 16.
Van der Casteele, N. 41.
Van der Coye, N. 41.
Van der Meulen, L. 16.
Van der Velde, N. 41.
Vander Est, L. 16.
Vander Moere, N. 41.
Vander Postes, N. 41.
Vander Sande, N. 41.
Vander Viuere, N. 41.
Vandalla, K. 26.
Vandelden, L. 2.
Vanderhagen, L. 16.
Vanderlingo, L. 5.
Vandeweyer, L. 2.
Vandewier, L. 2.
Vandolder, L. 13.
Vanhucabart, L. 2.
Vannewhenis, L. 2.
Vanroe, K. 26.
Vanson, C. 37.
Varley, LA. 13.
Varnam, K. 12.
Vasie, DU. 9.
Vasseur, N. 41.
Vaston, S. 41.
Vauce, LA. 21.
Vaughan, K. 18; L. 13; S. 36, 40; WO. 9.
Vaughann, CH. 8.
Vaus, HA. 12.
Vautier, H. 29.
Vavisser, Y. 41.
Vawdrey, CH. 1.
Vayrie, Y. 22.
Vaysye, DE. 2.
Vazhan, S. 36.
Veale, C. 39; L. 13; M. 10; SF. 2.

lxxxi

INDEX OF SURNAMES

Veaosie, So. 2.
Vegleman, L. 8.
Veile, La. 14.
Vene, L. 5½.
Venner, De. 2; L. 8.
Venny, C. 36.
Vent, K. 15.
Vepon, Y. 15.
Verch, David, S. 41.
Verch, Edward, S. 41.
Verch, John, S. 41.
Verch, Morgan, S. 41.
Verch, Richard, S. 41.
Verch, Thomas, S. 41.
Verender, G. 25.
Verey, La. 21.
Verhaghen, L. 16.
Veritie, Y. 25, 30.
Vernam, N. 28.
Vernon, Ch. 5.
Veron, K. 14.
Very, L. 11.
Vessie, Y. 33.
Vevers, Y. 28.
Vian, C. 22.
Vicarege, Y. 7.
Vicaridge, G. 26.
Vicaries, So. 1.
Vicars, Wo. 9.
Viccars, L. 14.
Vicker, So. 32.
Vickers, S. 16.
Vigars, K. 2.
Vigures, De. 4.
Vikars, Su. 5.
Villers, L. 16.
Vincent, L. 6; Li. 5; So. 5.
Vinso, E. 16.
Visc, St. 5.
Vnderwood, He. 8.
Vnsworth, La. 1, 21.
Vnwine, No. 64.
Vnwyne, La. 21.
Voce, La. 10.
Vos, M. 10.
Voudriat, C. 18.
Voyle, S. 31.
Vrpin, No. 64.
Vrwayn, Y. 32.
Vtley, Y. 9.
Vyoll, Nh. 13.
Vyvyan, C. 27.

Waad, M. 10.
Waadman, Su. 11.
Wacktyn, S. 41.
Wad, W. 13.
Waddington, Y. 25.

Waddyngton, Le. 6.
Wade, Do. 7; La. 12, 23; N. 27; S. 17; Sf. 15; Su. 11; Y. 22.
Wademont, L. 16.
Wadesworth, La. 13.
Wadesworthe, La. 13.
Wadingtonne, Y. 38.
Wadlan, C. 7.
Wadmore, Ha. 27.
Wadsworth, La. 17.
Wadsworthe, La. 17.
Waggett, Y. 2.
Waid, Y. 28.
Waide, Y. 28, 45.
Waight, B. 16; L. 1, 13.
Waike, Nu. 1.
Waile, Ha. 25.
Wailet, E. 10.
Wainhouse, La. 19; Y. 38.
Wainwright, Y. 44.
Wainwrighte, Y. 27, 38.
Waistell, Y. 27.
Waite, C. 4; Li. 27; O. 6.
Waites, Y. 27.
Wake, N. 43.
Wakefeild, Du. 6; Le. 1.
Wakefeilde, L. 6; La. 4.
Wakefelde, La. 24.
Wakefild, N. 44.
Wakely, So. 16.
Waker, E. 15.
Wakker, Y. 12.
Walbank, Du. 7.
Walbancke, Du. 7; La. 6; Y. 14.
Walch, La. 8.
Walche, La. 21.
Walchman, La. 8.
Walder, K. 12.
Waldern, W. 10.
Walderne, W. 10.
Wale, De. 2.
Waler, La. 20.
Walford, So. 2; St. 11.
Walforde, So. 2.
Walkar, La. 14.
Walkden, La. 24, 27.
Walkdeyne, La. 21.
Walkede, La. 9.
Walkeden, La. 4.
Walkedyne, La. 21.
Walkeled, Ch. 1.
Walker, Bd. 1; D. 6, 11; Du. 3, 7, 10; E. 17; G. 40, 41; Ha. 14; He. 8; K. 8; L. 6, 13; La. 1, 2, 7, 15, 17, 19, 21, 22, 23, 25, 26, 28; Li. 5, 6, 23; N. 21, 44, 58; Nu. 1; S. 11, 35, 41; St. 1, 2, 4,

16; W. 13; Wo. 7; Y. 1, 4, 9, 14, 19, 22, 25, 27, 28, 29, 32, 38, 45.
Walkes, Wo. 7.
Walkley, G. 4, 36, 39.
Walky, C. 15.
Wall, Du. 10; He. 9; S. 25; So. 19; St. 1; Y. 32.
Wallas, La. 19; Nu. 1.
Wallden, L. 13.
Walle, K. 26; M. 6, 10; Su. 4.
Waller, L. 13; La. 19, 22; M. 6; Y. 32.
Walles, La. 22.
Wallice, Do. 16; K. 3.
Wallington, Be. 6; Wi. 20.
Wallis, C. 2; Ca. 4; Li. 12.
Wallishe, C. 7.
Wallker, Ch. 2; N. 57; S. 37.
Wallocke, Y. 39.
Wallter, De. 2; S. 13.
Wallworke, La. 1.
Wallys, Wi. 19.
Walmersley, La. 24.
Walmesley, Li. 23.
Walmisley, La. 2, 6, 8, 27; Y. 14.
Walmsley, Ch. 8; Y. 14.
Walrond, So. 5.
Walshaw, Y. 35.
Walshay, La. 2.
Walshe, Y. 14.
Waltch, La. 27.
Walter, De. 2; Do. 16; Le. 13; N. 27; S. 36; So. 1; Wi. 16.
Walters, D. 6; M. 6.
Waltham, L. 6.
Walton, L. 9; La. 6, 12, 13, 14; St. 8; Y. 44.
Waltone, La. 22.
Walwarke, La. 27.
Walworcke, La. 21.
Walwork, La. 17.
Wancourt, K. 14.
Wane, La. 18.
Wanfey, L. 9.
Wannell, L. 13.
Wansforth, Y. 17.
Want, He. 9.
Waple, Su. 11.
Waples, Nh. 4.
Warberow, Do. 15.
Warberton, La. 1, 21.
Warbertone, La. 17.
Ward, B. 4; C. 28; Ch. 2; He. 8; K. 7, 26; L. 5, 15; La. 8, 25, 27; Li. 27, 28; No. 63; R. 1; So. 19; W. 13; Y. 1, 8, 16, 21, 28, 29, 44.

lxxxii

INDEX OF SURNAMES

Warde, B. 4, 17; Ch. 2; D. 4;
Du. 3; K. 12; L. 6, 13;
La. 19, 24; M. 6, 10; N. 35,
55, 63; Nu. 1; So. 26;
W. 13; Y. 6, 12, 17, 23, 25,
27, 28, 29, 44.
Wardle, D. 1; La. 24.
Wardleworthe, La. 1.
Wardma, Y. 32.
Ware, L. 13.
Warebrecke, La. 14.
Wareinge, S. 7.
Waren, C. 8.
Warford, So. 1.
Waridyne, D. 1.
Waringe, La. 10; W. 14.
Warlbrooke, G. 34.
Warley, M. 7.
Warman, L. 1.
Warmingham, Ch. 6.
Warmisham, Ch. 8.
Warner, Ca. 9; E. 1; Ha. 14; He. 7, 8; Sf. 17.
Warren, B. 2; C. 31; Ch. 1; E. 5; L. 3, 6, 15; Le. 3, 10; M. 6; So. 3; Wi. 9.
Warrenn, So. 2.
Warrenne, So. 2.
Warryner, La. 15.
Warton, Ch. 6; S. 31; Y. 3.
Wartone, Ch. 3.
Warwicke, W. 10.
Washborne, L. 5½.
Washburne, Wo. 6.
Washenton, K. 8.
Washentone, K. 8.
Washington, M. 6.
Wassall, Li. 5.
Wasse, N. 44.
Wate, Li. 27.
Water, La. 8; Y. 30.
Waterhouse, Y. 22, 45.
Waterhowse, Y. 1, 9.
Waterman, He. 4; So. 32; W.12.
Waters, L. 5, 15; M. 6; Y. 9.
Waterton, Y. 10.
Wates, Le. 10.
Wathwick, Sf. 2.
Waties, S. 32.
Watis, S. 38.
Watkin, Y. 16, 40.
Watkingson, Y. 16.
Watkins, C. 40; S. 38.
Watkys, S. 17.
Watlington, Su. 11.
Watmough, Ch. 6.
Wats, E. 16; Nh. 2; So. 3.
Watson, Du. 7, 8; G. 42; M. 6; N. 26; No. 1; St. 1; Wi. 19; Y. 17, 28, 41, 46.

Watsone, La. 14, 21.
Watsonn, Y. 2, 14.
Watsonne, N. 54.
Watt, Ch. 6; La. 21.
Watte, Ch. 3; N. 44.
Watter, Du. 2.
Watterhouse, Y. 45.
Watterhowse, Y. 28.
Watters, La. 25; S. 13.
Wattersone, La. 25.
Watterton, Y. 10.
Watterworth, Y. 28.
Wattes, G. 37; L. 13; Su. 5; Wi. 12.
Wattkins, G. 52.
Watton, Su. 5; W. 11, 12, 13.
Watts, Be. 4; C. 18; Do. 6.
Wattson, Ch. 2.
Wauker, Nu. 1.
Waulay, Y. 28.
Waules, N. 55.
Waulker, Be. 4.
Waulter, Do. 16.
Wauterman, Ss. 1.
Wautermann, Wo. 1.
Wawbye, Du. 2.
Wawinge, La. 22.
Wayde, Y. 45.
Waye, Do. 9.
Wayefolde, Wi. 24.
Wayett, O. 6.
Wayls, Y. 45.
Wayman, Ca. 13; Y. 20.
Wayn', W. 10.
Wayne, Y. 41.
Wayneman, Y. 32.
Waynhouse, La. 19.
Waynman, Y. 20, 25.
Waynwright, S. 13.
Wayte, Ha. 26; Y. 32.
Weafer, La. 22.
Weare, Su. 11.
Wearinge, La. 22.
Weast, G. 50.
Weatherhead, B. 1.
Weatherrell, Y. 2.
Weaver, L. 15; Wo. 9.
Web, G. 40; S. 38.
Webb, B. 4, 20, 28; C. 24; De. 2; G. 30, 35, 47; K. 8; S. 36.
Webbe, Be. 6; C. 1, 26, 44; K. 20; Nh. 1; S. 17, 32; St. 1, 6, 10, 14; Wi. 26.
Webber, M. 10.
Webe, Ca. 4.
Weber, De. 4.
Webster, La. 4, 10, 22, 27; M. 6, 10; Sf. 4; Su. 11; Y. 16, 28, 29.

Weddle, Nu. 1; Y. 2, 16.
Weden, L. 7.
Wedgwoodd, S. 18.
Weedon, B. 1, 5.
Week, N. 27; So. 26.
Weersten, N. 41.
Weesthoff, L. 16.
Weever, S. 31.
Weghe, N. 41.
Weight, L. 6.
Weightman, Du. 5.
Welbie, La. 22.
Weldale, N. 49.
Weldon, E. 6.
Weler, S. 41.
Welforth, Du. 9.
Wellen, L. 1.
Weller, M. 10.
Welles, Be. 4; M. 6.
Wellham, E. 5.
Wellom, Sf. 19.
Wells, B. 4, 23; E. 21; K. 20; M. 6, 7; Y. 15, 16, 40.
Welman, Do. 13.
Wels, B. 5, 5½; Le. 9; Y. 9.
Welshe, S. 17.
Welshowe, So. 17.
Weltch, La. 10.
Went, G. 1.
Wentland, N. 12.
Wenworth, E. 16.
Were, K. 14.
Werrall, So. 26.
Werryn, C. 24.
Weryer, K. 11.
Wescott, B. 4.
Wesgate, N. 34.
Wessonne, L. 3.
West, B. 1, 25; Be. 4; C. 37; 38; G. 27, 45; Ha. 14; K. 3, 11; M. 6; Nh. 1; Nu. 1; Su. 4, 5; Y. 40.
Westbie, No. 12.
Westbrooke, Ha. 6; Su. 5.
Westcott, L. 6.
Weste, K. 11; La. 22.
Westerman, Y. 10, 19.
Westerne, M. 1.
Westhead, La. 10.
Westlake, C. 20; So. 9.
Westmore, La. 22.
Weston, Ch. 8; G. 49; St. 16.
Westraw, L. 12.
Westron, L. 6.
Westwraye, Be. 4.
Westwood, E. 4; Y. 34.
Westwoode, Y. 30.
Wethell, C. 16.
Wetherell, Li. 8; M. 6; Y. 16.

lxxxiii

INDEX OF SURNAMES

Wetherhead, Y. 32.
Wethers, K. 20.
Wethrhead, Y. 32.
Wetton, D. 6.
Wever, S. 24, 36, 41.
Whadcock, W. 15.
Whalay, Y. 28.
Whale, N. 35.
Whaley, La. 4; Y. 28.
Whalley, La. 4; Y. 28.
Whallhead, No. 12.
Wharldayle, Y. 40.
Wharmbie, La. 21.
Wharmebie, La. 24.
Wharrington, Y. 16.
Wharton, Y. 2.
Whately, So. 21.
Whatton, N. 25.
Whawpe, Y. 12.
Wheadon, So. 6.
Wheatcrofte, N. 60.
Wheatley, L. 9; Li. 10; M. 10; N. 33; W. 18.
Wheatlye, Du. 3.
Wheato, De. 1.
Wheaton, De. 1.
Wheawall, La. 21.
Wheelar, Wi. 15.
Wheeler, E. 22; Ha. 6; M. 6.
Wheelewright, Y. 19.
Wheldome, La. 21.
Wheler, E. 16; Ha. 15; L. 7; S. 29.
Whetaker, So. 5.
Whetley, M. 10.
Whight, Do. 15.
Whiller, De. 2.
Whinfell, La. 20.
Whinroe, La. 23.
Whinrowe, La. 23.
Whinyet, He. 7.
Whiston, S. 6.
Whit, E. 12; Le. 1.
Whitaker, L. 3; Y. 11.
Whitakers, L. 3; St. 15; Y. 32.
Whitbie, M. 6.
Whitbread, K. 26; Li. 4; W. 13.
Whitbreade, M. 6.
Whitbrooke, L. 3.
White, Be. 4; C. 29, 37, 39; Ch. 2; Du. 10; E. 9; G. 2; Ha. 27; He. 9; K. 9, 11; L. 4, 5, 12; La. 14, 23; Li. 5; M. 10; No. 19; Nu. 1; So. 5, 9; St. 1; Su. 4; Wi. 3, 7, 15; Wo. 7; Y. 28.
Whitebread, M. 6.
Whitecars, La. 13.
Whitefote, S. 13.

Whitehead, L. 6; La. 2, 5.
Whiteheade, L. 6.
Whitehere, De. 2.
Whitehorne, M. 6.
Whiteinge, M. 10.
Whiteley, Y. 38.
Whitell, Y. 38.
Whitemarsh, Wi. 24.
Whitepaine, K. 23.
Whitepane, K. 23.
Whiteside, La. 4, 23.
Whitewell, C. 40.
Whitfeild, Du. 4, 5; L. 7.
Whitfeilde, B. 1.
Whitfeld, Y. 28.
Whitfelde, G. 44.
Whitfield, G. 43; Su. 4.
Whitford, O. 6.
Whitgraue, K. 7.
Whithead, La. 21, 28.
Whitheade, La. 1, 2.
Whithouse, St. 1.
Whithurst, St. 15.
Whitiker, Y. 38.
Whiting, Be. 3.
Whitinge, L. 6; St. 2.
Whitlay, Y. 28.
Whitley, Du. 10; No. 19; Y. 9, 28, 38.
Whitlock, L. 7.
Whitlocke, Sf. 15.
Whitmore, St. 11.
Whitrowe, La. 21.
Whitsid, La. 14.
Whitside, La. 14.
Whitsyd, La. 14.
Whitt, La. 14; So. 1.
Whittaker, La. 2, 9, 12, 24, 28.
Whittakers, L. 6.
Whittall, S. 31.
Whitte, So. 5.
Whittecars, Y. 28.
Whitteker, Y. 20.
Whittell, La. 8; S. 15.
Whittells, Y. 38.
Whittendale, La. 11.
Whittfeild, B. 1.
Whitticar, Y. 28.
Whitting, L. 6; Su. 11.
Whittinghame, Y. 9.
Whittington, So. 3; Wo. 9.
Whittle, La. 4; St. 12.
Whittling, Y. 15.
Whittye, Le. 6.
Whitwaye, De. 2.
Whitwham, La. 13.
Whitwhame, La. 2.
Whitworth, La. 21, 24; N. 36.
Whitworthe, La. 1.

Whomes, Li. 9.
Whorleton, Y. 3.
Whorred, So. 9.
Whorrockes, La. 9.
Whrite, M. 10.
Whygood, So. 15.
Whyneroe, La. 14.
Whyt, So. 19.
Whyte, Ch. 2; La. 22.
Whytehouse, W. 10.
Whytel, La. 27.
Whyteley, Ch. 1.
Whytestones, La. 10.
Whythead, Ch. 4; La. 12.
Whytheade, La. 1, 12, 24.
Whytle, Ch. 4.
Whytley, Ch. 5; La. 24; Y. 9, 44.
Whytsyd, La. 14.
Whyttel, La. 27.
Whytyng, Ca. 13.
Wiart, K. 14.
Wiat, Ha. 15.
Wibert, K. 14.
Wicherley, G. 49; S. 21.
Wickam, G. 47.
Wickes, Su. 4; Wi. 20.
Wickett, C. 36.
Wickham, N. 42.
Wickyns, Nh. 4.
Widdall, La. 17.
Widdowes, Y. 16.
Widoet, N. 41.
Widope, La. 13.
Wigan, La. 8, 27.
Wigfold, Su. 5.
Wigglesworth, Y. 31.
Wiggon, Y. 12.
Wighall, La. 21.
Wighte, Li. 12.
Wigley, Be. 4; Ha. 2.
Wignall, La. 6.
Wijbo, L. 16.
Wilbraham, L. 13.
Wilby, Y. 1.
Wilbye, Y. 35.
Wilcocke, La. 6, 13; Y. 22.
Wilcoke, Y. 22.
Wilcokson, Ch. 5.
Wilcox, S. 36.
Wild, La. 14, 28; S. 1.
Wiversley, N. 60.
Wildboare, L. 10.
Wilde, L. 1; La. 21.
Wildegoose, L. 6; Wo. 8.
Wildgoose, L. 6.
Wildqos, K. 17.
Wilding, S. 13, 38.
Wildinge, La. 6, 10; S. 32.
Wilke, Y. 28.

lxxxiv

INDEX OF SURNAMES

Wilkenson, L. 13; La. 22; Y. 44, 45.
Wilkes, N. 60; S. 34; St. 1; Su. 11; W. 12; Y. 9, 28.
Wilkeson, Ch. 2.
Wilkey, C. 26.
Wilkins, Do. 10; G. 30; M. 6; Nh. 13; So. 3, 9; Wo. 1.
Wilkinson, K. 11; L. 5; La. 2, 8, 11, 14; M. 6; N. 48, 60; Su. 7; Y. 9, 28, 34, 38, 39, 44.
Wilkinsone, La. 17.
Wilkinsonne, Y. 38.
Wilks, S. 16.
Wilky, C. 24.
Wilkynson, La. 2.
Willamson, Y. 22.
Willans, Y. 28.
Willason, Y. 21.
Willat, St. 8.
Willau, K. 14.
Willaw, K. 14.
Willes, Do. 10; La. 6.
Willesie, La. 13.
Willetts, Wo. 1.
Willgosse, St. 16.
William, C. 22, 31, 40.
Williame, L. 11.
Williams, B. 30; C. 20, 32, 37; Ch. 8; De. 4; E. 21; G. 40, 43, 44, 52; Ha. 14; K. 12, 25; L. 3, 6, 9, 13; M. 6, 10; Nu. 1; S. 17, 28, 36, 37, 38; So. 21; St. 16; Su. 11; Wi. 26.
Williames, S. 41.
Williamson, Ch. 2; L. 13; La. 15, 26; Le. 1; M. 7; Su. 11; Y. 16, 28, 34.
Williamsonne, St. 10.
Williau, L. 11.
Willie, D. 11; So. 31.
Willimut, N. 28.
Willington, St. 1.
Willis, M. 1; Wo. 7.
Willison, L. 3.
Willmor, L. 1.
Willmot, So. 24.
Will'ms, C. 37.
Willms, C. 36; Ch. 1; L. 13.
Willmson, La. 5.
Will'msone, N. 60.
Will'msonne, Wo. 9.
Willomson, Y. 22.
Willon, La. 5.
Willott, La. 21.
Willowes, No. 2.
Wills, C. 20, 24; De. 2; Du. 5; So. 2.
Willshire, Wi. 12.

Willson, La. 15, 25; Le. 18; Li. 10; N. 2; Su. 11; Y. 8, 40.
Willsone, La. 2, 25.
Willsonn, La. 12.
Willsonne, De. 2.
Willyams, He. 9.
Willyamson, Be. 2.
Willyamsone, N. 37.
Willyamsonne, B. 4.
Wilsene, Le. 14a.
Wilshawe, La. 21.
Wilshire, Su. 4.
Wilson, B. 6; Ch. 6; Cu. 1; Du. 5, 6; G. 15; K. 17, 24; L. 5, 14; La. 13, 15, 19, 21, 22, 24, 26; Li. 3; M. 7, 10; N. 21, 55; S. 17, 41; St. 2, 4, 6; W. 11, 14; Y. 1, 2, 5, 6, 9, 11, 12, 15, 16, 20, 22, 25, 28, 30, 33, 35, 38, 44, 45.
Wilsonn, Y. 35, 45.
Wilsonne, Y. 38.
Wilto, Wi. 19.
Wilton, He. 7; So. 1; Wi. 19.
Wimboll, G. 48.
Wimmarslay, Y. 28.
Wimmerslay, Y. 28.
Win, Bd. 1; Y. 33.
Winch, N. 22.
Winchcombe, So. 5.
Winche, K. 12.
Winckfild, K. 9.
Winde, La. 10.
Windebanke, Y. 2, 5.
Windel, E. 16.
Windell, E. 16.
Winder, La. 15, 22; N. 27.
Windgrine, La. 22.
Windlay, N. 54.
Windle, Y. 38.
Windr, La. 15.
Windrow, La. 10.
Windrowe, La. 10.
Wines, Sf. 2.
Winesley, R. 1.
Winfielde, N. 22.
Winge, R. 1.
Winkefielde, He. 7.
Winnall, Wo. 1.
Winsley, Nh. 15.
Winstaley, La. 4.
Winstandley, La. 4.
Winstanley, Nu. 1.
Winstanly, La. 4.
Winston, K. 8.
Winter, E. 8; Li. 5, 26; N. 27; So. 5; Wi. 6.
Winterbothom, Ch. 1; La. 28.
Winterbottom, Ch. 1.
Wintworth, Y. 22.

Winzor, Do. 16.
Wirehorne, Y. 28.
Wirge, O. 1.
Wirley, St. 1.
Wirrall, La. 17.
Wirroll, W. 18.
Wise, De. 6; Y. 28.
Wiseman, M. 6.
Wissam, Ha. 4.
Wissonton, K. 25.
Wiswall, La. 5.
Witcombe, So. 15.
Witefield, De. 2.
Withe, L. 9.
Withell, C. 37.
Withers, M. 8; So. 26.
Withingto, La. 9.
Withington, L. 13; La. 4, 9.
Witt, Be. 4; N. 40; Wi. 24.
Witte, N. 41.
Wittewronghel, N. 41.
Wittle, Ch. 8.
Wlbrooke, G. 34.
Wmsone, La. 5.
Woane, La. 19.
Wod, Y. 1.
Wodcocke, Y. 32.
Wodd, Y. 28, 44, 45.
Woddart, S. 27.
Woddburne, La. 27.
Wodder, He. 8.
Woddome, De. 2.
Woddowes, Wo. 9.
Woddworth, La. 17.
Wode, Ch. 2.
Woden, W. 12.
Wodhead, Y. 28.
Wodward, He. 7; Y. 2.
Wokden, Y. 44.
Wollaston, St. 1.
Wolfe, L. 13.
Wolfenden, La. 1, 24, 28.
Wolffinden, La. 24.
Woller, La. 13.
Wollet, K. 2.
Wollmer, Nh. 15.
Wolstenholme, La. 21, 24.
Wolton, Y. 28.
Woltone, La. 22.
Wolverston, M. 6.
Wood, B. 1, 5; Be. 2; De. 2; E. 16; G. 1; K. 10, 23; L. 13; La. 2, 4, 7, 9, 18; Li. 10; M. 6; N. 60; Nh. 1; S. 13, 37; St. 1, 6, 15; Su. 3, 11; Y. 8, 9, 16.
Woodash, Ha. 12.
Woodburne, L. 5.
Woodcocke, Be. 4; La. 6.
Woodcoke, La. 8.

lxxxv

INDEX OF SURNAMES

Woodd, La. 21; Y. 9.
Wooddall, Y. 16.
Woodde, La. 7; St. 16.
Wooddes, Su. 5.
Woodds, Su. 5.
Woode, C. 14; De. 2; G. 47;
 Ha. 4, 10; K. 7; La. 1, 2,
 4, 9; N. 59; Nu. 1; S. 17;
 So. 10; Su. 9; Y. 17, 35, 38.
Woodecote, K. 26.
Wooders, Su. 11.
Woodes, La. 6, 10; Le. 5;
 Su. 2.
Woodeson, W. 13.
Woodfine, M. 7.
Woodhall, S. 38.
Woodhead, Y. 38.
Woodheade, Y. 38.
Woodhouse, D. 1; N. 55;
 Y. 10.
Woodhowse, B. 1.
Woodlandes, Wi. 4.
Woodman, Du. 3.
Woodnutte, Ch. 2.
Woodroffe, De. 3.
Woodroofe, G. 47; Wi. 20.
Woods, Ch. 8; L. 6; La. 5, 11.
Woodshawe, Le. 1.
Woodward, D. 6; E. 16; G. 27;
 K. 17; L. 2; St. 1, 16;
 W. 12.
Woodwarde, G. 47; L. 6;
 Le. 1.
Woofet, N. 60.
Wooldriche, St. 12.
Wooley, M. 6; S. 36.
Woolfe, Wi. 8.
Wooller, Su. 11.
Woolley, N. 36, 56.
Woollison, L. 15.
Woolly, Wi. 4.
Woolman, B. 22.
Woolsencroft, La. 9.
Woolsencrofte, La. 9.
Woolstenholme, La. 9.
Woolton, De. 5.
Woolward, Sf. 12.
Woolwaye, Dr. 2.
Woorrall, La. 5; M. 10.
Woorth, De. 2.
Woosey, La. 10.
Wootten, K. 25.
Worall, La. 24.
Wordsworthe, Y. 4.
Workesley, La. 17.
Worley, G. 47.
Worleye, Nh. 7.
Wormall, La. 1; Y. 38.
Wormingesham, La. 21.
Worrald, S. 34.

Worrall, Su. 11; Y. 44.
Worseley, La. 12.
Worsley, K. 10; La. 12, 17,
 27; Nh. 15.
Worsleys, Ch. 1.
Worth, C. 6; Wo. 9.
Worthe, Ch. 2; Nu. 1; So. 6.
Worthingto, La. 4.
Worthington, La. 6, 7, 21, 27.
Wotherton, S. 36.
Wotherwick, Li. 3.
Wotmor, S. 23.
Wotto, B. 8.
Wotton, S. 27; So. 12.
Wourselet, K. 14.
Wraglyn, M. 7.
Wraie, Y. 28, 39.
Wrangham, Du. 4, 7.
Wrath, Y. 28.
Wray, He. 7; Y. 28.
Wraythoe, Y. 30.
Wreight, Nu. 1.
Wrench, He. 7; O. 5.
Wrenche, He. 7.
Wrestler, E. 2.
Wrieson, Y. 19.
Wrigh, St. 1.
Wright, B. 9; Be. 4; Ch. 1;
 Du. 1; E. 16; G. 21; He. 9;
 L. 1, 2, 13; La. 14, 17, 21,
 26, 27, 28; Li. 5, 28; M. 7;
 N. 22, 26, 30, 43; No. 13;
 Nu. 2; Sf. 1, 8, 10; St. 8;
 Su. 4; W. 10, 18; Y. 2, 7,
 8, 10, 19, 28.
Wrighte, B. 27; Ch. 1; L. 6;
 La. 27; M. 7; Sf. 4.
Wrightsonn, Y. 29.
Wrigleforth, Y. 19.
Wrigley, La. 9.
Write, M. 9.
Wroes, Y. 28.
Wrogby, No. 1.
Wrothe, C. 25.
Wryght, Su. 11; W. 12, 13;
 Y. 4, 9.
Wryghte, N. 1.
Wudburn, La. 20.
Wurmall, Y. 35.
Wyat, O. 3.
Wyce, Ch. 8.
Wyche, Ch. 1.
Wyclyffe, Y. 32.
Wydder, Ch. 4.
Wyddet, K. 18.
Wyddowes, S. 17.
Wye, W. 10.
Wygans, La. 6.
Wyghtweeke, S. 5.
Wykes, S. 38.

Wyld, La. 28; Wi. 3.
Wylde, Ch. 1; La. 9, 24; M. 6.
Wyldeman, B. 15.
Wyldes, La. 28.
Wyldman, Y. 34.
Wylie, La. 22.
Wylkim, N. 49.
Wylkinsone, Ch. 3.
Wylkynes, W. 2.
Wyllet, G. 34; Sf. 21.
Wyllions, Y. 32.
Wyllyams, M. 2.
Wyllybye, Do. 7.
Wyllym, H. 1.
Wylson, Ca. 13; Y. 44.
Wyly, N. 43.
Wymark, Sf. 21.
Wymboll, G. 48.
Wymersley, Y. 35.
Wymon, Li. 20.
Wynall, Wo. 3.
Wynboy, M. 7.
Wynchester, B. 1.
Wynckles, Be. 4.
Wynd, S. 38.
Wyndell, Y. 2.
Wyndsor, Y. 20.
Wyne, Li. 3.
Wyneard, G. 47.
Wynewall, La. 13.
Wyngate, M. 6.
Wynkle, G. 50.
Wynn, G. 50.
Wynne, S. 37.
Wynter, B. 1.
Wynwall, La. 13.
Wyott, De. 2.
Wyriat, G. 43.
Wyrrall, La. 21.
Wyse, M. 7.
Wysman, K. 7.
Wythington, L. 13; La. 27.
Wyttingslow, S. 34.

Yardley, M. 6; Wo. 3.
Yarroll, Le. 14a.
Yarum, N. 33.
Yarwood, Y. 35.
Yat, W. 12.
Yate, Ch. 4; La. 1, 5, 6, 10,
 27; S. 42; St. 3, 4; W. 11.
Yateman, L. 5¼; M. 6.
Yates, Nh. 2.
Yaxley, M. 10.
Yeadall, Y. 45.
Yeaden, Y. 9.
Yeadlie, C. 25.

INDEX OF SURNAMES

Yealande, DE. 2.
Yeardley, G. 25; L. 13.
Yearwoode, CH. 2.
Yeate, G. 25; LA. 15.
Yeatts, SU. 11.
Yeeds, So. 35.
Yelderton, L. 9.
Yell, L. 10.
Yeoman, E. 12.
Yersley, S. 3.
Yete, L. 3.
Yoe, DE. 2.
Yoile, Y. 28.
Yokley, K. 25.
Yolton, C. 10.

Yoman, M. 6.
Yong, CU. 1; SU. 5, 11; Y. 8.
Yonge, CU. 1; E. 8; HE. 9; L. 13; LA. 12, 15, 17; M. 10; NU. 1; SU. 5; Y. 6, 39.
Yonger, DU. 4.
Yoppe, S. 27.
Yorke, DE. 4; L. 13; M. 7; S. 34.
Yotton, M. 7.
Younge, K. 20; M. 7; N. 43; NU. 1.
Younges, N. 40.
Youngman, N. 27.
Yowle, N. 55.

Ymyphoy, SF. 1.
Yncker, L. 13.
Yngham, L. 6.
Ynglefielde, L. 13.
Ysherwoode, LA. 1.
Yrishe, M. 7.
Yury, L. 13.
Yves, W. 14.

Zanches, L. 15.
Zegar, Do. 18.
Zwarte, K. 14.

Appendix, 1601

Abbot, C. 44.
Acton, S. 38.
Adams, NH. 14; S. 38.
Addinburrowe, D. 11.
Addison, DU. 9.
Ager, NH. 13.
Akinton, S. 41.
Alderman, SO. 5.
Allard, SU. 11.
Allen, S. 33, 38; SF. 26.
Allinson, Y. 27.
Allred, BE. 6.
Alsibroke, D. 6.
Alton, D. 6.
Alvie, N. 48.
Alwaye, DE. 3.
Andrewe, LI. 9.
Angell, N. 43; S. 41.
Anger, BE. 6.
Ap Atha, S. 41.
Ap Dauid, S. 41.
Ap David, S. 36.
Ap Edd, S. 41.
Ap Edward, S. 41.
Ap Ellis, S. 41.
Ap Evans, S. 34, 38.
Ap Gryffyth, S. 41.
Ap Holl, S. 41.
Ap Howell, S. 40.
Ap Hughe, S. 41.
Ap Jeffrey, S. 41.
Ap Jeuan, S. 41.
Ap John, S. 40, 41.
Ap Lleu'nglou', S. 41.
Ap Madoke, S. 41.
Ap Nicholas. S. 41.
Ap Pugh, S. 33.
Ap Rees, S. 41.
Ap Richard, S. 40, 41.
Ap Rinald, S. 41.
Ap Robert, S. 37.
Ap Roger, S. 40.
Ap Thomas, S. 38, 41.
Ap Thoms, S. 41.
Ap William, S. 41.
Appellby, LI. 23.
Arkell, NU. 2.
Armested, NH. 3.
Arnold, N. 48; NH. 10; Y. 46.
Artyr, NH. 14.
Arundell, M. 2; Y. 46.
Ashbee, NH. 11.
Ashmoc, CH. 8.
Ashton, CH. 8.

Askew, SU. 11.
Aston, S. 38.
Atcheson, DU. 5.
Atkinson, SU. 11.
Atkyns, D. 6.
Austin, DO. 19.
Awkocke, N. 56.

Babbe, SO. 32.
Bachler, SU. 11.
Bacon, N. 43.
Badam, S. 41.
Badger, LI. 24.
Baggaly, LA. 28.
Bailie, S. 38.
Baily, N. 35; S. 38.
Bainbridge, DU. 8.
Baker, DE. 3; HE. 10; S. 41; SF. 27; SU. 11.
Balch, DO. 14.
Baldwyn, S. 38.
Balkom, K. 5.
Ball, N. 55; Y. 46.
Balwyn, SU. 11.
Bambridge, NU. 2.
Bambrig, DU. 5.
Banckes, LI. 23.
Bancks, SU. 11.
Band, S. 38.
Bankes, SU. 11.
Barber, SU. 11.
Bardsley, LA. 28.
Bares, K. 5.
Barker, D. 2; DU. 8; LA. 29; LI. 26; N. 54; NH. 4; S. 40, 41.
Barlowe, LA. 29.
Barnard, WO. 7.
Barnes, BE. 6, 9; N. 48, 49.
Barningham, N. 43.
Barrande, LI. 9.
Barret, D. 7.
Barronde, LI. 9.
Bartlet, M. 2.
Basnett, S. 38.
Basse, LE. 16.
Bassett, SU. 11.
Bate, D. 2.
Bateman, B. 5½.
Batt, BE. 6.
Battie, Y. 31.

Bauchier, H. 29.
Baule, NH. 14.
Bawdwayne, Y. 31.
Baxter, SF. 23.
Bayley, LE. 10.
Baylie, NH. 8.
Beakon, SO. 5.
Beames, NU. 2.
Beatch, LI. 9.
Bedoe, S. 38.
Bedows, S. 38.
Belbey, DU. 5.
Belch, M. 2.
Bell, SU. 11.
Belshere, SO. 5.
Benet, S. 41.
Benett, D. 6.
Bennet, M. 2; SO. 5.
Bennytt, LE. 8.
Berdesley, D. 6.
Berry, S. 38; SU. 11.
Berwicke, S. 37.
Bery, HE. 9.
Betchfyld, S. 36.
Bevan, S. 38.
Beverley, SU. 11.
Bexwicke, LA. 28.
Bicarstaffe, N. 54.
Bickerstead, LI. 9.
Bidgood, DE. 3.
Bigges, SU. 11.
Biollin, S. 41.
Birket, DU. 9.
Blacker, Y. 46.
Blackerbie, SF. 23.
Blagden, SU. 11.
Bland, Y. 31.
Blashfield, S. 38.
Blaxton, DU. 5.
Bleeke, WO. 7.
Blinman, SO. 32.
Blithworth, D. 6.
Blynstoone, CH. 8.
Bodiley, S. 38.
Bogey, LI. 9.
Bonni, SO. 5.
Boole, LI. 25.
Boollocke, O. 6.
Boosse, SU. 11.
Booze, N. 56.
Borne, SO. 5.
Bote, B. 5½.
Botfield, S. 38.
Both, D. 6; LI. 20.

APPENDIX, 1601

Boughton, Li. 9.
Bourne, So. 5.
Bourrel, H. 29.
Bouton, S. 38.
Bowen, S. 41.
Bowkley S. 37.
Bowman, C. 42.
Bowton, S. 38.
Boycke, Du. 8.
Boyse, Nh. 7.
Brabon, K. 6.
Brabye, E. 17.
Bradeley, S. 38.
Bradley, D. 6.
Bradlye, Le. 12.
Bradnall, Ch. 8.
Bragger, S. 33.
Brandon, Le. 13.
Branson, Du. 9.
Brantingham, Du. 5.
Brasier, S. 38.
Braunsonne, N. 52.
Brearley, La. 28.
Brice, So. 35.
Bride, H. 29.
Briggs, Su. 11.
Bright, D. 2.
Brigs, N. 49.
Brockbancke, Su. 11.
Broke, Be. 6.
Bromall, Su. 11.
Brooke, S. 38; So. 5.
Brookes, M. 2.
Brookie, N. 36.
Browcks, Su. 11.
Browke, Su. 11.
Browne, Du. 5; G. 24; N. 35, 43; S. 33, 41; Su. 11.
Brundon, Du. 5.
Bryn', S. 36.
Bryse, Nh. 12.
Buckby, Nh. 13.
Bucke, Li. 10.
Buckland, D. 6.
Buckley, La. 28; Su. 11.
Bucley, La. 28.
Burdett, Y. 46.
Burdis, Du. 5.
Burian, S. 41.
Burkin, E. 18.
Burland, So. 32.
Burrowes, D. 11.
Burthick, Du. 5.
Burton, D. 6; Li. 23.
Busbie, Du. 9.
Bush, He. 10.
Busshop, Sf. 26.
Bustinge, N. 43.
Butler, So. 5; Su. 11.
Butston, De. 3.

Butterfeild, B. 5½.
Butterfield, M. 5.
Butterworth, La. 28.
Buttler, Su. 11.
Button, Sf. 27.
Byke, S. 38.
Bynnes, Y. 46.
Byrtswissell, Nh. 10.

Cable, Nh. 8.
Cacbread, He. 10.
Cadbery, De. 3.
Camplin, Sf. 13.
Canby, B. 7½.
Candland, S. 38.
Canon, M. 5.
Cante, E. 18.
Capell, He. 10.
Carpenter, K. 3; S. 38; Wo. 7.
Carr, Li. 9.
Carter, Nh. 14; S. 37.
Carver, N. 29; So. 35.
Cavell, So. 5.
Cawood, Y. 24.
Certayne, M. 5.
Chalmer, Du. 9.
Chamber, Nu. 2.
Chamberlayne, Nh. 14; Su. 11.
Chambers, Nh. 10; So. 5.
Champney, So. 5.
Champneys, So. 5.
Chapman, K. 5; Le. 13; So. 5.
Chaunler, So. 5.
Chebball, Su. 11.
Cheffine, S. 38.
Chelsam, M. 4.
Chester, G. 52.
Chetham, La. 28.
Chilam, D. 12.
Christopher, Du. 9.
Church, Be. 6.
Churchay, So. 5.
Clarke, Be. 6; Du. 5; E. 19; He. 9; N. 55, 57; Su. 11; Y. 46.
Clearke, Wi. 23.
Clerke, S. 38.
Cleton, Su. 11.
Cliff, Li. 24.
Cluen, E. 21.
Coall, Su. 11.
Coates, S. 38.
Cocke, He. 9; S. 37.
Cocker, La. 28.
Cockrell, E. 18.
Coe, Y. 27.

Coffinge, Y. 27.
Cogdell, He. 9.
Coldsby, Nh. 6.
Cole, Be. 8; S. 38; So. 32.
Colford, E. 21.
Collen, N. 56.
Collie, N. 49.
Colliett, S. 37.
Collin, Nh. 3.
Collins, Be. 6; Nh. 10.
Colman, So. 5.
Combe, Do. 14.
Coming, Du. 5.
Cominge, Du. 8.
Con, Li. 23.
Connstable, B. 5½.
Cooke, Ch. 8; G. 52; Le. 13; S. 38; Sf. 12; Wo. 7.
Coole, Li. 10; Nh. 3.
Cooles, D. 6.
Cooper, Wo. 7.
Coote, Sf. 9.
Copeland, N. 56.
Coppingforth, Nh. 12.
Corbet, S. 36.
Cormell, Wo. 7.
Cornare, Le. 9.
Corye, Nh. 11.
Cosens, O. 6.
Cotes, N. 43.
Cottrell, So. 5.
Coup, La. 28.
Couper, Y. 46.
Covinton, He. 9.
Cowles, C. 41; S. 34.
Cowlyshaw, D. 6.
Cowper, Ch. 8; S. 33.
Coxe, S. 33, 37.
Crafton, K. 5.
Crake, Li. 25.
Cranmer, Sf. 26.
Crockett, S. 37.
Crockford, Su. 11.
Crofte, Nu. 2.
Crompton, La. 28.
Cronir, H. 29.
Croose, N. 55.
Crosley, La. 28.
Crosse, Ch. 8.
Crowe, Sf. 9.
Crowther, S. 38.
Cudworth, La. 28.
Cumber, S. 34.
Cunningham, N. 43.
Cupper, S. 38.
Curling, E. 17.
Currey, Du. 5.
Curtis, Nh. 12.
Curtisse, Li. 9.
Cussen, He. 10.

lxxxix

APPENDIX, 1601

Dacham, Do. 14.
Dackus, S. 41.
Dallyday, N. 29.
Dalton, Du. 5.
Dan, Be. 6.
Danbye, G. 52.
Daniel, S. 38.
Darssy, N. 50.
Darvoll, M. 5.
Davie, Le. 15.
Davies, S. 37, 41; Wo. 7.
Davison, Y. 46.
Davy, So. 34.
Davye, C. 41.
Dawes, N. 35.
Dawson, N. 56.
Day, Be. 6; S. 41.
Daye, Su. 11.
De Camp, H. 29.
De La Lande, H. 29.
De La Lune, H. 29.
De La Motte, H. 29.
Dent, No. 1.
Denton, K. 5; Nh. 12.
Deutn, K. 5.
Devell, Su. 11.
Dewin, N. 43.
Dewse, S. 38.
Dicas, Ch. 8.
Dickins, Wo. 7.
Dickson, B. 7½.
Dines, Su. 11.
Disley, Su. 11.
Ditcher, So. 5.
Dobbes, N. 55.
Dobbyns, Nh. 11.
Dobikin, Li. 26.
Doble, C. 41.
Dobson, Du. 5.
Dodson, Su. 11.
Doley, D. 6.
Donason, Nu. 2.
Donns, S. 41.
Dorset, M. 5.
Dowley, Su. 11.
Downe, S. 36, 37.
Downes, Sf. 12.
Downing, M. 2.
Drake, Su. 11; Y. 37.
Draper, Y. 36.
Drewrie, Wo. 7.
Dri, K. 5.
Drihurst, S. 41.
Driv, K. 5.
Driver, K. 5.
Drowley, K. 5.
Dudlicke, S. 34.
Duffield, D. 6.
Du Gard, H. 29.
Dunne, Su. 11.

Durington, E. 21.
Durnedale, Wo. 7.
Dyche, He. 9.
Dyckens, D. 6.
Dyer, S. 38.
Dyrant, B. 7½.

Eares, Su. 11.
Eastecote, C. 41.
Eaton, S. 41.
Edds, S. 40.
Edgoose, Li. 9.
Edward, S. 37.
Edwarde, Su. 11.
Edwards, S. 36, 41.
Elis, S. 40.
Elliot, N. 55.
Ellis, B. 5½; S. 38; Y. 27.
Ellro, N. 57.
Ellsey, Li. 9.
Emans, Be. 6.
Errington, Du. 5.
Estland, K. 5.
Estrom, N. 30.
Ethersoll, Su. 11.
Ethersolle, Su. 11.
Evance, S. 41.
Evans, S. 36; Su. 11.
Exham, N. 43.
Eyton, S. 37.

Facie, C. 41.
Fairefoot, Sf. 13.
Farnworthe, N. 54.
Fawkner, O. 6.
Feeld, N. 37.
Feilde, Be. 6.
Felex, D. 12.
Felsteade, N. 56.
Fenn, N. 36.
Fetherstone, Li. 28.
ffield, Su. 11.
ffell, Su. 11.
fflud, Su. 11.
fford, Su. 11.
fforeste, Y. 27.
fforwood, Su. 11.
ffoulks, S. 41.
flowl, Su. 11.
ffranckline, So. 5.
ffreinde, Su. 11.
ffresse, Su. 11.
ffurmage, Do. 19.
Fidler, K. 3.
Fitzgerald, M. 4.
Fletcher, D. 6.

Foe, Nh. 3.
Folye, E. 22.
Foord, S. 36.
Foote, M. 4.
Fordham, He. 10.
Forset, He. 9.
Fortye, O. 5.
Foster, Du. 5.
Fowke, D. 7.
Fowll, Su. 11.
Francklin, Le. 11.
Franke, Le. 16; N. 56.
Freem, G. 52.
Frekingham, Li. 10.
Frenche, B. 5½.
Frith, N. 57.
Full, D. 11.
Fychet, N. 49.
Fynche, He. 9.

Gallant, Be. 6.
Gamsbey, Du. 5.
Garforth, Y. 24.
Garnar, N. 55.
Garner, Li. 9.
Garrett, E. 17.
Gatte, K. 5.
Gauuain, H. 29.
Gee, La. 29.
George, So. 5.
Gesson, Le. 11.
Gibson, Du. 5; Li. 26; Su. 11.
Gilbart, Do. 19; Su. 11.
Giles, Su. 10.
Gillis, Du. 5.
Gilmyn, S. 38.
Gittyns, S. 36.
Glasse, C. 44.
Glassop, N. 55.
Glawen, C. 41.
Goare, Su. 11.
Godden, Su. 11.
Godderd, N. 56.
Godkin, D. 11.
Goodall, S. 36.
Goodfellowe, Nh. 12.
Gorion, H. 29.
Gotte, Li. 25.
Gouldinge, N. 56.
Gozhe, S. 36.
Grang, K. 5.
Granger, K. 5.
Grasty, S. 36.
Graues, Su. 11.
Gravener, D. 6.
Graves, Su. 11.
Gray, Du. 5; N. 53; Su. 11.
Greaves, La. 28.

xc

APPENDIX, 1601

Green, Sf. 9.
Greene, N. 55; S. 38; Wo. 7.
Greggs, E. 22.
Grene, Li. 10; N. 36; Su. 11; Y. 27.
Grennaway, Su. 11.
Grey, Wo. 7.
Griffeth, So. 5.
Griffith, So. 5.
Grindon, So. 5.
Griphes, S. 36.
Grobie, Li. 25.
Grub, Su. 11.
Grubb, Su. 11.
Gruffith, S. 38.
Gruffiths, S. 38.
Guild, S. 41.
Gunne, Wo. 7.
Gybson, Su. 11.
Gylder, E. 17.
Gytten, Ch. 8.
Gytts, S. 33.
Gyttyns, S. 33.

Hackluit, S. 38.
Hacourt, H. 29.
Hadlinge, Nh. 7.
Haires, He. 10.
Hakins, Li. 9.
Hale, B. 5½.
Hall, S. 38; Y. 46.
Halle, La. 28.
Halton, S. 38.
Halycon, D. 6.
Hamond, S. 37.
Hamsone, La. 29.
Hanchet, He. 10.
Harding, S. 38.
Hardwicke, He. 9.
Hargraves, La. 28.
Harle, So. 34.
Harlewyne, Li. 9.
Harper, S. 38, 40.
Harrie, C. 41.
Harrington, Y. 27.
Harris, O. 5, 6.
Harrison, Du. 5, 9; Y. 27.
Hartelonde, G. 52.
Hartlay, Y. 31.
Hartley, La. 28, 29.
Harvie, D. 12.
Hasewell, Su. 9.
Hassellwood, Su. 11.
Haugh, D. 6.
Haukett, Y. 46.
Havart, S. 38.
Hawlye, Le. 17.
Hawsey, He. 9.

Hayley, Nh. 14.
Hayward, B. 7½; He. 10.
Hazarde, Wo. 7.
Heathcoate, N. 54.
Hebden, Y. 31.
Heckleson, Su. 11.
Hedges, B. 29; Wo. 7.
Heferd, Su. 11.
Hegge, Du. 8.
Heighway, S. 37.
Heile, S. 36.
Heisame, S. 37.
Helloby, N. 54.
Hellot, D. 6.
Henberry, K. 6.
Henne, O. 5.
Hepple, Du. 5.
Heughsonn, Nh. 3.
Heward, S. 41.
Heynes, Nh. 11.
Hicks, G. 24.
Hide, Su. 11.
Higby, He. 9.
Higgins, S. 37.
Higins, S. 41.
Hill, D. 12; S. 38; Su. 11.
Hiller, Wo. 7.
Hilles, Su. 11.
Hilton, La. 28.
Hinton, S. 38.
Hirst, Y. 46.
Hitchon, Y. 46.
Hobdey, Wo. 7.
Hobkin, La. 28.
Hockett, He. 9.
Hoddnet, S. 41.
Hodgekin, K. 6.
Hodges, Wo. 7.
Hodgkis, S. 38.
Hodgson, Du. 5; Li. 23.
Hodson, S. 37.
Hoges, K. 5.
Hogge, Sf. 12.
Hoggett, Su. 11.
Holland, S. 38.
Hollande, La. 28; N. 55.
Hollinworth, La. 28.
Holman, C. 41; Su. 10.
Holmes, D. 2.
Holsworthe, Y. 27.
Holt, D. 6.
Holte, Sf. 27.
Homfred, H. 29.
Hopkin, N. 55.
Hopper, B. 7¼.
Hopwod, La. 28.
Hordeley, S. 36.
Horneby, Li. 24.
Horsley, N. 57.
Horton, So. 5.

Hoskines, Su. 11.
Hoskins, So. 5.
Hossebrooke, N. 57.
House, N. 30.
Howe, He. 9.
Howell, Sf. 13.
Howells, S. 36, 38.
Howgh, Su. 11.
Howit, N. 55.
Howmes, S. 33.
Howys, Li. 9.
Hubanke, Li. 26.
Hubert, H. 29.
Hucker, So. 35.
Huchinson, N. 55.
Hughes, O. 6; S. 38.
Hughson, S. 37.
Huings, Su. 11.
Hull, Do. 14.
Humber, Su. 11.
Humberston, Le. 11.
Hungerford, Wi. 20.
Hunter, Sf. 9.
Hurte, N. 55.
Husdell, So. 5.
Husher, S. 34.
Hussye, He. 9.
Hust, Su. 11.
Husted, Su. 11.
Hutchins, M. 2; S. 36.
Huxley, S. 41.
Hyckman, Su. 11.
Hyde, Ch. 8.
Hyll, Li. 9.
Hyne, Ch. 8.
Hynxman, S. 38.

Ibbotsonn, Y. 31.
Iddison, Du. 9.
Ince, D. 6.
Ingland, Nh. 11.
Ingram, Wo. 7.
Insolle, Su. 11.
Isham, Nh. 12.
Ison, Su. 11.
Ithell, Ch. 8.

Jacks, S. 37.
Jackson, Su. 11.
Jacksonn, Y. 31.
Jacson, La. 28.
Jakeman, B. 7½.
Jameler, S. 40.
James, B. 29; N. 55; S. 38, 41.
Jax, S. 36.
Jaxon, S. 40.

APPENDIX, 1601

Jeanings, M. 2.
Jefferes, Wi. 23.
Jeffery, He. 9.
Jeffkins, Nh. 10.
Jelly, So. 5.
Jeninge, S. 41.
Jeninges, S. 40.
Jenings, S. 40.
Jepson, La. 28.
Joanes, So. 5; Su. 11.
Jobber, Du. 9.
John, Ch. 8.
Johnes, Ch. 8; S. 41.
Johnson, Ch. 8; Du. 5; La. 29; Li. 25; O. 6; Sf. 26; Su. 11; Y. 27, 46.
Jones, N. 55; S. 38.
Jonson, Le. 12; N. 49.
Jucke, Su. 11.
Jukes, S. 36.
Jump, Ch. 8.
Jux, S. 38.

Kathernes, N. 53.
Keache, Nh. 14.
Keble, E. 17.
Keelan, S. 41.
Keepe, Be. 6.
Kellwey, E. 21.
Kempe, Ch. 8.
Kempesall, Su. 9.
Kenner, B. 5½.
Kerham, Wo. 7.
Kershawe, La. 28.
Kery, S. 36.
Key, S. 41.
Keye, Le. 9.
Kinaston, S. 41.
Kincie, N. 57.
King, He. 10.
Kinge, B. 5½; M. 2.
Kirkby, Du. 9.
Kirkwood, So. 5.
Knee, Ch. 8.
Knight, B. 7½; Li. 22; S. 38.
Knolton, He. 9.
Knott, La. 28.
Knowles, Y. 31.
Kydd, Y. 31.
Kyffin, S. 40, 41.
Kynfrick, S. 41.
Kynnaston, S. 40.
Kynton, S. 38.
Kyrshawe, La. 28.

L'Amoureux, H. 29.
Labourne, Du. 5.

Lace, Su. 11.
Lacon, S. 40.
Laken, S. 41.
Lambart, M. 2.
Lampitt, Wo. 7.
Lancaster, N. 57.
Lane, Nh. 7.
Langford, S. 41; Su. 11.
Lanne, Su. 11.
Lansdale, Li. 23.
Larder, M. 4.
Lashley, He. 10.
Laude, So. 5.
Laurence, E. 18.
Lavis, So. 32.
Law, Du. 9; Le. 17.
Layes, S. 34.
Layland, Y. 31.
Le Blanc, H. 29.
Le Gay, H. 29.
Le Macon, H. 29.
Le Maire, H. 29.
Lee, Le. 11; S. 41; Su. 11.
Leese, La. 28.
Leez, La. 28.
Leeze, La. 28.
Legger, K. 5.
Leverit, N. 55.
Levett, Y. 24.
Lewis, S. 38; Su. 11.
Lewkenor, Sf. 23.
Lewys, E. 17; S. 41.
Lilie, O. 5.
Lingen, S. 36.
Lister, S. 37.
Litell, N. 55.
Liveing, Su. 11.
Llewelyn, S. 36.
Lloyd, S. 37, 38, 41.
Loblie, S. 38.
Locker, S. 41.
Lofekine, E. 19.
Longe, N. 56.
Longlay, Y. 46.
Losebye, Le. 17.
Love, D. 11.
Lovelady, Ch. 8.
Lowen, M. 5.
Lowth, N. 56.
Luston, S. 38.
Lutwich, S. 37.
Lynse, Su. 11.
Lytherland, Su. 11.

Maddox, Su. 11
Maggot, So. 5.
Mahiel, H. 29.
Maingie, Y. 27.

Makins, N. 30.
Malezard, H. 29.
Man, Ch. 8; Sf. 28; Su. 10.
Manchester, N. 48.
Manngie, Y. 27.
Maple, He. 10.
Markes, H. 29.
Marley, Su. 11.
Marshall, De. 3; Nh. 4; Su. 11.
Marsham, N. 43.
Marson, S. 38.
Martin, B. 5½; Be. 6; Le. 8.
Martine, Li. 28; Sf. 13.
Martyn, Sf. 9.
Martyne, Li. 9.
Maryott, Nh. 11.
Maskan, Y. 27.
Mason, M. 5; Sf. 27; Su. 11.
Mathew, N. 55.
Mathoe, S. 38.
Maungie, Y. 27.
Mawnd, S. 36.
Maxwell, Du. 5.
M'croft, S. 41.
Medlicott, S. 37.
Meger, Su. 11.
Mellor, D. 11.
Mellors, La. 28.
Mempas, S. 38.
Menley, Su. 11.
Mercier, H. 29.
Meredith, S. 38.
Mesnier, H. 29.
Metcalf, Li. 28.
Metcalfe, Du. 5; Su. 11.
Millard, S. 38.
Miller, Nh. 14.
Milles, Su. 10.
Mills, He. 10.
Millward, S. 38.
Milner, Du. 5.
Milton, G. 52.
Mingaie, N. 35.
Mingaye, N. 35.
Mitton, S. 36.
Mittonne, N. 57.
Moorcott, Nh. 6.
Moore, So. 32.
More, B. 5½; Le. 8; Nh. 12.
Morey, Du. 5.
Morgan, S. 38.
Morrice, S. 37.
Morris, S. 37.
Morrute, O. 5.
Mortimure, O. 5.
Mosse, La. 29.
Mousey, N. 55.
Mowrey, Du. 5.
Moyse, N. 32.
Moyses, N. 43.

APPENDIX, 1601

Mullis, Ch. 8.
Munckland, Le. 8.
Musson, Le. 9.
Muxton, S. 41.
Myles, D. 6; He. 10.
Myller, Su. 11.
Myln', S. 41.
Mytton, S. 38.

Nash, Su. 11.
Nawll, S. 38.
Neale, M. 2; O. 6.
Neeld, La. 28.
Neighbour, Wo. 7.
Nelson, Y. 46.
Netham, N. 55.
Nevill, D. 6.
Newall, S. 34.
Newe, Be. 6.
Newell, Du. 5; S. 37.
Newton, Du. 9; La. 28; So. 34; Su. 11.
Newtonn, Du. 8.
Nicholas, S. 41.
Nicholson, Li. 22; Su. 11.
Nicolls, S. 36.
Northeye, He. 10.
Norton, Y. 46.
Norway, So. 5.
Norwod, S. 36.
Nothinham, Li. 26.
Notman, Nu. 2.

Ogden, La. 28.
Olyver, N. 49.
Onylyte, N. 30.
Onyon, Li. 20.
Orchard, So. 5.
Ordway, Wo. 7.
Orger, He. 10.
Orton, N. 30.
Osborne, N. 43.
Osgarbie, Li. 28.
Oswald, Du. 9.
Otes, N. 43.
Overton, N. 30.
Owen, S. 37.
Owine, So. 5.

Pace, Nh. 4.
Page, Du. 8.
Pallmer, Su. 11.
Palmer, Le. 13; N. 56; Y. 27.
Panter, M. 5.

Parker, D. 2, 6; Le. 16, 17; S. 34; So. 5.
Parkinson, Li. 10.
Parkston, B. 7.
Parman, Sf. 23.
Parr, Le. 11.
Parrcks, S. 38.
Parry, S. 41.
Passand, S. 36.
Patch, So. 5.
Pattison, Du. 5.
Pavie, K. 6.
Pawmer, S. 41.
Payne, E. 17; N. 33; Su. 11.
Payse, He. 9.
Peacke, La. 28.
Peade, O. 6.
Pearson, D. 6; Y. 27.
Pearsse, Su. 11.
Peck, Sf. 27.
Pedler, C. 41.
Peers, S. 37, 38.
Pemerton, S. 38.
Pepper, Le. 17; N. 55.
Perdriel, H. 29.
Perkins, B. 7½.
Perman, So. 5.
Perrin, K. 5.
Perry, S. 38.
Person, Du. 5.
Philipps, D. 6.
Phillippes, Su. 11.
Phillips, S. 34.
Phippes, S. 33.
Phipps, Wo. 7.
Phips, Wo. 7.
Pick, Le. 16.
Picke, Ch. 8.
Pickeringe, N. 43; Y. 27.
Piggott, S. 40.
Pillinton, Ch. 8.
Pingle, S. 38.
Pinson, Wo. 7.
Pinsone, Sf. 13.
Platt, Su. 11.
Plumer, Su. 11; Y. 27.
Plumly, K. 5.
Pollmer, S. 37.
Poore, Su. 11.
Porter, Du. 5; N. 49, 56; S. 38.
Potter, O. 5.
Potterton, Li. 9.
Pouton, S. 38.
Powell, Ch. 8; S. 36, 38.
Powis, S. 38.
Pratt, Su. 11.
Prees, S. 38.
Preuost, H. 29.
Pricarde, S. 36.
Price, S. 38, 41; So. 5.

Pricke, Sf. 26.
Pride, Do. 14.
Pridgion, Li. 23.
Prince, S. 38.
Pritchett, G. 24.
Probert, S. 38.
Prymett, N. 55.
Pryss, Su. 11.
Pulley, Li. 9, 25.
Pursley, Li. 9.
Purslowe, S. 37.
Pye, Li. 20.
Pygott, D. 6.
Pynner, S. 38.
Pynnor, S. 38.
Pyttes, D. 6.
Pyttham, Su. 11.

Quaile, Ch. 8.
Quarles, Sf. 23.

Radcliff, Y. 46.
Radcliffe, La. 29.
Radley, E. 21.
Raggesdale, N. 56.
Raghet, Sf. 23.
Raigner, La. 28.
Randolphe, M. 4.
Ransom, Sf. 11.
Raphe, S. 41.
Raw, Du. 5.
Rawe, C. 41.
Rawlings, De. 3.
Rawlyns, S. 38.
Raye, Sf. 23.
Read, De. 3; Le. 9; Li. 24; Y. 46.
Reason, N. 54.
Redford, Su. 11.
Redman, Li. 24.
Reede, N. 43.
Reeve, Nh. 7.
Renton, Li. 26.
Richard, C. 42.
Richarde, S. 34.
Richards, S. 38.
Richardson, N. 55.
Richmon, Su. 11.
Rickards, S. 38.
Rider, S. 33.
Ridout, Do. 14.
Riket, Li. 20.
Rivers, K. 6.
Robartes, C. 44.
Roberts, S. 38.
Robins, Nh. 7; So. 5.

xciii

APPENDIX, 1601

Robinson, D. 6; Du. 9; Le. 16; N. 54; No. 1; Su. 11.
Robynson, Nh. 11.
Roger, S. 40, 41.
Rogers, N. 43; S. 37; Su. 11.
Rolinsonne, N. 57.
Rose, D. 2; N. 56.
Roussel, H. 29.
Rowbery, S. 38.
Ryall, N. 43.
Ryton, Nh. 10.
Ruffe, Li. 9.

Sabial, S. 38.
Sabin, He. 10.
Sadler, Su. 11.
Sambache, Wo. 7.
Sammey, He. 10.
Sampye, Li. 28.
Sander, Du. 5.
Sanderson, Y. 27.
Sarsbe, Su. 11.
Sarson, N. 56.
Saunders, N. 43; S. 38.
Savage, S. 41.
Sawyer, He. 10.
Saxbie, K. 5.
Scarlett, N. 31.
Scatterall, Ch. 8.
Scattergood, He. 10.
Scholes, La. 28.
Scott, Du. 5.
Seamore, S. 34.
Sedes, Su. 11.
Seelebie, N. 37.
Seislye, K. 6.
Sell, He. 10.
Sellman, S. 38.
Seman, N. 33.
Settle, Y. 31.
Severne, N. 55.
Sevill, La. 28.
Sewell, He. 10.
Shadd, Su. 11.
Shafto, Du. 5.
Shafton, Du. 5.
Sharpe, Le. 11; Li. 9.
Sharpham, Y. 27.
Sharret, S. 38.
Shaw, La. 28.
Shawe, Li. 9.
Sheere, C. 41.
Sheles, He. 10.
Shell, Du. 5.
Shelldrake, E. 17.
Sheppard, S. 38.
Sherwyn, N. 56.
Shillinge, S. 36.

Shipman, N. 49, 55.
Shirewood, S. 38.
Sidey, E. 18.
Simkin, Li. 26.
Singell, N. 56.
Singer, So. 5.
Singleton, He. 10.
Skiner, No. 1.
Skinner, Be. 6.
Skrogham, Su. 11.
Skrugham, Su. 11.
Slater, N. 54; Su. 11.
Smalle, Sf. 13.
Smalmon, S. 41.
Smart, Be. 6.
Smartte, Be. 6.
Smethurst, La. 28.
Smith, Du. 5; K. 5; Le. 13; N. 55, 56; O. 5; S. 41; So. 5; Su. 11.
Smithe, Be. 6; Li. 23; Sf. 13.
Smyth, E. 17; N. 53; S. 38, 40; Sf. 9; Su. 11.
Smythe, B. 5½; E. 18; Le. 11; Su. 11; Y. 46.
Snapes, B. 5½.
Sneath, Nh. 14.
Sondifforth, La. 28.
Sonnybanck, S. 38.
South, Li. 22.
Sowth, Su. 11.
Spachurste, K. 5.
Spaldy'g, Sf. 28.
Spencer, La. 29; S. 41.
Spenser, D. 6; K. 5.
Spratley, Su. 11.
Spratteley, Su. 11.
Sprentall, N. 56.
Spurdans, Sf. 9.
Stafford, Su. 11.
Stanesbye, So. 5.
Stanley, Li. 25.
Stanney, S. 41.
Stansfeld, La. 28.
Stanton, N. 29.
Stapledon, C. 41.
Stapler, Su. 11.
Starkie, Ch. 8.
Steare, Su. 11.
Stebbyn, Sf. 9.
Steede, Su. 11.
Stephen, C. 44.
Stephens, N. 29.
Steven, K. 5.
Stevens, B. 5½.
Stevenson, Ch. 8; Du. 5; Le. 16.
Stiance, Y. 46.
Stockley, D. 6.
Stoker, Du. 5.
Stone, So. 35.

Storte, Li. 10.
Stowt, Nh. 3.
Strefford, S. 34.
Streek, N. 43.
Streete, M. 4; Nh. 3.
String, He. 10.
Stringer, He. 10; Y. 46.
Stroger, N. 36.
Strong, He. 10.
Suard, S. 38.
Sudberye, N. 35.
Sudley, Su. 11.
Suger, N. 53.
Sutton, D. 11; Wi. 23.
Suttone, N. 57.
Swaile, Y. 24.
Swane, Su. 11.
Swanson, Su. 11.
Sydall, La. 29.
Syle, D. 12.
Symes, So. 35.
Symons, So. 32.
Sympsone, Su. 11.

Tabret, N. 35.
Tailer, N. 56.
Tailor, Li. 26.; S. 38.
Talbotte, Do. 19.
Tame, Be. 6.
Tayler, S. 40, 41; Y. 46.
Taylier, La. 28.
Taylor, Du. 9; S. 38.
Tebat, Nh. 12.
Teege, S. 37.
Teisdale, Du. 9.
Temple, M. 5.
Tennant, Y. 31.
Terry, E. 22.
Tetlow, La. 28.
Teyler, S. 40.
Thieudet, H. 29.
Thomas, Be. 6; Ch. 8; K. 6; O. 5; Su. 11.
Thomlinson, Y. 24.
Thompson, Du. 5; Y. 46.
Thorne, He. 10.
Thornton, Y. 46.
Thorpe, K. 6; N. 50.
Thurmon, D. 12.
Tiler, N. 57.
Tiptoe, He. 9.
Tipton, S. 37.
Todd, Du. 5.
Tomkin, S. 41.
Tomkinson, Nu. 2.
Tompson, La. 28.
Tomson, Su. 11.
Toogood, Wi. 23.

xciv

APPENDIX, 1601

Toppin, LI. 9.
Trappes, SU. 11.
Travis, LA. 28.
Trevor, S. 40, 41.
Truhut, DU. 8.
Trumble, NU. 2.
Tucker, SO. 32.
Tuckey, B. 5½; SO. 35.
Tuder, S. 41.
Tull, BE. 6.
Tully, S. 38.
Turford, S. 38.
Turner, LA. 28; SU.11.
Twygge, S. 38.
Tybut, N. 55.
Tyears, SU. 11.
Tyler, K. 5.
Tylny, N. 43.
Tyndall, G. 24.
Tyrrie, SO. 5.

Underwood, BE. 6.

Voyle, S. 38.
Vasie, DU. 9.
Vaughan, S. 38.
Vickers, N. 55.

Wade, CH. 8.
Waineman, LI. 26.
Wakefeild, DU. 5.
Walker, LA. 28; N. 56; O. 5; S. 38; SU. 11.
Wallys, D. 6.
Wapoull, NH. 11.
Ward, B. 7½; LE. 15; LI. 10; NH. 4.
Warde, N. 55; Y. 31.
Warden, M. 5; N. 57.
Warren, N.32.
Warthire, S.38.
Waryn, CH. 8.

Waterer, So. 5.
Waterton, SU. 11.
Waties, S. 38.
Watis, S. 38.
Watkins, G. 52; S. 34, 38.
Watson, DU. 8; LI. 22.
Watsone, M. 2.
Watsonne, N. 57.
Watton, N. 43.
Wayd, Y. 46.
Webb, NH. 10.
Webbe, WI. 20; WO. 7.
Webster, LE. 11.
Wedon, BE. 6.
Welden, SU. 11.
Welles, LE. 13.
Wellowes, N. 55.
Wenlocke, S. 38, 40.
Wery, SU. 11.
Westerman, K. 5.
Westgate, N. 35.
Weshwit, LI. 10.
Wetton, E. 21.
Wheeler, BE. 8.
Whiffin, K. 5.
Whillwright, S. 37.
White, SO. 5; WO. 7.
Whitfeild, DU. 5.
Whithead, LA. 28.
Whithowse, Y. 24.
Whittaker, LA. 28.
Whitte, LE. 10.
Whittington, N. 55.
Whood, SU. 11.
Whyte, N. 31; SU. 11.
Wigglesworth, Y. 31.
Wigley, S. 38.
Wilcokson, D. 12.
Wilcox, S. 36.
Wilding, S. 37.
Wilkes, SU. 11.
Wilkinson, CH. 8; N. 43.
Wilkynson, CH. 8.
Willams, S. 36.
Willd, LA. 28.
William, S. 40.
Williams, S. 38; SU. 11.
Williamson, LE. 13; SU. 11.

Williamsonn, Y. 27.
Williamsonne, N. 35.
Willis, BE. 9.
Willmot, BE. 6.
Willson, N. 55.
Willsonne, N. 57.
Wilman, Y. 27.
Wilson, DU. 5; S. 41; SO. 34.
Windridge, WO. 7.
Wingfeild, SU. 11.
Winsworth, N. 55.
Winterbothom, LA. 28.
Witcherley, S. 41.
Witherall, HE. 10.
Witophe, CH. 8.
Wix, BE. 6.
Wolfenden, LA. 28; LI. 24.
Wood, LI. 22; S. 38; SF. 11; SU. 11; Y. 27.
Wooderes, SU. 11.
Woodruffe, SU. 11.
Woods, SF. 12.
Woodward, SU. 11.
Wooller, SU. 11.
Worrall, LA. 28.
Worthy, DU. 9.
Worton, SF. 28.
Wotherton, S. 36.
Wright, BE. 6; LI. 22, 28; Y. 46.
Wryght, SU. 11.
Wyat, SO. 5.
Wyer, S. 34.
Wygg, E. 17.
Wyld, D. 6; LA. 28.
Wylde, D. 12.
Wyles, LI. 25.
Wyndley, D. 6.
Wyndovere, NH. 14.
Wytakers, SF. 28.
Wyttingslow, S. 34.

Yeates, SU. 11.
York, NH. 12.
Young, WO. 7.
Younge, DU. 8.

xcv

www.ingramcontent.com/pod-product-compliance
Lightning Source LLC
Chambersburg PA
CBHW052100230426
43662CB00036B/1714